目 次

序　文

この辞典の特長

強勢(stress)音節に焦点：

英語の会話・聴取・語彙力を効果的に向上させる上で最も重要な強勢音節の学習に焦点を合わせた。

英語の学習に不可欠な 16,647 の語彙を収録：

英語の学習に不可欠な 16,647 の語彙を収録した。しかも、強勢音節に焦点をおいて学習しているうちに英単語の聞き取りが急速に向上する。

簡潔な語意：

語彙力を効果的に向上させるために日本語の語意を簡潔に示した。

アルファベット順の配列で速やかな語彙の検索：

語彙をアルファベット順に配列し、語彙を速やかに検索できるようにした。

"コア英単語 7500", "コア英単語 9500"と並行学習：

なお、実力に応じた段階的な英単語学習のために著者の **"コア英単語 7500"** (小・中・高校の授業と大学入試レベル) , **"コア英単語 9500"**(SAT ・ TOEFL ・ TOEIC ・ 就職など各種の試験及び大学レベル) と並行学習することを強く勧める。

この辞典が特に必要な方

学校授業及び各種試験のために語彙・聴取・会話能力の向上が必要な**学生**

英語の語彙・聴取・会話能力の向上を望む**会社員**・**一般人**
英語の会話・聴取・語彙力の向上が必要な**海外旅行者**・**勤務者**・**生活者**

お子様、お孫様、他の知り合いの方に本をプレゼントしたい方

は じ め に

国際化の時代において英語は既に国際語として必須であり、日本ほど英語学習のために莫大な時間、努力、費用を投資している国も多くはないだろう。ところが果たして投資しただけの成果を上げているかどうか考えて見るとそれは極めて疑わしい。数十年間英語の勉強をしても道で外国人が英語で尋ねてもうまく聞き取れないし、たまに英語で話をしたとしても、相手の方がきちんと理解できない場合が非常に多い。

迅速かつ効果的に英語の語彙力を向上させるためには膨大な語彙を収録し、多くの語意が含まれている一般の英語辞典だけでは限界がある。特に英語は書かれている綴りどおりに発音しないので、必ず辞典で語彙の発音を確認して熟知しなければならない。 40 年近く英語の学習をし、10 年以上は英語圏で外国生活をしている著者がより簡単で効果的な英語の学習方法はないだろうかと長らく悩んだ末に刊行されたのが本辞典である。

英語は 2 つ以上の音節(母音一つを含む単語の一部)で成り立つすべての単語に必ず強勢(stress)を置く"**強勢音節**"がある。強勢音節は、他の音節よりも音が大きく、高く、長い。音節の確実な強弱駆使は英語のコミュニケーションにおいて絶対的な役割を果たしている。特に英語を母国語とする人々は、音節の強勢如何によって会話の内容を把握するため、音節の不正確な強勢はコミュニケーションにおいて最大の障害である。例えば、"hotel" を "ホテル"と発音すると、英語が母国語である外国人はよく聞き取れない。必ず "ホウ**テル**"と強勢のある音節 "**テル**"を大きく、高く、長く発音しないと容易に聞き分けられない。

特に日本人と顔立ち、文化、考え方などすべてが異なる英語圏の外国人と会話する場合、音節の強勢を正確に使い分けしないと彼らはその内容を把握する為に多くの困難を経験する。外国人が日本語を不思議に発音すれば日本人も、彼らがどのような考えをしながらいったい何を言おうとするのか簡単に分からないのと同じだ。

英語をより正確に発音するためには母音、子音、単語内の強勢音節、抑揚(イントネーション)を正確にしなければならない。ところが英単語の個々の子音、母音を正確に発音するためには、発音器官を適切に使わなければならので、英語を母国語とする人々と同じように発音をするのは、現実的に無理である。これに反して、**強勢音節**に強勢を置いて発音する方が単語の個々の子音と母音を正確に発音することより容易であるだけでなく、コミュニケーションのためにはるかに効果的である。英語を話すことはよく歌うことに喩えられる。**強勢**は英語の"リズム"であり、**抑揚**は英語の"メロディー"であるともよく言われている。

本辞典では**強勢音節**を**ボールド体**で区分表示した見出語、標準的なアメリカ式英語の発音、品詞別の簡潔な語意を 1 行にまとめた。しかも、すべての語彙を三つに書き分け、本人の英語レベルと必要に応じて段階的な発音学習ができるようにした。

最後に楽器の演奏、スポーツ等、他のすべてのことも同じだが発音を上手にするためには練習、練習、練習、もっと練習するしか方法はない。ちなみに発音練習をする時は、両手のひらを両耳に当てて、本人の発音を聞いてみるのも役に立つであろう。

凡 例

1. 見出語

　小·中·高校の授業と大学入試はもちろん、大学·各種の試験と日常生活に必要な一般語彙、固有名詞(地名、人名)など 16,647 語彙を収録した。

(1) つづり字

　アメリカ式を基本としており、アメリカ式とイギリス式のつづり字が違う代表的な語彙は、次のとおりである。

(米) -or/ (英) -our (例: color/ colour; honor/ honour; labor/ labour)

(米) -er/ (英) -re (例: center/ centre; meter/ metre)

(米) -l-/ (英) -ll- (例: equaled/ equalled; rivaled/ rivalled)

(米) -se/ (英) -ce (例: license/ licence; offense/ offence)

(米) -dgment/ (英) -dgement (例: acknowledgment/ acknowledgement)

(米) -ection/ (英) -exion (例: connection/ connexion reflection/ reflexion)

(2) 配列

　語彙をアルファベット順に配列し、発音と語意を速やかに検索できるようにした。

2. 発音

(1) 発音記号

　発音はアメリカ式発音を基本としており、見出語の直後に国際音声記号を使用して[　]内に示した。次はアメリカ式とイギリス式が違う主な例だ。

(米) æ (英) a: (例: bath; can't; draft; fast; glass)

(米) a (英) ɔ (例: bomb; clock; dot; fox; lot)

(米) u: (英) yu: (例: pursue; suit; super)

(2) 強勢(stress)音節

　二音節以上の見出語は**強勢音節をボールド体**で表し、速やかな識別と認知に役立つようにした。また、**強勢音節**は[　]内の発音記号でも濃く示した。ちなみにこの辞典では、その重要性に応じて、**"第一強勢だけ区分表記"**した。

3. 品詞

　品詞は語意の前に略語(**品詞略語解**を参照)で示した。

4. 日本語の語意

　日本語の語意を併記する場合は、**","**を使っており、品詞別に最も多く使われる語意を示した。

英語の発音記号

(1) 母音

i: east [i:st]

i big [big]

iər ear [iər]

ei day [dei]

e get [get]

eər air [eər]

æ bat [bæt]

ə:r early [ə:rli]

ʌ(ə) cup [kʌp]

a hot [hat]

a: ah [a:]

a:r are [a:r]

ai eye [ai]

aiər fire [faiər]

au cow [kau]

auər hour [auər]

u: cool [ku:l]

yu: few [fyu:]

u cook [kuk]

uər poor [puər]

yuər cure [kyuər]

ou boat [bout]

ɔ: law [lɔ:]

ɔ:r corn [kɔ:rn]

ɔi oil [ɔil]

(2) 子音

p play [plei]

b best [best]

t time [taim]

d day [dei]

k key [ki:]

g gold [gould]

f find [faind]

v very [veəri]

θ thank [θæŋk]

ð they [ðei]

s sea [si:]

z zoo [zu:]

ʃ sure [ʃuər]

ʒ vision [viʒən]

h how [hau]

tʃ china [tʃainə]

dʒ judge [dʒʌdʒ]

w word [wə:rd]

y young [yʌŋ]

m make [meik]

n note [nout]

ŋ sing [siŋ]

l love [lʌv]

r red [red]

品詞略語解

[名] 名　詞　[人] 人　名　[地] 地　名　[形] 形容詞

[動] 動　詞　[副] 副　詞　[代] 代名詞　[短] 短縮形

[前] 前置詞　[感] 感嘆詞　[助] 助動詞　[接] 接続詞

[冠] 冠　詞

A

a [ei, ə] [冠] 一つ (の), ある

aback [əbæk] [副] 逆風を抱いて

abacus [æbəkəs] [名] そろばん

abalone [æbəlouni] [名] あわび

abandon [əbændən] [動] 諦める, 捨てる

abandoned [əbændənd] [形] 捨てられた

abandonment [əbændənmənt] [名] 諦め, 放棄

abase [əbeis] [動] 削り下す, 卑下する

abash [əbæʃ] [動] 恥ずかしくする

abashment [əbæʃmənt] [名] 恥

abate [əbeit] [動] 減少させる, 弱くする, 減る

abatement [əbeitmənt] [名] 減少, 削除

abbey [æbi] [名] 修道院

abbot [æbət] [名] 修道院長

abbreviate [əbri:vieit] [動] 省略する, 短縮する

abbreviated [əbri:vieitəd] [形] 省略された, 短縮された

abbreviation [əbri:vieiʃən] [名] 省略, 短縮

abdicate [æbdəkeit] [動] 退位する, 放棄する

abdication [æbdəkeiʃən] [名] 退位, 放棄

abdomen [æbdəmən] [名] 腹部

abdominal [æbdamənəl] [形] 腹部の

abduct [æbdʌkt] [動] 誘拐する, 拉致する

abduction [æbdʌkʃən] [名] 誘拐

aberrant [æbeərənt] [形] 脱線した, 異常な

aberration [æbəreiʃən] [名] 脱線, 逸脱, 精神錯乱

abet [əbet] [動] 扇動する, けしかける

abeyance [əbeiəns] [名] 中止, 停止

abhor [əbhɔ:r] [動] 嫌悪する

abhorrence [əbhɔ:rəns] [名] 嫌悪

abhorrent [əbhɔ:rənt] [形] すごく嫌な

abide [əbaid] [動] 留まる, 永続する

abiding [əbaidiŋ] [形] 永遠の

ability [əbiləti] [名] 能力, 才能

abject [æbdʒekt] [形] 卑劣な, 悲惨な

abjectly [æbdʒektli] [副] 卑劣に, 悲惨に

abjectness [æbdʒektnəs] [名] 悲惨, 卑屈

abjure [æbdʒuər] [動] やめる, 拒否する

ablaze [əbleiz] [形] 輝く, 熱狂して, 激怒して

able [eibl] [形] 有能な, することができる

abnegate [æbnigeit] [動] 拒絶する, 放棄する

abnegation [æbnəgeiʃən] [名] 拒絶, 放棄, 自制

abnormal [æbnɔ:rməl] [形] 奇妙な, 変則の

abnormality [æbnɔ:rmæləti] [名] 異常, 変態

abnormally [æbnɔ:rməli] [副] 非正常的に

aboard [əbɔ:rd] [副] ~に乗って, 船の中に [前] 船の中で

abode [əboud] [名] 住居, 滞在

abolish [əbaliʃ] [動] 廃止する

abolishment [əbaliʃmənt] [名] 廃止

abolition [æbəliʃən] [名] 廃止

A-bomb [eibam] [名] 原子爆弾

abominable [əbamənəbl] [形] 憎むべき

abominably [əbamənəbli] [副] 嫌悪に思って

abominate [əbaməneit] [動] 嫌悪する, 憎悪する

abomination [əbaməneiʃən] [名] 嫌悪

aboriginal [æbəridʒənəl] [形] 土着の, 原住民の

aborigine [æbəridʒəni] [名] 原住民

abort [əbɔ:rt] [動] 流産する

aborted [əbɔ:rtəd] [形] 流産した

abortion [əbɔ:rʃən] [名] 流産

abortive [əbɔ:rtiv] [形] 失敗した

abound [əbaund] [動] 豊富である

abounding [əbaundiŋ] [形] 豊富な

about [əbaut] [前] ~について [副] 概略, 約

above [əbʌv] [前] ~の上に [形] 上記の [副] 上に

aboveboard [əbəvbɔ:rd] [形] 率直な [副] 率直に, 堂々と

abrade [əbreid] [動] すりむく, 剥ぐ, すりへる

abrader [əbreidər] [名] 研磨機

Abraham [eibrəhæm] [人] アブラハム (聖書の人物)

abrasion [əbreiʒən] [名] 擦り傷, 摩耗, 摩損

abrasive [əbreisiv] [名] 研磨剤 [形] 研磨する

abrasiveness [əbreisivnəs] [名] 摩擦

abreast [əbrest] [副] 並行して [前] ~と並んで

abridge [əbridʒ] [動] 縮小する, 短縮する

abridgment [əbridʒmənt] [名] 縮小, 短縮

abroad [əbrɔ:d] [副] 外国に [名] 外国, 外

abrogate [æbrəgeit] [動] 廃止する, 廃棄する, 撤回する

abrogation [æbrəgeiʃən] [名] 廃止, 廃棄, 撤回

abrupt [əbrʌpt] [形] 突然の

abruptly [əbrʌptli] [副] 突然

abscess [æbses] [名] 膿瘍

abscessed [æbsest] [形] 膿んだ

abscond [æbskand] [動] 跡を隠す, 逃げる

absence [æbsəns] [名] 欠席, 不在

absent [æbsənt] [形] 欠席した [動] 欠席(欠勤)する

absentee [æbsənti:] [名] 不在者

absent-minded [æbsənt maindəd] [形] 油断した

absolute [æbsəlu:t] [名] 絶対 [形] 絶対的な

absolutely [æbsəlu:tli] [副] 絶対に
absolution [æbsəlu:ʃən] [名] 免罪, 赦免
absolve [əbzalv] [動] 許す, 免除する
absorb [əbsɔ:rb] [動] 吸収する, 併合する
absorbed [əbsɔ:rbd] [形] 没頭した, 熱中した
absorbent [əbsɔ:rbənt] [名] 吸収剤 [形] 吸収性の
absorbing [əbsɔ:rbiŋ] [形] 熱中させる, 興味深い
absorption [əbsɔ:rpʃən] [名] 吸収, 没頭
abstain [əbstein] [名] 控える, 節制する
abstainer [əbsteinər] [名] 禁酒家
abstinence [æbstənəns] [名] 節制, 禁欲
abstinent [æbstənənt] [形] 節制する, 禁欲する
abstract [æbstrækt] [形] 抽象的な
abstract [æbstrækt] [名] 概要, 摘要
abstracted [æbstræktəd] [形] 油断した
abstraction [æbstrækʃən] [名] 抽象, 抽象的な概念
abstractly [æbstræktli] [副] 抽象的に
abstruse [æbstru:s] [形] 難解な
absurd [əbsə:rd] [形] 不合理な, 愚かな
absurdity [əbsə:rdəti] [名] 愚かさ, 不合理
absurdly [əbsə:rdli] [副] 不合理に, 愚かに
abundance [əbʌndəns] [名] 豊富
abundant [əbʌndənt] [形] 豊富な
abundantly [əbʌndəntli] [副] 豊かに
abuse [əbyu:s] [名] 濫用
abuse [əbyu:z] [動] 濫用する
abusive [əbyu:siv] [形] 濫用された, 乱暴な
abut [əbʌt] [動] 隣接する, 接触する, 寄り掛かる
abysmal [əbizməl] [形] 奈落の
abyss [əbis] [名] 深淵, 奈落
academic [ækədemik] [形] 学究的な, 学問の
academy [əkædəmi] [名] 学院
accede [æksi:d] [動] 同意する, 就任する
accelerate [ækselərelt] [動] 加速する, 促進する
acceleration [ækseləreiʃən] [名] 加速, 促進
accelerator [ækseləreitər] [名] 加速器, アクセル
accent [æksent] [名] 強勢, 強音, 強調, 言葉遣い
accentless [æksentləs] [形] 強勢がない
accentuate [əksentʃueit] [動] 強調する
accentuation [æksentʃueiʃən] [名] 強調
accept [æksept] [動] 受け入れる, 収容する
acceptable [ækseptəbl] [形] 受諾(受容)できる
acceptance [ækseptəns] [名] 受諾, 受容, 引き受け
accepted [ækseptəd] [形] 公認された
access [ækses] [名] 接近, 接近方法
accessible [æksesəbl] [形] 到達できる
accession [ækseʃən] [名] 取得, 追加, 接近
accessory [æksesəri] [名] 付属物 [形] 補助的な
accident [æksədənt] [名] 事故, 偶発事件
accidental [æksədentl] [形] 偶発的な, 偶然の
accidentally [æksədentəli] [副] 偶然
accident-prone [æksədənt proun] [形] 事故多発の
acclaim [əkleim] [動] 歓呼する
acclamation [ækləmeiʃən] [名] 歓呼
acclimate [ækləmeit] [動] 新しい環境に適応する
acclimation [ækləmeiʃən] [名] 新環境順応
accolade [ækəleid] [名] 賞, 賞品, 賞金, 栄誉
accommodate [əkamədeit] [動] 便宜を図る, 収容する
accommodating [əkamədeitiŋ] [形] 便宜をよく見てくれる, 親切な
accommodation [əkamədeiʃən] [名] 便宜, 便宜施設, 適応
accompaniment [əkʌmpənimənt] [名] 付属物, 伴奏
accompanist [əkʌmpənist] [名] 伴奏者
accompany [əkʌmpəni] [動] 同行する, 伴奏する
accomplice [əkampləs] [名] 共犯者
accomplish [əkampliʃ] [動] 成し遂げる, 完成する
accomplished [əkampliʃt] [形] 成就した, 優れた
accomplishment [əkampliʃmənt] [名] 成就, 業績
accord [əkɔ:rd] [名] 一致, 調和, 協定 [動] 一致する
accordance [əkɔ:rdəns] [名] 一致, 調和
according [əkɔ:rdiŋ] [副] ~によって, ~によると
accordingly [əkɔ:rdiŋli] [副] それ故に, したがって
accordion [əkɔ:rdiən] [名] アコーディオン (楽器)
accost [əkɔ:st] [動] 話しかける
account [əkaunt] [名] 計算, 口座, 理由 [動] 説明する
accountable [əkauntəbl] [形] 責任がある, 説明できる
accountant [əkauntənt] [名] 会計士
accounting [əkauntiŋ] [名] 会計
accouterment [əku:tərmənt] [名] 飾り物, 装身具
accrue [əkru:] [動] 自然に生じる
accumulate [əkyu:myəleit] [動] 蓄積する
accumulation [əkyu:məleiʃən] [名] 蓄積
accuracy [ækyərəsi] [名] 正確性
accurate [ækyərət] [形] 正確な
accurately [ækyərətli] [副] 正確に
accursed [əkə:rst] [形] 呪われた
accusation [ækyəzeiʃən] [名] 非難, 告発
accuse [əkyu:z] [動] 非難する, 告發する
accused [əkyu:zd] [名] 被告, 被疑者
accuser [əkyu:zər] [名] 告発者
accusing [əkyu:ziŋ] [形] 非難するような

accustom [əkʌstəm] [動] 慣れる
accustomed [əkʌstəmd] [形] 慣れた, 習慣になった
ace [eis] [名] 名人, 最優秀選手
acerbic [əsə:rbik] [形] 酸っぱい, 鋭い
ache [eik] [名] 痛み [動] 痛む
achieve [ətʃi:v] [動] 達成する
achievement [ətʃi:vmənt] [名] 達成, 業績
acid [æsəd] [形] (味が) すっぱい
acidity [əsidəti] [名] 酸度
acid rain [æsəd rein] [名] 酸性雨
acknowledge [æknalidʒ] [動] 認める
acknowledged [æknalidʒd] [形] 承認された
acknowledgment [æknalidʒmənt] [名] 承認, 是認
acne [ækni] [名] にきび
acorn [eikɔ:rn] [名] どんぐり
acoustic [əku:stik] [形] 聴覚の
acoustics [əku:stiks] [名] 音響学, 音響効果
acquaint [əkweint] [動] 知らせる
acquaintance [əkweintns] [名] 面識, 知人
acquainted [əkweintəd] [形] 知っている, 精通した
acquiesce [əkwi:es] [動] 黙認する
acquire [əkwaiər] [動] 獲得する
acquired [əkwaiərd] [形] 獲得した
acquirement [əkwaiərmənt] [名] 獲得した
acquisition [ækwəziʃən] [名] 獲得
acquisitive [əkwizətiv] [形] 得ようとする
acquit [əkwit] [動] 釈放する
acquittal [əkwitl] [名] 釈放, 免除
acre [eikər] [名] エーカー
acreage [eikəridʒ] [名] エーカーの面積
acrid [ækrəd] [形] 嫌な, 不快な
acrimonious [ækrəmouniəs] [形] 辛らつな, 激烈な
acrimoniously [ækrəmouniəsli] [副] 辛らつに, 激烈に
acrimony [ækrəmouni] [名] 辛らつ
acrobat [ækrəbæt] [名] 曲芸師, 曲芸
acrobatics [ækrəbætiks] [名] 曲芸
acronym [ækrənim] [名] 頭字語
across [əkrɔ:s] [副] ~を渡って
acrylic [əkrilik] [名] アクリル [形] アクリルの
act [ækt] [動] 行なう [名] 行為
acting [æktiŋ] [名] 演技 [形] 代理の
action [ækʃən] [名] 行動
actionable [ækʃənəbl] [形] 訴訟できる, 実行できる
activate [æktəveit] [動] 活発にする, 活性化する
activated [æktəveitəd] [形] 活性の
active [æktiv] [形] 積極的な, 活動的な
activism [æktivizm] [名] 行動主義
activist [æktivist] [名] 行動主義者
activity [æktivəti] [名] 活動, 運動
actor [æktər] [名] 俳優
actress [æktrəs] [名] 女優
actual [æktʃuəl] [形] 実際の
actuality [æktʃuæləti] [名] 実際
actually [æktʃuəli] [副] 実際に
actuary [æktʃueri] [名] 保険会計士
actuate [æktʃueit] [動] 作動させる
acuity [əkyu:əti] [名] 鋭敏
acumen [əkyu:mən] [名] 聡明, 洞察力
acupuncture [ækyupəŋktʃər] [名] 鍼療法
acute [əkyu:t] [形] 鋭い
acutely [əkyu:tli] [副] 鋭く
ad [æd] [名] 広告
adage [ædidʒ] [名] 格言, ことわざ
A.D. [ei di:] [名] 西紀 (Anno Domini)
Adam [ædəm] [人] アダム (聖書の人物)
adamant [ædəmənt] [名] 非常に堅固なもの [形] 断固たる
adapt [ədæpt] [動] 適応させる
adaptable [ədæptəbl] [形] 適応できる
adaptation [ædəpteiʃən] [名] 適応, 脚色
adapter [ədæptər] [名] アダプター
add [æd] [動] 加える, 追加する
addict [ədikt] [動] 中毒する
addict [ædikt] [名] 中毒, 中毒者
addiction [ədikʃən] [名] 中毒
addictive [ədiktiv] [形] 中毒性のある
addition [ədiʃən] [名] 追加
additional [ədiʃənəl] [形] 追加的な
additionally [ədiʃənəli] [副] 追加的に
additive [ædətiv] [名] 添加物 [形] 追加的な
address [ədres] [名] 演説 [動] 演説する
address [ædres] [名] 住所
addressee [ədresi:] [名] 受信人, 受取人
adduce [ədu:s] [動] 証拠を提示する, 引用する
adenoids [ædənɔidz] [名] 咽頭, 瀋陽増殖, アデノイド
adept [ədept] [形] 熟練された
adequacy [ædəkwəsi] [名] 適切さ
adequate [ædəkwət] [形] 適切な
adequately [ædəkwətli] [副] 適切に
adhere [ədhiər] [動] くっつく, 執着する
adherent [ədhiərənt] [形] 付着する

adhesion [ədhi:ʒən] [名] 付着
adhesive [ədhi:siv] [形] 接着性の
adieu [ədyu:] [名] 別れ
adjacent [ədʒeisnt] [形] 隣接する
adjective [ædʒiktiv] [名] 形容詞
adjoin [ədʒɔin] [動] 接する
adjoining [ədʒɔiniŋ] [形] 隣接する, 隣の
adjourn [ədʒə:rn] [動] 延期する, 休会する
adjudge [ədʒʌdʒ] [動] 判決する
adjunct [ædʒəŋkt] [名] 付属物 [形] 付属された
adjust [ədʒʌst] [動] 調節する
adjustable [ədʒʌstəbl] [形] 調節できる
adjusted [ədʒʌstəd] [形] 調節された
adjustment [ədʒʌstmənt] [名] 調節, 整理
ad lib [æd lib] [動] 即興演奏する [形] 即興的な
administer [ədminəstər] [動] 管理する, 施行する
administration [ədminəstreiʃən] [名] 管理, 施行, 経営, 行政
administrative [ədminəstreitiv] [形] 管理上の, 経営上の
administrator [ədminəstreitər] [名] 管理者, 経営者
admirable [ædmərəbl] [形] 素晴らしい
admirably [ædmərəbli] [副] 見事に
admiral [ædmərəl] [名] 海軍元帥
admiration [ædməreiʃən] [名] 感嘆, 賞賛
admire [ədmaiər] [動] 感嘆する, 褒める
admirer [ədmaiərər] [名] 崇拝者
admiring [ədmaiəriŋ] [形] 感嘆する, 賞賛する
admiringly [ədmaiəriŋli] [副] 感嘆して
admissible [ədmisəbl] [形] 参加(入学)資格がある
admission [ədmiʃən] [名] 入学, 入場許可
admit [ədmit] [動] 入学(入場)を許可する
admittance [ədmitns] [名] 入場, 入場許可
admitted [ədmitəd] [形] 認定された, 明らかな
admittedly [ədmitədli] [副] 明らかに, 間違いなく
admonish [ædmaniʃ] [動] 訓戒する
admonition [ædmaniʃən] [名] 訓戒
ado [ədu:] [名] 騒ぎ
adolescence [ædəlesns] [名] 青年期, 青春
adolescent [ædəlesnt] [名] 青年 [形] 青年期の
adopt [ədapt] [動] 採択する, 養子(養女)にする
adopted [ədaptəd] [形] 採択された, 養子(養女)になった
adoption [ədapʃən] [名] 採択, 養子縁組
adoptive [ədaptiv] [形] 養子縁組の
adorable [ədɔ:rəbl] [形] かわいい, 崇拝するに値する
adoration [ædəreiʃən] [名] 崇拝, 憧憬
adore [ədɔ:r] [動] 熱愛する, 崇拝する
adorn [ədɔ:rn] [動] 飾る, 装飾する
adornment [ədɔ:rnmənt] [名] 装飾
adrift [ədrift] [副] 漂流して, あてもなく
adroit [ədrɔit] [形] 器用な, 巧みな, 賢い
adroitly [ədrɔitli] [副] 巧みに, きっちり
adulate [ædʒəleit] [動] こびへつらう, 追従する
adulation [ædʒəleiʃən] [名] へつらい, お世辞
adult [ədʌlt] [名] 成人, 大人
adulterate [ədʌltəreit] [動] 品質を落とす [形] 不倫の
adultery [ədʌltəri] [名] 姦通
advance [ədvæns] [動] 進める, 前進する, 昇進する
advanced [ədvænst] [形] 進んだ, 上級の
advancement [ədvænsmənt] [名] 前進, 進歩, 昇進
advantage [ədvæntidʒ] [名] 利益, 強み
advantaged [ədvæntidʒd] [形] 恩恵を受けた
advantageous [ædvənteidʒəs] [形] 有利な, 有益な
advantageously [ædvənteidʒəsli] [副] 有利に
advent [ædvent] [名] 到来, 出現
adventitious [ædvəntiʃəs] [形] 偶然の, 関係がない
adventure [ədventʃər] [名] 冒険
adventurer [ədventʃərər] [名] 冒険家
adventuresome [ədventʃərsəm] [形] 冒険的な, 大胆な
adventurous [ədventʃərəs] [形] 冒険好きな
adventurously [ədventʃərəsli] [副] 大胆に, 冒険的に
adverb [ædvərb] [名] 副詞
adversary [ædvərseri] [名] 敵, 競争相手
adverse [ædvə:rs] [形] 反対の, 不利な
adversity [ædvə:rsəti] [名] 逆境, 不運
advertise [ædvərtaiz] [動] 広告する, 宣伝する
advertisement [ædvərtaizmənt] [名] 広告, 宣伝
advertiser [ædvərtaizər] [名] 広告者
advertising [ædvərtaiziŋ] [名] 広告業
advice [ədvais] [名] アドバイス, 忠告, 助言
advisable [ədvaizəbl] [形] 望ましい, お勧めの
advise [ədvaiz] [動] 忠告する, 助言する
advised [ədvaizd] [形] 慎重な, 情報を得た
advisement [ədvaizmənt] [名] 熟慮, 熟考
adviser [ədvaizər] [名] 忠告者, 助言者
advocate [ædvəkeit] [動] 支持する, 擁護する
advocate [ædvəkət] [名] 支持者, 擁護者
aerial [eəriəl] [形] 空中の
aerobics [eəroubiks] [名] エアロビクス (運動)
aerosol [eərəsal] [名] エアロゾル
Aesop [i:səp] [人] イソップ (作家)
aesthetic [esθetik] [形] 美的な, 美学の

aesthetics [esθetiks] [名] 美学
afar [əfa:r] [副] 遥か, 遠く
affable [æfəbl] [形] 愛想のよい, 気さくな
affair [əfeər] [名] 事, 事件, 情事
affect [əfekt] [動] 影響を与える
affectation [æfekteiʃən] [名] ふり, きざ
affected [əfektəd] [形] 影響を受けた
affection [əfekʃən] [名] 愛着, 愛着
affectionate [əfekʃənət] [形] 愛情深い
affectionately [əfekʃənətli] [副] 愛情深く
affective [æfektiv] [形] 感情的な
affidavit [æfədeivət] [名] 書面陳述書
affiliate [əfilieit] [動] 提携する, 協力する, 交際する
affiliate [əfiliət] [名] 支店, 会員, 関係者
affiliated [əfilieitəd] [形] 加入した, 加盟した
affiliation [əfilieiʃən] [名] 入会, 加入, 合併
affinity [əfinəti] [名] 親近感, 類似性, 親戚
affirm [əfə:rm] [動] 肯定する, 断言する
affirmation [æfərmeiʃən] [名] 肯定, 断言
affirmative [əfə:rmətiv] [名] 肯定文 [形] 肯定的な
afflict [əflikt] [動] 苦しめる
affliction [əflikʃən] [名] 苦痛, 苦悩
afflictive [əfliktiv] [形] 痛み(苦悩)をもたらす
affluence [æfluəns] [名] 豊かさ, 富裕
affluent [æfluənt] [形] 豊かな, 富裕な
afford [əfɔ:rd] [動] 余裕がある, 与える
affront [əfrʌnt] [名] 侮辱 [動] 侮辱する
Afghanistan [æfgænəstæn] [地] アフガニスタン
afield [əfi:ld] [副] 遠く離れて
afire [əfaiər] [形] 燃えて, 激して
aflame [əfleim] [形] 燃えて, 夢中になって
afloat [əflout] [形] 浮いた, 漂流した [副] 浮かんで
afoot [əfut] [副] 徒歩で
afraid [əfreid] [形] 恐れて, 心配して
afresh [əfreʃ] [副] 新たに, 再び
Africa [æfrikə] [地] アフリカ
African [æfrikən] [名] アフリカ人 [形] アフリカの
after [æftər] [副] その後 [前] 後に
afterlife [æftərlaif] [名] あの世, 晩年, 余生
aftermath [æftərmæθ] [名] 災難の結果, 余波
afternoon [æftərnu:n] [名] 午後
afterward [æftərwə:rd] [副] その後
again [əgen] [副] また, もう一度
against [əgenst] [前] ~に反対して
agape [əgeip] [副] 愕然として

age [eidʒ] [名] 年, 年齢, 時代
aged [eidʒd] [形] 老けた, 古い
ageless [eidʒləs] [形] 不老の, 永遠の
agency [eidʒənsi] [名] 代理店, 作用
agenda [ədʒendə] [名] 議題, 協議事項, 備忘録
agent [eidʒənt] [名] 代理人, 動因
aggrandize [əgrændaiz] [動] 拡大する, 増大する
aggravate [ægrəveit] [動] 悪化させる
aggravation [ægrəveiʃən] [名] 悪化
aggregate [ægrigeit] [動] 集める, 合計する
aggregate [ægrigət] [名] 集合, 合計 [形] 合計の
aggregation [ægrəgeiʃən] [名] 集合体, 集団
aggression [əgreʃən] [名] 侵略, 攻撃
aggressive [əgresiv] [形] 侵略的な, 攻撃的な
aggressively [əgresivli] [副] 好戦的に, 積極的に
aggressor [əgresər] [名] 侵略者, 攻撃者
aggrieve [əgri:v] [動] 虐待する, 苦しめる
aghast [əgæst] [形] びっくりして
agile [ædʒəl] [形] 敏捷な, 活発な, 機敏な
agility [ədʒiləti] [名] 敏捷, 機敏
aging [eidʒiŋ] [名] 老化, 熟成
agitate [ædʒəteit] [動] 動揺する, 扇動する, かき回す
agitated [ædʒəteitəd] [形] 興奮した, 動揺した
agitation [ædʒəteiʃən] [名] 動揺, 煽動
agitator [ædʒəteitər] [名] 扇動者
Agnes [ægnəs] [人] アグネス (女の名前)
agnostic [ægnastik] [名] 不可知論者
ago [əgou] [形] 以前 [副] 以前に
agonize [ægənaiz] [動] 悩む
agonized [ægənaizd] [形] 苦しんでいる
agonizing [ægənaiziŋ] [形] 苦痛な
agony [ægəni] [名] 苦悩, 苦痛
agrarian [əgreəriən] [形] 農地の, 農業の
agree [əgri:] [動] 同意する, 賛成する
agreeable [əgri:əbl] [形] 気持ち良い
agreed [əgri:d] [形] 同意した, 合意した
agreement [əgri:mənt] [名] 同意, 賛成, 一致
agricultural [ægrəkʌltʃərəl] [形] 農業の
agriculture [ægrəkəltʃər] [名] 農業
ah [a:] [感] ああ
aha [aha:] [感] さては
ahead [əhed] [副] 前に
aid [eid] [名] 援助 [動] 助ける
AIDS [eidz] [名] エイズ
ail [eil] [動] 苦しめる, 痛みを感じる

ailing [**ei**liŋ] [形] 病気の

ailment [**ei**lmənt] [名] 軽い病気

aim [eim] [名] 目的, 標的 [動] 狙う

aimless [**eim**ləs] [形] 目的がない

aimlessly [**eim**ləsli] [副] 目的なく

ain't [eint] [短] am (is) not の短縮形

air [eər] [名] 空気, 空中

air base [**eər** beis] [名] 空軍基地

air-con**di**tioned [eər kən**di**ʃənd] [形] 冷暖房装置をした

air con**di**tioner [eər kən**di**ʃənər] [名] 冷暖房装置

aircraft [**eər**kræft] [名] 航空機

aircraft carrier [**eər**kræft kæriər] [名] 航空母艦

airfield [**eər**fi:ld] [名] 飛行場

air force [**eər** fɔ:rs] [名] 空軍

airline [**eər**lain] [名] 航空会社

airliner [**eər**lainər] [名] 定期航空機

airmail [**eər**meil] [名] 航空郵便

airman [**eər**mən] [名] 飛行士

airplane [**eər**plein] [名] 飛行機

airport [**eər**pɔ:rt] [名] 空港

air raid [**eər** reid] [名] 空襲

airship [**eər**ʃip] [名] 飛行船

airsick [**eər**sik] [形] 飛行機酔いをする

airway [**eər**wei] [名] 航空路, 航空会社

airy [**eər**i] [形] 風通しのよい, 空気の

aisle [ail] [名] 通路

a**jar** [ə**dʒa:r**] [形] 少し開いた [副] 少し開いて

a**kin** [ə**kin**] [形] 血縁の, 似た

Ala**ba**ma [ælə**bæ**mə] [地] アラバマ (米国の州)

alabaster [**æ**ləbæstər] [名] 雪花石膏, アラバスター

a**lac**rity [ə**læk**rəti] [名] 喜んで

A**lad**din [ə**læ**dn] [人] アラジン (アラビアンナイトのヒーロー)

a**larm** [ə**la:rm**] [名] 警報, 警報器, [動] 驚ろかせる

a**larm** clock [ə**la:rm** klak] [名] 目覚し時計

a**lar**ming [ə**la:r**miŋ] [形] 驚くべき

a**lar**mingly [ə**la:r**miŋli] [副] 驚くほど

a**las** [ə**læs**] [感] ああ, 可哀想に

A**las**ka [ə**læs**kə] [地] アラスカ (米国の州)

Al**ber**ta [æl**bə:r**tə] [地] アルバータ (カナダの州)

album [**æl**bəm] [名] アルバム

alchemist [**æl**kəmist] [名] 錬金術師

alchemy [**æl**kəmi] [名] 錬金術

alcohol [**æl**kəhɔ:l] [名] アルコール

alco**ho**lic [ælkə**hɔ:**lik] [形] アルコール中毒の, アルコールの

alcoholism [**æl**kəhɔ:lizm] [名] アルコール中毒

alcove [**æl**kouv] [名] 壁の中に入った部屋, 床の間

ale [eil] [名] ビールの一種

a**lert** [ə**lə:rt**] [名] 警戒 [形] 隙が無い

algebra [**æl**dʒəbrə] [名] 代数学

Al**ge**ria [æl**dʒiə**riə] [地] アルジェリア

alias [**ei**liəs] [名] 別名, 通称

alibi [**æ**ləbai] [名] 現場不在証明

alien [**ei**lyən] [名] 外国人 [形] 外国の

alienate [**ei**lyəneit] [動] 遠ざける, 疎外する, 疎遠にする

alie**na**tion [eilyə**nei**ʃən] [名] 遠ざけること, 疎遠, 疎外

a**light** [ə**lait**] [動] 降りる, 着陸する

a**lign** [ə**lain**] [動] 一列にする, 整列させる

a**lign**ment [ə**lain**mənt] [名] 整列, 中心合わせ

a**like** [ə**laik**] [形] 似た [副] 同じように

ali**men**tary [ælə**men**təri] [形] 食べ物の, 栄養の

alimony [**æ**ləmouni] [名] 別居手当, 離婚手当

a**live** [ə**laiv**] [形] 生きている

alkali [**æl**kəlai] [名] アルカリ (化学)

all [ɔ:l] [名] 全部 [形] すべての

Allah [**a**lə] [名] アラー神 (イスラム教)

all-A**mer**ican [ɔ:l ə**meə**rəkən] [名] 全米代表者 [形] 全米選抜の

all-a**round** [ɔ:l ə**raund**] [形] 多才な, 多目的の

al**lay** [ə**lei**] [動] 緩和する, 軽減する

alle**ga**tion [ælə**gei**ʃən] [名] 確言, 主張, 陳述

al**lege** [ə**ledʒ**] [動] 断言する, 主張する

al**leged** [ə**ledʒd**] [形] 断定された, 不審な

al**le**giance [ə**li:**dʒəns] [名] 忠誠, 忠義

alle**go**ric [ælə**gɔ:**rik] [形] 比喩的な

allegory [**æ**ləgɔ:ri] [名] 比喩, 寓話

al**ler**gic [ə**lə:r**dʒik] [形] アレルギーの, アレルギー体質の

allergy [**æ**lərdʒi] [名] アレルギー

al**le**viate [ə**li:**vieit] [動] 緩和させる, 軽減する

allevi**a**tion [əli:vi**ei**ʃən] [名] 緩和, 軽減

alley [**æ**li] [名] 小道, 路地

al**li**ance [ə**lai**əns] [名] 同盟

allied [**æ**laid] [形] 同盟した

allies [**æ**laiz] [名] 連合国

alligator [**æ**ləgeitər] [名] アリゲーター, わに

all-**night** [ɔ:l **nait**] [形] 徹夜の, 徹夜営業の

allocate [**æ**ləkeit] [動] 割り当てる, 分配する

allo**ca**tion [ælə**kei**ʃən] [名] 割り当て, 分配

al**lot** [ə**lat**] [動] 割り当てる, 分配する

al**lot**ment [ə**lat**mənt] [名] 割り当て, 分配

all-**out** [ɔ:l **aut**] [形] 全力を尽くした, 徹底した

al**low** [ə**lau**] [動] 許す, 許可する, 認める

allowance [əlauəns] [名] 手当て, 割り当て, 許可, 費用

alloy [ælɔi] [名] 合金, 非金属 [動] 合金を作る

all right [ɔ:l rait] [形] よろしい

allude [əlu:d] [動] 言及する, ほのめかす

allure [əluər] [名] 魅惑 [動] 魅惑する

allusion [əlu:ʒən] [名] 言及, ほのめかし

ally [əlai] [名] 同盟國 [動] 同盟を結ぶ

almanac [ɔ:lmənæk] [名] 年鑑

almighty [ɔ:lmaiti] [名] 全能者 [形] 全能な

almond [amənd] [名] アーモンド

almost [ɔ:lmoust] [形] ほとんど

alms [amz] [名] 義援金

aloft [əlɔ:ft] [副] 空高く, 空中で

alone [əloun] [形] 一人 [副] 一人で

along [əlɔ:ŋ] [副] 一緒に, ~に沿って

alongside [əlɔ:ŋsaid] [副] 横に, 並んで

aloof [əlu:f] [形] 冷淡な, 無関心な

aloud [əlaud] [副] 大声で

alphabet [ælfəbet] [名] アルファベット

alphabetic [ælfəbetik] [形] アルファベット順の

alphabetical [ælfəbetikəl] [形] アルファベット順の

alphabetize [ælfəbətaiz] [動] アルファベット順にする

alpine [ælpain] [名] 高山植物 [形] 高山の

Alps [ælps] [地] アルプス山脈 (ヨーロッパ)

already [ɔ:lredi] [副] すでに

also [ɔ:lsou] [副] やはり, また

altar [ɔ:ltər] [名] 祭壇

alter [ɔ:ltər] [動] 変える, 改める

alteration [ɔ:ltəreiʃən] [名] 変更, 改造, 修正

altercation [ɔ:ltərkeiʃən] [名] 口論, 激論

alternate [ɔ:ltənət] [形] 交互の

alternate [ɔ:ltərneit] [動] 交替する

alternative [ɔ:ltə:rnətiv] [名] 選択肢 [形] 代案の

although [ɔ:lðou] [接] たとえ~だけれども

altitude [æltətyu:d] [名] 高度

altogether [ɔ:ltəgeðər] [副] 完全に, 大体

altruism [æltruizm] [名] 利他主義

altruist [æltruist] [名] 利他主義者

altruistic [æltruistik] [形] 利他的な, 利他主義的な

aluminum [æluminəm] [名] アルミニウム

alumna [əlʌmnə] [名] alumnus(卒業生)の女性形

alumni [əlʌmnai] [名] alumnus(男子卒業生)の複数形

alumnus [əlʌmnəs] [名] 男子卒業生

always [ɔ:lweiz] [副] いつも

am [æm] [動] be 動詞一人称単数直說法現在

a.m. [ei em] [名] 午前

amalgamate [əmælgəmeit] [動] 合同,合併 [動] 合同する,合併する

amalgamation [əmælgəmeiʃən] [名] 合同, 合併

amass [əmæs] [動] 集める, 蓄積する

amateur [æmətər] [名] アマチュア, 非専門家

amateurish [æmətʃə:riʃ] [形] 素人のような, 未熟な

amateurishly [æmətʃə:riʃli] [副] 下手に

amaze [əmeiz] [動] 驚かせる

amazed [əmeizd] [形] びっくりした

amazement [əmeizmənt] [名] 驚き, 驚愕

amazing [əmeiziŋ] [形] 驚くべき

Amazon [æməzan] [地] アマゾン河 (南米)

ambassador [æmbæsədər] [名] 大使

amber [æmbər] [名] 琥珀 [形] 琥珀の, 琥珀色の

ambience [æmbiəns] [名] 雰囲気, 感じ

ambiguity [æmbəgyu:əti] [名] 曖昧

ambiguous [æmbigyuəs] [形] 曖昧な

ambiguously [æmbigyuəsli] [副] 曖昧に

ambition [æmbiʃən] [名] 野心, 意欲

ambitious [æmbiʃəs] [形] 野心に満ちた, 意欲的な

ambitiously [æmbiʃəsli] [副] 意欲的に

ambivalent [æmbivələnt] [形] 決定されていない, 躊躇する

ambulance [æmbyələns] [名] 救急車, 移動式野戦病院

ambush [æmbuʃ] [名] 待ち伏せ [動] 待ち伏せする

ameliorate [əmi:lyəreit] [動] 改善する

amen [eimen] [感] アーメン (キリスト教) [名] 同意, 賛同

amenable [əmi:nəbl] [形] 従順な, 法的義務がある

amend [əmend] [動] 改める, 修正する

amendment [əmendmənt] [名] 改正, 修正

amends [əmendz] [名] 埋め合わせ, 補償, 改正

amenity [əmenəti] [名] 礼儀

America [əmeərəkə] [地] 米国

American [əmeərəkən] [名] 米国人 [形] 米国の

amiable [eimiəbl] [形] 優しい, 愛想のある

amicable [æmikəbl] [形] 友好的な, 仲の良い

amid [əmid] [前] ~中

amidst [əmidst] [前] amid(~中)

amiss [əmis] [形] 間違った, 不適当な [副] 間違って

amity [æməti] [名] 親善, 親交, 友好関係

ammonia [əmounyə] [名] アンモニア

ammunition [æmyəniʃən] [名] 弾薬, 武器

amnesia [æmni:ʒə] [名] 物忘れ, 記憶喪失

amnesty [æmnəsti] [名] 大赦, 特赦 [動] 赦免する

among [əmʌŋ] [前] ~の間で, ~の中で

amoral [eimɔ:rəl] [形] 道徳観念がない

amorous [æmərəs] [形] 恋心の, 愛している, 色っぽい
amorously [æmərəsli] [副] 好色的に, 妖しく
amorphous [əmɔ:rfəs] [形] 無形の, 汚れのような
amortization [æmətəzeiʃən] [名] 償還, 償却, 償還金
amortize [æmərtaiz] [動] 償還する, 償却する
amount [əmaunt] [名] 合計 [動] 達する
ampere [æmpiər] [名] アンペア (電気)
amphibian [æmfibiən] [名] 両生動物, 水陸両用飛行機
amphitheater [æmfəθi:ətər] [名] 円形競技場, 闘技場
ample [æmpəl] [形] 十分な
amplification [æmpləfəkeiʃən] [名] 拡大, 拡張
amplifier [æmpləfaiər] [名] 拡大鏡, 増幅器, 拡声器
amplify [æmpləfai] [動] 拡大する, 敷衍する
amply [æmpli] [副] 広く, 十分に
amputate [æmpyəteit] [動] 切断する
amputation [æmpyəteiʃən] [名] 切断
Amsterdam [æmstərdæm] [地] アムステルダム (オランダの首都)
amulet [æmyələt] [名] お守り
amuse [əmyu:z] [動] 楽しませる
amused [əmyu:zd] [形] 面白がる
amusement [əmyu:zmənt] [名] 楽しみ
amusing [əmyu:ziŋ] [形] 楽しい
an [æn, ən] [冠] 一つの, ある
anachronism [ənækrənizm] [名] 時代錯誤
anal [einəl] [形] 肛門の
analog [ænəlɔ:g] [名] 類似物 [形] アナログ型の
analogous [ənæləgəs] [形] 類似した
analogy [ənælədʒi] [名] 類似, 類推
analysis [ənæləsəs] [名] 分析
analyst [ænəlist] [名] 分析家
analytic [ænəlitik] [形] 分析的な
analyze [ænəlaiz] [動] 分析する
anarchism [ænərkizm] [名] 無政府主義
anarchist [ænərkist] [名] 無政府主義者
anarchy [ænərki] [名] 無政府状態, 無秩序
anathema [ənæθəmə] [名] 呪い(嫌悪)の対象
anatomy [ənætəmi] [名] 解剖
ancestor [ænsestər] [名] 祖先
ancestral [ænsestrəl] [形] 祖先の, 祖先伝来の
ancestry [ænsestri] [名] 家系, 家柄
anchor [æŋkər] [名] 船の錨
anchorage [æŋkəridʒ] [名] 停泊地, 停泊料, 停泊
ancient [einʃənt] [形] 古代の
ancillary [ænsəleri] [形] 付随的な, 補助の
and [ænd] [接] そして
Anderson [ændə:rsən] [人] アンダーソン (男の名前)
Andes [ændi:z] [地] アンデス山脈 (南米)
anecdotal [ænikdoutl] [形] 逸話の, 逸話的な
anecdote [ænikdout] [名] 逸話, 隠れた事実
anemia [əni:miə] [名] 貧血
anemic [əni:mik] [形] 貧血の
anemone [əneməni] [名] アネモネ (植物)
anesthetic [ænəsθetik] [名] 麻酔剤 [形] 麻酔の, 麻痺した
anew [ənyu:] [副] 新たに
angel [eindʒəl] [名] 天使
angelic [ændʒelik] [形] 天使のような, 天使の
anger [æŋgər] [名] 怒り
angle [æŋgəl] [名] 角度
angler [æŋglər] [名] 釣り人
Anglican [æŋglikən] [名] イギリス国教徒 [形] イギリス国教の
Anglo-American [æŋglou əmeərəkən][名]イギリス系米国人 [形]英米の
Anglo-Saxon [æŋglou sæksn] [名] アングロサクソン人
angrily [æŋgrəli] [副] 怒って
angry [æŋgri] [形] 怒った
angst [a:ŋst] [名] 心配, 不安
anguish [æŋgwiʃ] [名] 苦痛, 苦悩 [動] 苦しめる
anguished [æŋgwiʃt] [形] つらがる
angular [æŋgyələr] [形] 角のある, ぎごちない
Angus [æŋgəs] [人] アンガス (男の名前)
animal [ænəməl] [名] 動物
animate [ænəmeit] [動] 活気づける, 鼓舞する
animate [ænəmət] [形] 生き生きした, 活発な
animated [ænəmeitəd] [形] 活発な
animation [ænəmeiʃən] [名] 生気, 活気, 漫画映画
animosity [ænəmasəti] [名] 恨み, 憎しみ, 敵意
ankle [æŋkəl] [名] くるぶし, 足首
annals [ænəlz] [名] 年代記, 年報
annex [əneks] [名] 別館, 付録 [動] 付加する
annexation [ænekseiʃən] [名] 付加, 合併
annihilate [ənaiəleit] [動] 全滅させる, 絶滅させる
annihilation [ənaiəleiʃən] [名] 全滅, 絶滅
anniversary [ænəvə:rsəri] [名] 記念日
annotated [ænəteitəd] [形] 注釈した
annotation [ænəteiʃən] [名] 注釈, 注解
announce [ənauns] [動] 発表する, 公表する
announcement [ənaunsmənt] [名] 発表, 公表
announcer [ənaunsər] [名] アナウンサー
annoy [ənɔi] [動] いらいらさせる
annoyance [ənɔiəns] [名] 迷惑な物(人), 困惑
annoying [ənɔiiŋ] [形] 迷惑な, 厄介な

annoyingly [ənɔiiŋli] [副] 迷惑に, 厄介に
annual [ænyuəl] [形] 一年の, 毎年の [名] 年鑑
annually [ænyuəli] [副] 毎年
annuity [ənyu:əti] [名] 年金
annul [ənʌl] [動] 無効にする, 取り消す, 廃止する
annulment [ənʌlmənt] [名] 無効化, 取り消し, 廃止
anoint [ənɔint] [動] 聖油を塗って神聖にする
anomalous [ənaməlәs] [形] 変則的な, 異例の
anomaly [ənaməli] [名] 変則, 異例, 異常
anon [ənan] [副] すぐに
anonymity [ænənimәti] [名] 匿名, 無名
anonymous [ənanəməs] [形] 匿名の, 作家不明の
anonymously [ənanəməsli] [副] 匿名で
another [ənʌðәr] [形] もう一つの
answer [ænsər] [名] 答え [動] 答える
answerable [ænsərəbl] [形] 責任がある, 答えることができる
answering machine [ænsəriŋ məʃi:n] [名] 電話自動応答装置
ant [ænt] [名] 蟻
antagonism [æntægənizm] [名] 敵対心, 敵意
antagonist [æntægənist] [名] 敵対者, 対抗者
antagonistic [æntægənistik] [形] 敵対する, 反目する
antagonize [æntægənaiz] [動] 敵対する, 反目する
Antarctic [ænta:rktik] [地] 南極 [形] 南極の
Antarctica [ænta:rktikə] [地] 南極大陸
antecedent [æntisi:dnt] [名] 先例, 祖先 [形] 先立つ
antedate [æntideit] [動] ~より古い
antelope [æntəloup] [名] れいよう (動物)
antenna [æntenə] [名] アンテナ, (昆虫の) 触角
anterior [æntiəriər] [形] 前面の, 前の, 先行した
anthem [ænθəm] [名] 國歌, 聖歌
anthology [ænθalədʒi] [名] 名詩選集, 作品集
anthropologist [ænθrəpalədʒist] [名] 人類学者
anthropology [ænθrəpalədʒi] [名] 人類学 (学問)
anthropomorphic [ænθrəpəmɔ:rfik] [形] 擬人化された
antibiotic [æntibaiatik] [名] 抗生物質 [形] 抗生物質の
anticipate [æntisəpeit] [動] 期待する
anticipation [æntisəpeiʃən] [名] 期待
anticommunist [æntikamyunist] [形] 反共産主義の, 反共の
antidote [æntidout] [名] 解毒剤
antipathy [æntipəθi] [名] 嫌悪感, 反感
antipodal [æntipədl] [形] 地球の反対側に位置する
antiquated [æntəkweitəd] [形] 古い, 旧式の
antique [ænti:k] [名] 古物, 骨董品 [形] 古風な
antiquity [æntikwəti] [名] 古さ, 古代, 古物
antitheses [æntiθəsi:z] [名] antithesis(対照)の複数形
antithesis [æntiθəsəs] [名] 対照, 対立, 正反対
antler [æntlər] [名] (鹿の)枝角
antonym [æntənim] [名] 反意語
anus [einəs] [名] 肛門
anvil [ænvəl] [名] かなとこ, 物を打つ台
anxiety [æŋzaiəti] [名] 心配
anxious [æŋkʃəs] [形] 心配な, 熱望している
anxiously [æŋkʃəsli] [副] 心配して
any [eni] [形] いくつかの, すべての
anybody [enibadi] [代] 誰でも
anyhow [enihau] [副] とにかく
anymore [enimɔ:r] [副] 最近は
anyone [eniwən] [代] 誰でも
anyplace [enipleis] [副] どこにでも, anywhere
anything [eniθiŋ] [代] 何でも
anytime [enitaim] [副] いつでも, 常に
anyway [eniwei] [副] とにかく
anywhere [eniweər] [副] どこにでも
apace [əpeis] [副] すぐに, 早く
apart [əpa:rt] [副] ばらばらに, 離れて
apartheid [əpa:rthait] [名] 南アフリカの人種差別政策
apartment [əpa:rtmənt] [名] アパート
apathetic [æpəθetik] [形] 無感情な, 冷淡な
apathy [æpəθi] [名] 無感覚, 無感情, 冷淡
ape [eip] [名] 猿, 類人猿 [動] 真似する
apex [eipeks] [名] 頂点, 極致
aphorism [æfərizm] [名] 金言, 格言
aphrodisiac [æfroudiziæk] [名] 催淫剤 [形] 性欲を引き起こす
apiece [əpi:s] [副] 個々に, めいめいに
apocalypse [əpakəlips] [名] 予言的な啓示
apocryphal [əpakrəfəl] [形] 虚構の, 偽造の
apogee [æpədʒi] [名] ~から最も遠く離れた所
Apollo [əpalou] [人] アポロ (ギリシャ神話)
apologetic [əpalədʒetik] [名] 弁明, 弁護 [形] 弁明の
apologize [əpalədʒaiz] [動] 謝る, 謝罪する
apology [əpalədʒi] [名] わび, 謝罪
apoplexy [æpəpleksi] [名] 脳卒中, 発作
apostasy [əpastəsi] [名] 背教行為
apostle [əpasəl] [名] 使徒 (キリストの弟子)
apostrophe [əpastrəfi] [名] 所有格符号 ('), 省略符号
apotheosis [əpaθiousəs] [名] 神格化, 完全無欠な例
appall [əpɔ:l] [動] ぞっとする
appalling [əpɔ:liŋ] [形] ぞっとさせる, 怖い
appallingly [əpɔ:liŋli] [副] ぞっとするほど
apparatus [æpərætəs] [名] 器具, 装置

apparel [əpærəl] [名] 服, 衣服 [動] 飾る
apparent [əpeərənt] [形] 明確な
apparently [əpeərəntli] [副] 明確に
apparition [æpəriʃən] [名] 幻影, 幽霊
appeal [əpi:l] [名] 懇願, 訴え [動] 訴える
appealing [əpi:liŋ] [形] 感動的な, 訴えるような
appear [əpiər] [動] 現れる
appearance [əpiərəns] [名] 出現, 登場
appease [əpi:z] [動] なだめる, 和らげる
appeasement [əpi:zmənt] [名] 鎮静, 緩和, 宥和
appellation [æpəleiʃən] [名] 名称, 名前
append [əpend] [動] 添える, 付加する, 追加する
appendage [əpendidʒ] [名] 付属物, 添加物
appendectomy [æpəndektəmi] [名] 虫垂切除
appendices [əpendəsi:z] [名] appendix(付加物)の複数形
appendicitis [əpendəsaitəs] [名] 虫垂炎
appendix [əpendiks] [名] 付加物, 付録, 突起
appetite [æpətait] [名] 食欲
appetizer [æpətaizər] [名] 食欲をそそるもの, 前菜
appetizing [æpətaiziŋ] [形] 食欲をそそる
applaud [əplɔ:d] [動] 拍手喝采する, 声援する
applause [əplɔ:z] [名] 拍手喝采, 声援
apple [æpəl] [名] リンゴ
appliance [əplaiəns] [名] 機械, 器具
applicable [æplikəbl] [形] 応用できる, 適用できる
applicant [æplikənt] [名] 申込者, 志願者
application [æpləkeiʃən] [名] 申し込み, 適用, 応用
applied [əplaid] [形] 適用された, 応用された
apply [əplai] [動] 適用する, 応用する, 付ける
appoint [əpɔint] [動] 任命する, 指名する
appointed [əpɔintəd] [形] 指定された, 約束された
appointment [əpɔintmənt] [名] 任命, 指定, 約束
apportion [əpɔ:rʃən] [動] 割り当てる, 分配する
apposite [æpəzət] [形] 適切な, 合致する
apposition [æpəziʃən] [名] 同格
appraisal [əpreizəl] [名] 評価, 鑑定
appraise [əpreiz] [動] 評価する, 鑑定する
appreciable [əpri:ʃəbl] [形] 評価できる, かなりの
appreciate [əpri:ʃieit] [動] 感謝する, 評価する
appreciation [əpri:ʃieiʃən] [名] 感謝, 評価
appreciative [əpri:ʃətiv] [形] 感知する, 鑑賞する, 感謝の
apprehend [æprihend] [動] 心配する, 逮捕する, 感知する
apprehension [æprihenʃən] [名] 不安, 心配, 逮捕
apprehensive [æprihensiv] [形] 不安な, 気がかりな
apprentice [əprentəs] [名] 弟子, 見習生
apprenticeship [əprentəsʃip] [名] 徒弟, 徒弟制度
apprise [əpraiz] [動] 知らせる, 通知する
approach [əproutʃ] [名] 接近, 方法 [動] 近づく
approbation [æprəbeiʃən] [名] 許可, 承認, 推薦
appropriate [əprouprieit] [動] 流用する, 盗用する
appropriate [əproupriət] [形] 適切な
appropriation [əprouprieiʃən] [名] 盗用, 充当, 流用
approval [əpru:vəl] [名] 承認, 賛成
approve [əpru:v] [動] 承認する, 賛成する
approved [əpru:vd] [形] 承認された, 立証された
approximate [əpraksəmeit] [動] 近づく, 概算する
approximate [əpraksəmət] [形] 同様な, おおよその
approximately [əpraksəmətli] [副] 大体
approximation [əpraksəmeiʃən] [名] 接近, 近似値
appurtenance [əpə:rtnəns] [名] 付随的な利益, 付属物
apricot [eiprikat] [名] 杏 (あんず)
April [eiprəl] [名] 四月
apron [eiprən] [名] 前掛け, エプロン
apropos [æprəpou] [形] 適切な
apt [æpt] [形] ~しやすい
aptitude [æptətyu:d] [名] 傾向, 才能, 適性
aptly [æptli] [副] 適切に, 巧みに
aquarium [əkweəriəm] [名] 水族館
aquatic [əkwatik] [名] 水生動物(植物) [形] 水生の
aqueduct [ækwədəkt] [名] 水路, 導管
Arab [ærəb] [名] アラブ人
Arabia [əreibiə] [地] アラビア (中東の半島)
Arabian [əreibiən] [形] アラビアの
Arabic [ærəbik] [名] アラビア語
arable [ærəbl] [名] 耕作地 [形] 耕作することができる
arbiter [a:rbətər] [名] 仲裁人, 調停者
arbitrary [a:rbətreri] [形] 独断的な, 任意の
arbitrate [a:rbətreit] [動] 仲裁する, 調停する
arbitration [a:rbətreiʃən] [名] 仲裁, 調停
arbitrator [a:rbətreitər] [名] 仲裁人, 調停者
arbor [a:rbər] [名] あずまや, 樹木
arc [a:rk] [名] 弧, 円弧
arcade [a:rkeid] [名] アーケード (屋根付き商店街)
arcane [a:rkein] [形] 秘密の
arch [a:rtʃ] [名] アーチ
archaeological [a:rkiəladʒikəl] [形] 考古学的な
archaeologist [a:rkiələdʒist] [名] 考古学者
archaeology [a:rkiələdʒi] [名] 考古学 (学問)
archaic [a:rkeiik] [形] 古代の, 古風の
archbishop [a:rtʃbiʃəp] [名] 大司教

arched [a:rtʃt] [形] アーチ型の, アーチのかかった

archer [a:rtʃər] [名] アーチャー, 弓術家

archery [a:rtʃəri] [名] 弓術, 弓道

archetype [a:rkitaip] [名] 原型, 模範

archipelago [a:rkəpeləgou] [名] 群島

architect [a:rkətekt] [名] 建築家, 構想者

architectural [a:rkətektʃərəl] [形] 建築の, 建築学上の

architecture [a:rkətektʃər] [名] 建築, 建築学, 建築様式

archives [a:rkaivz] [名] 公文書, 史料保管所

Arctic [a:rktik] [地] 北極

ardent [a:rdnt] [形] 熱烈な, 熱心な

ardently [a:rdntli] [副] 熱烈に, 熱心に

ardor [a:rdər] [名] 熱心, 情熱

arduous [a:rdʒuəs] [形] 難しい, 精力的な

are [a:r] [動] be 動詞二人称単数直説法現在

area [eəriə] [名] 面積, 地域, 分野

area code [eəriə koud] [名] 地域番号

arena [əri:nə] [名] 競技場

aren't [a:rnt] [短] are not の短縮形

Argentina [a:rdʒənti:nə] [地] アルゼンチン

argue [a:rgyu:] [動] 論争する, 主張する

argument [a:rgyəmənt] [名] 論争, 主張, 要旨

arid [ærəd] [形] 乾燥した, 不毛の

aright [ərait] [副] 正しく, 間違いなく

arise [əraiz] [動] 起こる, 発生する

arisen [ərizn] [動] arise (起こる) の過去分詞

aristocracy [ærəstakrəsi] [名] 貴族, 貴族政治

aristocrat [əristəkræt] [名] 貴族, 貴族的な人

aristocratic [əristəkrætik] [形] 貴族の, 貴族的な

Aristotle [ærəstatl] [人] アリストテレス (哲学者)

arithmetic [əriθmətik] [名] 算数, 計算

arithmetical [əriθmətikəl] [形] 算数の

Arizona [ærəzounə] [地] アリゾナ (米国の州)

ark [a:rk] [名] ノアの箱舟, 契約の箱

Arkansas [a:rkənsɔ:] [地] アーカンソー (米国の州)

arm [a:rm] [名] 腕, 武器 [動] 武装する

armaments [a:rməmənts] [名] 軍備, 武装

armchair [a:rmtʃeər] [名] アームチェア, 安楽椅子

armed [a:rmd] [形] 武装した

armed forces [a:rmd fɔ:rsiz] [名] 軍隊

Armenia [a:rmi:niə] [地] アルメニア (東ヨーロッパ諸国)

armful [a:rmful] [名] 一抱え

armistice [a:rməstəs] [名] 休戦, 停戦

armor [a:rmər] [名] 鎧と兜, 甲冑

armored [a:rmərd] [形] 鎧を着た, 装甲した

armory [a:rməri] [名] 兵器庫

armpit [a:rmpit] [名] 脇の下

army [a:rmi] [名] 陸軍, 軍隊

aroma [əroumə] [名] 芳香, 香気

aromatic [ærəmætik] [形] 香りがよい

around [əraund] [副] 周りに, 付近に

arouse [ərauz] [動] 揺り起こす, 刺激する

arraign [ərein] [動] 審問する, 告発する

arraignment [əreinmənt] [名] 審問, 告発

arrange [əreindʒ] [動] 整理(用意, 準備)する

arrangement [əreindʒmənt] [名] 整理, 用意, 準備

arrant [ærənt] [形] すごい, くだらない

array [ərei] [名] 配列 [動] 配列する

arrears [əriərz] [名] 借金が残っている

arrest [ərest] [名] 逮捕, 阻止 [動] 逮捕する

arrested [ərestəd] [形] 逮捕された, 阻止された

arrival [əraivəl] [名] 到着

arrive [əraiv] [動] 到着する

arrogance [ærəgəns] [名] 生意気, 横柄, 傲慢

arrogant [ærəgənt] [形] 生意気な, 横柄な, 傲慢な

arrogantly [ærəgəntli] [副] 生意気に

arrow [ærou] [名] 矢

arsenal [a:rsnəl] [名] 武器庫, 倉庫

arson [a:rsn] [名] 放火, 放火罪

arsonist [a:rsnist] [名] 放火犯

art [a:rt] [名] 芸術, 美術

artery [a:rtəri] [名] 動脈, 幹線

artful [a:rtfl] [形] 狡猾な, 巧みな

arthritis [a:rθraitəs] [名] 関節炎

article [a:rtikəl] [名] 記事, 物品, 冠詞

articulate [a:rtikyəleit] [動] はっきり発音する

articulate [a:rtikyələt] [形] 発音が明瞭な, 明確な

articulation [a:rtikyəleiʃən] [名] 明瞭な発音

artifice [a:rtəfəs] [名] 策略

artificial [a:rtəfiʃəl] [形] 人工の, 人工的な, 偽の

artillery [a:rtiləri] [名] 大砲

artisan [a:rtəzən] [名] 工芸家

artist [a:rtist] [名] 芸術家

artistic [a:rtistik] [形] 芸術的な

artistry [a:rtəstri] [名] 芸術的才能, 芸術性

artless [a:rtləs] [形] 自然な, 素朴な

as [æz] [副] ~だけ [接] ~のように [前] ~として

ascend [əsend] [動] 上る

ascendancy [əsendənsi] [名] 権勢, 優勢

ascendant [əsendənt] [名] 優位, 優勢 [形] 上がる

ascent [əsent] [名] 上昇, 上り坂
ascertain [æsərtein] [動] 確認する, 糾明する
ascetic [əsetik] [形] 禁欲的な
ascribe [əskraib] [動] ~のせいにする
ash [æʃ] [名] 灰
ashamed [əʃeimd] [形] 恥ずかしい
ashen [æʃən] [形] 灰色の, 青ざめた
ashore [əʃɔ:r] [副] 水辺に
ashtray [æʃtrei] [名] 灰皿
Asia [eiʒə] [地] アジア
Asian [eiʒən] [名] アジア人 [形] アジアの
Asiatic [eiʒiætik] [名] アジア人 [形] アジアの
aside [əsaid] [副] 横で [名] 傍白 (演劇)
ask [æsk] [動] 質問する, 頼む
askance [əskæns] [副] 疑って, 横目で
asleep [əsli:p] [形] 眠っている
asparagus [əspærəgəs] [名] アスパラガス (植物)
aspect [æspekt] [名] 顔付き, 見解, 局面
aspersion [əspə:rʒən] [名] 中傷, 誹謗
asphalt [æsfɔ:lt] [名] アスパルト
asphyxiate [æsfiksieit] [動] 窒息する
aspiration [æspəreiʃən] [名] 熱望, 渇望
aspire [əspaiər] [動] 熱望する
aspirin [æspərən] [名] アスピリン (薬)
ass [æs] [名] ロバ
assail [əseil] [動] 攻撃する, 非難する
assailant [əseilənt] [名] 攻撃者, 加害者 [形] 攻撃する
assassin [əsæsn] [名] 暗殺者, 刺客
assassinate [əsæsəneit] [動] 暗殺する
assassination [əsæsəneiʃən] [名] 暗殺
assault [əsɔ:lt] [名] 奇襲, 暴行, 強姦
assay [æsei] [名] 分析 [動] 分析する
assemblage [əsemblidʒ] [名] 集会, 集団
assemble [əsembəl] [動] 強姦, 組み立てる
assembled [əsembəld] [形] 集合された, 結集された
assembly [əsembli] [名] 集会, 組立
assent [əsent] [名] 同意 [動] 同意する
assert [əsə:rt] [動] 断言する, 主張する
assertion [əsə:rʃən] [名] 断言, 主張
assess [əses] [動] 評価する, 課税評価する
assessable [əsesəbl] [形] 評価できる, 課税できる
assessment [əsesmənt] [名] 課税, 課税額, 評価
assessor [əsesər] [名] 財産評価人, 損害査定人
asset [æset] [名] 財産, 資産, 利点
assiduous [əsidʒuəs] [形] 勤勉な, 専念する
assign [əsain] [動] 割り当てる, 指定する, 任命する
assignment [əsainmənt] [名] 任務, 任命, 宿題
assimilate [əsiməleit] [動] 同和する, 吸収する
assimilation [əsiməleiʃən] [名] 同和, 吸収
assist [əsist] [動] 助ける, 援助する
assistance [əsistəns] [名] 援助
assistant [əsistənt] [名] 助手
associate [əsouʃieit] [動] 連想(連合, 交際)する
associate [əsouʃiət] [名] 同僚 [形] 同僚の
association [əsousieiʃən] [名] 協会, 団体, 提携
assorted [əsɔ:rtəd] [形] 品揃えを備えた, いろいろな
assortment [əsɔ:rtmənt] [名] いろいろ備えたもの, 分類
assuage [əsweidʒ] [動] 緩和する, 軽減する
assuagement [əsweidʒmənt] [名] 緩和, 軽減
assume [əsu:m] [動] 仮定する, 仮装する
assumed [əsu:md] [形] 仮定した, 仮装した
assumption [əsʌmpʃən] [名] 仮定, 仮装
assurance [əʃuərəns] [名] 保証, 確信
assure [əʃuər] [動] 保証する, 確信する
assured [əʃuərd] [形] 保証された, 確実な
assuredly [əʃuərdli] [副] 確実に
asterisk [æstərisk] [名] アスタリスク (*)
asthma [æzmə] [名] 喘息
asthmatic [æzmætik] [形] 喘息の
astigmatism [əstigmətizm] [名] 乱視
astonish [əstaniʃ] [動] 驚かせる
astonished [əstaniʃt] [形] 驚いた
astonishing [əstaniʃiŋ] [形] 驚くべき
astonishingly [əstaniʃiŋli] [副] 驚いたことに
astonishment [əstaniʃmənt] [名] 驚き
astound [əstaund] [動] 驚かせる
astounding [əstaundiŋ] [形] 仰天させる
astray [əstrei] [形] 道を失った, 悪い道に落ちた
astringent [əstrindʒənt] [名] 収斂剤 [形] 収斂させる, 厳しい
astrologer [əstralədʒər] [名] 占星術師
astrology [əstralədʒi] [名] 占星術
astronaut [æstrənɔ:t] [名] 宇宙飛行士
astronomer [əstranəmər] [名] 天文学者
astronomic [æstrənamik] [形] 天文学上の, 天文学的な
astronomical [æstrənamikəl] [形] 天文学上の, 天文学的な
astronomy [əstranəmi] [名] 天文学 (学問)
astute [əstyu:t] [形] 鋭い, 隙の無い
asunder [əsʌndər] [形] 別々の [副] 別々に
asylum [əsailəm] [名] 療養所, 収容所
at [æt] [前] ~から, ~時

ate [eit] [動] eat (食べる) の過去形
atheism [eiθi:izm] [名] 無神論
atheist [eiθi:ist] [名] 無神論者
Athenian [əθi:niən] [名] アテネ人 [形] アテネの
Athens [æθinz] [地] アテネ (ギリシャの首都)
athlete [æθli:t] [名] 競技者, 運動選手
athletic [æθletik] [形] 運動の
athletics [æθletiks] [名] 運動競技
Atlanta [ætlæntə] [地] アトランタ (米国の都市)
Atlantic [ətlæntik] [地] 大西洋 [形] 大西洋の
atlas [ætləs] [名] 地図帳
ATM [eitiem] [名] 現金自動預け払い機 (預金機)
atmosphere [ætməsfiər] [名] 大気, 雰囲気
atmospheric [ætməsfiərik] [形] 大気の, 雰囲気の
atom [ætəm] [名] 原子
atomic [ətamik] [形] 原子の
atone [ətoun] [動] 罪滅ぼしをする
atrocious [ətrouʃəs] [形] 極悪な, 凶悪な
atrociously [ətrouʃəsli] [副] 凶悪に
atrocity [ətrasəti] [名] 極悪, 凶悪, 残虐
atrophy [ætrəfi] [名] 萎縮症, 消耗症 [動] 萎縮する
attach [ətætʃ] [動] 付ける, 添付する
attached [ətætʃt] [形] 添付された, 付属の, 愛着を持つ
attachment [ətætʃmənt] [名] 添付物, 付属物, 愛着
attack [ətæk] [名] 攻撃, 発作 [動] 攻撃する
attain [ətein] [動] 到着する, 達成する
attainable [əteinəbl] [形] 達成(到達)することができる
attainment [əteinmənt] [名] 達成, 到達
attempt [ətempt] [名] 試み [動] 試みる
attempted [ətemptəd] [形] 試みた, 未遂の
attend [ətend] [動] 出席(世話, 注意)する
attendance [ətendəns] [名] 出席, 出席者
attendant [ətendənt] [名] 付添い人, 出席者 [形] 付随的な
attention [ətenʃən] [名] 注意, 注目, 配慮
attentive [ətentiv] [形] 注意深い, 丁重な
attentively [ətentivli] [副] 注意深く
attenuate [ətenyueit] [動] 細くなる, 薄くなる
attest [ətest] [動] 証言する, 証明する
attic [ætik] [名] 屋根裏部屋
attire [ətaiər] [名] 服装 [動] 服を着せる
attitude [ætətyu:d] [名] 態度, 姿勢
attorney [ətə:rni] [名] 弁護士
attract [ətrækt] [動] 魅了する, 引く
attraction [ətrækʃən] [名] 魅力, 引力
attractive [ətræktiv] [形] 魅力ある
attractively [ətræktivli] [副] 魅力的に
attribute [ətribyu:t] [動] ~のせいだと思う
attribute [ætrəbyu:t] [名] 属性, 特質
attrition [ətriʃən] [名] 自然的な減少, 磨耗
attune [ətyu:n] [動] 調律する, 調節する
auburn [ɔ:bərn] [名] あずき色 [形] あずき色の
auction [ɔ:kʃən] [名] 競売 [動] 競売する
auctioneer [ɔ:kʃəniər] [名] 競売人
audacious [ɔ:deiʃəs] [形] 大胆な, 厚かましい
audacity [ɔ:dæsəti] [名] 大胆性, 厚かましいさ
audibility [ɔ:dəbiləti] [名] 可聴性
audible [ɔ:dəbl] [形] 聞こえる, 聞くことができる
audience [ɔ:diəns] [名] 聴衆, 観客, 観衆
audio [ɔ:diou] [名] オーディオ, 音声送受信
audiovisual [ɔ:diouviʒuəl] [形] 視聴覚の
audit [ɔ:dət] [名] 会計監査 [動] 会計監査する
audition [ɔ:diʃən] [名] リスニング, ヒアリング, オーディション
auditor [ɔ:dətər] [名] 会計監査, 聴衆, 傍聴人
auditorium [ɔ:dətɔ:riəm] [名] 講堂, 傍聴席, 観覧席
augment [ɔ:gment] [動] 増大する
augur [ɔ:gər] [動] 前兆となる, 例示する
August [ɔ:gəst] [名] 8月
august [ɔ:gʌst] [形] 尊厳な, 威厳ある
aunt [ænt] [名] おばさん
Aurora [ərɔ:rə] [人] 夜明けの女神 (ローマ神話)
auspice [ɔ:spəsəz] [名] 保護, 賛助, 吉兆
auspicious [ɔ:spiʃəs] [形] 吉兆の ,幸運の
austere [ɔ:stiər] [形] 厳格な, 耐乏した
austerity [ɔ:steərəti] [名] 厳格, 耐乏
Australia [ɔ:streilyə] [地] オーストラリア
Austria [ɔ:striə] [地] オーストリア
authentic [ɔ:θentik] [形] 信頼できる, 確実な, 本物の
author [ɔ:θər] [名] 作家, 著者
authoritative [əθɔ:rəteitiv] [形] 権威的な
authoritatively [əθɔ:rəteitivli] [副] 権威的に
authority [əθɔ:rəti] [名] 権威, 権威者, 当局
authorization [ɔ:θərəzeiʃən] [名] 授権, 委任, 許可
authorize [ɔ:θəraiz] [動] 権限を与える, 公認する
authorized [ɔ:θəraizd] [形] 公認された
authorship [ɔ:θərʃip] [名] 著述業, 著述, 根源
autism [ɔ:tizm] [名] 自閉症
autistic [ɔ:tistik] [形] 自閉症の
auto [ɔ:tou] [名] 自動車
autobiography [ɔ:təbaiagrəfi] [名] 自叙伝
autocracy [ɔ:takrəsi] [名] 専制, 独裁

autocrat [ɔ:təkræt] [名] 専制君主, 独裁者
autocratic [ɔ:təkrætik] [形] 独裁の
autograph [ɔ:təgræf] [名] 署名, 自署 [動] 署名する
automate [ɔ:təmeit] [動] 自動化する
automatic [ɔ:təmætik] [形] 自動の
automatically [ɔ:təmætikəli] [副] 自動的に
automation [ɔ:təmeiʃən] [名] オートメーション, 自動操作
automaton [ɔ:tamətn] [名] 自動機械, ロボット
automobile [ɔ:təmoubi:l] [名] 自動車
automotive [ɔ:təmoutiv] [形] 自動車の
autonomous [ɔ:tanəməs] [形] 独立的な, 自律的な
autonomy [ɔ:tanəmi] [名] 自治, 自律, 自主
autopsy [ɔ:tapsi] [名] 検死, 剖検
autumn [ɔ:təm] [名] 秋
autumnal [ɔ:təmnəl] [形] 秋の, 初老の
auxiliary [ɔ:gzilyəri] [名] 補助者, 助動詞 [形] 補助の
avail [əveil] [動] 役に立つ [名] 利益, 効果
availability [əveiləbiləti] [名] 有用性, 有効性
available [əveiləbl] [形] 使える, 有効な
avalanche [ævəlæntʃ] [名] 雪崩 [動] 殺到する
avant-garde [avan ga:rd] [名] 前衛芸術家 [形] 前衛的な
avarice [ævərəs] [名] 貪欲
avaricious [ævəriʃəs] [形] 貪欲な
avariciously [ævəriʃəsli] [副] 貪欲に
avenge [əvendʒ] [動] 復讐(報復)をする
avenger [əvendʒər] [名] 復讐する人
avenue [ævənyu:] [名] 街路樹の道, 接近手段
aver [əvə:r] [動] 確言する, 断言する
average [ævəridʒ] [名] 平均, 標準 [形] 平均の
averse [əvə:rs] [形] きらって, 反対の
aversion [əvə:rʒən] [名] 嫌悪, 反感
avert [əvə:rt] [動] 避ける
aviation [eivieiʃən] [名] 飛行術, 航空術
aviator [eivieitər] [名] 飛行士, 航空社
avid [ævəd] [形] 貪欲な, 熱烈な
avidity [əvidəti] [名] 貪欲, 熱心
avidly [ævədli] [副] むさぼるように
avocado [ævəkadou] [名] アボカド (熱帯果物)
avocation [ævəkeiʃən] [名] 副業
avoid [əvɔid] [動] 避ける
avoidable [əvɔidəbl] [形] 避けることができる
avoidance [əvɔidəns] [名] 回避, 取り消し
avow [əvau] [動] 主張する, 認める
avuncular [əvʌŋkyələr] [形] おじのような, 慈愛のある
await [əweit] [動] 待つ
awake [əweik] [動] 起こす, 目覚める
awaken [əweikən] [動] 分からせる, 分かる
awakening [əweikəniŋ] [名] 覚醒 [形] 覚醒する
award [əwɔ:rd] [名] 賞 [動] 授与する
aware [əweər] [形] 知っている, 感知した
awareness [əweərnəs] [名] 自覚, 意識
away [əwei] [副] 離れて, 他の方向に
awe [ɔ:] [名] 畏敬 [動] 畏敬する
awesome [ɔ:səm] [形] 気味悪い, 荘厳な
awful [ɔ:fl] [形] 恐ろしい, ひどい
awfully [ɔ:fəli] [副] 恐ろしく
awhile [əwail] [副] しばらく
awkward [ɔ:kwə:rd] [形] ぎこちない
awning [ɔ:niŋ] [名] 日よけ
awoke [əwouk] [動] awake (起こす) の過去形
awry [ərai] [形] 曲がった, 間違った
ax [æks] [名] おの
axiom [æksiəm] [名] 自明の理, 原則
axis [æksəs] [名] 軸, 中心線
axle [æksəl] [名] 心棒, 車軸
ay [ai] [名] 賛成 [副] そう
azure [æʒər] [名] 空色 [形] 空色の

B

babble [**bæ**bəl] [名] おしゃべり [動] しゃべる
babe [beib] [名] 赤ちゃん
ba**boon** [bæ**bu:n**] [名] ヒヒ (動物), 醜い人間
baby [**bei**bi] [名] 赤ちゃん, 幼児
babysit [**bei**bisit] [動] 子供を見る
babysitter [**bei**bisitər] [名] 子供を見てくれる人
bacchanal [**bæ**kənəl] [名] 酔い騒ぐ人
Bach [bak] [人] バッハ (ドイツの作曲家)
bachelor [**bæt**ʃlər] [名] 独身男性
ba**ci**llus [bə**si**ləs] [名] バチルス, 桿菌, 細菌
back [bæk] [形] 後ろの [副] 後ろに [名] 背中
backbone [**bæk**boun] [名] 背骨, 脊柱, 中枢
background [**bæk**graund] [名] 背景, 経歴
backing [**bæ**kiŋ] [名] 助け, 後援
backlash [**bæk**læʃ] [名] 逆回転, 反発 [動] 反発する
backlog [**bæk**lɔ:g] [名] 備蓄物, 予備, 大きな丸太
backpack [**bæk**pæk] [名] 宇宙飛行士の背負い箱
backup [**bæk**əp] [名] 後援者, 非常対策, バックアップ
backward [**bæk**wə:rd] [形] 後ろの [副] 後ろに
back**yard** [bæk**ya:rd**] [名] 裏庭
Bacon [**bei**kən] [人] ベーコン (イギリスの政治家・哲学)
bacon [**bei**kən] [名] ベーコン
bac**te**ria [bæk**tiə**riə] [名] バクテリア, 細菌
bac**te**rial [bæk**tiə**riəl] [形] バクテリア (細菌)の
bac**te**rium [bæk**tiə**riəm] [名] bacteria(バクテリア)の単数形
bad [bæd] [形] 悪い, 間違った
badge [bædʒ] [名] 記章, バッジ
badger [**bæ**dʒər] [動] いじめる [名] アナグマ
badly [**bæd**li] [副] 悪く, 非常に
badminton [**bæd**mintn] [名] バドミントン
baffle [**bæ**fəl] [名] 挫折 [動] 挫折させる
bag [bæg] [名] バッグ, 袋 [動] 袋に入れる
baggage [**bæ**gidʒ] [名] 手荷物
baggy [**bæ**gi] [形] 膨らんだ, だぶだぶの
Baghdad [**bæg**dæd] [地] バグダッド (イラクの首都)
bagpipes [**bæg**paips] [名] 風笛, バグパイプ
Ba**ha**mas [bə**ha**məz] [地] バハマ (西インド諸島国)
bail [beil] [名] 保釈金 [動] 保釈を許可する
bait [beit] [名] 餌 [動] 餌をつける
bake [beik] [動] 焼く
baker [**bei**kər] [名] パン屋
bakery [**bei**kəri] [名] パン屋さん
baking [**bei**kiŋ] [名] パン焼き [形] パン焼き用の
baking powder [**bei**kiŋ paudər] [名] ベーキングパウダー
balance [**bæ**ləns] [名] 均衡 [動] 均衡を合わせてる
balanced [**bæ**lənst] [形] 均衡の取れた
balance sheet [**bæ**ləns ʃi:t] [名] 貸借対照表
balcony [**bæl**kəni] [名] バルコニー
bald [bɔ:ld] [形] はげの, 単調な, 露骨的な
bale [beil] [名] 梱
baleful [**beil**fl] [形] 悪意のある, 邪悪な
balk [bɔ:k] [名] 障害, 妨害 [動] 妨害する
Balkan [**bɔ:l**kən] [地] バルカン諸国 [形] バルカン半島の
ball [bɔ:l] [名] ボール
ballad [**bæ**ləd] [名] 民謡
ballast [**bæ**ləst] [名] 底荷, 砂袋
balle**ri**na [bælə**ri:**nə] [名] バレリーナ, ダンサー
ballet [**bæ**lei] [名] バレー, バレー団
bal**loon** [bə**lu:n**] [名] 風船
ballot [**bæ**lət] [動] 投票する [名] 投票用紙
ballot box [**bæ**lət baks] [名] 投票箱
ballpoint pen [**bɔ:l**pɔint pen] [名] ボールペン
ballyhoo [**bæ**lihu:] [名] 大騒ぎ
balm [bam] [名] 香油, 香り
balmy [**ba**mi] [形] 爽やかな, 穏やかな, 香りがよい
Baltic [**bɔ:l**tik] [名] バルト語 [形] バルト海の
Baltimore [**bɔ:l**təmɔ:r] [地] ボルチモア (米国の都市)
bam**boo** [bæm**bu:**] [名] 竹
ban [bæn] [名] 禁止 [動] 禁止する
ba**nal** [bə**næl**] [形] 陳腐な, 平凡な
ba**na**na [bə**næ**nə] [名] バナナ
band [bænd] [名] バンド, グループ
bandage [**bæn**didʒ] [名] 包帯 [動] 包帯を巻く
Band-Aid [**bænd** eid] [名] バンドエイド (商標名)
banded [**bæn**dəd] [形] 帯状の装飾がある
bandit [**bæn**dət] [名] 山賊, 強盗
bandy [**bæn**di] [動] 前後に振る, 交換する
bane [bein] [名] 毒, 苦痛の原因
bang [bæŋ] [名] 爆発音 [動] 強く打つ
Bangkok [**bæŋ**kak] [地] バンコク (タイの首都)
Bangla**desh** [baŋglə**deʃ**] [地] バングラデシュ
banish [**bæ**niʃ] [動] 追放する, 追い出す
banishment [**bæ**niʃmənt] [名] 追放
bank [bæŋk] [名] 銀行, 堤防 [動] 預金する
bank account [**bæŋk** əkaunt] [名] 銀行口座
bankbook [**bæŋk**buk] [名] 銀行通帳
bankcard [**bæŋk**ka:rd] [名] 銀行カード
bank clerk [**bæŋk** klə:rk] [名] 銀行員

banker [**bæŋ**kər] [名] 銀行家

banking [**bæŋ**kiŋ] [名] 銀行業, 築堤

banknote [**bæŋk**nout] [名] 銀行券

bankrupt [**bæŋk**rəpt] [名] 破産者 [形] 破産した

bankruptcy [**bæŋk**rəptsi] [名] 破産, 倒産

banner [**bæ**nər] [名] 旗

banquet [**bæŋ**kwət] [名] 宴会

banter [**bæn**tər] [名] ふざけ [動] ふざける

baptism [**bæp**tizm] [名] 洗礼, 浸礼

Baptist [**bæp**tist] [名] 浸礼派の教徒

baptize [**bæp**taiz] [動] 洗礼(浸礼)を施す

bar [ba:r] [名] 棒, 酒屋

bar**bar**ian [ba:r**beə**riən] [名] 野蛮人, 未開人 [形] 未開の

bar**bar**ic [ba:r**beə**rik] [形] 野蛮的な, 未開な

barbarism [**ba:r**bərizm] [名] 野蛮, 未開, 野蛮行為

bar**bar**ity [ba:r**beə**rəti] [名] 残虐, 残忍, 蛮行

barbarous [**ba:r**bərəs] [形] 野蛮的な, 未開な

barbarously [**ba:r**bərəsli] [副] 野蛮的に

barbecue [**ba:r**bikyu:] [名] バーベキュー [動] 火に直接焼く

barber [**ba:r**bər] [名] 理髪師

bar code [**ba:r** koud] [名] バーコード

bare [beər] [形] 裸の [動] 露出する

barefoot [**beər**fut] [形] 裸足の [副] 裸足で

barely [**beər**li] [副] やっと

bargain [**ba:r**gən] [名] 売買契約, 安く買った物

barge [ba:rdʒ] [名] バージ船 [動] バージ船で運ぶ

bark [ba:rk] [動] 吠える [名] 木の皮

barley [**ba:r**li] [名] 麦

barn [ba:rn] [名] 納屋

barnyard [**ba:rn**ya:rd] [名] 小屋前庭 [形] 汚い

ba**ro**meter [bə**ra**mətər] [名] 気圧計, バロメーター

baron [**beə**rən] [名] 男爵

baroness [**beə**rənəs] [名] 男爵婦人

ba**roque** [bə**rouk**] [名] バロック様式, バロック時代

barracks [**beə**rəks] [名] 兵舎, 兵営

bar**rage** [bə**ra:dʒ**] [名] 集中射撃

barred [ba:rd] [形] ラッチをかけた, 縞模様のある

barrel [**beə**rəl] [名] 樽

barreled [**beə**rəld] [形] 樽に詰めた, 円筒の

barren [**beə**rən] [形] 不毛の, 不妊の

barricade [**beə**rəkeid] [名] 防塞, バリケード, 障害物

barrier [**beə**riər] [名] 障害, 障害物

barring [**ba:r**iŋ] [前] ~を除いては

bartender [**ba:r**tendər] [名] バーテンダー

barter [**ba:r**tər] [名] 物々交換 [動] 物々交換する

base [beis] [名] 基礎 [動] 基礎を置く

baseball [**beis**bɔ:l] [名] 野球

basement [**beis**mənt] [名] 地下室

bash [bæʃ] [名] 強打 [動] 強打する

bashful [**bæʃ**fl] [形] 恥ずかしがる, 照れる

basic [**bei**sik] [形] 基本的な

basically [**bei**sikəli] [副] 基本的に

basin [**bei**sn] [名] たらい, 水たまり

basis [**bei**səs] [名] 基礎, 基本

bask [bæsk] [動] 日なたぼっこする

basket [**bæs**kət] [名] バスケット

basketball [**bæs**kətbɔ:l] [名] バスケットボール

basketful [**bæs**kətfl] [名] バスケットいっぱいの量

bass [beis] [名] 低音部, ベース [形] 低音の

bastard [**bæs**tərd] [名] 私生児, 模造品 [形] 私生の

bastion [**bæs**tʃən] [名] 城塞, 要塞

bat [bæt] [名] バット, 野球バット

bath [bæθ] [名] 入浴, 浴槽

bathe [beið] [動] 入浴させる, 入浴する

bathing [**bei**ðiŋ] [名] お風呂

bathing cap [**bei**ðiŋ kæp] [名] 水泳帽子

bathing suit [**bei**ðiŋ su:t] [名] 女性水着

bathrobe [**bæθ**roub] [名] バスの前後に着る浴衣

bathroom [**bæθ**rum] [名] 浴室, トイレ

bathtub [**bæθ**təb] [名] 浴槽

ba**ton** [bə**tan**] [名] 杖, 指揮棒, バトン

bat**tal**ion [bə**tæl**yən] [名] 大隊 (軍隊)

batter [**bæ**tər] [動] 連打する, ぶち壊す

battery [**bæ**təri] [名] バッテリー, 電池

batting [**bæ**tiŋ] [名] 打撃

battle [**bæ**tl] [名] 戦闘 [動] 戦う

battlefield [**bæ**tlfi:ld] [名] 戦場

battleship [**bæ**tlʃip] [名] 戦艦

bauble [**bɔ:**bəl] [名] 小さな置物, 装身具

bawl [bɔ:l] [名] 大声 [動] 大声で話す

bay [bei] [名] 湾

bayonet [**bei**ənət] [名] 銃剣

ba**zaar** [bə**za:r**] [名] バザー (慈善目的の市場)

B.C. [bi:**si:**] [名] 紀元前

be [bi:] [動] b 動詞原形

beach [bi:tʃ] [名] ビーチ

beacon [**bi:**kən] [名] たいまつ, かがり火 [動] 明るくする

bead [bi:d] [名] じゅず玉

beaded [**bi:**dəd] [形] 玉がついている

beak [bi:k] [名] (鳥の) くちばし

beam [bi:m] [名] 柱石, 光線
beamed [bi:md] [形] 輝く
beaming [bi:miŋ] [形] 明るく輝く, 明るい
bean [bi:n] [名] 豆
bear [beər] [名] 熊 [動] 耐える, 運ぶ
bearable [beərəbl] [形] 耐えられる
beard [biərd] [名] あごひげ
bearded [biərdəd] [形] あごひげのある
bearer [beərər] [名] 運搬人, 小切手の所持人
bearing [beəriŋ] [名] 態度, 関係, 忍耐
beast [bi:st] [名] 獣
beastly [bi:stli] [形] 獣のような
beat [bi:t] [名] 鼓動 [動] 打つ, 勝つ
beaten [bi:tn] [形] 敗北した, 疲れてしまった
beaten [bi:tn] [動] beat (打つ) の過去分詞形
beating [bi:tiŋ] [名] 立て続けに打撃, 打破, 打倒
beauteous [byu:tiəs] [形] 美しい
beautiful [byu:tifl] [形] 美しい
beautifully [byu:tifəli] [副] 美しく
beautify [byu:təfai] [動] 美化する, 飾る
beauty [byu:ti] [名] 美しさ, 美
beaver [bi:vər] [名] ビーバー
became [bikeim] [動] become (なる) の過去形
because [bikɔ:z] [接] 何故ならば
beckon [bekən] [名] 信号 [動] 信号する
become [bikʌm] [動] なる, 似合う
become [bikʌm] [動] become (なる) の過去分詞形
becoming [bikʌmiŋ] [名] 変化過程 [形] 適切な, 適当な
bed [bed] [名] ベッド
bedding [bediŋ] [名] 寝具類, 土台
bedlam [bedləm] [名] ざわめき, 大きな騒動
bedroom [bedrum] [名] 寝室
bedside [bedsaid] [名] 寝台のそば [形] 看病する
bedspread [bedspred] [名] ベッドカバー
bedtime [bedtaim] [名] 就寝時刻
bee [bi:] [名] 蜜蜂
beech [bi:tʃ] [名] ブナの木 (植物)
beef [bi:f] [名] 牛肉
beefsteak [bi:fsteik] [名] ビーフステーキ
beehive [bi:haiv] [名] 蜜蜂の巣箱
been [bi:n] [動] be の過去分詞形
beeper [bi:pər] [名] 無線呼出し機, ポケベル
beer [biər] [名] ビール
beet [bi:t] [名] ビート
Beethoven [beitouvən] [人] ベートーベン (ドイツの作曲家)
beetle [bi:tl] [名] コガネムシ, 大きなハンマー
befall [bifɔ:l] [動] 起こる, 生じる
before [bifɔ:r] [前] ~の前に [副] 前に
beforehand [bifɔ:rhænd] [副] あらかじめ
befriend [bifrend] [動] 友達になる
beg [beg] [動] 物乞いをする, 頼む
began [bigæn] [動] begin (始める) の過去形
beget [biget] [動] 子をもうける, 産む, 生じる
beggar [begər] [名] こじき
begin [bigin] [動] 始める
beginner [biginər] [名] 初心者
beginning [bigininŋ] [名] スタート
begone [bigɔ:n] [動] 立ち去る
begrudge [bigrʌdʒ] [動] うらやむ, ねたむ
beguile [bigail] [動] 幻惑させる, 楽しく過ごす
begun [bigʌn] [動] begin (始める) の過去分詞形
behalf [bihæf] [名] 援助, 利益
behave [biheiv] [動] 行動する
behavior [biheivyər] [名] 態度, 行為
behead [bihed] [動] 首をはねる, 斬首する
beheld [biheld] [動] behold (見る) の過去·過去分詞形
behest [bihest] [名] 命令, 指示
behind [bihaind] [副] 後ろに
behold [bihould] [動] 見る, 注目する
beige [beiʒ] [名] ベージュ色
Beijing [beidʒiŋ] [地] 北京
being [bi:ŋ] [名] 存在, 生命
belabor [bileibər] [動] 退屈に繰り返す
belated [bileitəd] [形] 遅い, 遅刻の
belch [beltʃ] [名] げっぷ [動] げっぷをする
beleaguer [bili:gər] [動] 包囲する, 困らせる
Belgian [beldʒən] [名] ベルギー人 [形] ベルギーの
Belgium [beldʒəm] [地] ベルギー
belie [bilai] [動] 矛盾する, 誤った印象を与える
belief [bili:f] [名] 信念, 信仰
believable [bili:vəbl] [形] 信じられる
believe [bili:v] [動] 信じる
believer [bili:vər] [名] 信者, 信徒
belike [bilaik] [副] おそらく, きっと
belittle [bilitl] [動] 小さくする, 軽視する
bell [bel] [名] 鐘
bellboy [belbɔi] [名] ホテルのボーイ, 給仕
belle [bel] [名] 美女
bell tower [bel tauər] [名] 鐘楼, 鐘塔
belligerency [bəlidʒərənsi] [名] 交戦状態

bel**li**gerent [bə**li**dʒərənt] [名] 交戦国 [形] 好戦的な
bellow [**be**lou] [名] 泣き声 [動] 泣き叫ぶ
bellows [**bɛ**louz] [名] ふいご
belly [**be**li] [名] お腹, 腹部
be**long** [bi**lɔ:ŋ**] [動] 属する
be**long**ings [bi**lɔ:ŋ**iŋz] [名] 所持品, 所有物
be**loved** [bi**lʌvd**] [形] 愛する
be**low** [bi**lou**] [副] 下に [前] ~よりも下に
belt [belt] [名] 帯革, ベルト
be**moan** [bi**moun**] [動] 嘆く, 悲しむ
be**mused** [bi**myu:zd**] [形] 慌てた, ぼやっと
bench [bentʃ] [名] 長椅子, ベンチ
bend [bend] [動] 曲げる [名] 曲げ
be**neath** [bi**ni:θ**] [副] 下へ, 下に
bene**dic**tion [benə**dik**ʃən] [名] 祝福の言葉
benefactor [**be**nəfæktər] [名] 恩人, 後援者, 財産寄贈者
be**ne**ficence [bə**ne**fəsəns] [名] 善行, 慈善
be**ne**ficent [bə**ne**fəsənt] [形] 善行を行う, 人情深い
bene**fi**cial [benə**fi**ʃəl] [形] 有益な, 有利な, 為になる
bene**fi**ciary [benə**fi**ʃieri] [名] 受益者, 受恵者
benefit [**be**nəfit] [名] 利益, 慈善 [動] 利益を得る
be**ne**volence [bə**ne**vələns] [名] 善意, 慈善
be**ne**volent [bə**ne**vələnt] [形] 慈愛の, 好意的な
be**nigh**ted [bi**nai**təd] [形] 無知な
be**nign** [bi**nain**] [形] 礼儀正しい, 親切な, 穏やかな
bent [bent] [形] 曲がった [名] 傾向, 才能
bent [bent] [動] bend (曲げる) の過去·過去分詞形
be**queath** [bi**kwi:θ**] [動] 遺贈する
be**quest** [bi**kwest**] [名] 遺贈, 遺産
be**rate** [bi**reit**] [動] さんざん叱る
be**reave** [bi**ri:v**] [動] 奪う, 失わせる
be**reaved** [bi**ri:vd**] [形] 死別した, 後に残された
be**reave**ment [bi**ri:v**mənt] [名] 死別
be**reft** [bi**reft**] [動] bereave(奪う)の過去·過去分詞形
Berlin [bə:**rlin**] [地] ベルリン
berry [**beə**ri] [名] イチゴ類の果実
berth [bə:rθ] [名] 宿所, 停泊所 [動] 停泊する
be**seech** [bi**si:tʃ**] [動] 嘆願する
be**set** [bi**set**] [動] 包囲する
be**side** [bi**said**] [前] ~のそばに
be**sides** [bi**saidz**] [副] さらに
be**siege** [bi**si:dʒ**] [動] 包囲する, 殺到する
be**sought** [bi**sɔ:t**] [動] beseech(嘆願する)の過去·過去分詞形
best [best] [形] 最高の [名] 最善, 最高
best-known [**best** noun] [形] 最も有名な
be**stow** [bi**stou**] [動] 与える
bet [bet] [動] 賭ける [名] 賭け, 賭けたお金
bet [bet] [動] bet (賭ける) の過去·過去分詞形
be**think** [bi**θiŋk**] [動] 思い出す
be**tray** [bi**trei**] [動] 裏切る, 漏らす
be**tray**er [bi**trei**ər] [名] 裏切り者, 売国奴, 密告者
be**troth** [bi**trouθ**] [動] 婚約させる
be**tro**thal [bi**trou**θəl] [名] 婚約
be**trothed** [bi**trouθd**] [名] 婚約者
better [**bet**ər] [形] より良い
betterment [**bet**ərmənt] [名] 改良, 改善
be**tween** [bi**twi:n**] [前] ~の間で
beverage [**be**vəridʒ] [名] 飲料
be**wail** [bi**weil**] [動] 大変悲しむ
be**ware** [bi**weər**] [動] 気をつける
be**wil**der [bi**wil**dər] [動] 当惑させる
be**wil**dering [bi**wil**dəriŋ] [形] 当惑させる
be**wil**deringly [bi**wil**dəriŋli] [副] 当惑させるほど
be**wil**derment [bi**wil**dərmənt] [名] 当惑
be**witch** [bi**witʃ**] [動] 魔法をかける
be**yond** [bi**yand**] [前] 向こう側に [名] あの世
bias [**bai**əs] [名] 先入観, 偏見, 斜線
biased [**bai**əst] [形] 偏った, 偏見を持つ
Bible [**bai**bəl] [名] 聖書
biblical [**bi**blikəl] [形] 聖書の, 聖書に関する
bibli**o**graphy [bibli**a**grəfi] [名] 書誌学 (学問), 著書目録
bicycle [**bai**sikəl] [名] 自転車
bid [bid] [名] 入札, 命令 [動] 入札する
bid [bid] [動] bid (入札する) の過去形
bidden [**bid**n] [動] bid (入札する) の過去分詞形
bidding [**bid**iŋ] [名] 命令, 招待, 入札
bide [baid] [動] 待つ, 生きる, 耐える
bi**fo**cal [bai**fou**kəl] [名] 遠視·近視兼用眼鏡
big [big] [形] 大きな, 重要な
big shot [**big** ʃat] [名] 重要人物, 大物
bigamy [**bi**gəmi] [名] 重婚
bigger [**bi**gər] [形] より大きい
bigot [**bi**gət] [名] 狂信者, 偏狭な人
bigoted [**bi**gətəd] [形] 頑固な, 偏狭な
bigotry [**bi**gətri] [名] 頑固一徹, 偏狭, 狂信
bike [baik] [名] bicycle, motorcycle
bi**ki**ni [bi**ki:**ni] [名] 女性用水着
bi**la**teral [bai**læ**tərəl] [形] 両側の, 相互間の
bi**lin**gual [bai**liŋ**gwəl] [名] 2ヶ国語駆使者 [形] 二か国語の
bilious [**bil**yəs] [形] 気性が難しい, 風変りな

bilk [bilk] [動] 騙し取る, 踏み倒す
bill [bil] [名] 請求書, 紙幣, 法案
billboard [**bil**bɔ:rd] [名] 掲示板, 広告板
billfold [**bil**fould] [名] 折り畳み革財布
billiards [**bil**yərdz] [名] ビリヤード, 玉突き
billing [**bil**iŋ] [名] 出演者順位, 計算書作成
billion [**bil**yən] [名] 兆
billow [**bil**ou] [名] 大きな波 [動] 渦巻く
bi**month**ly [bai**mʌnθ**li] [形] 隔月の [副] 隔月に
bin [bin] [名] 貯蔵箱 [動] 箱に入れる
binary [**bai**nəri] [名] 二元体 [形] 二つの, 二元の
bind [baind] [動] 縛る, 束縛する, 製本する
binder [**bain**dər] [名] 結ぶ人, バインダー, 仮契約
binding [**bain**diŋ] [名] 束縛 [形] 拘束力のある
bingo [**biŋ**gou] [名] ビンゴ (宝くじ式の遊び)
bi**no**culars [bə**na**kyələrz] [名] 双眼鏡
bi**o**grapher [bai**a**grəfər] [名] 伝記作家
bio**gra**phical [baiə**græ**fikəl] [形] 伝記の
bi**o**graphy [bai**a**grəfi] [名] 伝記
bio**lo**gical [baiə**la**dʒikəl] [形] 生物学的な
bi**o**logist [bai**a**lədʒist] [名] 生物学者
bi**o**logy [bai**a**lədʒi] [名] 生物学
birch [bə:rtʃ] [名] 白樺
bird [bə:rd] [名] 鳥
birdie [**bə:r**di] [名] 小鳥, バーディー (ゴルフ)
birth [bə:rθ] [名] 出生, 誕生
birth certificate [**bə:rθ** sərtifikət] [名] 出生証明書
birth con**trol** [**bə:rθ** kən**troul**] [名] 産児制限
birthday [**bə:rθ**dei] [名] 誕生日
birthplace [**bə:rθ**pleis] [名] 出生地, 故郷
birthrate [**bə:rθ**reit] [名] 出産率
biscuit [**bis**kət] [名] ビスケット
bisect [**bai**sekt] [動] 両分する
bishop [**bi**ʃəp] [名] 司教
bison [**bai**sn] [名] アメリカのバイソン (動物)
bit [bit] [名] 少量
bit [bit] [動] bite の過去形
bitch [bitʃ] [名] 雌犬, 雌, 不平
bite [bait] [動] 噛む [名] ひと口
biting [**bai**tiŋ] [形] 鋭い, 辛辣な
bitingly [**bai**tiŋli] [副] 痛烈に, 鋭く
bitten [**bi**tn] [動] bite (噛む) の過去分詞形
bitter [**bi**tər] [形] 苦い, 辛い
bitterly [**bi**tərli] [副] 悲痛に
bitterness [**bi**tərnəs] [名] 悲痛, 苦しみ
bivouac [**bi**vuæk] [名] 野営地 [動] 野営する
bi**zarre** [bi**za:r**] [形] 変な, 奇妙な
black [blæk] [形] 黒い [名] 黒
blackberry [**blæk**beri] [名] ブラックベリー (植物)
blackbird [**blæk**bə:rd] [名] クロウタドリ (鳥)
blackboard [**blæk**bɔ:rd] [名] 黒板
blacken [**blæ**kən] [動] 黒くする, 暗くする
black hole [**blæk houl**] [名] ブラックホール (天文), 監獄
blacklist [**blæk**list] [名] 要注意人物リスト, ブラックリスト
blackmail [**blæk**meil] [名] 恐喝 [動] 恐喝する
black **mar**ket [blæk **ma:r**kət] [名] 闇市
blackness [**blæk**nəs] [名] 黒さ, 黒, 闇
blackout [**blæk**aut] [名] 停電, 灯火管制, 記憶喪失
blacksmith [**blæk**smiθ] [名] 鍛冶屋
bladder [**blæ**dər] [名] 膀胱
blade [bleid] [名] 刃
blame [bleim] [名] 非難 [動] 非難する
blameless [**bleim**ləs] [形] 非難する点がない, 潔白な
blanch [blæntʃ] [動] 漂白する
bland [blænd] [形] 柔らかい, 穏やかな
blandishment [**blæn**diʃmənt] [名] お世辞, へつらい
blank [blæŋk] [名] 白紙, 空白 [形] 白紙の
blanket [**blæŋ**kət] [名] 毛布
blare [bleər] [名] 響く音 [動] 鳴り響く
blas**pheme** [blæs**fi:m**] [動] 冒涜する, 悪口を言う
blasphemy [**blæs**fəmi] [名] 冒涜, 悪口
blast [blæst] [名] 突風, 爆発 [動] 爆発させる
blasted [**blæs**təd] [形] 枯れた, 乾いた
blast-off [**blæst** ɔ:f] [名] 発射
blatant [**blei**tənt] [形] 厚かましい, 賑やかな
blaze [bleiz] [名] 炎, 火花 [動] 燃える, 輝く, 燃やす
blazer [**blei**zər] [名] ブレザー (服)
bleach [bli:tʃ] [名] 漂白剤 [動] 漂白する
bleached [bli:tʃt] [形] 漂白した
bleak [bli:k] [形] 荒涼とした, 鋭く冷たい, 寂寞の
bleat [bli:t] [名] 鳴き声 (羊, やぎ), 愚痴
bled [bled] [動] bleed (出血する) の過去·過去分詞形
bleed [bli:d] [動] 出血する
bleeding [**bli:**diŋ] [名] 出血する
blemish [**ble**miʃ] [名] 欠点, 傷 [動] 損なう
blend [blend] [名] 混合物 [動] 混ぜる
blended [**blen**dəd] [形] 混ぜた
blender [**blen**dər] [名] 混合機, ミキサー
bless [bles] [動] 祝福する, 褒め称える
blessed [blest] [形] 神聖な, 神の恩寵を受けた

blessedly [**blest**li] [副] 神聖に
blessing [**bles**iŋ] [名] 祝福
blest [blest] [動] bless (祝福する) の過去·過去分詞形
blew [blu:] [動] blow (風が吹く) の過去形
blight [blait] [動] (植物が) 枯れて死ぬ
blind [blaind] [形] 盲人の [名] ブラインド
blind **a**lley [blaind **æ**li] [名] 行き止まり
blindfold [**blaind**fould] [名] 目隠し [動] 目隠しをする
blindly [**blaind**li] [副] 盲目的に, 無謀に
blindness [**blaind**nəs] [名] 盲目, 無分別
blink [bliŋk] [動] 点滅する [名] 一瞬間
bliss [blis] [名] 幸福, 至福
blissful [**blisf**l] [形] 至福の, 喜びにあふれる
blister [**blis**tər] [名] 水ぶくれ, 水疱 [動] 水ぶくれができる
blistering [**blis**təriŋ] [形] 辛辣な, 激烈な
blithe [blaiθ] [形] 楽しい, 愉快な
blizzard [**bli**zərd] [名] 吹雪
bloat [blout] [動] 膨れる
bloated [**blou**təd] [形] 膨らんだ, 膨張した
blob [blab] [名] 一滴, しみ [動] ぽたりとはねる
bloc [blak] [名] 団体, ブロック, 圏
block [blak] [名] 障害物, ブロック [動] 塞ぐ
bloc**kade** [bla**keid**] [名] 封鎖, 遮断 [動] 封鎖する
blond [bland] [名] ブロンドの男 [形] ブロンドの
blonde [bland] [名] ブロンドの女性
blood [blʌd] [名] 血, 血液, 血統
bloodless [**blʌd**ləs] [形] 青白い, 情熱がない, 冷血の
blood pressure [**blʌd** preʃər] [名] 血圧
bloodshed [**blʌd**ʃed] [名] 流血, 殺害
bloodshot [**blʌd**ʃat] [形] 充血した
bloodthirsty [**blʌd**θə:rsti] [形] 血に飢えた, 残忍な
blood type [**blʌd** taip] [名] 血液型
blood vessel [**blʌd** vesl] [名] 血管
bloody [**blʌ**di] [形] 血まみれの
bloom [blu:m] [動] 花が咲く [名] 花, 開花期
blooming [**blu:**miŋ] [形] 花が咲いた, 青春の, 繁栄する
blossom [**bla**səm] [動] 花が咲く [名] 花
blot [blat] [名] しみ [動] 汚す, しみがつく
blotch [blatʃ] [名] しみ, 吹き出物, 汚点
blotter [**bla**tər] [名] ブロッター, 臨時帳簿
blotting paper [**bla**tiŋ peipər] [名] 吸取紙
blouse [blaus] [名] ブラウス (女性服)
blow [blou] [動] 風が吹く [名] 強風, 強打
blowfish [**blou**fiʃ] [名] ふぐ (魚)
blown [bloun] [動] blow (風が吹く) の過去分詞形
blow-up [**blou** əp] [名] 爆発, 激憤, 写真拡大
bludgeon [**blʌ**dʒən] [名] 棍棒 [動] こん棒で殴る
blue [blu:] [名] 青 [形] 青い, 憂鬱な
blueberry [**blu:**beri] [名] ブルーベリー
bluebird [**blu:**bə:rd] [名] コマドリ
blueprint [**blu:**print] [名] 青写真, 設計図 [動] 計画する
bluff [blʌf] [名] 崖 [形] 無愛想な
bluish [**blu:**iʃ] [形] 青みがかった
blunder [**blʌn**dər] [名] 大失敗, 大失策
blunt [blʌnt] [形] 鈍い [動] 鈍くする
blur [blə:r] [名] しみ [動] 汚す, 暈す
blush [blʌʃ] [名] 紅潮 [動] 顔が赤くなる
bluster [**blʌs**tər] [名] 大荒れ
boar [bɔ:r] [名] 雄豚, 猪
board [bɔ:rd] [動] 乗る [名] 板, 委員会
boarder [**bɔ:r**dər] [名] 下宿人
boarding [**bɔ:r**diŋ] [名] 板, 乗船, 搭乗
boarding house [**bɔ:r**diŋ haus] [名] 下宿屋, 寄宿舎
boarding school [**bɔ:r**diŋ sku:l] [名] 寄宿学校
boast [boust] [動] 自慢する [名] 自慢
boastful [**boust**fl] [形] 自慢の
boastfully [**boust**fəli] [副] 自慢に
boat [bout] [名] 船 [動] 船をこぐ
boatman [**bout**mən] [名] ボートのこぎ手, ボート販売者
bob [bab] [名] 軽打 [動] 軽く打つ
bodily [**ba**dəli] [形] 肉体の, 身体の
body [**ba**di] [名] 肉体, 身体, 本体, 団体
bodyguard [**ba**diga:rd] [名] ボディーガード, 身辺警護員
bog [bag] [名] 沼, 湿地 [動] 沼に沈める
Bo**he**mian [bou**hi:**miən] [名] ボヘミア人 [形] 自由奔放な
boil [bɔil] [動] 沸かす, 沸く [名] 沸騰
boiled [bɔild] [形] 沸かした, ゆでた
boiler [**bɔi**lər] [名] ボイラー
boiling [**bɔi**liŋ] [名] 沸騰 [形] 沸騰している [副] 非常に
boiling point [**bɔi**liŋ pɔint] [名] 沸騰点
boisterous [**bɔi**strəs] [形] 荒々しい, 騒々しい
boisterously [**bɔi**strəsli] [副] 荒々しく
bold [bould] [形] 大胆な, 勇敢な
boldly [**bould**li] [副] 大胆に
boldness [**bould**nəs] [名] 大胆, 勇気
Bo**li**via [bə**li**viə] [地] ボリビア
Bolshevik [**boul**ʃəvik] [名] 旧ソ連共産党員
bolster [**boul**stər] [名] 長い枕 [動] 支持する
bolt [boult] [名] かんぬき [動] 閂をかける
bomb [bam] [名] 爆弾 [動] 爆撃する

bom**bard** [bam**ba:rd**] [動] 爆撃する
bom**bard**ment [bam**ba:rd**mənt] [名] 爆撃
bombast [**bam**bæst] [名] 豪語, 大言壮語
Bom**bay** [bam**bei**] [地] ボンベイ (インドの都市)
bombed [bamd] [形] 空襲を受けた
bomber [**ba**mər] [名] 爆撃機
bombing [**ba**miŋ] [名] 爆撃
bombshell [**bam**ʃel] [名] 爆弾, 突発事件
bond [band] [名] 結束, 接着剤, 債券
bondage [**ban**didʒ] [名] 奴隷の身分, 束縛
bonded [**ban**dəd] [形] 抵当取れた
bone [boun] [名] 骨, 骨格 [動] 骨を取る
boned [bound] [形] 骨を取った
boneless [**boun**ləs] [形] 骨がない, 骨を抜かれた
bonfire [**ban**faiər] [名] 焚き火
Bonn [ban] [地] ボン (ドイツの都市)
bonnet [**ba**nət] [名] ボンネット, 車のエンジンカバー
bonus [**bou**nəs] [名] ボーナス, 景品
bony [**bou**ni] [形] 骨が多い, やせこけた
book [buk] [名] 本 [動] 記帳する, 予約する
bookbinding [**buk**baindiŋ] [名] 製本
bookcase [**buk**keis] [名] 本棚
booking [**bu**kiŋ] [名] 記帳, 予約
bookkeeper [**buk**ki:pər] [名] 帳簿係
bookkeeping [**buk**ki:piŋ] [名] 簿記
booklet [**buk**lət] [名] 小冊子, パンフレット
bookseller [**buk**selər] [名] 本屋さん
bookshelf [**buk**ʃelf] [名] 書架
bookstall [**buk**stɔ:l] [名] 古本屋
bookstore [**buk**stɔ:r] [名] 書店
bookworm [**buk**wə:rm] [名] 本好き, 本の虫
boom [bu:m] [名] ブーム, 好景気 [動] うなる
boomerang [**bu:**məræŋ] [名] ブーメラン, 陰謀, 悪口
boon [bu:n] [名] 恵み
boor [buər] [名] 荒い人, 野人
boost [bu:st] [名] 後援, 支持 [動] 後援する
boot [bu:t] [名] 長靴, ブーツ
booted [**bu:**təd] [形] ブーツをはいた
booth [bu:θ] [名] 売店, 投票所,ブース
booty [**bu:**ti] [名] 戦利品, 略奪品, 利得
border [**bɔ:r**dər] [名] 国境, 端 [動] 接する
borderline [**bɔ:r**dərlain] [名] 境界 [形] 境界上の, 不明確な
bore [bɔ:r] [名] 退屈な人, 穴
bore [bɔ:r] [動] bear (耐える) の過去形
bored [bɔ:rd] [形] 退屈な, うんざりする
boredom [**bɔ:r**dəm] [名] 倦怠, 退屈
boring [**bɔ:r**iŋ] [名] 穴あけ, 穿孔 [形] 退屈な
born [bɔ:rn] [形] 生まれの, 生まれつきの
borne [bɔ:rn] [動] bear (耐える) の過去分詞形
borough [**bə:**rou] [名] 自治町村
borrow [**ba:**rou] [動] 借りる
borrower [**ba:**rouər] [名] 借り手
bosom [**bu**zəm] [名] 胸, 心
boss [bɔ:s] [名] 上司, 頭目
bossy [**bɔ:**si] [形] いばり散らす, 浮彫りにした
Boston [**bɔ:s**tən] [地] ボストン (米国の都市)
bo**ta**nical [bə**tæ**nikəl] [名] 植物性薬品 [形] 植物の
botanist [**ba**tənist] [名] 植物学者
botany [**ba**təni] [名] 植物学
botch [batʃ] [名] 粗野な腕前 [動] 台無しにする
both [bouθ] [形] 両側の [前] 両側
bother [**ba**ðər] [名] 面倒 [動] 苦しめる, 悩む
bothersome [**ba**ðərsəm] [形] 面倒な, わずらわしい
bottle [**bat**l] [名] 瓶 [動] 瓶に詰める
bottled [**bat**ld] [形] 瓶に入った, 酒に酔った
bottom [**ba**təm] [名] 床, お尻
bottomless [**ba**təmləs] [形] 底がない, 非常に深い
bough [bau] [名] 大枝
bought [bɔ:t] [動] buy (買う) の過去·過去分詞形
boulevard [**bu:**ləva:rd] [名] 街路樹の道, 大通り
bounce [bauns] [名] 跳ね返り, バウンド [動] 跳ね返り, 飛躍する
bound [baund] [形] ~せざるを得ない, ~行きの
bound [baund] [動] bind (くくる) の過去·過去分詞形
boundary [**baun**dri] [名] 境界, 限界
boundless [**baund**ləs] [形] 限りない, 無限な
bounds [baundz] [名] 境界, 限界
bounteous [**baun**tiəs] [形] 寛大な, 豊富な
bountiful [**baun**tifl] [形] 寛大な, 豊富な
bounty [**baun**ti] [名] 寛大, 報奨金
bou**quet** [bu:**kei**] [名] 花束, 賞賛
bour**geois** [bu:r**ʒwa:**] [名] 資本家, ブルジョア
bout [baut] [名] 試合, 勝負, 一回
bovine [**bou**vain] [形] 牛と関連した, 牛のように鈍い
bow [bou] [名] 弓
bow [bau] [名] お辞儀 [動] 挨拶する, かがめる
bowel [**bau**əl] [名] 腸, 内臓
bowl [boul] [名] どんぶり [動] 転がす, 投げる
bowleg [**bou**leg] [名] O 脚
bowler [**bou**lər] [名] ボールを転がす人, ボウリングをする人
bowling [**bou**liŋ] [名] ボーリング

bow tie [**bou** tai] [名] 蝶ネクタイ
box [baks] [名] 箱 [動] 箱に入れる
boxer [**baks**ər] [名] ボクシング選手
boxing [**baks**iŋ] [名] 拳闘, ボクシング
box office [**baks** ɔ:fəs] [名] 切符売り場, 売上, 人気
boy [bɔi] [名] 少年
boycott [**bɔi**kat] [名] 不買運動 [動] 拒絶する, 排斥する
boyfriend [**bɔi**frend] [名] ボーイフレンド
boyhood [**bɔi**hud] [名] 少年時代
boyish [**bɔi**iʃ] [形] 少年らしい, 男のような (女の子)
Boy Scouts [**bɔi** skauts] [名] ボーイスカウト団員
bra [bra] [名] brassiere, ブラジャー
brace [breis] [名] 掛け金, 支柱 [動] 支える
bracelet [**breis**lət] [名] 腕輪
bracing [**breis**iŋ] [形] 元気をそそる
bracket [**bræ**kət] [名] 棚受け, 角括弧
brag [bræg] [名] 自慢, 誇張 [動] 自慢する
braggart [**bræ**gərt] [名] 自慢屋
braid [breid] [名] 組みひも [動] ひもを組む, 編む
braided [**brei**dəd] [形] 編んだ
brain [brein] [名] 頭脳, 知性
brainwash [**brein**wɔʃ] [名] 洗脳 [動] 洗脳する
brake [breik] [名] ブレーキ [動] ブレーキをかける
bramble [**bræm**bəl] [名] ブラックベリー
branch [bræntʃ] [名] 木の枝, 支店, 部門, 支流
brand [brænd] [名] 商標, ブランド [動] 烙印を押す
brandish [**bræn**diʃ] [名] 振り回すこと [動] 振り回す
brand-**new** [bræn **nyu:**] [形] 真新しい
brandy [**bræn**di] [名] ブランデー (蒸留酒)
brash [bræʃ] [名] 破片 [形] 性急な, 生意気な
brass [bræs] [名] 真鍮, 黄銅
bras**siere** [brə**ziər**] [名] ブラジャー
brat [bræt] [名] ちびのやつ
bra**va**do [brə**va**dou] [名] 虚勢
brave [breiv] [形] 勇敢な
bravely [**breiv**li] [副] 勇敢に
bravery [**brei**vəri] [名] 勇気
brawl [brɔ:l] [名] 口論, 騒ぎ [動] 騒々しく口論する.
brawn [brɔ:n] [名] 筋肉, 腕力
brazen [**brei**zn] [形] 真鍮で作られた, 厚かましい
Bra**zil** [brə**zil**] [地] ブラジル
breach [bri:tʃ] [名] 破損, 違反 [動] 破る
bread [bred] [名] パン, 糧食
bread crumbs [**bred** krəmz] [名] パン粉
breadth [bredθ] [名] 幅
break [breik] [動] 壊す, 壊れる [名] 破壊, 割れ目
breakable [**breik**əbl] [形] 壊れやすい
breakdown [**breik**daun] [名] 故障, 崩壊, 内訳
breaker [**breik**ər] [名] 破壊者, 砕波, 遮断器
breakfast [**brek**fəst] [名] 朝食
breakthrough [**breik**θru] [名] 突破口, 打開
breakup [**breik**əp] [名] 分解, 粉砕, 別れ
breakwater [**breik**wɔ:tər] [名] 防波堤
breast [brest] [名] おっぱい, 乳房
breast-fed [**brest** fed] [形] 母乳で育てた
breast-feed [**brest** fi:d] [動] 母乳で育てる
breath [breθ] [名] 息切れ, 呼吸
breathe [bri:ð] [動] 息を吐く
breathed [bri:ðd] [形] 無声音の
breather [**bri:**ðər] [名] 一休み
breathless [**breθ**ləs] [形] 息苦しい
breathlessly [**breθ**ləsli] [副] 息切れして
breathtaking [**breθ**teikiŋ] [形] わくわくさせる, あっと言わせる
breathtakingly [**breθ**teikiŋli] [副] あっと言わせるように
bred [bred] [動] breed (子を産む) の過去·過去分詞形
breed [bri:d] [名] 品種, 血統 [動] 子を産む
breeder [**bri:**dər] [名] 繁殖する動物, 畜産家, 育種家
breeding [**bri:**diŋ] [名] 繁殖, 孵化, 品種改良, 飼育
breeze [bri:z] [名] そよ風 [動] そよ風が吹く
brethren [**bre**ðrən] [名] 同胞, 兄弟, 会員, 交友
brevity [**bre**vəti] [名] 短い時間, 瞬間, 簡潔さ
brew [bru:] [名] 醸造 [動] 醸造する
brewer [**bru:**ər] [名] 醸造業者
brewery [**bru:**əri] [名] 醸造所
briar [**brai**ər] [名] イバラ
bribe [braib] [名] 賄賂 [動] 賄賂を与える
bribery [**brai**bəri] [名] 贈収賄
brick [brik] [名] 煉瓦
bridal [**brai**dl] [名] 婚礼 [形] 新婦の, 婚礼の
bride [braid] [名] 新婦
bridegroom [**braid**grum] [名] 新郎
bridesmaid [**braidz**meid] [名] 新婦付添人
bridge [bridʒ] [名] 橋 [動] 橋を置く
bridle [**brai**dl] [名] 馬勒 [動] 馬勒をつける
brief [bri:f] [形] 簡潔な [名] 要旨 [動] 要約する
briefcase [**bri:f**keis] [名] 書類かばん
briefing [**bri:**fiŋ] [名] 簡単な報告
briefly [**bri:**fli] [副] 簡単に
brier [**brai**ər] [名] イバラ, 野ばら (植物)
bri**gade** [bri**geid**] [名] 旅団 (軍隊), 大軍

bright [brait] [形] 明るい, 賢い
brighten [**brait**n] [動] 明るくする, 明るくなる
brightly [**brait**li] [副] 輝くように
brightness [**brait**nəs] [名] 輝き, 聡明
brilliance [**bril**yəns] [名] 明るさ, 光彩, 卓越
brilliant [**bril**yənt] [形] 輝く, まぶしい
brilliantly [**bril**yəntli] [副] きらびやかに, 立派に
brim [brim] [名] 端, 帽子のひさし
brimming [**brim**iŋ] [形] あふれそうな
brine [brain] [名] 塩水
bring [briŋ] [動] 連れて来る, ~させる
brink [briŋk] [名] 崖の端, 端, 危機
brisk [brisk] [形] 活気のある
briskly [**brisk**li] [副] 活発に
bristle [**bri**səl] [名] 剛毛 [動] 怒る, 毛をさか立てる
Britain [**bri**tn] [地] イギリス
Bri**tan**nia [bri**tæ**nyə] [地] ブリテン島の古代ローマの名前
British [**bri**tiʃ] [形] イギリスの, イギリス人の
British Co**lum**bia [**bri**tiʃ kə**lʌm**biə] [地] ブリティッシュコロンビア
Briton [**bri**tn] [名] イギリス人 (イングランド住民)
brittle [**bri**tl] [形] 壊れやすい
broach [broutʃ] [名] ブローチ (穴を広げる工具)
broad [brɔ:d] [形] 幅広い, 寛大な
broadcast [**brɔ:d**kæst] [名] 放送 [動] 放送する
broadcaster [**brɔ:d**kæstər] [名] 放送人, アナウンサー
broaden [**brɔ:**dn] [動] 広げる, 広くなる
broadly [**brɔ:d**li] [副] 広く, 概括的に
broad-minded [**brɔ:d** maindəd] [形] 寛容な, 偏見のない
Broadway [**brɔ:d**wei] [地] ブロードウェイ (ニューヨークの劇場街)
broccoli [**brak**əli] [名] ブロッコリー
bro**chure** [brou**ʃuər**] [名] パンフレット, 小冊子
broil [brɔil] [名] あぶること, 戦い [動] 焼く, 戦う
broiler [**brɔi**lər] [名] 肉を焼く器具
broke [brouk] [動] break (壊す) の過去形
broken [**brou**kən] [形] 破産した
broken-**hear**ted [broukn **ha:r**təd] [形] 傷心した, 失恋した
broker [**brou**kər] [名] 仲人, 仲介業者, ブローカー
brokerage [**brou**kəridʒ] [名] 仲介, 仲介業
bromide [**brou**maid] [名] 退屈な表現
bron**chi**tis [braŋ**kai**təs] [名] 気管支炎
bronze [branz] [名] 青銅
bronze medal [**branz** medl] [名] 銅メダル
brooch [broutʃ] [名] ブローチ, 装飾ピン
brood [bru:d] [名] 群れ, 種族 [動] 抱く, 深思熟考する
brook [bruk] [名] 小川

Brooklyn [**bruk**lən] [地] ブルックリン (ニューヨークの一区)
broom [brum] [名] ほうき [動] ほうきで掃く
broth [brɔ:θ] [名] 薄めたスープ, 肉のスープ
brother [**brʌ**ðər] [名] 兄弟, 兄, 弟
brotherhood [**brʌ**ðərhud] [名] 兄弟関係, 兄弟愛, 親しい関係
brother-in-law [**brʌ**ðər in lɔ:] [名] 夫もしくは女房の兄弟
brotherly [**brʌ**ðərli] [形] 兄弟の, 兄弟のような
brought [brɔ:t] [動] bring (連れて来る) の過去·過去分詞形
brou**ha**ha [bru:**ha**ha] [名] 騒ぎ, わいわい
brow [brau] [名] まゆ
browbeat [**brau**bi:t] [動] おどす, 叱る
brown [braun] [形] 茶色の [名] 茶色
brownish [**brau**niʃ] [形] 茶色を帯びた
browse [brauz] [名] 芽 [動] 拾い読みする
bruise [bru:z] [名] 打撲傷 [動] 打撲傷を負わせる
brunt [brʌnt] [名] 攻撃の主力, ほこ先
brush [brʌʃ] [名] ブラシ [動] ブラシをかける
brush up [**brʌʃ** əp] [名] 修理, 手入れ, 身支度, 復習
brusque [brʌsk] [形] 無愛想な, ぶっきらぼうな
Brussels [**brʌ**səlz] [地] ブリュッセル (ベルギーの首都)
brutal [**bru:**tl] [形] 残忍な
bru**ta**lity [bru:**tæ**ləti] [名] 残忍性, 蛮行
brutalize [**bru:**təlaiz] [動] 残忍な仕打ちをする, 獣のようになる
brute [bru:t] [名] 獣 [形] 獣のような
bubble [**bʌ**bəl] [名] 泡 [動] 泡立つ
buck [bʌk] [名] 1 ドル, 反抗 [動] 反抗する
bucket [**bʌ**kət] [名] バケツ
buckle [**bʌ**kəl] [名] 留め金 [動] 留め金で留める
bu**co**lic [byu:**ka**lik] [形] 牧歌的な, 田舎の, やぼったい
bud [bʌd] [名] 芽, つぼみ
budded [**bʌ**dəd] [形] 芽生えた, 発芽した
Buddha [**bu:**də] [名] 仏
Buddhism [**bu:**dizm] [名] 仏教
Buddhist [**bu:**dist] [名] 仏教信者 [形] 仏教の
buddy [**bʌ**di] [名] 同僚
budge [bʌdʒ] [動] 少し動く, 譲る
budget [**bʌ**dʒət] [名] 予算 [動] 予算を立てる, 割り当てる
budgetary [**bʌ**dʒəteri] [形] 予算の, 予算に関する
buff [bʌf] [名] 牛の革 [形] 牛の革で作った
buffalo [**bʌ**fəlou] [名] 野牛
buffer [**bʌ**fər] [名] 緩衝装置 [動] 緩和する
buffet [**bʌ**fət] [名] 打撃 [動] 打つ
bu**ffet** [bə**fei**] [名] 簡易食堂, 食器棚, ビュッフェ式料理
bu**ffoon** [bə**fu:n**] [名] 道化師, おどけ者
bug [bʌg] [名] 昆虫, 欠陥 [動] 駆虫する

buggy [**bʌ**gi] [名] 乳母車 [形] ナンキン虫のついた

bugle [**byu:**gəl] [名] ラッパ

build [bild] [動] 建設する [名] 構造, 体格

builder [**bil**dər] [名] 建築者

building [**bil**diŋ] [名] 建物, ビル

built [bilt] [動] build (建設する) の過去·過去分詞形

built-in [**bilt in**] [形] 作り付けで作っておいた

bulb [bʌlb] [名] 電球, 球根

Bul**garia** [bəl**geəri**ə] [地] ブルガリア

bulge [bʌldʒ] [名] 出っぱり [動] 膨らむ

bulk [bʌlk] [名] 大きさ, 大量

bulky [**bʌl**ki] [形] 体積が大きい, 巨大な

bull [bul] [名] 牡牛

bulldog [**bul**dɔ:g] [名] ブルドッグ (犬), しつこい人

bulldoze [**bul**douz] [動] 整地する, おどす

bulldozer [**bul**douzər] [名] ブルドーザー, おどし屋

bullet [**bul**ət] [名] 弾丸

bulletin [**bul**ətn] [名] 告示, 掲示 [動] 告示する

bulletin board [**bul**ətn bɔ:rd] [名] 掲示板, 告示板

bulletproof [**bul**ətpru:f] [形] 防弾の [動] 防弾性にする

bullfight [**bul**fait] [名] 闘牛

bull's-eye [**bulz** ai] [名] 標的, 核心, 台風の目

bully [**bul**i] [動] 弱者をいじめる

bulwark [**bul**wərk] [名] 城壁, 防御物 [動] 防御する

bump [bʌmp] [名] 衝突 [動] ぶつかる, 衝突する

bumper [**bʌm**pər] [名] 衝突する物, 車のバンパー

bun [bʌn] [名] 小さいロールパン

bunch [bʌntʃ] [名] 花房, 花束

bundle [**bʌn**dl] [名] 束, 包み [動] くくる

bungalow [**bʌŋ**gəlou] [名] バンガロー (木造の平屋)

bungle [**bʌŋ**gəl] [名] へま [動] やり損なう

bunk [bʌŋk] [名] 寝台

bunk beds [**bʌŋk** bez] [名] 2 段ベッド

bunny [**bʌn**i] [名] ウサギ

bunt [bʌnt] [名] 野球バント [動] 角で突く, バントする

buoy [**bu:**i] [名] 浮標 [動] 浮く, 浮かぶ

buoyancy [**bɔi**ənsi] [名] 浮力, 浮揚性, 快活

buoyant [**bɔi**ənt] [形] 浮揚性, 浮いている, 陽気な

burden [**bə:r**dn] [名] 荷物, 負担 [動] 負担を与える

burdensome [**bə:r**dnsəm] [形] 耐え難い, 苦しい

bureau [**byuə**rou] [名] 官庁, 部署, だんす

bu**reau**cracy [byu**ra**krəsi] [名] 官僚制度, 官僚主義

bureaucrat [**byuə**rəkræt] [名] 官僚, 官僚主義者

bureau**cra**tic [byuərə**kræ**tik] [形] 官僚的な, 官僚主義の

burgeon [**bə:r**dʒən] [動] 拡張する, 繁盛する

burger [**bə:r**gər] [名] ハンバーガー, ハンバーガー用ビーフ

burglar [**bə:r**glər] [名] 強盗

burglar alarm [**bə:r**glər əla:rm] [名] 盗難警報機

burglarize [**bə:r**gləraiz] [動] 押し込んで盗む

burglary [**bə:r**gləri] [名] 夜盗, 強盗行為

burial [**ber**iəl] [名] 埋葬

bur**lesque** [bə:r**lesk**] [名] 戯作 [形] こっけいな

burly [**bə:r**li] [形] 太く頑丈な, 大きく強い

Burma [**bə:r**mə] [地] ビルマ (東南アジア諸国)

burn [bə:rn] [動] 燃える [名] 火傷

burned [bə:rnd] [動] burn (燃える) の過去形

burner [**bə:r**nər] [名] 燃やす人, バーナー, 燃焼器

burning [**bə:r**niŋ] [形] 燃える

burnish [**bə:r**niʃ] [名] 光沢, つや [動] つや出しをする

burnt [bə:rnt] [形] 燃やした [動] burn (燃える) の過去分詞

burp [bə:rp] [名] げっぷ [動] げっぷをする

burr [bə:r] [名] 切削道具, 丸い金属片

burrow [**bə:r**ou] [名] 隠れ家, ウサギの巣穴

burst [bə:rst] [名] 爆発 [動] 破裂する, 破れる

bury [**beə**ri] [動] 埋葬する, 埋める

bus [bʌs] [名] バス

bush [buʃ] [名] 低木, 茂み [動] 生い茂る

bushed [buʃt] [形] 茂みに覆われた

bushel [**buʃ**əl] [名] ブセル

bushy [**buʃ**i] [形] 低木の多い

busily [**biz**əli] [副] 忙しく

business [**biz**nəs] [名] 仕事, ビジネス, 営業

businesslike [**biz**nəslaik] [形] 実務的な, 実際的な

businessman [**biz**nəsmæn] [名] 事業家, 実業家

businesswoman [**biz**nəswumən] [名] 女性実業家

bus stop [**bʌs** stap] [名] バス停留場

bust [bʌst] [名] 胸像, 上半身

bustle [**bʌs**əl] [名] 騒ぎ [動] 活発に動く, 催促する

busy [**biz**i] [形] 忙しい, 混雑な [動] 忙しくする

busybody [**biz**ibadi] [名] おせっかいするのが好きな人

but [bʌt] [接] しかし [副] ただ

butcher [**but**ʃər] [名] 屠殺者

butler [**bʌt**lər] [名] 執事

butt [bʌt] [名] 大桶, 木の根元, 標的

butter [**bʌt**ər] [名] バター

buttercup [**bʌt**ərkəp] [名] キンポウゲ (植物)

butterfly [**bʌt**ərflai] [名] 蝶

buttocks [**bʌt**əks] [名] 尻, 臀部, 船尾

button [**bʌt**n] [名] ボタン [動] ボタンをかける

buttonhole [**bʌt**nhoul] [名] ボタン穴

buttress [**bʌ**trəs] [名] 控え壁, 支持物 [動] 支える

buy [bai] [動] 買う [名] 買い取り

buyer [**bai**ər] [名] バイヤー, 購入者

buzz [bʌz] [名] (虫の) 羽音 [動] ブンブン言う

buzzer [**bʌ**zər] [名] 汽笛, ブザー

by [bai] [前] ~ の隣で, ~ によって [副] そばで

bye-bye [**bai** bai] [感] さようなら

bygone [**bai**gɔːn] [名] 過ぎ去ったこと [形] 過ぎ去った, 過去の

bylaw [**bai**lɔː] [名] 条例, 規則, 内規

bypass [**bai**pæs] [名] 迂回路, バイパス [動] 迂回する

by-product [**bai** pradəkt] [名] 副産物

bystander [**bai**stændər] [名] 見物人, 傍観者

byte [bait] [名] バイト (情報の単位)

Byzantine [**bi**zəntiːn] [名] ビザンチン人 [形] ビザンチンの

C

cab [kæb] [名] タクシー

ca**bal** [kə**bæl**] [名] 徒党

caba**ret** [kæbə**rei**] [名] キャバレー

cabbage [**kæ**bidʒ] [名] キャベツ

cabin [**kæ**bən] [名] 丸太の家, 小屋

cabinet [**kæb**nit] [名] 飾り(戸)だな, 内閣

cable [**kei**bəl] [名] 太いロープ, ケーブル

cache [kæʃ] [名] 隠し場, 隠れ家

cackle [**kæ**kəl] [動] コロコロ笑う

ca**co**phony [kæ**ka**fəni] [名] 不協和音

cactus [**kæk**təs] [名] サボテン (植物)

ca**da**ver [kə**dæ**vər] [名] 死体

cadence [**kei**dəns] [名] 拍子, リズム, 抑揚

ca**det** [kə**det**] [名] 士官候補生, 修習生

Caesar [**si:**zər] [人] シーザー (ローマ時代の人物)

caf**é** [kæ**fei**] [名] コーヒー店, 簡易食堂, コーヒー

cafe**teria** [kæfə**tiəriə**] [名] カフェテリア

caf**feine** [kæ**fi:n**] [名] カフェイン

cage [keidʒ] [名] 鳥かご, 檻 [動] 鳥かごに入れる

Cairo [**kai**rou] [地] カイロ (エジプトの首都)

ca**jole** [kə**dʒoul**] [動] 甘言でだます

cake [keik] [名] ケーキ [動] 固める

ca**la**mity [kə**læ**məti] [名] 惨事

calcium [**kæl**siəm] [名] カルシウム

calculate [**kæl**kyəleit] [動] 計算する

calculated [**kæl**kyəleitəd] [形] 計画的な

calcu**la**tion [kælkyə**lei**ʃən] [名] 計算, 慎重な計画

calculator [**kæl**kyəleitər] [名] 計算機

calendar [**kæ**ləndər] [名] カレンダー

calf [kæf] [名] 子牛, ふくらはぎ

Calgary [**kæl**gəri] [地] カルガリー (カナダの都市)

caliber [**kæ**ləbər] [名] 銃砲の口径, 才能, 度量

calico [**kæ**likou] [名] サラサ (木綿)

Cali**for**nia [kælə**fɔ:r**nyə] [地] カリフォルニア (米国の州)

calis**the**nics [kæləs**θe**niks] [名] 美容体操

call [kɔ:l] [動] 電話する [名] 電話, 訪問

caller [**kɔ:**lər] [名] 訪問者

calling [**kɔ:**liŋ] [名] 職業, 呼び出し

callous [**kæ**ləs] [形] 固まった, 冷淡な

callously [**kæ**ləsli] [副] 無情に

callow [**kæ**lou] [形] 未熟な

callus [**kæ**ləs] [名] 皮膚硬結

calm [kam] [形] 静かな [動] おさまる

calmly [**kam**li] [副] 静かに

calmness [**kam**nəs] [名] 静けさ, 落ち着き

calorie [**kæ**ləri] [名] カロリー

calumny [**kæ**ləmni] [名] 中傷, 誹謗

calves [kævz] [名] calf(子牛)の複数形

Calvin [**kæl**vən] [人] カルバン (フランスの宗教改革者)

Calvinism [**kæl**vənizm] [名] カルバン主義, カルヴァン教

Cambridge [**keim**bridʒ] [地] ケンブリッジ (イギリスの都市)

camcorder [**kæm**kɔ:rdər] [名] カムコーダ

came [keim] [動] come (来る) の過去形

camel [**kæ**məl] [名] ラクダ

camera [**kæ**mərə] [名] カメラ

camouflage [**kæ**məfla:dʒ] [名] 偽装, 詐欺 [動] 偽装させる

camp [kæmp] [名] キャンプ, 基地 [動] 野営する

cam**paign** [kæm**pein**] [名] 選挙運動, 軍事行動

camper [**kæm**pər] [名] キャンパー, 野営者

campfire [**kæmp**faiər] [名] キャンプファイヤー, 野営の焚き火

camphor [**kæm**fər] [名] 樟脳

camping [**kæm**piŋ] [名] キャンプ

campsite [**kæmp**sait] [名] キャンプ場, 野営地

campus [**kæm**pəs] [名] 校庭

can [kæn] [助] することができる [名] 缶

Canada [**kæ**nədə] [地] カナダ

Ca**na**dian [kə**nei**diən] [名] カナダ人 [形] カナダの

ca**nal** [kə**næl**] [名] 運河

ca**nary** [kə**neə**ri] [名] カナリア

cancel [**kæn**səl] [動] 取り消す

cancel**la**tion [kænsə**lei**ʃən] [名] 取り消し, 廃止

cancer [**kæn**sər] [名] 癌

candid [**kæn**dəd] [形] 率直な, 気取らない, 公平な

candidacy [**kæn**dədəsi] [名] 立候補

candidate [**kæn**dədeit] [名] 候補者

candle [**kæn**dl] [名] ろうそく, キャンドル

candleholder [**kæn**dlhouldər] [名] candlestick (燭台)

candor [**kæn**dər] [名] 率直, 淡泊

candy [**kæn**di] [名] キャンディ

cane [kein] [名] 杖, 茎

canine [**kei**nain] [名] いぬ科の動物 [形] 犬の

canister [**kæ**nəstər] [名] 缶, 小さな箱

canker [**kæŋ**kər] [名] 口の中の潰瘍

canned [kænd] [形] 缶詰した

canned goods [**kænd gudz**] [名] 缶詰

cannibal [**kæ**nəbəl] [名] 人食い人種 [形] 人を食う

cannon [**kæ**nən] [名] 大砲

cannot [**kæ**nat] [助] can not

canoe [kənu:] [名] カヌー
canon [kænən] [名] 教会法規, 判断の基準
canopy [kænəpi] [名] おおい [動] おおいで塞ぐ
cant [kænt] [名] 偽り
can't [kænt] [短] cannot の短縮形
cantaloupe [kæntəloup] [名] ケントルループ (メロンの一種)
Canterbury [kæntərberi] [地] カンタベリー (イギリスの宗教都市)
canto [kæntou] [名] ケント, 編
canvas [kænvəs] [名] 画布, キャンバス
canvass [kænvəs] [名] 調査 [動] 選挙運動をする
canyon [kænyən] [名] 峡谷
cap [kæp] [名] 帽子 [動] 帽子をかぶせる
capability [keipəbiləti] [名] 能力, 可能性, 将来性
capable [keipəbl] [形] 有能な
capacious [kəpeiʃəs] [形] 包容力の大きい, 寛大な
capaciously [kəpeiʃəsli] [副] 寛大に
capacity [kəpæsəti] [名] 収容能力, 生産性, 力量
cape [keip] [名] 岬
caper [keipər] [動] 跳ね回る
capital [kæpətl] [名] 首都, 資本金
capitalism [kæpətlizm] [名] 資本主義
capitalist [kæpətlist] [名] 資本家, お金持ち
capitalization [kæpətləzeiʃən] [名] 資本化, 投資
capitalize [kæpətlaiz] [動] 大文字で書く, 資本化する
Capitol [kæpətl] [名] 米国国会議事堂
capitulate [kəpitʃəleit] [動] 降伏する
caprice [kəpri:s] [名] 気まぐれ, 一時的な気分
capricious [kəpriʃəs] [形] 気まぐれな
capriciously [kəpriʃəsli] [副] 気まぐれに
capsize [kæpsaiz] [名] 転覆 [動] 転覆する
capsule [kæpsəl] [名] カプセル, 小さい嚢
captain [kæptən] [名] 指導者, 大尉, 船長
caption [kæpʃən] [名] 表題, 字幕
captivate [kæptəveit] [動] うっとりとさせる, とりこにする
captive [kæptiv] [名] 捕虜
captivity [kæptivəti] [名] 監禁, 捕虜
capture [kæptʃər] [動] 捕える, 獲得する
car [ka:r] [名] 車
caramel [kærəməl] [名] キャラメル
carat [kærət] [名] カラット (宝石の重量単位: 200mg)
caravan [kærəvæn] [名] 砂漠の隊商, 大型運搬車
carbohydrate [ka:rbouhaidreit] [名] 炭水化物
carbolic [ka:rbalik] [形] 石炭酸の (化学)
carbon [ka:rbən] [名] 炭素
carbon dioxide [ka:rbən daiaksaid] [名] 二酸化炭素
carbonic [ka:rbanik] [形] 炭素の
carbon monoxide [ka:rbən manaksaid] [名] 一酸化炭素
carburetor [ka:rbəreitər] [名] 気化器, キャブレター
carcass [ka:rkəs] [名] 死体, 残骸
carcinogenic [ka:rsnoudʒenik] [形] 発癌性の
card [ka:rd] [名] カード
cardboard [ka:rdbɔ:rd] [名] 板紙
cardiac [ka:rdiæk] [名] 強心剤 [形] 心臓の
cardigan [ka:rdigən] [名] カーディガン (セーター)
cardinal [ka:rdənəl] [名] ショウジョウコウカンチョウ(鳥) [形] 最も重要한
care [keər] [動] 心配する [名] 憂い, 心配
careen [kəri:n] [動] 転覆する, 傾く
career [kəriər] [名] 経歴, 職業
carefree [keərfri] [形] 憂いのない, のんきな
careful [keərfl] [形] 慎重な
carefully [keərfəli] [副] 慎重に
careless [keərləs] [形] 不注意な
carelessly [keərləsli] [副] 不注意に
carelessness [keərləsnəs] [名] 不注意
caress [kəres] [名] 愛撫 [動] 愛撫する
caretaker [keərteikər] [名] 世話人, 管理人
cargo [ka:rgou] [名] 貨物
Caribbean [kærəbi:ən] [名] カリブ人 [形] カリブ人の
caricature [kærəkətʃər] [名] 風刺画, 風刺漫画
Carlyle [ka:rlail] [人] カーライル (イギリス国の評論家・歴史家)
carnal [ka:rnəl] [形] 世俗の, 物質的な, 肉体の
carnation [ka:rneiʃən] [名] カーネーション
Carnegie [ka:rnəgi] [人] カーネギー (米国の鉄鋼王)
carnival [ka:rnəvəl] [名] 謝肉祭, カーニバル
carnivorous [ka:rnivərəs] [形] 肉食性の
carol [keərəl] [名] クリスマスキャロル
carouse [kərauz] [名] 酒宴 [動] 飲み騒ぐ
carousel [kærəsel] [名] carrousel (回転木馬)
carp [ka:rp] [名] 鯉 (魚) [動] けちをつける
carpenter [ka:rpəntər] [名] 大工
carpentry [ka:rpəntri] [名] 大工職, 木工
carpet [ka:rpət] [名] じゅうたん, カーペット
carpeting [ka:rpətiŋ] [名] カーペットの生地
carriage [keəridʒ] [名] 馬車, 身だしなみ
carried [keərid] [形] 運搬された, 熱中した
carrier [keəriər] [名] 運輸会社, 保菌者
carrot [keərət] [名] ニンジン
carry [keəri] [動] 運ぶ, 運搬する, 携帯する
carry-on [keəri ɔ:n] [形] 機内に持って入ることができる
carry-out [keəri aut] [形] 買って行くことができる

carry-over [**keə**ri ouvər] [名] 繰越, 繰越品
cart [ka:rt] [名] カート
car**tel** [ka:**rtel**] [名] カルテル, 企業連合
cartilage [**ka:r**təlidʒ] [名] 軟骨
car**to**graphy [ka:**rta**grəfi] [名] 地図(図表)を作る技術
carton [**ka:r**tn] [名] 板紙, 段ボール箱
car**toon** [ka:**rtu:n**] [名] 時事風刺漫画
car**too**nist [ka:r**tu:**nist] [名] 漫画家
cartridge [**ka:r**tridʒ] [名] 弾薬筒, 小さな容器
carve [ka:rv] [動] 彫る, (肉を)切る
carver [**ka:r**vər] [名] 彫刻家, 肉を切るナイフ
carving [**ka:r**viŋ] [名] 彫刻, 彫刻物
car wash [**ka:r** waʃ] [名] 洗車
cas**cade** [kæs**keid**] [名] 階段滝
case [keis] [名] 箱, 事件 [動] 箱に入れる
casework [**keis**wə:rk] [名] ケースワーク
cash [kæʃ] [名] 現金 [動] 現金に換える
cashew [**kæ**ʃu:] [名] カシュー (植物)
ca**shier** [kæ**ʃiər**] [名] 出納系, 会計係
cashmere [**kæʒ**miər] [名] カシミヤ (織物)
cash register [**kæʃ** redʒəstər] [名] 金銭登録機
ca**si**no [kə**si:**nou] [名] カジノ
cask [kæsk] [名] たる, ひとたるの分
casket [**kæs**kət] [名] 棺
casserole [**kæ**səroul] [名] 蒸し焼きなべ
cas**sette** [kə**set**] [名] カセット
cas**sette** player [kə**set** pleiər] [名] カセットテーププレーヤー
cas**sette** recorder [kə**set** rikɔ:rdər] [名] カセットテープレコーダー
cast [kæst] [名] 配役, 鋳型 [動] 投げる
caste [kæst] [名] カースト (インドの 階級制)
caster [**kæs**tər] [名] 投げる人, 配役担当
castigate [**kæs**təgeit] [動] 報復する, 懲罰する
castle [**kæ**səl] [名] 城
castrate [**kæs**treit] [動] 去勢する
casual [**kæ**ʒuəl] [形] 偶然の, 普段着の
casually [**kæ**ʒuəli] [副] 偶然
casualty [**kæ**ʒuəlti] [名] 死傷者, 災害
cat [kæt] [名] 猫
cataclysm [**kæ**təklizm] [名] 地殻変動, 大洪水
catalog [**kæ**təlɔ:g] [名] カタログ
catalyst [**kæ**təlist] [名] 触媒
catalyze [**kæ**təlaiz] [動] 触媒反応を及ぼす
cataract [**kæ**tərækt] [名] 大滝, 豪雨, 白内障
ca**tarrh** [kə**ta:r**] [名] カタール (粘膜の疾患)
ca**tas**trophe [kə**tæs**trəfi] [名] 大災害, 破局, 災難

catch [kætʃ] [動] つかむ, 理解する
catcher [**kæ**tʃər] [名] キャッチャー
cate**gor**ical [kætə**gɔ:r**ikəl] [形] 無条件的な, 絶対的な
category [**kæ**təgɔ:ri] [名] 部門, カテゴリー
cater [**kei**tər] [動] 料理を準備(供給)する
caterpillar [**kæ**tərpilər] [名] 幼虫
catfish [**kæt**fiʃ] [名] なまず類の魚
ca**thar**sis [kə**θa:r**səs] [名] 浄化
ca**the**dral [kə**θi:**drəl] [名] 大聖堂
catholic [**kæ**θlik] [形] 普遍的な
Catholic [**kæ**θlik] [名] カトリック教徒
Ca**tho**licism [kə**θa**ləsizm] [名] カトリック教会の教理
cattle [**kæ**tl] [名] 家畜
Cau**ca**sian [kɔ:**kei**ʒən] [名] コーカサス人, 白人
Caucasus [**kɔ:**kəsəs] [地] コーカサス地方
caucus [**kɔ:**kəs] [名] 幹部会議
caught [kɔ:t] [動] catch (つかむ) の過去·過去分詞形
cauliflower [**kɔ:**liflauər] [名] カリフラワー, 花キャベツ (野菜)
cause [kɔ:z] [名] 原因 [動] 原因となる
caustic [**kɔ:**stik] [名] 腐食剤 [形] 腐食性の
caution [**kɔ:**ʃən] [名] 注意, 警告 [動] 警告する
cautious [**kɔ:**ʃəs] [形] 慎重な
cautiously [**kɔ:**ʃəsli] [副] 慎重に
cava**lier** [kævə**liər**] [名] 騎士 [形] 傲慢な, 生意気な
cavalry [**kæ**vəlri] [名] 騎兵
cave [keiv] [名] 洞窟 [動] 掘る, 陥没させる
cavern [**kæ**vərn] [名] 洞窟
caviar [**kæ**via:r] [名] キャビア (前菜として食べる珍味)
cavil [**kæ**vəl] [動] あらさがしをする
cavity [**kæ**vəti] [名] 穴, 虫歯の穴
CD [si:**di:**] [名] compact disc
CD **ROM** [si: di: **ram**] [名] CD ロム
cease [si:s] [動] 止む [名] 終わり
cease-fire [**si:s** faiər] [名] 休戦, 停戦
ceaseless [**si:s**ləs] [形] 絶え間ない
cedar [**si:**dər] [名] 杉
cede [si:d] [動] 譲渡する, 譲歩する
ceiling [**si:**liŋ] [名] 天井
celebrate [**se**ləbreit] [動] 祝う
celebrated [**se**ləbreitəd] [形] 有名な, 著名な
cele**bra**tion [selə**brei**ʃən] [名] お祝い, 儀式
ce**le**brity [sə**le**brəti] [名] 有名人
celery [**se**ləri] [名] セロリ (野菜)
ce**les**tial [sə**les**tʃəl] [形] 空の, 天国の, 聖なる
celibacy [**se**ləbəsi] [名] 性生活の自制 (宗教的な)

cell [sel] [名] 刑務所の独房, 細胞
cellar [selər] [名] 地下倉庫
cello [tʃelou] [名] チェロ (楽器)
cellophane [seləfein] [名] セロハン [形] セロハンの
cellular [selyələr] [形] 細胞の, 細胞状の, 区画式の
celluloid [selyəlɔid] [名] セルリュルロイド, 映画用フィルム
Celsius [selsiəs] [名] 摂氏 (温度計)
Celt [kelt] [名] ケルト人
Celtic [keltik] [名] ケルト語 [形] ケルト人の, ケルト語の
cement [siment] [名] セメント
cemetery [seməteri] [名] 墓地
censor [sensər] [名] 検閲官 [動] 検閲する
censorship [sensərʃip] [名] 検閲
censure [senʃər] [名] 非難, 叱責 [動] 非難する, 叱責する
census [sensəs] [名] 国勢調査, 人口調査
cent [sent] [名] セント
centenary [sentenəri] [名] 100 年記念日 [形] 100 年間の
centennial [senteniəl] [名] 100 周年 [形] 100 周年の
center [sentər] [名] 中心, 中心地 [動] 中心におく
centigrade [sentəgreid] [名] 摂氏
centimeter [sentəmətər] [名] センチメートル
centipede [sentəpi:d] [名] ムカデ (虫)
central [sentrəl] [形] 中心の
centralize [sentrəlaiz] [動] 集中する
century [sentʃəri] [名] 世紀
ceramic [səræmik] [名] 陶器 [形] 陶器の
ceramics [səræmiks] [名] 製陶術, 陶磁器
cereal [siəriəl] [名] 穀物, 穀物食 (朝食)
cerebral [səribrəl] [形] 頭が良い, 理知的な
ceremonial [serəmouniəl] [名] 儀式 [形] 儀式の
ceremony [seərəmouni] [名] 儀式
certain [sə:rtn] [形] 確実な, 一定の
certainly [sə:rtnli] [副] 必ず
certainty [sə:rtnti] [名] 確実性
certificate [sərtifikət] [名] 証明書
certified [sə:rtəfaid] [形] 証明された, 公認された
certify [sə:rtəfai] [動] 証明する, 保証する
cessation [seseiʃən] [名] 休止, 停止
chafe [tʃeif] [名] 擦り傷 [動] 摩滅させる
chaff [tʃæf] [名] もみ殻, わら, ガラクタ
chagrin [ʃəgrin] [名] くやしさ [動] くやしがらせる
chain [tʃein] [名] 鎖, 連鎖 [動] 鎖で結ぶ
chain reaction [tʃein ri:ækʃən] [名] 連鎖反応
chair [tʃeər] [名] 椅子, 議長
chairman [tʃeərmən] [名] 議長, 委員長
chair person [tʃeər pə:rsən] [名] 議長
chalet [ʃælei] [名] 山荘, 別荘, シャレー
chalk [tʃɔ:k] [名] チョーク
challenge [tʃæləndʒ] [名] 挑戦 [動] 挑戦する
challenger [tʃæləndʒər] [名] 挑戦者
chamber [tʃeimbər] [名] 部屋, 会議場
chamberlain [tʃeimbərlən] [名] 侍従, 収入役
chameleon [kəmi:lyən] [名] 気まぐれな人, カメレオン
champagne [ʃæmpein] [名] 最高品, シャンペン酒 [形] 贅沢な
champion [tʃæmpiən] [名] 勝者
championship [tʃæmpiənʃip] [名] 選手権
chance [tʃæns] [名] チャンス, 運
chancellor [tʃænsələr] [名] 長官, 最高裁判所長官 (イギリス)
chandelier [ʃændəliər] [名] シャンデリア
change [tʃeindʒ] [動] 変える [名] 変化
changeable [tʃeindʒəbl] [形] 可変的な
channel [tʃænl] [名] 海峡, 水路 [動] 水路をつくる
chant [tʃænt] [名] 聖歌 [動] 賛美する
chaos [keiəs] [名] 混沌, 無秩序
chaotic [keiatik] [形] 無秩序な
chap [tʃæp] [名] 男の子
chapel [tʃæpəl] [名] 小礼拝堂
chaplain [tʃæplən] [名] 神父, 牧師
chapped [tʃæpt] [形] 荒らされた
chapter [tʃæptər] [名] 本の章, 支部
char [tʃa:r] [名] 炭 [動] 炭にする
character [keərəktər] [名] 性格, 登場人物, 文字
characteristic [kæriktəristik] [名] 特徴 [形] 特徴的な
characterize [keərəktəraiz] [動] 特徴を描写する, 特徴づける
charcoal [tʃa:rkoul] [名] 木炭, 木炭画
charge [tʃa:rdʒ] [名] 料金, 責任 [動] 賦課する
charged [tʃa:rdʒd] [形] 強烈な, 刺激的な
chariot [tʃeəriət] [名] 二輪馬車の路面電車
charisma [kərizmə] [名] 魅力, カリスマ
charitable [tʃeərətəbl] [形] 情け深い, 寛大な, 慈善の
charity [tʃeərəti] [名] 慈善, 寄付, 慈善団体
charlatan [ʃa:rlətən] [名] 詐欺師, にせ医者
charm [tʃa:rm] [名] 魅力 [動] 魅惑する
charming [tʃa:rmiŋ] [形] 魅力的な, 美貌の
charmingly [tʃa:rmiŋli] [副] 魅力的に
chart [tʃa:rt] [名] 図表 [動] 表であらわす
charter [tʃa:rtər] [名] 特許証 [動] 特許を与える
chartered [tʃa:rtərd] [形] 特許を受けた, 貸切
charter flight [tʃa:rtər flait] [名] チャーター便
chase [tʃeis] [名] 追跡 [動] 追跡する

chasm [kæzm] [名] 深い割目, すき間
chaste [tʃeist] [形] 純潔な, 優雅な
chastely [**tʃeist**li] [副] 純潔に
chasten [**tʃei**sn] [動] 懲罰する, 抑制する
chas**tise** [tʃæs**taiz**] [動] 懲罰する
chastity [**tʃæs**təti] [名] 純潔
chat [tʃæt] [名] 雑談 [動] 雑談する
chatter [**tʃæ**tər] [名] おしゃべり [動] しゃべりまくる
chatterbox [**tʃæ**tərbaks] [名] おしゃべり屋さん
chauffeur [**ʃou**fər] [名] 雇用運転手 [動] 乗せてゆく
chauvinism [**ʃou**vənizm] [名] 熱狂的愛国主義, 排他主義
chauvinist [**ʃou**vənist] [名] 熱狂的な愛国主義者
cheap [tʃi:p] [形] 低価の, 安物の
cheapen [**tʃi:**pn] [動] 安くする, 値段を下げる
cheat [tʃi:t] [名] 詐欺, 詐欺師 [動] 騙す
check [tʃek] [名] 点検, 小切手 [動] 点検する
checked [tʃekt] [形] チェック柄の
checkers [**tʃe**kərz] [名] チェッカーゲーム, チェック柄
check in [**tʃek** in] [名] 宿泊手続き, チェックイン
checking account [**tʃe**kiŋ əkaunt] [名] 当座預金
checklist [**tʃek**list] [名] 対照表, 一覧表
checkout [**tʃek**aut] [名] チェックアウト, 点検
checkup [**tʃek**əp] [名] 検査, 身体検査
cheek [tʃi:k] [名] 頬
cheer [tʃiər] [名] 喜び, 声援 [動] 歓呼する
cheerful [**tʃiər**fl] [形] 嬉しい
cheerfully [**tʃiər**fəli] [副] 気持ちよく
cheerleader [**tʃiər**li:dər] [名] 応援団長
cheery [**tʃiər**i] [形] 快活な, 明るい
cheese [tʃi:z] [名] チーズ
chef [ʃef] [名] 料理長
chemical [**ke**mikəl] [名] 化学物質 [形] 化学の
che**mise** [ʃə**mi:z**] [名] シミーズ (女性用下着)
chemist [**ke**mist] [名] 化学者
chemistry [**ke**məstri] [名] 化学
chemo**the**rapy [ki:mou**θe**rəpi] [名] 化学療法
cherish [**tʃe**əriʃ] [動] 大切にする
cherry [**tʃeə**ri] [名] チェリー, 桜の木
cherry blossom [**tʃeə**ri blasəm] [名] 桜の花
cherry tree [**tʃeə**ri tri:] [名] 桜
cherub [**tʃeə**rəb] [名] ケルビム (聖書)
chess [tʃes] [名] チェス (西洋将棋)
chest [tʃest] [名] 胸
chestnut [**tʃes**nət] [名] 栗, 栗の木
chew [tʃu:] [動] 噛む, 熟考する
chewing gum [**tʃu:**iŋ gʌm] [名] ガム
chic [ʃi:k] [名] 服装スタイル [形] 素敵な
Chi**ca**go [ʃi**ka:**gou] [地] シカゴ (米国の都市)
chi**ca**nery [ʃi**kæ**nəri] [名] 策略, ごまかし
chick [tʃik] [名] ひよこ, 子供
chicken [**tʃi**kən] [名] 鶏, 鶏肉
chide [tʃaid] [動] しかる, 小言を言う
chief [tʃi:f] [名] 長, 頭目 [形] 最高の
chiefly [**tʃi:f**li] [副] 主に
chieftain [**tʃi:f**tən] [名] 指導者, 親分
child [tʃaild] [名] 子供, 子孫
childbirth [**tʃaild**bə:rθ] [名] 出産, 分娩
childhood [**tʃaild**hud] [名] 幼年期
childish [**tʃail**diʃ] [形] 幼稚な
childishly [**tʃail**diʃli] [副] 幼稚に
childlike [**tʃaild**laik] [形] 子供のような
children [**tʃil**drən] [名] 子供達
Chile [**tʃi**li] [地] チリ
chill [tʃil] [名] 冷気 [形] 冷たい [動] 冷たくする
chilly [**tʃi**li] [形] 冷たい, 寒い
chime [tʃaim] [名] 鐘, チャイム [動] チャイムの音が出る
chi**mera** [kai**miərə**] [名] 幻想, 妄想
chimney [**tʃim**ni] [名] 煙突
chimpan**zee** [tʃimpæn**zi:**] [名] チンパンジー (動物)
chin [tʃin] [名] あご
China [**tʃai**nə] [地] 中国
china [**tʃai**nə] [名] 陶磁器
Chi**nese** [tʃai**ni:z**] [名] 中国人
chip [tʃip] [名] 薄い切れ [動] 切り取る
chipped [tʃipt] [形] 薄く削った, みじん切り
chirp [tʃə:rp] [名] さえずり声 [動] さえずり泣く
chisel [**tʃi**zəl] [名] のみ, 彫刻刀 [動] 彫刻する
chivalrous [**ʃi**vəlrəs] [形] 騎士道の, 勇気ある, 礼儀正しに
chivalry [**ʃi**vəlri] [名] 騎士道, 騎士制度
chlorine [**klɔ:**ri:n] [名] 塩素 (化学)
chloroform [**klɔ:**rəfɔ:rm] [名] クロロホルム, 麻酔剤
chock-full [**tʃak ful**] [形] いっぱいになった
chocolate [**tʃa**kələt] [名] チョコレート
choice [tʃɔis] [名] 選択, 選抜 [形] 選択された, 選抜された
choir [kwaiər] [名] 聖歌隊, 合唱隊
choke [tʃouk] [名] 窒息 [動] 窒息させる
choking [**tʃou**kiŋ] [形] 窒息するような, 息詰まる
cholera [**ka**lərə] [名] コレラ
choleric [**ka**lərik] [形] 性急な, 怒りっぽい
cho**les**terol [kə**les**tərɔ:l] [名] コレステロール

choose [tʃu:z] [動] 選ぶ, 選出する

chop [tʃap] [名] 切断 [動] 切る

Chopin [**ʃou**pæn] [人] ショパン (ポーランドの作曲家)

choppy [**tʃa**pi] [形] 波が揺れる, 平らでない

chopstick [**tʃap**stik] [名] 箸

chord [kɔ:rd] [名] 感情, 心琴, コード (和音)

chore [tʃɔ:r] [名] 雑用 [動] 雑用をする

choreograph [**kɔ:ri**əgræf] [動] バレエを振り付けする

chore**o**grapher [kɔ:ri**ag**rəfər] [名] 振付師

chore**o**graphy [kɔ:ri**a**grəfi] [名] 舞踊, バレエの振り付け

chortle [**tʃɔ:r**tl] [動] 好きでくすくす笑う

chorus [**kɔ:**rəs] [名] 合唱隊 [動] 合唱する

chose [tʃouz] [動] choose (選ぶ) の過去形

chosen [**tʃou**zn] [形] 選ばれた

Christ [kraist] [名] キリスト

christen [**kri**sn] [動] 洗礼を施す

Christian [**kris**tʃən] [名] クリスチャン [形] キリストの

Christian name [**kris**tʃən neim] [名] 洗礼名

Christi**an**ity [kristʃi**æ**nəti] [名] キリスト教, キリスト教的精神

Christmas [**kris**məs] [名] クリスマス

chromosome [**krou**məsoum] [名] 染色体

chronic [**kra**nik] [形] 慢性的な, 常習的な

chronicle [**kra**nikəl] [名] 年代記 [動] 年代記に載せる

chrono**lo**gical [kranə**la**dʒikəl] [形] 年代順の

chro**no**logy [krə**na**lədʒi] [名] 年代記

chry**san**themum [kri**sæn**θəməm] [名] 菊 (花)

chubby [**tʃʌ**bi] [形] 丸々と太った

chuck [tʃʌk] [動] 軽くたたく, ほうる

chuckle [**tʃʌ**kəl] [名] くすくす笑い [動] くすくす笑う

chum [tʃʌm] [名] 親しい友人 [動] 親しくすごす

chunk [tʃʌŋk] [名] 大塊, 大量

church [tʃə:rtʃ] [名] 教会

Churchill [**tʃə:r**tʃil] [人] チャーチル (イギリスの政治家)

churchyard [**tʃə:rtʃ**ya:rd] [名] 教会内の墓地

churl [tʃə:rl] [名] 無礼な人

churn [tʃə:rn] [名] 攪乳器 [動] かきまわす

chutzpah [**huts**pə] [名] 無謀

ci**ca**da [sə**kei**də] [名] せみ (虫)

cider [**sai**dər] [名] リンゴ汁, リンゴジュース

ci**gar** [si**ga:r**] [名] シガー, 葉巻タバコ

ciga**rette** [sigə**ret**] [名] タバコ

cinder [**sin**dər] [名] 燃え殻, 消し炭

cinema [**si**nəmə] [名] 映画

cinnamon [**si**nəmən] [名] シナモン, ニッケイ

cipher [**sai**fər] [名] 数字の零(0), 暗号

circle [**sə:r**kəl] [名] 円, グループ [動] 取り囲む

circuit [**sə:r**kət] [名] 回路, 一周

cir**cu**itous [sə:r**kyu:**ətəs] [形] 迂回的な

circular [**sə:r**kyələr] [名] 広告, ちらし [形] 丸い

circularly [**sə:r**kyələrli] [副] 丸く, 循環的に

circulate [**sə:r**kyəleit] [動] 循環する, 配布する

circu**la**tion [sə:rkyə**lei**ʃən] [名] 循環, 配布, 発行部数

circum**ci**sion [sə:rkəm**si**ʒən] [名] 割礼, 包皮切除

cir**cum**ference [sə:r**kʌm**frəns] [名] 円周, 周囲

circumlo**cu**tion [sə:rkəmlou**kyu:**ʃən] [名] 間接的な表現

circum**na**vigate [sə:rkəm**næ**vəgeit] [動] 航海する, 言及を回避する

circumscribe [**sə:r**kəmskraib] [動] 線で取り囲む, 限定する

circumspect [**sə:r**kəmspekt] [形] 慎重な

circumstances [**sə:r**kəmstænsiz] [名] 事情, 状況

circum**vent** [sə:rkəm**vent**] [動] 回避する, 欺瞞する

circum**ven**tion [sə:rkəm**ven**ʃən] [名] 欺瞞

circus [**sə:r**kəs] [名] サーカス, 曲芸

cistern [**sis**tərn] [名] 屋上の水タンク

citadel [**si**tədəl] [名] 城塞, 要塞

ci**ta**tion [sai**tei**ʃən] [名] 引用, 列挙, 召喚

cite [sait] [動] 引用する, 召喚する

citizen [**si**təzən] [名] 国民, 市民

citizenship [**si**təzənʃip] [名] 市民権

citrus [**si**trəs] [名] かんきつ類

city [**si**ti] [名] 都市

city counci l [**si**ti **kaun**səl] [名] 市議会

city hall [**si**ti **hɔ:l**] [名] 市庁

civic [**si**vik] [形] 市の, 市民の

civic **cen**ter [**si**vik **sen**tər] [名] 都市の中心地区

civil [**si**vəl] [形] 市民, 民間人の

ci**vi**lian [si**vi**lyən] [名] 民間人, 文官 [形] 民間の

ci**vi**lity [si**vi**ləti] [名] 丁重, 丁寧, 礼儀

civili**za**tion [sivələ**zei**ʃən] [名] 文明

civilize [**si**vəlaiz] [動] 開化する

civilized [**si**vəlaizd] [形] 開化された, 教養のある

civil **rights** [sivəl **raits**] [名] 民権

civil **ser**vice [sivəl **sə:r**vəs] [名] 請願, 行政事務

civil **war** [sivəl **wɔ:r**] [名] 内乱, 南北戦争 (米国)

clad [klæd] [形] 服を着た, かけた

claim [kleim] [名] 要求, 賠償請求 [動] 要求(請求)する

claimant [**klei**mənt] [名] 権利主張者, 賠償請求者

clair**voy**ant [kleər**vɔi**ənt] [名] 千里眼の人 [形] 千里眼の

clam [klæm] [名] ハマグリ, だんまり屋

clamber [**klæm**bər] [名] よじ登ること [動] よじ登る

clamor [**klæ**mər] [名] 叫び, 不平 [動] 騒ぐ

clamorous [klæmərəs] [形] 騒がしい, やかましい
clamp [klæmp] [名] 締め金 [動] 締め金で締める
clan [klæn] [名] 氏族, 一門, 派閥
clandestine [klændestən] [形] 秘密の, 内密の
clandestinely [klændestənli] [副] 密かに, こっそりと
clang [klæŋ] [名] がらん [動] がらんと鳴る
clannish [klæniʃ] [形] 氏族の, 排他的な
clap [klæp] [名] 拍手の音 [動] 拍手する
clarification [klærəfəkeiʃən] [名] 浄化, 解明, 明確化
clarify [kleərəfai] [動] 明白にする, 明らかになる
clarinet [klærənet] [名] クラリネット (楽器)
clarion [kleəriən] [名] クラリオン (楽器)
clarity [kleərəti] [名] 明瞭, 明快さ, 明白
clash [klæʃ] [名] 衝突, 争い, 不一致 [動] 争う
clasp [klæsp] [名] フック, 抱擁 [動] 固定させる
class [klæs] [名] 階級, 学級, 授業
classic [klæsik] [名] 古典作品, 名作 [形] 古典的な
classical [klæsikəl] [形] 古典的な, 伝統的な
classically [klæsikəli] [副] 古典的に
classification [klæsəfəkeiʃən] [名] 分類, 分類法
classified [klæsəfaid] [形] 分類された
classify [klæsəfai] [動] 分類する
classmate [klæsmeit] [名] 級友, 同級生
classroom [klæsrum] [名] 教室
clatter [klætər] [名] ガタガタ音
clause [klɔ:z] [名] 節, 条項
claw [klɔ:] [名] 足の爪 [動] 足の爪で裂く
clay [klei] [名] 粘土
clean [kli:n] [形] きれいな [動] きれいにする
cleaner [kli:nər] [名] 掃除屋, 洗剤
cleaning [kli:niŋ] [名] 掃除
cleanliness [klenlinəs] [名] 清潔
cleanly [kli:nli] [形] きれいな [副] きれいに
cleanse [klenz] [動] 清潔にする, 消毒する
cleanser [klenzər] [名] 洗濯する人, 洗剤
clear [kliər] [形] 澄んだ, 透明な [動] 明確にする
clearance [kliərəns] [名] 掃除, 処分販売, 手形交換
clear-cut [kliər kət] [形] 輪郭がはっきりした, 明確な
clearing [kliəriŋ] [名] 掃除, 除去, 手形交換
clearly [kliərli] [副] 明らかに
clearness [kliərnəs] [名] 晴れ, 鮮明, 明白
cleave [kli:v] [動] 割る,裂く, しがみつく
cleft [kleft] [名] 割れ目 [形] 割れた
clemency [klemənsi] [名] 温和, 温順, 慈悲
clench [klentʃ] [動] ぎゅっと締める
Cleopatra [kli:əpætrə] [人] クレオパトラ (エジプトの女王)
clergy [klə:rdʒi] [名] 聖職
clergyman [klə:rdʒimən] [名] 聖職者
clerical [kleərikəl] [形] 書記の, 事務員の, 聖職の
clerk [klə:rk] [名] 店員, 事務員
Cleveland [kli:vlənd] [地] クリーブランド (米国の都市)
clever [klevər] [形] 賢い
cleverly [klevərli] [副] 賢く, 巧みに
cleverness [klevənəs] [名] 賢さ, 巧妙
cliché [kliʃei] [名] 常套句, お決まりのあらすじ
click [klik] [名] カチッ(クリック)音
client [klaiənt] [名] 依頼人, 得意先
clientele [klaiəntel] [名] 訴訟依頼人, 常連客
cliff [klif] [名] 崖, 絶壁
climate [klaimət] [名] 気候, 状況
climatic [klaimætik] [形] 気候の
climax [klaimæks] [名] 絶頂 [動] 絶頂に達する
climb [klaim] [動] 登攀する [名] 登攀, 上昇
climber [klaimər] [名] 登山家, 野心家
clinch [klintʃ] [名] 打ち曲げ [動] 打ち曲げる, 締める
cling [kliŋ] [動] くっつく
clinic [klinik] [名] 診療所, 臨床講義室
clinical [klinikəl] [形] 診療所の, 臨床の
clinically [klinikəli] [副] 臨床的に
clip [klip] [名] 削り [動] はさみで切る
clipped [klipt] [形] 短く切った
clique [kli:k] [名] 徒党, 派閥 [動] 派閥を作る
cloak [klouk] [名] 外套 [動] 隠す
cloakroom [kloukrum] [名] クローク (携帯品保管所)
clock [klak] [名] 時計 [動] 時間を計る
clocked [klakt] [形] 刺繍で飾られた
clockwise [klakwaiz] [副] 時計回りに, 右側に
clod [klad] [名] 土くれ, 土, のろま
clog [klag] [名] 妨害物 [動] 妨げる, 詰まる
cloister [klɔistər] [名] 回廊, 修道院, 隠遁生活
close [klous] [形] 閉じた, 近い, 親しい [名] 終わり
close [klouz] [動] 閉める, 締め切る
closed [klouzd] [形] 閉じた, 閉鎖した, 非公開の
closely [klousli] [副] 接近して, 慎重に
closer [klouzər] [名] 閉じる人
closet [klazət] [名] 戸棚
closing [klouziŋ] [名] 閉店, 決算 [形] 閉店の, 決算の
clot [klat] [名] かたまり [動] 凝固する
cloth [klɔ:θ] [名] 生地, 布
clothe [klouð] [動] 服を着せる

clothes [klouz] [名] 服
clothing [**klou**ðiŋ] [名] 衣類
cloud [klaud] [名] 雲 [動] 曇る
cloudburst [**klaud**bə:rst] [名] 豪雨
cloudiness [**klaud**inəs] [名] 曇り, もうろうとしていること
cloudless [**klaud**ləs] [形] 雲がない
cloudlessly [**klaud**ləsli] [副] 雲ひとつなく
cloudy [**klau**di] [形] 曇った, 憂鬱な
clout [klaut] [名] 強打, 影響力
clove [klouv] [名] チョウジノキ (植物)
clover [**klou**vər] [名] クローバー
clown [klaun] [名] 道化師 [動] おどける
club [klʌb] [名] 棍棒, クラブ
clubbed [klʌbd] [形] 棍棒形の
cluck [klʌk] [動] (めんどりが) こっこっと鳴く
clue [klu:] [名] 糸口, 手がかり
clump [klʌmp] [名] 森, 茂み, 重い足音
clumsily [**klʌm**zəli] [副] 下手に
clumsy [**klʌm**zi] [形] 厄介な, 不器用な, 気の利かない
clung [klʌŋ] [動] cling (くっつく) の過去·過去分詞形
cluster [**klʌs**tər] [名] 塊 [動] 塊を成す
clutch [klʌtʃ] [名] クラッチ [動] しっかりとつかむ
clutter [**klʌ**tər] [名] 乱雑 [動] とり乱す
coach [koutʃ] [名] 運動コーチ, 馬車 [動] 指導する
coachman [**koutʃ**mən] [名] 馬車の御者
co**a**gulant [kou**æ**gyələnt] [名] 凝固剤
co**a**gulate [kou**æ**gyəleit] [動] 凝固する
coagu**la**tion [kouægyə**lei**ʃən] [名] 凝固
coal [koul] [名] 石炭
coa**lesce** [kouə**les**] [動] 癒着する, 合同する
coa**li**tion [kouə**li**ʃən] [名] 合同, 連合, 提携
coarse [kɔ:rs] [形] 粗い, 粗悪な
coarsely [**kɔ:rs**li] [副] 粗く, 粗雑に
coast [koust] [名] 海岸, 沿岸
coastal [**koust**l] [形] 沿岸の, 近海の
coast guard [**koust** ga:rd] [名] 沿岸警備隊
coastline [**koust**lain] [名] 海岸線
coat [kout] [名] 上着, 外套 [動] 上着を着せる
coated [**kou**təd] [形] 上着を着た, (塗料を) 塗った
coating [**kou**tiŋ] [名] 上塗り, 塗料
coax [kouks] [動] なだめる, 説得する
cobalt [**kou**bɔ:lt] [名] コバルト (化学)
cobbler [**ka**blər] [名] 靴直し
cobra [**kou**brə] [名] コブラ (ヘビ)
cobweb [**kab**web] [名] クモの巣, 薄い生地

co**caine** [kou**kein**] [名] コカイン (麻酔剤)
cock [kak] [名] 雄鶏
cockney [**kak**ni] [名] ロンドン子, ロンドンなまり
cockpit [**kak**pit] [名] 操縦室, 闘鶏場
cockroach [**kak**routʃ] [名] ごきぶり (虫)
cocktail [**kak**teil] [名] カクテル
cocky [**ka**ki] [形] 生意気な
cocoa [**kou**kou] [名] ココア
coconut [**kou**kənət] [名] ココナッツ
co**coon** [kə**ku:n**] [名] まゆ [動] まゆを作る
cod [kad] [名] タラ
coddle [**ka**dl] [名] 甘やかすこと [動] 優しく扱う
code [koud] [名] 法典, 暗号 [動] コード化する
coedu**ca**tion [kouedʒə**kei**ʃən] [名] 男女共学
coedu**ca**tional [kouedʒə**kei**ʃənəl] [形] 男女共学制の
co**erce** [kou**ə:rs**] [動] 抑圧する, 拘束する, 支配する
co**er**cion [kou**ə:r**ʒən] [名] 強制, 抑圧
co**er**cive [kou**ə:r**siv] [形] 強制的な, 抑圧的な
coex**ist** [kouig**zist**] [動] 共存する
coffee [**kɔ:**fi] [名] コーヒー
coffee break [**kɔ:**fi breik] [名] 休息時間
coffeepot [**kɔ:**fipat] [名] コーヒー沸かし, コーヒーポット
coffee shop [**kɔ:**fi ʃap] [名] コーヒー店
coffin [**kɔ:**fən] [名] 棺 [動] 入棺する
cogent [**kou**dʒənt] [形] 説得力が強い
cogitate [**ka**dʒəteit] [動] 熟考する, 瞑想する
cognate [**kag**neit] [名] 親族 [形] 親族の, 起源が同じの
cognitive [**kag**nətiv] [形] 認識の, 精神の
cognizant [**kag**nəzənt] [形] 知っている, 意識している
co**her**ence [kou**hiə**rəns] [名] 凝集性, 一貫性
co**her**ent [kou**hiə**rənt] [形] 凝集性の, 一貫性のある
co**he**sion [kou**hi:**ʒən] [名] 結合, 凝集
co**he**sive [kou**hi:**siv] [形] 結合力のある, 凝集性の
cohort [**kou**hɔ:rt] [名] 群れ, 集団
coil [kɔil] [名] コイル [動] ぐるぐる巻く
coin [kɔin] [名] 鋳貨, 貨幣
coinage [**kɔin**idʒ] [名] 貨幣鋳造, 貨幣, 貨幣制度
coin**cide** [kouin**said**] [動] 一致する, 同時に起こる
co**in**cidence [kou**in**sədəns] [名] 偶然, 一致, 同時発生
co**in**cident [kou**in**sədənt] [形] 偶然の, 一致する, 同時発生の
coinci**den**tal [kouinsə**den**tl] [形] 偶然の, 一致する, 同時発生の
coinci**den**tally [kouinsə**den**təli] [副] 偶然に, 一致して, 同時的に
coitus [**kou**ətəs] [名] 性交
Coke [kouk] [名] Coca-Cola の略称
cola [**kou**lə] [名] コーラノキ, コーラ

colander [kʌləndər] [名] 濾過機 [動] 濾過する
cold [kould] [形] 寒い, 冷静な [名] 寒さ, 風邪
cold-blooded [kould blʌdəd] [形] 冷酷な, 熱意のない
cold-bloodedly [kould blʌdədli] [副] 冷酷に, 冷静に
coldly [kouldli] [副] 冷静に
coldness [kouldnəs] [名] 寒さ, 冷気, 寒気
colic [kalik] [名] 腹痛, 産痛 [形] 腹痛の, 産痛の
collaborate [kəlæbəreit] [動] 協力する, 合作する
collaboration [kəlæbəreiʃən] [名] 協力, 合作
collaborator [kəlæbəreitər] [名] 共同制作者, 合作者
collapse [kəlæps] [名] 崩壊, 没落 [動] 崩れる
collar [kalər] [名] カラー, 羽
collarbone [kalərboun] [名] 鎖骨
collate [kəleit] [動] 対照する, 組み合わせる
collateral [kəlætərəl] [名] 担保物 [形] 平行な, 付随的な
collaterally [kəlætərəli] [副] 並んで, 付随的に
colleague [kali:g] [名] 同僚
collect [kəlekt] [動] 集める, 徴収する
collect call [kəlekt kɔ:l] [名] 受信人料金支払い通話
collected [kəlektəd] [形] 集めた, 落ち着いた
collection [kəlekʃən] [名] 収集
collective [kəlektiv] [名] 集合体, 集団 [形] 集団の
collectively [kəlektivli] [副] 集団的に, 共同で
collector [kəlektər] [名] 収集家, 集金人, 収集機
college [kalidʒ] [名] 大学
collide [kəlaid] [動] 衝突する
collision [kəliʒən] [名] 衝突
collocation [kaləkeiʃən] [名] 配置, 配列
colloquial [kəloukwiəl] [形] 口語の
colloquialism [kəloukwiəlizm] [名] 口語的表現, 口語体
colloquially [kəloukwiəli] [副] 口語で, 会話体で
collusion [kəlu:ʒən] [名] 共謀, 結託
cologne [kəloun] [名] コロン (化粧水)
colon [koulən] [名] コロン(:), 大腸
colonel [kə:rnl] [名] 陸軍大佐
colonial [kəlouniəl] [形] 植民地の
colonialism [kəlouniəlizm] [名] 植民地主義, 植民政策
colonist [kalənist] [名] 植民地の定着民, 植民地の開拓者
colonize [kalənaiz] [動] 植民地化する
colony [kaləni] [名] 植民地
color [kʌlər] [名] 色 [動] 彩色する
Colorado [kalərædou] [地] コロラド (米国の州)
color-blind [kʌlər blaind] [形] 色盲の
colored [kʌlərd] [形] 彩色された
colorful [kʌlərfl] [形] カラフルな, 華麗な
colorfully [kʌlərfəli] [副] カラフルな, 鮮やかに
coloring [kʌləriŋ] [名] 着色, 着色法, 血色
colorless [kʌlərləs] [形] 無色の, 青白い, 特徴のない
colossal [kəlasəl] [形] 巨大な
colossally [kəlasəli] [副] 巨大に
colt [koult] [名] 子馬
Columbia [kəlʌmbiə] [地] コロンビア (米国の都市)
Columbus [kəlʌmbəs] [地] コロンバス (米国の都市)
column [kaləm] [名] 段, 柱, 新聞のコラム
columnist [kaləmnist] [名] 特別欄執筆者, コラムニスト
coma [koumə] [名] 昏睡状態
comb [koum] [名] 櫛 [動] 櫛で髪をとかす
combat [kəmbæt] [動] 戦う
combat [kambæt] [名] 戦い, 戦闘
combatant [kəmbætənt] [名] 戦闘員 [形] 戦う, 好戦的な
combination [kambəneiʃən] [名] 結合, 連合
combine [kambain] [名] 結合, 連合
combine [kəmbain] [動] 結合する, 連合する
combined [kəmbaind] [形] 結合した, 連合した
combustibility [kəmbəstəbiləti] [名] 燃焼性, 可燃性
combustible [kəmbʌstəbl] [名] 可燃性物質 [形] 可燃性の
combustion [kəmbʌstʃən] [名] 燃焼
come [kʌm] [動] 来る, 起こる, 生じる
come [kʌm] [動] come (来る) の過去分詞形
comeback [kʌmbæk] [名] 復帰, カムバック
comedian [kəmi:diən] [名] 喜劇俳優, 喜劇作家, コメディアン
comedy [kamədi] [名] コメディー, 喜劇
comely [kʌmli] [形] 容貌が美しい, きれいな
comer [kʌmər] [名] 来る人, 有望な人
comet [kamət] [名] 彗星
comfort [kʌmfərt] [名] 慰め, 快適 [動] 慰める
comfortable [kʌmfərtəbl] [形] 快適な
comfortably [kʌmfərtəbli] [副] 快適な
comforter [kʌmfərtər] [名] 慰める人, 聖霊, 羽毛布団
comic [kamik] [形] 快適な
comical [kamikəl] [形] 面白い, こっけいな
comic strip [kamik strip] [名] 連載漫画
coming [kʌmiŋ] [名] 接近, 到来
comma [kamə] [名] コンマ (,)
command [kəmænd] [名] 命令, 指揮権 [動] 命令する
commander [kəmændər] [名] 指揮官, 司令官
commanding [kəmændiŋ] [形] 威厳のある, 堂々と, 命令する
commandingly [kəmændiŋli] [副] 威風堂々と
commandment [kəmændmənt] [名] 命令, 戒
commemorate [kəmeməreit] [動] 記念する

commemo**ration** [kəmemə**rei**ʃən] [名] 記念, 祝典, 記念式

com**mence** [kə**mens**] [動] 始める

com**mence**ment [kə**mens**mənt] [名] 開始, 卒業式

com**mend** [kə**mend**] [動] 褒める

commen**da**tion [kamən**dei**ʃən] [名] 賞賛, 賛美, 推薦, 賛辞

com**men**surate [kə**men**sərət] [形] 同じくらいの, 均衡のとれた

comment [**ka**ment] [名] 論評, コメント [動] 論評する

commentary [**ka**mənteri] [名] 注釈, 解説, 批評, 事件の記録

commentator [**ka**mənteitər] [名] 注釈者, 時事問題解説者

commerce [**ka**mərs] [名] 商業, 貿易

com**mer**cial [kə**mə:r**ʃəl] [名] コマーシャル [形] 商業の, 貿易の

com**mer**cialize [kə**mə:r**ʃəlaiz] [動] 商業化する

com**mi**serate [kə**mi**zəreit] [動] 同情する, 哀れむ

com**mi**ssion [kə**mi**ʃən] [名] 委任, 手当て, 委員会

com**mi**ssioned [kə**mi**ʃənd] [形] 任命された

com**mi**ssioner [kə**mi**ʃənər] [名] 委員, 長官

com**mit** [kə**mit**] [動] 委任する, 犯す

com**mit**ment [kə**mit**mənt] [名] 代行, 委託, 献身, 公約

com**mi**tted [kə**mi**təd] [形] 献身的な

com**mi**ttee [kə**mi**ti] [名] 委員会

com**mo**dious [kə**mou**diəs] [形] 広い

com**mo**dity [kə**ma**dəti] [名] 商品

commodore [**ka**mədɔ:r] [名] 米国海軍准将

common [**ka**mən] [形] 共通の, 公共の

commonly [**ka**mənli] [副] 一般的に

commonplace [**ka**mənpleis] [名] 平凡な事 [形] 普通の, 平凡な

common sense [**ka**mən sens] [名] 常識

commonwealth [**ka**mənwelθ] [名] 連邦

com**mo**tion [kə**mou**ʃən] [名] 動揺, 騒動

com**mu**nal [kə**myu:**nəl] [形] 共同体の, 自治体の

com**mune** [kə**myu:n**] [名] 歓談 [動] 歓談する

com**mu**nicable [kə**myu:**nəkəbl] [形] 伝わる, 伝染性の

com**mu**nicate [kə**myu:**nəkeit] [動] 伝達する

communi**ca**tion [kəmyunə**kei**ʃən] [名] 転送, 連絡, コミュニケーション

com**mu**nicative [kə**myu:**nəkeitiv] [形] 話好きな, 伝達の

com**mu**nion [kə**myu:**nyən] [名] 共有, 親交, 聖餐式 (キリスト教)

com**mu**nique [kə**myu:**nəkei] [名] 公報, コミュニケ

communism [**kam**yənizm] [名] 共産主義

communist [**kam**yənist] [名] 共産主義者

com**mu**nity [kə**myu:**nəti] [名] 共同体, 地域社会

commu**ta**tion [kamyə**tei**ʃən] [名] 交換, 変換, 補償

com**mute** [kə**myu:t**] [動] 通勤する, 交換する

com**mu**ter [kə**myu:**tər] [名] 通勤者

com**pact** [kəm**pækt**] [形] 簡潔な [動] 簡潔にする

compact [**kam**pækt] [名] 同意, 協約

compact disc [**kam**pækt disk] [名] コンパクトディスク (CD)

com**pac**ted [kəm**pæk**təd] [形] いっぱいになった

com**pan**ion [kəm**pæn**yən] [名] 仲間, 友人

com**pan**ionship [kəm**pæn**yənʃip] [名] 友好, 交際

company [**kʌm**pəni] [名] 会社, 一行, 友人

comparable [**kam**pərəbl] [形] 比較できる, 匹敵する

com**pa**rative [kəm**pæ**rətiv] [名] 比較級 [形] 比較の

com**pa**ratively [kəm**pæ**rətivli] [副] 比較的

com**pare** [kəm**peər**] [動] 比べる, 比較する, 比喩する

com**pa**rison [kəm**peə**rəsən] [名] 比較

com**part**ment [kəm**pa:rt**mənt] [名] 区画, 区分, 仕切

compass [**kʌm**pəs] [名] コンパス

com**pa**ssion [kəm**pæ**ʃən] [名] 哀れみ, 同情

com**pa**ssionate [kəm**pæ**ʃənət] [形] 同情的な [動] 同情する

com**pa**ssionately [kəm**pæ**ʃənətli] [副] 慈悲深く

com**pa**tible [kəm**pæ**təbl] [形] 両立できる, 調和する

com**pel** [kəm**pel**] [動] 強要する, 強いる

com**pe**lling [kəm**pe**liŋ] [形] 強制的な, 心を引く

com**pen**dium [kəm**pen**diəm] [名] 要約, 縮約

compensate [**kam**pənseit] [動] 補償する, 賠償する, 補充する

compen**sa**tion [kampən**sei**ʃən] [名] 補償, 補償金

com**pete** [kəm**pi:t**] [動] 競う

competence [**kam**pətəns] [名] 能力, 才能, 適性

competent [**kam**pətənt] [形] 有能な

compe**ti**tion [kampə**ti**ʃən] [名] 競争, 戦い, 試合

com**pe**titive [kəm**pe**tətiv] [形] 競争的な, 競争の

com**pe**titively [kəm**pe**tətivli] [副] 競争して

com**pe**titor [kəm**pe**tətər] [名] 競争相手

com**pile** [kəm**pail**] [動] 集める, 集計する, 編集する

com**pla**cence [kəm**plei**sns] [名] complacency (自己満足)

com**pla**cency [kəm**plei**snsi] [名] 自己満足

com**pla**cent [kəm**plei**snt] [形] 自己満足の

com**pla**cently [kəm**plei**sntli] [副] 満足して

com**plain** [kəm**plein**] [動] 文句を言う, 訴える

com**plai**ner [kəm**plei**nər] [名] 不平家

com**plaint** [kəm**pleint**] [名] 不平, 告訴

complement [**kam**pləmənt] [名] 補充 [動] 補充する, 補う

comple**men**tary [kamplə**men**təri] [形] 補足する, お互いに補完する

com**plete** [kəm**pli:t**] [形] 完全な [動] 完成する

com**plete**ly [kəm**pli:t**li] [副] 完全に

com**plete**ness [kəm**pli:t**nəs] [名] 完成

com**ple**tion [kəm**pli:**ʃən] [名] 完成, 達成

com**plex** [kəm**pleks**] [形] 複合の

complex [**kam**pleks] [名] 複合体

complexion [kəmplekʃən] [名] 顔色

complexity [kəmpleksəti] [名] 複雑, 複雑性

complexly [kəmpleksli] [副] 複雑に

compliance [kəmplaiəns] [名] 承諾, 柔順, 盲従

complicate [kampləkeit] [動] 複雑にする

complicated [kampləkeitəd] [形] 複雑な, 困難な

complicatedly [kampləkeitədli] [副] 複雑に

complication [kampləkeiʃən] [名] 複雑な状態, 合併症

complicity [kamplisəti] [名] 共犯, 共謀, 連座

compliment [kampləmənt] [名] 賛辞, 挨拶 [動] 褒める

complimentary [kampləmentəri] [形] 賛辞の, 賞賛の, 無料の

comply [kəmplai] [動] 応ずる

component [kəmpounənt] [名] 構成要素, 成分

compose [kəmpouz] [動] 構成する, 作曲する

composed [kəmpouzd] [形] 沈んだ, 落ち着いた

composedly [kəmpouzdli] [副] 落ち着いて, 冷静に

composer [kəmpouzər] [名] 作曲家

composite [kəmpazət] [名] 合成物 [形] 合成の, 複合の

composition [kampəziʃən] [名] 構成, 作曲

composure [kəmpouʒər] [名] 冷静, 沈着, 平静

compound [kəmpaund] [動] 混合する

compound [kampaund] [名] 混合物 [形] 混合の

comprehend [kamprihend] [動] 理解する, 含む

comprehensible [kamprihensəbl] [形] 理解できる, 分かりやすい

comprehension [kamprihenʃən] [名] 理解, 理解力

comprehensive [kamprihensiv] [形] 包括的な

comprehensively [kamprihensivli] [副] 包括的に

compress [kəmpres] [名] 圧迫包帯 [動] 圧縮する

compressed [kəmprest] [形] 圧縮された, 簡潔な

compression [kəmpreʃən] [名] 圧縮, 簡潔

compressor [kəmpresər] [名] 圧縮機, コンプレッサー

comprise [kəmpraiz] [動] 含む

compromise [kamprəmaiz] [名] 妥協 [動] 妥協する

compromising [kamprəmaiziŋ] [形] 名誉を傷つける

compulsion [kəmpʌlʃən] [名] 強制, 抑止

compulsive [kəmpʌlsiv] [形] 強制的な, 抑止の

compulsively [kəmpʌlsivli] [副] 強制的に

compulsory [kəmpʌlsəri] [形] 強制的な, 義務的な, 必須の

compunction [kəmpʌŋkʃən] [名] 良心の呵責

compute [kəmpyu:t] [名] 計算 [動] 計算する

computer [kəmpyu:tər] [名] 電子計算機, コンピュータ

computerize [kəmpyu:təraiz] [動] 電算化する

comrade [kamræd] [名] 同僚

concave [kankeiv] [名] 凹面 [形] 凹面の

concave [kankeiv] [動] 凹面になる

conceal [kənsi:l] [動] 隠す, 秘密にする

concealment [kənsi:lmənt] [名] 隠匿, 隠蔽, 隠すこと

concede [kənsi:d] [動] 譲る, 認める

conceit [kənsi:t] [名] 自尊心, 過大評価

conceited [kənsi:təd] [形] 慢心が強い, いい気になった

conceivable [kənsi:vəbl] [形] 想像出来る, 在りそうな

conceive [kənsi:v] [動] 考え出す

concentrate [kansəntreit] [動] 集中する, 濃縮する

concentrated [kansəntreitəd] [形] 集中した, 濃縮された

concentration [kansəntreiʃən] [名] 集中

concentric [kənsentrik] [形] 同心の

concept [kansept] [名] 概念, 観念 [形] 新しい着想の

conception [kənsepʃən] [名] 概念, 着想, 妊娠

concern [kənsə:rn] [名] 関心事, 心配 [動] 心配する

concerned [kənsə:rnd] [形] 関係のある, 心配そうな

concerning [kənsə:rniŋ] [前] ～について

concert [kənsə:rt] [動] 協調する

concert [kansə:rt] [名] コンサート, 協定

concerted [kənsə:rtəd] [形] 合意された, 協力による

concertedly [kənsə:rtədli] [副] 合意して

concerto [kəntʃertou] [名] コンチェルト, 協奏曲

concession [kənseʃən] [名] 譲歩, 許容, 免許

conciliate [kənsilieit] [動] 懐柔する, なだめる

conciliatory [kənsiliətɔ:ri] [形] 和解する

concise [kənsais] [形] 簡潔な, 簡明な

concisely [kənsaisli] [副] 簡潔に

conclude [kənklu:d] [動] 終える, 結論を下す

conclusion [kənklu:ʒən] [名] 終結, 結論

conclusive [kənklu:siv] [形] 確定的な, 決定的な, 最後の

conclusively [kənklu:sivli] [副] 確実に, 決定的に

concoct [kənkakt] [動] 組み合わせる, 調製する, 企てる

concoction [kənkakʃən] [名] 組み合わせ, 調剤, でっち上げ

concomitant [kənkamətənt] [形] 付随的な

concord [kankɔ:rd] [名] 一致, 和合

concordance [kənkɔ:rdns] [名] 一致, 調和

concourse [kankɔ:rs] [名] 群衆, 散歩道, 中央広場

concrete [kankri:t] [名] コンクリート [形] 具体的な

concubine [kaŋkyubain] [名] めかけ, 内縁の妻

concur [kənkə:r] [動] 同意する, 一致する, 協力する

concurrent [kənkə:rənt] [名] 併発事件 [動] 同時に起こる

concuss [kənkʌs] [動] 激しく揺さぶる, 脅迫する

concussion [kənkʌʃən] [名] 脳震盪, 振動, 激突

condemn [kəndem] [動] 非難する, 有罪を宣告する

condemnation [kandemneiʃən] [名] 非難, 有罪の宣告

condemned [kəndemd] [形] 非難された, 有罪宣告を受けた

condensation [kandenseiʃən] [名] 凝縮, 圧縮, 要約
condense [kəndens] [動] 凝縮(圧縮, 要約)する
condensed [kəndenst] [形] 凝縮した, 要約した
condenser [kəndensər] [名] 凝縮機, 蓄電器, コンデンサ
condescend [kandisend] [動] 身を落とす
condescension [kandisenʃən] [名] 謙遜, 丁寧
condiment [kandəmənt] [名] 調味料
condition [kəndiʃən] [名] 状態, 条件
conditional [kəndiʃənəl] [名] 条件法 [形] 条件付の
conditioned [kəndiʃənd] [形] 条件付の
condo [kandou] [名] コンド, 分譲アパート
condolence [kəndouləns] [名] 弔慰, 哀悼
condom [kandəm] [名] コンドーム
condominium [kandəminiəm] [名] 共同管理, 分譲アパート
condone [kəndoun] [動] 許す, 黙認する
conducive [kəndyu:siv] [形] 役立つ, 助成する
conduct [kəndʌkt] [動] 引き渡す, 行動する
conduct [kandəkt] [名] 行為, 態度
conduction [kəndʌkʃən] [名] 伝導, 伝導性
conductive [kəndʌktiv] [形] 伝導性の, 伝導力のある
conductivity [kandəktivəti] [名] 伝導性
conductor [kəndʌktər] [名] 指揮者, 伝導体
cone [koun] [名] 円錐 [動] 円錐状に作る
confection [kənfekʃən] [名] お菓子, 糖菓
confectioner [kənfekʃənər] [名] お菓子製造者 (販売者)
confectionery [kənfekʃəneri] [名] お菓子店, お菓子類
confederacy [kənfedərəsi] [名] 連合国, 連合, 共謀
confederate [kənfedərət] [名] 同盟国 [形] 同盟を結んだ
confederation [kənfedəreiʃən] [名] 連合国, 連合, 連邦
confer [kənfə:r] [動] 授与する, 協議する
conference [kanfərəns] [名] 会議
confess [kənfes] [動] 告白する, 自白する
confessed [kənfest] [形] 明らかな, 自白された
confession [kənfeʃən] [名] 告白, 自白
confetti [kənfeti] [名] 色紙彫刻
confidant [kanfədant] [名] 頼りになる友達
confide [kənfaid] [動] 信頼する, 打ち明ける
confidence [kanfədəns] [名] 自信, 確信, 信頼
confident [kanfədənt] [形] 確信のある, 自信のある
confidential [kanfədenʃəl] [形] 秘密の
confidentially [kanfədenʃəli] [副] 密かに
confidently [kanfədəntli] [副] 確信して
configuration [kənfigyəreiʃən] [名] 配置, 配列
confine [kənfain] [動] 限定する, 監禁する
confine [kanfain] [名] 境界, 限界
confined [kənfaind] [形] 限られた, 狭い
confinement [kənfainmənt] [名] 監禁, 制限
confirm [kənfə:rm] [動] 確認する, 堅固にする
confirmation [kanfərmeiʃən] [名] 確認, 確定, 確証
confirmed [kənfə:rmd] [形] 確認された, 確立された
confiscate [kanfəskeit] [形] 没収された [動] 没収する
confiscation [kanfəskeiʃən] [名] 没収, 押収
conflagrations [kanfləgreiʃənz] [名] 大火災
conflict [kənflikt] [動] 戦う, 衝突する
conflict [kanflikt] [名] 闘争, 口論
confluence [kanfluəns] [名] 一緒に流れるところ
conform [kənfɔ:rm] [動] 従う, 順応する, 一致する
conformation [kanfɔ:rmeiʃən] [名] 形態, 形状, 配置
conformity [kənfɔ:rməti] [名] 類似, 一致, 調和, 順応
confound [kənfaund] [動] 混同する, 慌てる
confounded [kənfaundəd] [形] 混乱した, 慌てた
confront [kənfrʌnt] [動] 立ち向かう, 直面する
confrontation [kanfrənteiʃən] [名] 直面, 対決
confrontational [kanfrənteiʃənəl] [形] 直面した
confuse [kənfyu:z] [動] 混乱させる, 混同する
confused [kənfyu:zd] [形] 混乱に陥った, 慌てた
confusing [kənfyu:ziŋ] [形] 混乱させる, 当惑される
confusingly [kənfyu:ziŋli] [副] 混乱して
confusion [kənfyu:ʒən] [名] 混乱, 当惑
congeal [kəndʒi:l] [動] 凝固させる
congenial [kəndʒi:nyəl] [形] 快適な, 気が合う
congeniality [kəndʒiniæləti] [名] 合致, 適合性
congenital [kəndʒenətl] [形] 生まれつきの, 先天的な
congenitally [kəndʒenətəli] [副] 先天的に
congest [kəndʒest] [動] 密集させる, 混雑させる
congested [kəndʒestəd] [形] 混雑な, 密集した
congestion [kəndʒestʃən] [名] 混雑, 密集, 充血
conglomerate [kənglamərət] [名] 複合企業, コングロマリット
conglomeration [kənglaməreiʃən] [名] 集まり, 集合
Congo [kaŋgou] [地] コンゴ民主共和国 (中央アフリカ諸国)
congratulate [kəngrætʃəleit] [動] 祝う
congratulation [kəngrætʃəleiʃən] [名] お祝い, 祝辞
congregate [kaŋgrəgeit] [形] 集まった [動] 集まる, 集合する
congregation [kaŋgrəgeiʃən] [名] 集まり, 集会, 会衆
congress [kaŋgrəs] [名] 議会, 会議
congressional [kəngreʃənəl] [形] 国会の, 議会の 集会の
congressman [kaŋgrəsmən] [名] 国会議員 (米国)
conjecture [kəndʒektʃər] [名] 推測 [動] 推測する
conjugal [kandʒəgəl] [形] 夫婦の, 婚姻の
conjugally [kandʒəgəli] [副] 夫婦として

conjugate [kandʒəgeit] [動] 動詞活用する
conjugation [kandʒəgeiʃən] [名] 動詞活用変化
conjunct [kandʒʌŋkt] [形] 結合した, 共同の
conjunction [kəndʒʌŋkʃən] [名] 接続, 接続詞
conjunctive [kəndʒʌŋktiv] [名] 接続語 [形] 接続する, 結合した
conjunctively [kəndʒʌŋktivli] [副] 結合して
conjure [kandʒər] [動] 魔法をかける
connect [kənekt] [動] つなぐ, 関係する
connected [kənektəd] [形] 関連する
Connecticut [kənetikət] [地] コネチカット (米国の州)
connection [kənekʃən] [名] 関係, リンク
connive [kənaiv] [動] 共謀する
connoisseur [kanəsə:r] [名] 鑑定家
connotation [kanəteiʃən] [名] 暗示, 含蓄
connote [kənout] [動] 暗示する, 含蓄する
conquer [kaŋkər] [動] 征服する, 戦い勝つ
conquered [kaŋkərd] [形] 征服された, 敗れた
conqueror [kaŋkərər] [名] 征服者, 勝者
conquest [kaŋkwest] [名] 征服, 征服した物
conscience [kanʃəns] [名] 良心
conscientious [kantʃientʃəs] [形] 良心的な, 誠実な
conscientiously [kantʃientʃəsli] 副] 良心的に
conscious [kantʃəs] [形] 意識のある, 意識的な
consciously [kantʃəsli] [副] 意識的に
consciousness [kantʃəsnəs] [名] 意識
conscript [kənskript] [動] 徴集する [形] 徴集された
conscript [kanskript] [名] 徴集兵
conscription [kənskripʃən] [名] 徴兵, 強制徴集
consecrate [kansəkreit] [動] 神聖にする [形] 神聖な
consecration [kansəkreiʃən] [名] 奉献, 献身
consecutive [kənsekyətiv] [形] 連続的な, 論理が一貫とした
consecutively [kənsekyətivli] [副] 連続的に
consensus [kənsensəs] [名] 一致, 一致した意見, 合意
consent [kənsent] [名] 合意, 許可 [動] 合意する
consequence [kansəkwens] [名] 結果, 重要性
consequent [kansəkwent] [名] 結果 [形] 結果の, 必然的な
consequently [kansəkwentli] [副] その結果, 従って
conservation [kansərveiʃən] [名] 保存, 節約, 保護管理区
conservationist [kansərveiʃənist] [名] 自然保護主義者
conservatism [kənsə:rvətizm] [名] 保守主義, 保守性
conservative [kənsə:rvətiv] [形] 保守的な [名] 保守主義者
conservatively [kənsə:rvətivli] [副] 保守的に
conservatory [kənsə:rvətɔ:ri] [名] 温室, 音楽学校 [形] 保存性の
conserve [kənsə:rv] [動] 保護する, 保存する
consider [kənsidər] [動] 考慮する, 熟考する
considerable [kənsidərəbl] [形] かなりの
considerably [kənsidərəbli] [副] かなり
considerate [kənsidərət] [形] 同情心の多い, 思慮深い
consideration [kənsidəreiʃən] [名] 考慮, 要件, 代価, 配慮
considered [kənsidərd] [形] 慎重な
considering [kənsidəriŋ] [前] ~を考慮すると
consign [kənsain] [動] 引き渡す, 委託する, 託送する
consignment [kənsainmənt] [名] 委託, 託送
consist [kənsist] [動] 構成される
consistency [kənsistənsi] [名] 一貫性, 硬さ, 濃度, 密度
consistent [kənsistənt] [形] 一貫した
consistently [kənsistəntli] [副] 一貫性のある, 矛盾せずに
consolation [kansəleiʃən] [名] 慰安, 慰労
console [kansoul] [動] 慰める
consolidate [kənsalədeit] [動] 合併する, 強化する [形] 合併された
consolidation [kənsalədeiʃən] [名] 合併, 統合, 統合体
consonant [kansənənt] [名] 子音
consort [kansɔ:rt] [名] (王族の) 配偶者 [動] 交際する
conspicuous [kənspikyuəs] [形] 顕著な
conspicuously [kənspikyuəsli] [副] 顕著に
conspiracy [kənspirəsi] [名] 陰謀
conspirator [kənspirətər] [名] 陰謀者, 共謀者
conspire [kənspaiər] [動] 陰謀を企てる, 共謀する
constable [kanstəbl] [名] 治安担当官, 警官, 巡査
constancy [kanstənsi] [名] 不変, 不変性, 恒久性
constant [kanstənt] [形] 一定の, 不断な
constantly [kanstəntli] [副] 変わらず
constellation [kanstəleiʃən] [名] 星座
consternation [kanstərneiʃən] [名] 驚愕
constipation [kanstəpeiʃən] [名] 便秘
constituency [kənstitʃuənsi] [名] 選挙民, 選挙区, 支持者層
constituent [kənstitʃuənt] [名] 要素, 選挙民 [形] 構成する
constitute [kanstətyu:t] [動] 構成する, 制定する
constitution [kanstətyu:ʃən] [名] 憲法, 構成, 体質
constitutional [kanstətyu:ʃənəl] [形] 憲法上の
constrain [kənstrein] [動] 強制する, 制限する
constraint [kənstreint] [名] 制限, 抑制
constrict [kənstrikt] [動] しっかりと締める, 圧縮する
constricted [kənstriktəd] [形] 圧迫された, 息苦しい
constrictor [kənstriktər] [名] 圧迫機
construct [kənstrʌkt] [動] 建設する, 構成する
construction [kənstrʌkʃən] [名] 建設, 建物
constructive [kənstrʌktiv] [形] 建設的な
constructively [kənstrʌktivli] [副] 建設的に
constructor [kənstrʌktər] [名] 建設者, 建造者

construe [kənstru:] [動] 解釈する, 推論する

consul [kansəl] [名] 領事

consulate [kansələt] [名] 領事館, 領事の職

consult [kənsʌlt] [動] 相談する, 考慮する

consultant [kənsʌltənt] [名] 談相手, 顧問, コンサルタント

consultation [kansəlteiʃən] [名] 相談, 協議, 協議会

consume [kənsu:m] [動] 消費する

consumer [kənsu:mər] [名] 消費者

consummate [kansəmeit] [形] 完成された, 完全な [動] 完成する

consumption [kənsʌmpʃən] [名] 消費

contact [kantækt] [名] 接触, 連絡 [動] 接触(連絡)する

contact lens [kantækt lenz] [名] コンタクトレンズ

contagious [kənteidʒəs] [形] 伝染性の, 移りやすい

contagiously [kənteidʒəsli] [副] 伝染して, 伝染的に

contain [kəntein] [動] 含む, 抑制する

contained [kənteind] [形] 自制する, 落ち着いた

container [kənteinər] [名] 容器, コンテナー

containment [kənteinmənt] [名] 抑制, 封鎖

contaminate [kəntæməneit] [動] 汚す, 汚染させる

contamination [kəntæməneiʃən] [名] 汚染

contemplate [kantəmpleit] [動] 熟考する, 予想する

contemplation [kantəmpleiʃən] [名] 注視, 熟考, 瞑想

contemporary [kəntempəreri] [形] 現代の, 同時代の

contempt [kəntempt] [名] 軽蔑

contemptible [kəntemptəbl] [形] 軽蔑すべき, 卑劣な

contemptuous [kəntemptʃuəs] [形] 侮辱的な, 軽蔑的な

contemptuously [kəntemptʃuəsli] [副] 侮辱的に

contend [kəntend] [動] 争う, 論争する

contender [kəntendər] [名] 競争者, 主張者

content [kəntent] [動] 満足させる, 満足する

contented [kəntentəd] [形] 満足した

contention [kəntenʃən] [名] 争い, 主張, 口論

contentious [kəntenʃəs] [形] 論争好きの

contentment [kəntentmənt] [名] 満足

contents [kantents] [名] 内容物, 内容

contest [kəntest] [動] 争う, 論争する

contest [kantest] [名] 闘争, 競争, トーナメント, 競技

contestant [kəntestənt] [名] 論争者, 参加者, 異議申込者

context [kantekst] [名] 文脈, 前後関係, 情況

contiguous [kəntigyuəs] [形] 隣接した

continence [kantənəns] [名] 自制, 禁欲

continent [kantənənt] [名] 大陸, 陸地

continental [kantənentl] [形] 大陸の

contingency [kəntindʒənsi] [名] 偶然, 偶発, 偶発事件

contingent [kəntindʒənt] [形] 偶発的な

continual [kəntinyuəl] [形] 絶え間ない

continually [kəntinyuəli] [副] 絶え間なく

continuance [kəntinyuəns] [名] 連続, 継続

continuation [kəntinyueiʃən] [名] 連続, 継続

continue [kəntinyu:] [動] 続ける, 続く

continued [kəntinyu:d] [形] 続いた

continuity [kantənyu:əti] [名] 連続性, 継続性

continuous [kəntinyuəs] [形] 継続的な

continuously [kəntinyəsli] [副] 引き続き

contort [kəntɔ:rt] [動] ねじる, 曲解する

contortion [kəntɔ:rʃən] [名] ねじれ, 曲解

contortionist [kəntɔ:rʃənist] [名] 曲芸師

contour [kantuər] [名] 輪郭, 輪郭線, 外形, 等高線

contraband [kantrəbænd] [名] 密輸品, 密貿易

contraception [kantrəsepʃən] [名] 避妊

contraceptive [kantrəseptiv] [名] 避妊薬 [動] 避妊の

contract [kəntrækt] [動] 契約する, 縮小される

contract [kantrækt] [名] 契約, 契約書

contracted [kəntræktəd] [形] 縮小された, 偏狭な

contraction [kəntrækʃən] [名] 縮小, 短縮

contractor [kəntræktər] [名] 契約人, 請負人

contradict [kantrədikt] [動] 反駁する, 否認する, 矛盾する

contradiction [kantrədikʃən] [名] 反駁, 否認, 矛盾

contradictory [kantrədiktəri] [形] 矛盾した, 相反した

contraption [kəntræpʃən] [名] 新しい考案, 新案

contrary [kantreri] [名] 反対, 矛盾 [形] 逆の, 反対の

contrast [kantræst] [名] 対照 [動] 対照する

contretemps [kantrəta:ŋ] [名] 意外なこと, 不祥事

contribute [kəntribyu:t] [動] 寄付(寄稿, 貢献)する

contribution [kantrəbyu:ʃən] [名] 寄付, 寄稿, 貢献

contributor [kəntribyətər] [名] 寄付者, 貢献者, 寄稿家

contributory [kəntribyətɔ:ri] [形] 寄付の, 寄与する

contrite [kʌntrait] [形] 罪を認める

contrition [kəntriʃən] [名] 悔恨, 悔い改め

contrivance [kəntraivəns] [名] 考案物, 考案, 発明品, 発明

contrive [kəntraiv] [動] 考案する

contrived [kəntraivd] [形] 人為的な

control [kəntroul] [動] 統制する [名] 統制, 制御

controlled [kəntrould] [形] 統制された, 制御された

controller [kəntroulər] [名] 会計監査官, 統制者, 制御機

controversial [kantrəvə:rʃəl] [形] 論争の余地がある

controversy [kantrəvə:rsi] [名] 論争, 異論

contumely [kəntu:məli] [名] 無礼, 傲慢不

conundrum [kənʌndrəm] [名] 謎, 難題

convalesce [kanvəles] [動] 健康を回復する

convalescence [kanvəlesns] [名] 健康回復
convalescent [kanvəlesnt] [形] 回復期にある
convene [kənvi:n] [動] 集合する, 招集する
convenience [kənvi:nyəns] [名] 便益, 便利
convenient [kənvi:nyənt] [形] 便利な
conveniently [kənvi:nyəntli] [副] 便利に
convent [kanvənt] [名] 修道院
convention [kənvenʃən] [名] 大会, トーナメント, 慣習
conventional [kənvenʃənəl] [形] 慣習的な, 伝統的な
converge [kənvə:rdʒ] [動] 集中する, 収斂する
conversant [kənvə:rsənt] [形] 精通した, よく知っている
conversation [kanvə:rseiʃən] [名] 会話
conversational [kanvə:rseiʃənəl] [形] 会話の, 話し上手な
converse [kanvə:rs] [名] 対話 [形] 反対の
converse [kənvə:rs] [動] 対話する
conversion [kənvə:rʒən] [名] 転換, 変換, 改心, 改宗, 横領
convert [kənvə:rt] [動] 変える, 転向する
converted [kənvə:rtəd] [形] 転向した, 改造した
converter [kənvə:rtər] [名] 転換させる人(物)
convertible [kənvə:rtəbl] [名] コンバーチブル [形] 転換できる
convex [kanveks] [名] 凸面 [形] 凸面の, 突出した
convey [kənvei] [動] 運搬する, 伝える
conveyance [kənveiəns] [名] 運搬, 輸送, 交通機関, 譲渡
convict [kənvikt] [動] 有罪を宣告する
convict [kanvikt] [名] 囚人
conviction [kənvikʃən] [名] 有罪判決, 確信
convince [kənvins] [動] 確信させる, 説得する
convincing [kənvinsiŋ] [形] 説得力のある, 納得させる
convincingly [kənvinsiŋli] [副] 納得のいくよう
convivial [kənviviəl] [形] 宴会の, 祝祭の
convoluted [kanvəlu:təd] [形] 巻き込んでいる, 複雑な
convolution [kanvəlu:ʃən] [名] こみ入った事柄
convoy [kanvɔi] [名] 護衛, 護送 [動] 護衛する, 護送する
convulsion [kənvʌlʃən] [名] けいれん
coo [ku:] [動] 甘くささやく
cook [kuk] [名] 料理人 [動] 料理する
cookbook [kukbuk] [名] 料理本
cookery [kukəri] [名] 料理, 料理法, 調理室.
cookie [kuki] [名] クッキー (お菓子)
cooking [kukiŋ] [名] 料理
cool [ku:l] [形] 涼しい [動] 涼しくする
cooler [ku:lər] [名] 冷却装置, 冷蔵機
coolly [ku:li] [副] 涼しく, 冷静に, 冷淡に
coop [ku:p] [名] かご [動] 閉じ込める
cooperate [kouapəreit] [動] 協力する
cooperation [kouapəreiʃən] [名] 協力
cooperative [kouapərətiv] [名] 生活共同組合 [形] 協調的な
coordinate [kouɔ:rdənət] [名] 同格 [形] 同格の [動] 調和する
coordination [kouɔ:rdəneiʃən] [名] 同格化, 統一, 調整, 共同作業
coordinator [kouɔ:rdəneitər] [名] 調整者
cop [kap] [名] 警察官
cope [koup] [動] 対処する
Copenhagen [koupənheigən] [地]コペンハーゲン(デンマークの首都)
Copernicus [koupə:rnikəs] [人] コペルニクス (天文学者)
copier [kapiər] [名] 複写機
copious [koupiəs] [形] 多い, 豊富な
copper [kapər] [名] 銅
copulate [kapyəleit] [形] 結合された [動] 性交する
copulation [kapyəleiʃən] [名] 結合, 連結, 性交
copy [kapi] [名] 複写 [動] 写す, 真似る
copyright [kapirait] [名] 版権 [動] 版権を取得する
copywriter [kapiraitər] [名] 広告文案作成者, コピーライター
coral [kɔ:rəl] [名] 珊瑚
cord [kɔ:rd] [名] 太いひも, 電気コード
cordial [kɔ:rdʒəl] [形] 真心のこもった
cordiality [kɔ:rdʒiæləti] [名] 真心, 誠心誠意
cordially [kɔ:rdʒəli] [副] 心を込めて, 心から
corduroy [kɔ:rdərɔi] [名] コルデン (布)
core [kɔ:r] [名] 芯, 核心, 中心部
Corinthian [kərinθiən] [名] コリント人 [形] コリントの
cork [kɔ:rk] [名] コルク (樹皮)
corkscrew [kɔ:rkskru:] [名] コルク抜き [形] 螺線形の
corn [kɔ:rn] [名] とうもろこし
cornea [kɔ:rniə] [名] 角膜
corned [kɔ:rnd] [形] 塩漬けの
corner [kɔ:rnər] [名] 角
cornered [kɔ:rnərd] [形] コーナー(窮地)に追い込まれた
cornerstone [kɔ:rnərstoun] [名] 礎, 土台
cornfield [kɔ:rnfi:ld] [名] とうもろこし畑, 穀物畑
cornflakes [kɔ:rnfleiks] [名] コーンフレークス
corollary [kɔ:rəleri] [名] 推論, 当然な結果
corona [kərounə] [名] 冠, 花冠, コロナ (光冠)
coronation [kɔ:rəneiʃən] [名] 戴冠式, 戴冠, 即位
coronet [kɔ:rənet] [名] 小さい管, 髪飾り
corporal [kɔ:rpərəl] [形] 肉体の
corporate [kɔ:rpərət] [形] 企業の, 団体の
corporately [kɔ:rpərətli] [副] 団結して
corporation [kɔ:rpəreiʃən] [名] 企業, 団体
corporeal [kɔ:rpɔ:riəl] [形] 物質的な, 有形の, 肉体的な
corps [kɔ:r] [名] 軍団, 団体

corpse [kɔːrps] [名] 人の死体

corpulent [kɔːrpyələnt] [形] 脂肪質の, 太った

corpus [kɔːrpəs] [名] 体, 死体, 全体

corpuscle [kɔːrpəsəl] [名] 血球, 微粒子

corral [kəræl] [名] おり [動] 追込む

correct [kərekt] [形] 正確な, 適切な [動] 訂正する

correction [kərekʃən] [名] 訂正, 校正

correctly [kərektli] [副] 正しく

correctness [kərektnəs] [名] 正確性

correlate [kɔːrəleit] [動] 相互に関連させる

correlation [kɔːrəleiʃən] [名] 相互関係, 相関関係

correspond [kɔːrəspand] [動] 一致する, ～と同じだ

correspondence [kɔːrəspandəns] [名] 一致, 手紙, 書信

correspondent [kɔːrəspandənt] [名] 通信員, 特派員

corresponding [kɔːrəspandiŋ] [形] 一致する, 通信する

correspondingly [kɔːrəspandiŋli] [副] 一致して

corridor [kɔːrədər] [名] 廊下

corroborate [kərabəreit] [動] 確証する, 強化する

corrode [kəroud] [動] 侵食する, 腐食する

corrosion [kərouʒən] [名] 侵食, 腐食

corrosive [kərousiv] [形] 腐食性の, 破壊的な

corrugated [kɔːrəgeitəd] [形] 波の形態の, しわがある

corrupt [kərʌpt] [形] 腐敗した [動] 堕落させる

corruptible [kərʌptəbl] [形] 腐敗(堕落)しやすい

corruption [kərʌpʃən] [名] 腐敗, 堕落, 不正行為

corsage [kɔːrsaʒ] [名] コルサズ

corset [kɔːrsət] [名] コルセット

cosmetics [kazmetiks] [名] 化粧品

cosmic [kazmik] [形] 宇宙の, 整然な, 無限の

cosmopolitan [kazməpalətən] [名] 世界人, 世界主義者

cosmos [kazməs] [名] 秩序ある宇宙

cost [kɔːst] [名] 費用 [動] 費用がかかる

costly [kɔːstli] [形] 高価な, 費用が多くかかる

costume [kastyuːm] [名] 衣装, 服装

cot [kat] [名] 簡易ベッド, 小屋, 檻

coterie [koutəri] [名] サークル

cottage [katidʒ] [名] 別荘, 田舎の家

cotton [katn] [名] 綿, 木綿

couch [kautʃ] [名] 低いソファー [動] 寝かせる, 横にする

cough [kɔːf] [名] 咳 [動] 咳をする

could [kud] [動] can (することができる) の過去形

couldn't [kudnt] [短] could not の短縮形

council [kaunsəl] [名] 協議会, 会議

councilman [kaunsəlmən] [名] 地方議会の議員

councilor [kaunsələr] [名] イギリス市議会議員

counsel [kaunsəl] [名] 助言, 相談 [動] 相談する

counseling [kaunsəliŋ] [名] 個人相談, カウンセリング

counselor [kaunsələr] [名] 相談役, カウンセラー

count [kaunt] [動] 数える [名] 計算

countable [kauntəbl] [形] 数えられる

countdown [kauntdaun] [名] 秒読み

countenance [kauntənəns] [名] 顔の表情, 容貌

counter [kauntər] [名] 販売台 [形] 逆の [動] 反対する

counteract [kauntərækt] [動] 対抗する

counterattack [kauntərətækt] [名] 反撃, 逆襲 [動] 反撃する

counterbalance [kauntərbæləns] [名] 平衡錘, 均衡, 均衡勢力

counterclockwise [kauntərklakwaiz] [副] 時計の針と反対方向の

counterfeit [kauntərfit] [名] 偽造物 [動] 偽造する

counterfeiter [kauntərfitər] [名] 偽造者

countermand [kauntərmænd] [動] 撤回する, 取り消す

counterpart [kauntərpaːrt] [名] コピー, 非常に似ている人

countess [kauntəs] [名] 伯爵夫人

countless [kauntləs] [形] 数えられない, 無数の

country [kʌntri] [名] 国, 地方, 田舎

countryman [kʌntrimən] [名] 同胞, 田舎の人

countryside [kʌntrisaid] [名] 田舎, 田舎の人々

county [kaunti] [名] 郡

coup [kuː] [名] 素敵な一撃, 大成功

coup d'etat [kuː dəta] [名] クーデター, 政変

couple [kʌpəl] [名] カップル, 夫婦

coupon [kyuːpan] [名] 景品引換券, クーポン

courage [kəːridʒ] [名] 勇気

courageous [kəreidʒəs] [形] 勇敢な

courageously [kəreidʒəsli] [副] 勇敢に

courier [kuriər] [名] 配達員, 案内員, 新聞

course [kɔːrs] [名] 進路, 方向

court [kɔːrt] [名] テラス, 法廷

courteous [kɔːrtiəs] [形] 丁重な

courteously [kɔːrtiəsli] [副] 丁重に

courtesy [kɔːrtəsi] [名] 礼儀, 丁重, 好意

courthouse [kɔːrthaus] [名] 法院

courtly [kɔːrtli] [形] 上品な, 丁寧な

courtyard [kɔːrtyaːrd] [名] 中庭

cousin [kʌzən] [名] いとこ

cove [kouv] [名] 小さい湾, やつ

covenant [kʌvənənt] [名] 誓約, 契約 [動] 誓約する

cover [kʌvər] [名] 覆い, カバー [動] 覆う

coverage [kʌvəridʒ] [名] 補償範囲, 適用範囲

covered [kʌvərd] [形] 覆われた

covering [kʌvəriŋ] [名] カバー

coverlet [**kʌ**vərlət] [名] ベッドのカバー
covert [**kɔ:**vərt] [形] 覆われている, 隠された
covet [**kʌ**vət] [動] 欲しがる
covetous [**kʌ**vətəs] [形] 貪欲な
cow [kau] [名] 乳牛
coward [**kau**ə:rd] [名] 弱虫
cowardice [**kau**ərdəs] [名] 臆病, 恐怖
cowardly [**kau**ərdli] [形] 卑怯な [副] 卑怯に
cowboy [**kau**bɔi] [名] カウボーイ
cower [**kau**ər] [動] 体がすくむ
coy [kɔi] [形] 恥ずかしがる
coyote [**kai**out] [名] コヨーテ (動物)
cozy [**kou**zi] [形] 快適な, 居心地の良い
crab [kræb] [名] かに
crabby [**kræ**bi] [形] カニのような, カニが多い
crack [kræk] [名] 亀裂, ひび [動] 折れる, 壊れる
crackdown [**kræk**daun] [名] 断固たる措置, 厳重な取り締まり
cracked [krækt] [形] ひびが入った, 壊れた
cracker [**kræ**kər] [名] クラッカー, 爆竹
crackle [**kræ**kəl] [名] バチバチ音 [動] バチバチと音を立てる
cradle [**krei**dl] [名] 揺りかご [動] 揺りかごに入れて振る
craft [kræft] [名] 技巧, 工芸
craftsman [**kræfts**mən] [名] 職工, 匠人, 工芸家
craftsmanship [**kræfts**mənʃip] [名] 技巧, 機能, 技量
crafty [**kræf**ti] [形] 悪賢い, 狡猾な, 器用な
crag [kræg] [名] 突き出た岩
cram [kræm] [名] 詰め込み[動] 無理やり詰め込む
cramp [kræmp] [名] けいれん [動] けいれんを起させる
cramped [kræmpt] [形] 狭苦しい, 息苦しい
cranberry [**kræn**beri] [名] ツルコケモモ (植物)
crane [krein] [名] 起重機, クレーン
cranium [**krei**niəm] [名] 頭蓋, 頭蓋骨
crank [kræŋk] [名] クランク (L字型ハンドル), 変り者
cranny [**kræ**ni] [名] 割れ目, 亀裂
crape [kreip] [名] クレープ (黒絹)
crash [kræʃ] [名] 崩壊, 衝突 [動] 衝突する
crass [kræs] [形] 愚かな, 鈍感な
crate [kreit] [名] 枠箱
crater [**krei**tər] [名] 噴火口
crave [kreiv] [動] 熱望する
craven [**krei**vən] [形] 臆病な
craving [**krei**viŋ] [名] 熱望 [形] すごく欲しがる
crawl [krɔ:l] [名] 徐行 [動] 這う
crayon [**krei**an] [名] クレヨン
craze [kreiz] [名] 熱狂 [動] 熱狂させる, 狂う
crazed [kreizd] [形] 狂った
craziness [**krei**zinəs] [名] 狂気
crazy [**krei**zi] [形] 狂った, 熱狂した
creak [kri:k] [名] きしる音 [動] きしる
cream [kri:m] [名] クリーム
creamy [**kri:**mi] [形] クリームのような, クリーム色の
crease [kri:s] [名] しわ [動] しわになる
cre**ate** [kri:**eit**] [動] 創造する
cre**a**tion [kri:**ei**ʃən] [名] 創造
cre**a**tive [kri:**ei**tiv] [名] 独創的な人 [形] 創造的な
cre**a**tively [kri:**ei**tivli] [副] 創造的に
crea**ti**vity [kri:eiti**v**əti] [名] 創造, 創造力
cre**a**tor [kri:**ei**tər] [名] 創造者, 創始者
creature [**kri:**tʃər] [名] 創造物
credence [**kri:**dəns] [名] 信頼, 信用, 信任
cre**den**tials [krə**den**ʃəlz] [名] 信任状
credi**bi**lity [kredə**bi**ləti] [名] 信用できること, 信頼性
credible [**kre**dəbl] [形] 信用できる
credit [**kre**dət] [名] 信用 [動] 信じる
creditable [**kre**dətəbl] [形] 信用できる
credit card [**kre**dət ka:rd] [名] クレジットカード
creditor [**kre**dətər] [名] 債権者
cre**du**lity [kri**dyu:**ləti] [名] あまりにも簡単に信じる性質
credulous [**kre**dʒələs] [形] 簡単に信じる, だまされやすい
creed [kri:d] [名] 信条
creek [kri:k] [名] 小川, 水路
creep [kri:p] [動] 這う, こそこそ歩く
cremate [**kri:**meit] [動] 火葬, 焼却する
cre**ma**tion [kri**mei**ʃən] [名] 火葬
crepe [kreip] [名] クレープ (絹の一種)
crept [krept] [動] creep (這う) の過去·過去分詞形
cre**scen**do [krə**ʃen**dou] [名] 次第に強くなること
crescent [**kre**snt] [名] 三日月 [形] 三日月形の
crest [krest] [名] 飾り毛, てっぺん
crestfallen [**krest**fɔ:lən] [形] 意気消沈した
crevice [**kre**vəs] [名] 割れ目
crew [kru:] [名] 乗務員
crib [krib] [名] 幼児用寝台, 小屋 [動] とじ込める
cricket [**kri**kət] [名] クリケット, コオロギ
crime [kraim] [名] 犯罪, 罪
criminal [**kri**mənəl] [名] 罪人 [形] 罪を犯した
crimson [**krim**zən] [名] 深紅色
cringe [krindʒ] [名] 萎縮 [動] すくむ
cripple [**kri**pəl] [名] 障碍者 [動] 障害を与える
crisis [**krai**səs] [名] 危機

crisp [krisp] [形] ぱりっとした, 爽やかな
crispy [krispi] [形] ぱりっとした
criteria [kraitiəriə] [名] criterion(正しい判断の基準)の複数形
criterion [kraitiəriən] [名] 正しい判断の基準
critic [kritik] [名] 批評家, 批判者
critical [kritikəl] [形] 重大な, 危篤な
critically [kritikəli] [副] 批判的に
criticism [kritəsizm] [名] 批評, 批判
criticize [kritəsaiz] [動] 批評する, 批判する
critique [krəti:k] [名] 評論, 批評法
croak [krouk] [名] 恨む音 [動] 不平をする
crochet [krouʃei] [名] かぎ針編み
crocodile [krakədail] [名] わに (動物)
crocus [kroukəs] [名] クロッカス (花), 濃い黄色
crony [krouni] [名] 旧友
crook [kruk] [名] 曲がったもの, フック [動] 曲げる
crooked [krukəd] [形] 曲がった, 不正直な
crookedly [krukədli] [副] 曲がって, 不正に
crop [krap] [名] 農作物, 収穫
cross [krɔ:s] [名] 十字架 [動] 交差させる
crossbreed [krɔ:sbri:d] [名] 雑種 [動] 雑種を作る
cross-country [krɔ:s kʌntri] [名] クロスカントリー競技
crossed [krɔ:st] [形] 十文字の, 交差された
cross-examine [krɔ:s igzæmən] [動] 反対審問をする
cross-eyed [krɔ:said] [形] 斜視の, 寄り目の
crossing [krɔ:siŋ] [名] 交差点, 横断歩道
crossly [krɔ:sli] [副] 斜め, 意地悪, 逆に
crossroads [krɔ:sroudz] [名] 交差点, 十字路, 岐路
cross section [krɔ:s sekʃən] [名] 横断面
crosswalk [krɔ:swɔ:k] [名] 横断歩道
crosswise [krɔ:swaiz] [副] 横に, 十字状に
crotch [kratʃ] [名] 股
crouch [krautʃ] [名] うずくまること [動] うずくまる
crow [krou] [名] 烏
crowbar [krouba:r] [名] 金てこ
crowd [kraud] [名] 群衆 [動] 込み合う
crowded [kraudəd] [形] 混雑な, 満員の
crown [kraun] [名] 王冠 [動] 即位させる
crowned [kraund] [形] 王冠をかぶった, 王位に上がった
crucial [kru:ʃəl] [形] 決定的な, 重大な, 過酷な
crucially [kru:ʃəli] [副] 決定的に, 重大に
crucifix [kru:səfiks] [名] キリストの十字架像
crucify [kru:səfai] [動] 十字架につける, 虐待する
crude [kru:d] [形] 天然のままの, 未熟な, 荒い
crudely [kru:dli] [副] 露骨的に
crudeness [kru:dnəs] [名] 粗雑さ
crudity [kru:dəti] [名] 粗雑, 未熟, 粗暴な言動
cruel [kru:əl] [形] 残酷な
cruelly [kru:əli] [副] 残酷に
cruelty [kru:əlti] [名] 残酷さ
cruise [kru:z] [名] 巡航 [動] 巡航する, 航海する
cruiser [kru:zər] [名] 巡回船, 巡回者, 巡洋艦
crumb [krʌm] [名] パン粉
crumble [krʌmbəl] [動] 砕く, 砕ける
crumple [krʌmpəl] [名] しわ [動] くしゃくしゃにする
crunch [krʌntʃ] [動] がりがりかむ
crusade [kru:seid] [名] 十字軍遠征
crush [krʌʃ] [名] 粉砕, 人波 [動] 砕く
crust [krʌst] [名] パンの皮, 地殻
crutch [krʌtʃ] [名] 松葉杖 [動] 松葉杖で支える
crux [krʌks] [名] 中心点, 十字架
cry [krai] [動] 叫ぶ, 泣く [名] 鳴き声
crying [kraiiŋ] [形] 叫び声
crypt [kript] [名] 教会の地下室
cryptic [kriptik] [形] 秘密の, 神秘な
crystal [kristl] [名] 水晶 [形] 透明な
crystalline [kristələn] [名] 結晶体 [形] 水晶のような , 透明な
crystallize [kristəlaiz] [動] 具体化する, 結晶する
cub [kʌb] [名] 動物の子, 見習い
Cuba [kyu:bə] [地] キューバ (西インド諸島国)
cube [kyu:b] [名] 立方体
cubic [kyu:bik] [形] 立方体の, 立方の
cuckoo [kuku] [名] カッコウ
cuckoo clock [kuku klak] [名] カッコウ時計
cucumber [kyu:kəmbər] [名] きゅうり (野菜)
cuddle [kʌdl] [名] 抱擁 [動] 抱き締める
cudgel [kʌdʒəl] [名] こん棒 [動] こん棒で殴る
cue [kyu:] [名] 演劇信号 [動] 信号をする
cuff [kʌf] [名] カフス, 袖口
cufflink [kʌflink] [名] カフスボタン
cuisine [kwizi:n] [名] 料理法, 料理
culinary [kʌləneri] [形] 料理の, 台所の
cull [kʌl] [動] 選ぶ, 選び取る
culminate [kʌlməneit] [動] 絶頂に達する
culmination [kəlməneiʃən] [名] 絶頂, 頂上
culpable [kʌlpəbl] [形] 有罪の
culprit [kʌlprət] [名] 犯罪容疑者, 刑事被告, 罪人
cult [kʌlt] [名] 礼拝, 儀式, 崇拝
cultivate [kʌltəveit] [動] 耕す, 耕作する, 栽培する
cultivated [kʌltəveitəd] [形] 耕された, 洗練された

cultivation [kəltə**vei**ʃən] [名] 耕作
cultivator [**kʌl**təveitər] [名] 耕作者, 栽培者, 養成者
cultural [**kʌl**tʃərəl] [形] 文化的な
culturally [**kʌl**tʃərəli] [副] 文化的に
culture [**kʌl**tʃər] [名] 文化, 教育, 文明
cultured [**kʌl**tʃərd] [形] 耕作された, 啓発された
cumbersome [**kʌm**bərsəm] [形] 始末におえない, 迷惑な
cumulative [**kyu:**myələtiv] [形] 漸増的な, 累積的な
cumulatively [**kyu:**myələtivli] [副] 累積的に
cunning [**kʌ**niŋ] [形] 狡猾な, 巧みな
cup [kʌp] [名] 茶碗, カップ
cupboard [**kʌ**bərd] [名] 食器棚
cupcake [**kʌp**keik] [名] カップケーキ
cupful [**kʌp**ful] [名] カップいっぱいの量
Cupid [**kyu:**pəd] [人] 愛の使者 (ローマ神話)
cu**pi**dity [kyu:**pi**dəti] [名] 貪欲
cupped [kʌpt] [形] コーヒーカップの形の
curable [**kyuər**əbl] [形] 治療できる
curator [**kyuə**reitər] [名] 博物館長, 図書館長
curb [kə:rb] [名] くつわ, 抑制
curd [kə:rd] [名] 凝乳
cure [kyuər] [名] 治療, 治癒 [動] 治療する
curfew [**kə:r**fyu:] [名] 通行禁止の夕方鐘
curio [**kyuə**riou] [名] 骨董品
curi**os**ity [kyuəri**as**əti] [名] 好奇心
curious [**kyuə**riəs] [形] 好奇心の多い, 奇妙な
curiously [**kyuə**riəsli] [副] 奇妙に
curl [kə:rl] [動] よじる, 曲がる
curled [kə:rld] [形] 巻毛の, 渦巻いた
curler [**kə:r**lər] [名] curl(よじる)する物
curly [**kə:r**li] [形] 巻いている, カールしている
cur**mu**dgeon [kə:r**mʌ**dʒən] [名] 意地悪な人
currency [**kə:r**ənsi] [名] 通貨
current [**kə:r**ənt] [形] 現在の [名] 流れ, 電流, 傾向
currently [**kə:r**əntli] [副] 現在は
cur**ri**culum [kə**ri**kyələm] [名] 学課課程, カリキュラム
curry [**kə:r**i] [名] カレー, カレー料理
curse [kə:rs] [名] 呪い [動] 呪う
cursed [kə:rst] [形] 呪いを受けた
cursor [**kə:r**sər] [名] カーソル (コンピュータ)
cursory [**kə:r**səri] [形] 手抜きの, おおよその
curt [kə:rt] [形] 短い, 簡略な, ぶっきらぼうな
cur**tail** [kə:r**teil**] [動] 減らす, 省略する, 削減する
curtain [**kə:r**tn] [名] カーテン
curtsey [**kə:rt**si] [名] お辞儀, 挨拶 [動] お辞儀する

curve [kə:rv] [名] 曲線 [動] 曲げる
curved [kə:rvd] [形] 曲がった, 曲線の形をした
cushion [**ku**ʃən] [名] クッション, 座布団 [動] 緩める
custard [**kʌs**tərd] [名] カスタード (お菓子)
cus**to**dian [kəs**tou**diən] [名] 保護者, 管理人
custody [**kʌs**tədi] [名] 保管, 保護, 監禁
custom [**kʌs**təm] [名] 習慣
customary [**kʌs**təmeri] [形] 習慣的な
customer [**kʌs**təmər] [名] 顧客
customs [**kʌs**təmz] [名] 関税, 税関
cut [kʌt] [動] 切る [名] 切傷, 削減
cutback [**kʌt**bæk] [名] 削減
cute [kyu:t] [形] 小さくてきれいな, かわいい
cutlet [**kʌt**lət] [名] カツレツ, 薄く切った肉
cutter [**kʌ**tər] [名] 裁断師, 裁断器
cutting [**kʌ**tiŋ] [名] 切断
cyberspace [**sai**bərspeis] [名] 仮想現実, サイバースペース
cycle [**sai**kəl] [名] 循環 [動] 循環する
cyclical [**sai**klikəl] [形] 循環の, 周期的な
cycling [**sai**kliŋ] [名] サイクリングツアー, サイクリング
cyclist [**sai**klist] [名] 自転車に乗る人
cyclone [**sai**kloun] [名] 旋風, 熱帯性低気圧
cylinder [**si**ləndər] [名] 円柱, シリンダー
cymbals [**sim**bəlz] [名] シンバル (楽器)
cynic [**si**nik] [名] 皮肉屋, 犬儒学派 [形] 冷笑的な
cynical [**si**nikəl] [形] 冷笑的な, 皮肉な
cynically [**si**nikəli] [副] 冷笑的に
cynicism [**si**nəsizm] [名] 皮肉, 冷笑的な態度
cypress [**sai**prəs] [名] 杉の一種 (植物)
czar [za:r] [名] 皇帝, ロシア皇帝, 大家
Czech [tʃek] [名] チェコ人 [形] チェコ人の
Czechoslo**vakia** [tʃekəslə**va:**kiə] [地] チェコスロバキア

D

dab [dæb] [動] 軽く叩く

dabble [dæbəl] [動] 水をはねかす, ぽちゃぽちゃやる

dad [dæd] [名] 父

daddy [dædi] [名] お父さん

daffodil [dæfədil] [名] ラッパスイセン

dagger [dægər] [名] 短剣

dahlia [dælyə] [名] ダリア (花), 濃紫色

daily [deili] [形] 毎日の [名] 日刊紙

dainty [deinti] [形] 優雅な, 上品な

dairy [deəri] [名] 酪農場, 乳製品

daisy [deizi] [名] デイジー

Dakota [dəkoutə] [地] ダコタ (米国の地域)

dale [deil] [名] 谷

Dallas [dæləs] [地] ダラス (米国の都市)

dally [dæli] [動] ふざける, たわむれる

dalmatian [dælmeiʃən] [名] ダルマチア人 (犬)

dam [dæm] [名] ダム

damage [dæmidʒ] [名] 損害 [動] 損害を与える

damaged [dæmidʒd] [形] 損害を受けた

dame [deim] [名] 貴婦人

damn [dæm] [動] 酷評する, 呪う

damned [dæmd] [形] 呪われた

damp [dæmp] [名] 湿気 [形] 湿った

dampen [dæmpn] [動] 湿らせる

dampness [dæmpnəs] [名] 湿気

damsel [dæmzəl] [名] 女性, 女の子

damson [dæmzən] [名] 西洋スモモ

dance [dæns] [名] ダンス, 舞踊 [動] 踊る

dancer [dænsər] [名] ダンサー, 舞姫

dancing [dænsiŋ] [名] ダンス

dandelion [dændəlaiən] [名] たんぽぽ (花)

dandruff [dændrəf] [名] 髪のフケ

dandy [dændi] [名] しゃれ男, 一流品 [形] しゃれ男の

Dane [dein] [名] デンマーク人

danger [deindʒər] [名] 危険

dangerous [deindʒərəs] [形] 危険な

dangerously [deindʒərəsli] [副] 危険に

dangle [dæŋgəl] [名] ぶら下がること [動] ぶら下がる, ぶら下げる

Daniel [dænyəl] [人] ダニエル (聖書の人物)

Danish [deiniʃ] [名] デンマーク語 [形] デンマーク人の

Dante [dænti] [人] ダンテ (イタリアの詩人)

Danube [dænyu:b] [地] ドナウ川 (ヨーロッパの川)

dare [deər] [動] あえて～する, 勇気がある

daredevil [deərdevəl] [名] 無謀な人 [形] 無謀な

daring [deəriŋ] [名] 勇敢 [形] 勇敢な

dark [da:rk] [形] 暗い

darken [da:rkən] [動] 暗くする, 暗くなる

darkly [da:rkli] [副] 暗く, 陰鬱に, かすかに

darkness [da:rknəs] [名] 闇

darkroom [da:rkrum] [名] 暗室

darling [da:rliŋ] [名] 愛しい人

darn [da:rn] [動] 縫う

darned [da:rnd] [形] とんでもない [副] 極端的に

dart [da:rt] [名] 投げる矢 [動] 飛んで行く

dartboard [da:rtbɔ:rd] [名] ダート盤

Darwin [da:rwən] [人] ダーウィン (イギリスの進化論の提唱者)

Darwinism [da:rwənizm] [名] ダーウィン説, 進化論

dash [dæʃ] [名] 突進 [動] 突進する

dashboard [dæʃbɔ:rd] [名] 計器板

dashing [dæʃiŋ] [形] 大胆な, 活発な, 華麗な

data [deitə] [名] 資料, データ

data processing [deitə prasesiŋ] [名] データ処理

date [deit] [名] 日付

dated [deitəd] [形] 日付が捺印された

datum [deitəm] [名] data(データ)の単数, 既知

daub [dɔ:b] [動] 塗りつぶす, 塗る

daughter [dɔ:tər] [名] 娘

daughter-in-law [dɔ:tərən lɔ:] [名] 息子の嫁

daunt [dɔ:nt] [動] 気をくじく, 威圧する

dauntless [dɔ:ntləs] [形] 勇敢な, 不屈の

dauntlessly [dɔ:ntləsli] [副] 勇敢に

dawdle [dɔ:dl] [動] のらくら過ごす, ぐずぐずする

dawn [dɔ:n] [名] 夜明け [動] 夜が明ける

day [dei] [名] 昼, 一日

daybreak [deibreik] [名] 夜明け

daycare [deikeər] [名] デイケア

day-care center [dei keər sentər] [名] 保育園

daydream [deidri:m] [名] 白昼夢 [動] 白昼夢を見る

daylight [deilait] [名] 日光, 昼

daytime [deitaim] [名] 昼

daze [deiz] [動] くらっとする

dazzle [dæzəl] [動] まぶしくする

dazzling [dæzəliŋ] [形] まばゆい

deacon [di:kən] [名] (教会の)執事

dead [ded] [形] 死んだ, 生気のない

deaden [dedn] [動] 弱化させる, 抑制する

dead end [ded end] [名] 行き止まり, 窮地

deadline [dedlain] [名] 死線, 最終期限

deadlock [**ded**lak] [名] 行き詰まり [動] 行き詰まる

deadly [**ded**li] [形] 致命的な

deaf [def] [形] 耳の聞こえない

deafen [**de**fən] [動] 音が聞こえなくなる

deafening [**de**fəniŋ] [形] 鼓膜が落ちそうな

deal [di:l] [動] 取引する, 関係する

dealer [**di:**lər] [名] ディーラー, 商人

dealing [**di:**liŋ] [名] 行動, 取引関係

dealt [delt] [動] deal (取引する) の過去·過去分詞形

dean [di:n] [名] 学長

dear [diər] [形] 親愛なる, 貴重な

dearly [**diər**li] [副] 愛情で

dearth [də:rθ] [名] 欠乏, 不足, 飢饉

death [deθ] [名] 死亡

de**ba**cle [dei**ba**kəl] [名] 突然の崩壊, 瓦解

de**base** [di**beis**] [動] 低下させる

de**bate** [di**beit**] [名] 討論 [動] 討論する

de**bauch** [di**bɔ:tʃ**] [動] 堕落させる

de**bauch**ery [di**bɔ:**tʃəri] [名] 放蕩

de**bil**itate [di**bil**əteit] [動] 衰弱する

debit [**de**bət] [名] 借方 [動] 借方に記入する

de**bris** [də**bri:**] [名] 破片, くず

debt [det] [名] 負債, 債務

debtor [**de**tər] [名] 債務者, 借主

de**bunk** [di:**bʌŋk**] [動] 正体を暴露する

de**but** [dei**byu:**] [名] 初出演, デビュー

decade [**de**keid] [名] 10 年間

decadence [**de**kədəns] [名] 衰退, 堕落, 退廃

decadent [**de**kədənt] [名] 退廃者 [形] 退廃的な

de**ca**pitate [di:**kæ**pəteit] [動] 首を切る

decapi**ta**tion [dikæpə**tei**ʃən] [名] 斬首

de**cay** [di**kei**] [名] 腐敗, 衰弱 [動] 腐敗(衰弱)する

de**ceased** [di**si:st**] [形] 死んだ [名] 故人

de**ceit** [di**si:t**] [名] 手管, 欺瞞

de**ceit**ful [di**si:t**fl] [形] 偽の

de**ceive** [di**si:v**] [動] 騙す

De**cem**ber [di**sem**bər] [名] 12 月

decency [**di:**snsi] [名] 礼儀正しさ

decent [**di:**snt] [形] 大人しい, すばらしい, 適当な

de**cep**tion [di**sep**ʃən] [名] 詐欺, 欺瞞, ごまかし

de**cep**tive [di**sep**tiv] [形] ごまかしの, 幻惑させる

de**cide** [di**said**] [動] 決める, 決定する

de**ci**ded [di**sai**dəd] [形] 決定的な, 明白な

decimal [**de**səməl] [名] 小数 [形] 10 進法の, 小数の

decimal point [**de**səməl pɔint] [名] 小数点

decimate [**de**səmeit] [動] 全滅させる

de**ci**pher [di**sai**fər] [動] 暗号文を解読する

de**ci**sion [di**si**ʒən] [名] 決定, 判決, 決心

de**ci**sive [di**sai**siv] [形] 決定的な

de**ci**sively [di**sai**sivli] [副] 決定的に

deck [dek] [名] 甲板, デッキ

decla**ra**tion [deklə**rei**ʃən] [名] 宣言, 申告

de**clar**ative [di**kleə**rətiv] [形] 宣言の, 陳述の

de**clare** [di**kleər**] [動] 宣言する, 申告する

de**clared** [di**kleərd**] [形] 宣言, 申告

de**cline** [di**klain**] [名] 減少 [動] 拒む, 減る

decom**pose** [di:kəm**pouz**] [動] 分解する, 腐敗させる

decompo**si**tion [di:kampə**zi**ʃən] [名] 分解, 腐敗

dé**cor** [dei**kɔ:r**] [名] 装飾様式

decorate [**de**kəreit] [動] 飾る, 勲章を授与する

decorated [**de**kəreitəd] [形] 飾られた, 勲章を受けた

deco**ra**tion [dekə**rei**ʃən] [名] 装飾, 勲章

decorative [**de**kərətiv] [形] 装飾的な

decorator [**de**kəreitər] [名] 装飾家

decorous [**de**kərəs] [形] 礼儀正しい, 上品な

de**co**rum [di**kɔ:**rəm] [名] 礼節, 礼法

decoy [**di:**kɔi] [名] 餌, 誘惑者 [動] 誘う

decrease [**di:**kri:s] [名] 減少

de**crease** [di**kri:s**] [動] 減らす, 減少させる

de**cree** [di**kri:**] [名] 法令, 命令

de**cre**pit [di**kre**pət] [形] 老衰した, 老朽化した

de**cry** [di**krai**] [動] 公然と非難する

dedicate [**de**dəkeit] [動] 捧げる, 献身する

dedicated [**de**dəkeitəd] [形] 献身的な, 専用の

dedi**ca**tion [dedə**kei**ʃən] [名] 貢献, 献呈, 献身, 献堂式

de**duce** [di**dyu:s**] [動] 演繹する, 推論する

de**duct** [di**dʌkt**] [動] 控除する

de**duc**tible [di**dʌk**təbl] [形] (税金)控除できる

de**duc**tion [di**dʌk**ʃən] [名] 控除, 控除額, 推論

deed [di:d] [名] 行為, 証書

deem [di:m] [動] 見なす

deep [di:p] [形] 深い

deepen [**di:**pən] [動] 深くする, 深まる

deeply [**di:p**li] [副] 深く

deer [diər] [名] 鹿

de**face** [di**feis**] [動] 外観を醜くする

de**face**ment [di**feis**mənt] [名] 破損, 汚損

defa**ma**tion [defə**mei**ʃən] [名] 名誉毀損, 中傷

de**fame** [di**feim**] [動] 名誉を毀損する, 中傷する

de**fault** [di**fɔ:lt**] [名] 不履行, 怠慢 [動] 怠っている

defeat [difi:t] [名] 敗北 [動] 敗北させる
defect [difekt] [名] 欠陥, 欠点 [動] 変節する
defection [difekʃən] [名] 裏切り, 脱党, 欠乏
defective [difektiv] [形] 欠陥のある, 欠如した
defend [difend] [動] 防御する, 弁護する
defendant [difendənt] [名] 被告 [形] 被告の
defender [difendər] [名] 防御者, 擁護者
defense [difens] [名] 防御, 弁護
defenseless [difensləs] [形] 無防備の
defensive [difensiv] [形] 防御的な
defer [difə:r] [動] 延期する, 延ばす
deference [defərəns] [名] 服従, 敬意
deferred [difə:rd] [形] 延期された
defiance [difaiəns] [名] 無視, 反抗
defiant [difaiənt] [形] 反抗的な, 挑戦的な
defiantly [difaiəntli] [副] 挑戦的に, 無礼に
deficiency [difiʃənsi] [名] 不足, 欠陥
deficient [difiʃənt] [形] 不十分な, 欠陥のある
deficit [defəsət] [名] 不足額, 赤字
defile [difail] [動] 汚染させる, 冒涜する
define [difain] [動] 定義を下す, 明らかにする
definite [defənət] [形] 明確な
definite article [defənət a:rtikəl] [名] 定冠詞
definitely [defənətli] [副] 明らかに
definition [defəniʃən] [名] 定義, 明確性
definitive [difinətiv] [形] 明確な, 最後の
deflate [difleit] [動] 空気を抜く, 収縮させる
deflation [difleiʃən] [名] 収縮, 通貨収縮, デフレ
deflect [diflekt] [動] そらす, それる
deflection [diflekʃən] [名] そらすこと, それること
deform [difɔ:rm] [動] 奇形にする, 変形させる
deformation [di:fɔ:rmeiʃən] [名] 外観の損傷, 奇形, 不具
deformed [difɔ:rmd] [形] 醜い, 不具の
deformity [difɔ:rməti] [名] 不具, 奇形
defraud [difrɔ:d] [動] 詐取する, だます
defray [difrei] [動] 負担する, 支払う
defrost [di:frɔ:st] [動] 解凍する
deft [deft] [形] 腕が良い, 上手な
defunct [difʌŋkt] [形] 廃止された
defy [difai] [動] 抵抗する
degenerate [didʒenəreit] [動] 退化する, 退歩する, 堕落する
degenerate [didʒenərət] [名] 堕落者 [形] 退化した, 堕落した
degeneration [didʒenəreiʃən] [名] 退歩, 堕落, 退化
degradation [degrədeiʃən] [名] 左遷, 罷免, 格下げ
degrade [digreid] [動] 罷免させる, 評判を落とす
degraded [digreidəd] [形] 堕落した, 腐敗した
degrading [digreidiŋ] [形] 屈辱的な
degree [digri:] [名] 程度, 地位, 学位
dehydrate [di:haidreit] [動] 脱水する, 乾かす
dehydration [di:haidreiʃən] [名] 脱水
deify [di:əfai] [動] 神格化する
deign [dein] [動] もったいなくも~してくださる
deity [di:əti] [名] 神, 神聖, 神格
dejected [didʒektəd] [形] 元気のない, 落胆した
dejectedly [didʒektədli] [副] 落胆して
Delaware [deləweər] [地] デラウェア (米国の州)
delay [dilei] [名] 遅延 [動] 延期する
delayed [dileid] [形] 遅延された
delectable [dilektəbl] [形] 楽しい, おいしい
delegate [deligət] [名] 代表者, 代理人
delegate [deligeit] [動] 代表と任命する
delegation [deligeiʃən] [名] 代表団, 派遣
delete [dili:t] [動] 削除する, 抹消する
deleterious [delətiəriəs] [形] 有害な
deletion [dili:ʃən] [名] 削除, 抹消
deliberate [dilibəreit] [動] 熟考する, 審議する
deliberate [dilibərət] [形] 慎重に考慮した, 故意的に
deliberately [dilibərətli] [副] 慎重に, 故意に
deliberation [dilibəreiʃən] [名] 熟考, 審議, 慎重さ
delicacy [delikəsi] [名] 精巧さ, 優雅さ, 繊細さ
delicate [delikət] [形] 敏感な, 甘い
delicately [delikətli] [副] 繊細に, 敏感に
delicatessen [delikətesn] [名] 調製食品, 調製食品店
delicious [diliʃəs] [形] おいしい
deliciously [diliʃəsli] [副] おいしく
delight [dilait] [名] 大きな喜び [動] 喜ばせる
delighted [dilaitəd] [形] 嬉しい
delightedly [dilaitədli] [副] 喜んで
delightful [dilaitfl] [形] とても楽しい
delightfully [dilaitfəli] [副] とても楽しく
delineate [dilinieit] [動] 輪郭を描く, 描写する
delinquency [diliŋkwənsi] [名] 不履行, 怠慢
delinquent [diliŋkwənt] [名] 怠慢者 [形] 義務不履行の
delirious [diliəriəs] [形] 精神錯乱の, 熱狂的な
deliver [dilivər] [動] 伝える, 演説する
deliverance [dilivərəns] [名] 救出, 救助, 釈放
deliverer [dilivərər] [名] 救助者, 配達人
delivery [diliveri] [名] 引渡し, 配達, 出産
delta [deltə] [名] デルタ (δ)
delude [dilu:d] [動] 幻惑させる, だます

deluge [delyu:dʒ] [名] 大洪水, 殺到 [動] 氾濫させる
delusion [dilu:ʒən] [名] 幻惑, 詐欺, 妄想
deluxe [dilʌks] [形] 豪華な
delve [delv] [動] 掘る, 徹底的に調査する
demagogue [deməgag] [名] 扇動家
demand [dimænd] [名] 要求, 需要 [動] 要求する
demanding [dimændiŋ] [形] 行き過ぎた要求をする, 難しい
demeanor [dimi:nər] [名] ふるまい
demented [dimentəd] [形] 精神異常の, 痴呆症にかかった
demise [dimaiz] [名] 死亡 [動] 遺贈する
democracy [dimakrəsi] [名] 民主主義
democrat [deməkræt] [名] 民主主義者
democratic [deməkrætik] [形] 民主主義の
demography [dimagrəfi] [名] 人口関連統計学 (学問)
demolish [dimaliʃ] [動] 破壊する, 覆す
demolition [deməliʃən] [名] 破壊, 爆破
demon [di:mən] [名] 悪魔, 悪霊
demonstrate [demənstreit] [動] 証明(説明, 宣伝)する
demonstration[demənstreiʃən] [名]証明,説明,デモンストレーション,宣伝
demonstrative [dimanstrətiv] [名] 指示詞 (文法) [形] 露骨的な, 実証的な
demonstratively [dimanstrətivli] [副] 論証的に
demoralize [dimɔ:rəlaiz] [動] 士気をくじく
demote [dimout] [動] 降等させる
demur [dimə:r] [名] 異議 [動] 異議を提起する
demure [dimyuər] [形] 静かで真剣な, 落ち着いた
den [den] [名] 書斎, 泥棒の巣窟
denial [dinaiəl] [名] 否定, 否認, 拒否
denim [denəm] [名] デニム (丈夫な綿), 作業服
denizen [denəzən] [名] 住民, 居住者
Denmark [denma:rk] [地] デンマーク
denominate [dinaməneit] [形] ~と称する [動] 命名する
denomination [dinaməneiʃən] [名] 通貨の単位, 名称
denominational [dinaməneiʃənəl] [形] 名称上の, 宗派の
denominator [dinaməneitər] [名] 分母, 標準
denote [dinout] [動] 示す, 意味する
denounce [dinauns] [動] 非難する, 糾弾する, 告発する
denouncement [dinaunsmənt] [名] 非難, 糾弾, 告発
dense [dens] [形] 密集した, 愚かな
densely [densli] [副] 密集して
density [densəti] [名] 密集度, 密度, 濃度
dent [dent] [名] へこみ [動] へこませる
dental [dentl] [名] 歯音 [形] 歯の, 歯音の
dentist [dentist] [名] 歯科医師
dentistry [dentistri] [名] 歯科医術, 歯科学 (学問)
dentures [dentʃərz] [名] 義歯
denunciation [dinənsieiʃən] [名] 非難, 告発
deny [dinai] [動] 否定する
deodorant [di:oudərənt] [名] 防臭剤 [形] 臭いをなくす
depart [dipa:rt] [動] 去る, 死ぬ
departed [dipa:rtəd] [形] 過ぎ去った, 死んだ
department [dipa:rtmənt] [名] 部署, 学問
department store [dipa:rtmənt stɔ:r] [名] 百貨店
departure [dipa:rtʃər] [名] 出発
depend [dipend] [動] 頼る, 信じる
dependable [dipendəbl] [形] 頼ることができる
dependence [dipendəns] [名] 依存, 信頼
dependency [dipendənsi] [名] 従属, 属国
dependent [dipendənt] [名] 扶養家族 [形] 依存している
depict [dipikt] [動] 描写する, 叙述する
depiction [dipikʃən] [名] 描写, 叙述
deplete [dipli:t] [動] 使い果たす, 消耗する
deplorable [diplɔ:rəbl] [形] 悲しい, 嘆かわしい, 悲惨な
deplore [diplɔ:r] [動] 深く悔いる, 深く後悔する
deploy [diplɔi] [動] (軍隊を)配置する
deployment [diplɔimənt] [名] 配置, 展開
deport [dipɔ:rt] [動] 追放させる
deportment [dipɔ:rtmənt] [名] 挙動, 行動
depose [dipouz] [動] 免職する, 退位させる, 証言する
deposit [dipazət] [名] 預金, 保証金 [動] 預金する, 預ける
depositor [dipazətər] [名] 預金者
depot [di:pou] [名] 駅, 貯蔵所
depraved [dipreivd] [形] 腐敗した, 堕落した
depravity [dipræveti] [名] 極端な悪行(腐敗)
deprecate [deprikeit] [動] 強く反対する
depreciate [dipri:ʃieit] [動] 価値を低下させる
depreciation [dipri:ʃieiʃən] [名] (貨幣)価値の減少, 減価償却
depredate [deprədeit] [動] 搾取する, 略奪する
depress [dipres] [動] 押す
depressed [diprest] [形] 憂鬱な
depression [dipreʃən] [名] 憂鬱, 不況
deprive [dipraiv] [動] 奪う
deprived [dipraivd] [形] 恩恵を受けていない
depth [depθ] [名] 深さ
deputy [depyəti] [名] 代理人
derail [direil] [動] 脱線する
derange [direindʒ] [動] 妨害させる
deranged [direindʒd] [形] 混乱した, 狂った
derangement [direindʒmənt] [名] 無秩序, 妨害
derby [də:rbi] [名] ダービー競馬, レース, 競走
derelict [deərəlikt] [名] 遺棄物, 敗者 [形] 捨てられた

deride [diraid] [動] あざ笑う, ばかにする
derision [diriʒən] [名] 嘲笑, 冷やかし, 冷笑
derivation [dərəveiʃən] [名] 誘導, 派生, 由来
derivative [dirivətiv] [名] 派生物, 派生語 [形] 派生された
derive [diraiv] [動] 得る, 推論する, 由来する
derived [diraivd] [形] 派生した
derogatory [diragətɔ:ri] [形] 品位を落とす
descend [disend] [動] 降りて来る, 相続される
descendant [disendənt] [名] 子孫
descended [disendəd] [形] 伝来された
descent [disent] [名] 下降, 下り坂, 血統
describe [diskraib] [動] 描写(叙述, 説明)する
description [diskripʃən] [名] 描写, 叙述, 説明
descriptive [diskriptiv] [形] 叙述的な
descriptively [diskriptivli] [副] 叙述的に
desecrate [desikreit] [動] 冒涜する
desecration [desəkreiʃən] [名] 神聖冒涜
desert [dizə:rt] [動] 諦める
desert [dezərt] [名] 砂漠
deserted [dizə:rtəd] [形] 捨てられた
deserter [dizə:rtər] [名] 遺棄者, 逃亡者, 脱営兵
desertion [dizə:rʃən] [名] 遺棄, 脱営, 荒廃
deserve [dizə:rv] [動] 受けるに値する
deserved [dizə:rvd] [形] 当然な
deserving [dizə:rviŋ] [形] ~受けるに足る, 功績のある
desiccate [desikeit] [動] 完全に乾かす
design [dizain] [名] デザイン, 設計 [動] 設計する
designate [dezigneit] [動] 示す, 任命する
designation [dezigneiʃən] [名] 指示, 指名, 尊称
designer [dizainər] [名] 設計者, デザイナー
desirability [dizairəbiləti] [名] 望ましさ
desirable [dizairəbl] [形] 望ましい
desire [dizaiər] [名] 熱望, 欲望 [動] 熱望する
desired [dizaiərd] [形] 望んでいた
desirous [dizaiərəs] [形] 望む, 希望する
desist [dizist] [動] 止める, 断念する
desk [desk] [名] 机
desolate [desələt] [形] 荒涼たる, 捨てられた
desolated [desəleitəd] [形] 寂しい, 孤独な
desolation [desəleiʃən] [名] 荒廃, 孤独感
despair [dispeər] [名] 絶望 [動] 絶望する
desperado [despəradou] [名] 無法者
desperate [despərət] [形] 絶望的な, 必死的な
desperately [despərətli] [副] 絶望的に
desperation [despəreiʃən] [名] 絶望, 必死
despicable [despikəbl] [形] 卑劣な
despise [dispaiz] [動] 軽蔑する
despite [dispait] [前] ~ にもかかわらず
despoil [dispɔil] [動] 略奪する
despoilment [dispɔilmənt] [名] 略奪
despondency [dispandənsi] [名] 落胆
despondent [dispandənt] [形] 落胆した
despot [despət] [名] 暴君, 独裁者
dessert [dizə:rt] [名] デザート
destination [destəneiʃən] [名] 目的地
destine [destən] [動] 運命づける, 予定する
destiny [destəni] [名] 運命
destitute [destətyu:t] [形] 極貧の, 窮乏な [動] 奪う
destitutely [destətyu:tli] [副] 窮乏に
destitution [destətyu:ʃən] [名] 極貧, 欠乏
destroy [distrɔi] [動] 破壊する
destroyer [distrɔiər] [名] 破壊者
destruct [distrʌkt] [動] 破壊する
destruction [distrʌkʃən] [名] 破壊, 滅亡
destructive [distrʌktiv] [形] 破壊的な
desultory [desəltɔ:ri] [形] 計画性のない, 一貫性のない
detach [ditætʃ] [動] 取り外す, 派遣する
detached [ditætʃt] [形] 離れた, 分離された
detachment [ditætʃmənt] [名] 分離, 離脱, 冷淡, 派遣隊
detail [di:teil] [名] 詳細, 細部 [動] 詳しく語る
detailed [di:teild] [形] 詳細な, 精密な
detain [ditein] [動] 遅滞させる, 監禁する
detect [ditekt] [動] 発見する, 探し出す
detective [ditektiv] [名] 探偵, 刑事
detector [ditektər] [名] 探知機, 検出器
detention [ditenʃən] [名] 抑止, 抑留
deter [ditə:r] [動] 躊躇させる, 諦めさせる
detergent [ditə:rdʒənt] [名] 洗浄剤, 洗剤 [形] きれいする
deteriorate [ditiəriəreit] [動] 悪化させる, 堕落させる
determination [ditə:rməneiʃən] [名] 決定, 決意
determine [ditə:rmən] [動] 決める
determined [ditə:rmənd] [形] 断乎な
detest [ditest] [動] ひどく嫌う, 憎む
detonate [detəneit] [動] 爆発させる, 爆発する
detonation [detəneiʃən] [名] 爆発, 爆音
detour [di:tuər] [名] 迂回, 迂回路 [動] 迂回させる
detract [ditrækt] [動] (価値を)落とす, 落ちる
detraction [ditrækʃən] [名] 減損, 中傷
detractor [ditræktər] [名] 名誉毀損者, 中傷者
detriment [detrəmənt] [名] 損害, 損傷

detrimental [detrəmentl] [形] 損害となる, 有害な
Detroit [ditrɔit] [地] デトロイト (米国の都市)
devaluation [di:vælyueiʃən] [名] 価値の低下, 平価切下げ
devalue [di:vælyu:] [動] 価値を落とす
devastate [devəsteit] [動] 荒廃させる, 破壊させる
devastating [devəsteitiŋ] [形] 荒廃させる, 破壊する
devastatingly [devəsteitiŋli] [副] 破壊的に
devastation [devəsteiʃən] [名] 破壊, 荒廃
develop [diveləp] [動] 育成(発展)させる
developed [diveləpt] [形] 進歩した, 先進の
developer [diveləpər] [名] 開発者, デベロッパ, 現像液
development [diveləpmənt] [名] 成長, 発展, 開発
developmental [diveləpməntl] [形] 発達上の, 発生の
deviate [di:vieit] [動] 外れる, 逸脱する
deviation [di:vieiʃən] [名] 逸脱, 偏差
device [divais] [名] 計画, 策略, 装置
devil [devəl] [名] 悪魔
devilish [devəliʃ] [形] 悪魔のような, 無謀な
devilishly [devəliʃli] [副] ひどく, 猛烈に
devious [di:viəs] [形] 曲がりくねった, 素直になれない
devise [divaiz] [動] 考案する
devoid [divɔid] [形] ~が抜けた, ~が全くない
devote [divout] [動] 捧げる, 当てる
devoted [devoutəd] [形] 献身的な
devotedly [divoutədli] [副] 献身的に
devotee [devəti:] [名] 心酔者, 愛好家, ファン
devotion [divouʃən] [名] 献身, 愛着
devour [divauər] [動] むさぼり食う, 破壊させる
devout [divaut] [形] 信心深い, 敬虔な
devoutly [divautli] [副] 敬虔に
dew [dyu:] [名] 露
dewy [dyu:i] [形] 露にぬれた
dexterity [deksteərəti] [名] 機知に富んだ, 巧み, すき間なし
dexterous [dekstərəs] [形] 器用な, 巧みな, 抜け目のない
dexterously [dekstərəsli] [副] 上手に, 巧みに
diabetes [daiəbi:ti:z] [名] 糖尿病
diabetic [daiəbetik] [名] 糖尿病患者 [形]糖尿病の
diabolic [daiəbalik] [形] 悪魔のような, 残酷な
diabolical [daiəbalikəl] [形] 悪魔のような, 残酷な
diagnose [daiəgnous] [動] 診断する
diagnoses [daiəgnousi:z] [名] diagnosis(診断)の複数形
diagnosis [daiəgnousəs] [名] 診断, 診察
diagnostic [daiəgnastik] [名] 徴候, 症状 [形] 診断の, 診察の
diagonal [daiægənəl] [名] 対角線, 斜線 [形] 対角線の
diagram [daiəgræm] [名] 図表 [動] 図表で示す

dial [daiəl] [名] ダイヤル [動] ダイヤルを合わせる
dialect [daiəlekt] [名] 方言, なまり
dialectical [daiəlektikəl] [形] 弁証法的な
dialogue [daiəlɔ:g] [名] 対話, 対談
diameter [daiæmətər] [名] 直径
diamond [daimənd] [名] 金剛石, ダイヤモンド
diaper [daipər] [名] おむつ
diaphragm [daiəfræm] [名] 横隔膜, 振動板
diarrhea [daiəri:ə] [名] 下痢
diary [daiəri] [名] 日記
diatribe [daiətraib] [名] 毒舌でいっぱいの非難
dice [dais] [名] さいころ
dichotomy [daikatəmi] [名] 両分, 二分法
dictate [dikteit] [動] 書き取る, 命令する
dictation [dikteiʃən] [名] 書き取り, 命令
dictator [dikteitər] [名] 独裁者, 最高権力者
dictatorship [dikteitərʃip] [名] 独裁政権, 独裁
diction [dikʃən] [名] 表現, 語法, 発声法
dictionary [dikʃəneri] [名] 辞書
dictum [diktəm] [名] 金言, 格言
did [did] [動] do (する) の過去形
didactic [daidæktik] [形] 教訓的な
didn't [didnt] [短] did not の短縮形
die [dai] [動] 死ぬ
diesel engine [di:zəl endʒən] [名] ディーゼルエンジン
diet [daiət] [名] ダイエット [動] 食事療法をする
differ [difər] [動] 異なる, 合わない
difference [difərəns] [名] 違い, 意見の衝突
different [difərənt] [形] 違う
differential [difərentʃəl] [名] 差, 微分 [形] 差別的な
differentiate [difərentʃieit] [動] 区別する, 差別する, 微分する
differently [difərəntli] [副] 別の方法で
difficult [difikəlt] [形] 難しい
difficulty [difikəlti] [名] 困難, 難しさ
diffidence [difədəns] [名] 自信がない, 恥ずかしがり屋, 小心
diffident [difədənt] [形] 自信のない, はにかみがちな
diffuse [difyu:s] [形] 発散した
diffuse [difyu:z] [動] 発散する
diffused [difyu:zd] [形] 拡散された, 普及した
diffusion [difyu:ʒən] [名] 発散, 留保, 拡散
dig [dig] [動] 掘る
digest [daidʒest] [名] 要約 [動] 消化する, 理解する
digestible [daidʒestəbl] [形] 消化がよくなる,要約することができる
digestion [daidʒestʃən] [名] 消化, 消化力, 理解
digestive [daidʒestiv] [名] 消化剤 [形] 消化を促進する

digger [digər] [名] 掘る人, 鉱夫, 採掘機
digit [didʒət] [名] 0 から 9 までの数字
digital [didʒətl] [形] 指の, デジタル式の
digital camera [didʒətl kæmərə] [名] デジタルカメラ
dignified [dignəfaid] [形] 威厳ある, 高貴な
dignifiedly [dignəfaidli] [副] 高貴に
dignify [dignəfai] [動] 威厳を与える
dignitary [dignəteri] [名] 高位層の人, 高官, 名士
dignity [dignəti] [名] 尊厳, 威厳, 品位, 貴重さ
digress [daigres] [動] 脱線する
digression [daigreʃən] [名] 脱線
dike [daik] [名] 堤防 [動] 堤防を築く
dilapidated [dəlæpədeitəd] [形] 荒廃した, 破損された
dilate [daileit] [動] 広げる, 広がる, 敷衍する
dilation [daileiʃən] [名] 膨張, 拡張, 敷衍
dilemma [dilemə] [名] 進退両難, ジレンマ, 窮地
dilettante [dilətant] [名] 非専門家
diligence [dilədʒəns] [名] 勤勉
diligent [dilədʒənt] [形] 勤勉な
diligently [dilədʒəntli] [副] 勤勉に
dilute [dailu:t] [動] 薄くする [形] 薄い
dim [dim] [形] 暗い, かすかな
dime [daim] [名] 10 セント銀貨 (米国, カナダ)
dimension [dimenʃən] [名] 寸法, 面積, 次元
diminish [diminiʃ] [動] 減少する, 弱まる
diminution [dimənyu:ʃən] [名] 減少, 縮小, 削減
diminutive [diminyətiv] [名] 小さいもの [形] 小さい, 小型の
diminutively [diminyətivli] [副] 縮小的に, 小さく
dimple [dimpəl] [名] えくぼ [動] えくぼを作る
din [din] [名] 騒音 [動] うるさく話す
dine [dain] [動] 食事をする
diner [dainər] [名] 食事する人, 食堂車
dingy [dindʒi] [形] 黒ずんだ, みすぼらしい
dining car [dainiŋ ka:r] [名] 食堂車
dining room [dainiŋ rum] [名] レストラン, 食堂
dinner [dinər] [名] 食事, 正餐, 午餐
dinosaur [dainəsɔ:r] [名] 恐竜 (動物)
dint [dint] [名] くぼみ
dioxide [daiaksaid] [名] 二酸化物 (化学)
dip [dip] [名] 浸すこと, 傾斜 [動] 浸す
diphtheria [difθiəriə] [名] ジフテリア
diploma [diploumə] [名] 卒業証書, 学位証明書, 資格証
diplomacy [diplouməsi] [名] 外交, 外交的手腕
diplomat [dipləmæt] [名] 外交官
diplomatic [dipləmætik] [形] 外交上の, 外交に堪能な
dipper [dipər] [名] ひしゃく, 北斗七星
dire [daiər] [形] 恐ろしい, 差し迫った
direct [direkt] [形] まっすぐな, 直接の [動] 監督する
directed [direktəd] [形] 誘導された, 指示された
direction [direkʃən] [名] 方向, 指示, 監督
directive [direktiv] [名] 指示, 指令 [形] 指揮する
directly [direktli] [副] まっすぐに, 直接, すぐに
director [direktər] [名] 監督, 重役, 役員, 管理者
directory [direktəri] [名] 住所録, 規則書 [形] 指揮の
dirge [də:rdʒ] [名] 哀歌
dirt [də:rt] [名] ほこり, 汚物
dirty [də:rti] [形] 汚れた, 卑劣な
disability [disəbiləti] [名] 無能, 不具, 障害
disable [diseibl] [動] 不具にする, 傷つける
disabled [diseibəld] [形] 不具になった
disadvantage [disədvæntidʒ] [名] 不利, 不利益
disadvantaged [disədvæntidʒd] [形] 不利な条件におかれた
disadvantageous [disædvənteidʒəs] [形] 不利な, 不便な
disadvantageously [disædvənteidʒəsli] [副] 不利に
disaffect [disəfekt] [動] 離反させる
disagree [disəgri:] [動] 一致しない
disagreeable [disəgri:əbl] [名] いやな事 [形] いやな
disagreement [disəgri:mənt] [名] 不一致, 不調和, 意見違い
disappear [disəpiər] [動] 消える
disappearance [disəpiərəns] [名] 消失, 行方不明
disappoint [disəpɔint] [動] 失望させる
disappointed [disəpɔintəd] [形] 失望した
disappointing [disəpɔintiŋ] [形] 失望させる, 無駄な
disappointingly [disəpɔintiŋli] [副] 失望して
disappointment [disəpɔintmənt] [名] 失望, 落胆
disapproval [disəpru:vəl] [名] 不賛成, 否認
disapprove [disəpru:v] [動] 反対する, 否認する
disarm [disa:rm] [動] 武装を解除する
disarmament [disa:rməmənt] [名] 武装解除, 軍備縮小
disarray [disərei] [名] 無秩序, 乱雑 [動] 混雑させる
disassemble [disəsembəl] [動] 分解する
disaster [dizæstər] [名] 災難
disastrous [dizæstrəs] [形] 災害の, 破壊的な
disastrously [dizæstrəsli] [副] 悲惨に
disavow [disəvau] [動] 否認する, 拒否する
disband [disbænd] [動] 除隊する, 解散する
disbelief [disbili:f] [名] 不信, 疑惑, 不信仰
disburse [disbə:rs] [動] 支払う
disc [disk] [名] disk
discard [diska:rd] [名] あきらめ, 解雇 [動] 捨てる

discern [disə:rn] [動] 認める, 識別する
discerning [disə:rniŋ] [形] 識別力のある, 洞察力のある
discharge [distʃa:rdʒ] [名] 履行, 返済, 退院 [動] 履行(返済,退院)する
disciple [disaipəl] [名] (キリストの)弟子
discipline [disəplən] [名] 訓練, 規律, 懲戒 [動] 訓練(懲戒)する
disclaim [diskleim] [動] 否認する, 放棄(棄権)する
disclaimer [diskleimər] [名] あきらめ, 棄権
disclose [disklouz] [動] 明かす, 暴露する
disclosure [disklouʒər] [名] 摘発, 暴露, 発覚
discolor [diskʌlər] [動] 変色する, 色があせる
discomfit [diskʌmfət] [動] 挫折させる, 当惑させる
discomfort [diskʌmfərt] [名] 不快 [動] 不快にする
disconcert [diskənsə:rt] [動] 当惑させる, 混乱させる
disconnect [diskənekt] [動] 分離する, 切る
disconnected [diskənektəd] [形] 分離された, 接続が切れた
discontent [diskəntent] [名] 不満
discontented [diskəntentəd] [形] 不満な
discontentedly [diskəntentədli] [副] 不満に
discontinue [diskəntinu:] [動] 中止する, 中断する
discontinuity [diskantənyu:əti] [名] 不連続, 中断, 断絶
discontinuous [diskəntinuəs] [形] 中断された
discord [diskɔ:rd] [名] 不一致 [動] 調和されない
discordant [diskɔ:rdənt] [形] 調和されていない
discotheque [diskətek] [名] ディスコ
discount [diskaunt] [名] 割引 [動] 割引する
discountenance [diskauntənəns] [名] 反対 [動] 当惑させる
discourage [diskə:ridʒ] [動] 挫折させる, 禁ずる
discouraged [diskə:ridʒd] [形] 落胆した, がっかりした
discouragement [diskə:ridʒmənt] [名] 落胆
discourse [diskɔ:rs] [名] 講演, 討論 [動] 講演(討論)する
discourtesy [diskə:rtəsi] [名] 失礼
discover [diskʌvər] [動] 発見する
discoverer [diskʌvərər] [名] 発見者
discovery [diskʌvəri] [名] 発見
discredit [diskredət] [名] 不信 [動] 信用を落とす
discreet [diskri:t] [形] 思慮深い, 慎重な
discreetly [diskri:tli] [副] 分別を持って
discrepancy [diskrepənsi] [名] 違い, 不一致, 矛盾
discrete [diskri:t] [形] 接続されていない
discretion [diskreʃən] [名] 自由裁量, 思慮分別, 慎重
discriminate [diskrimənət] [形] 差別的な, 識別された
discriminate [diskriməneit] [動] 差別する, 識別する
discrimination [diskriməneiʃən] [名] 差別, 識別
discursive [diskə:rsiv] [形] 散漫な, とりとめのない
discuss [diskʌs] [動] 討論(論議)する
discussion [diskʌʃən] [名] 討論, 論議
disdain [disdein] [名] 軽蔑 [動] 軽蔑する, 見くびる
disease [dizi:z] [名] 病気
diseased [dizi:zd] [形] 病気にかかった
disembark [disəmba:rk] [動] 上陸する
disengage [disngeidʒ] [動] 解放する, 離す
disentangle [disintæŋgəl] [動] もつれをほぐす
disfavor [disfeivər] [名] 嫌悪, 不快 [動] 嫌う
disfigure [disfigyər] [動] 毀損させる, 醜くする
disgorge [disgɔ:rdʒ] [動] 吐き出す, 流れるようにする
disgrace [disgreis] [名] 不名誉 [動] 名誉を汚す
disgraceful [disgreisfl] [形] 不名誉な, 恥ずかしい
disgracefully [disgreisfəli] [副] 不名誉にも
disgruntle [disgrʌntl] [動] 気持ちを傷つける
disguise [disgaiz] [名] 変装 [動] 変装する
disguised [disgaizd] [形] 変装した
disgust [disgʌst] [名] 嫌悪 [動] 嫌悪する
disgusted [disgʌstəd] [形] 飽きた
disgustedly [disgʌstədli] [副] 飽きっぽく
disgusting [disgʌstiŋ] [形] すごく嫌な, 不快な
dish [diʃ] [名] 皿, 料理
dishearten [disha:rtn] [動] がっかりさせる
disheartening [disha:rtniŋ] [形] がっかりさせる
disheartenment [disha:rtnmənt] [名] 落胆, 意気消沈
dished [diʃt] [形] くぼんだ
disheveled [diʃevəld] [形] 髪が乱された, だらしない
dishonest [disanəst] [形] 不正直な
dishonestly [disanəstli] [副] 不正直に
dishonesty [disanəsti] [名] 不正直
dishonor [disanər] [名] 不名誉 [動] 名誉を汚す
dishtowel [diʃtauəl] [名] ふきん
dishwasher [diʃwɔ:ʃər] [名] 食器洗い機, 皿を洗う人
disillusion [disəlu:ʒən] [名] 覚醒 [動] 幻滅させる
disillusionment [disəlu:ʒənmənt] [名] 幻滅感
disinfect [disinfekt] [動] 殺菌する, 消毒する
disinfectant [disinfektənt] [名] 消毒剤 [形] 消毒の
disinformation [disinfərmeiʃən] [名] 虚偽の情報
disinherit [disinheərət] [動] 相続権を奪う, 縁を切る
disintegrate [disintəgreit] [動] 崩壊する, 分解する
disintegration [disintəgreiʃən] [名] 崩壊, 分解
disinterested [disintərəstəd] [形] 私欲のない, 清廉な
disinterestedly [disintərəstədli] [副] 私欲なく
disjointed [disdʒɔintəd] [形] 関節が脱臼した, 解体された
disk [disk] [名] 薄い円盤, レコード, 椎間
disk drive [disk draiv] [名] ディスクドライブ

diskette [disket] [名] floppy disk
disk jockey [disk dʒaki] [名] ディスクジョッキー
dislike [dislaik] [名] 嫌悪 [動] 嫌悪する
dislocate [disloukeit] [動] 位置を変える
dislocation [disloukeiʃən] [名] 脱臼, 混乱
dislodge [disladʒ] [動] 除去する, 撃退する
disloyal [dislɔiəl] [形] 不充実な, 不誠実な
disloyally [dislɔiəli] [副] 不誠実に
dismal [dizməl] [形] 憂鬱な, 暗い
dismally [dizməli] [副] 寂しく, 憂鬱に
dismantle [dismæntl] [動] 除去する, 撤去する
dismay [dismei] [名] 驚き, 落胆 [動] 落胆させる
dismember [dismembər] [動] 手足を切断する, 分割する
dismemberment [dismembərmənt] [名] 手足の切断, 解体, 分割
dismiss [dismis] [動] 解雇する, 解散させる
dismissal [dismisəl] [名] 解散, 解雇
dismount [dismaunt] [名] 下車, 撤去 [動] 降りる
disobedience [disəbi:diəns] [名] 不従順, 違反
disobedient [disəbi:diənt] [形] 反抗的な, 違反する
disobey [disəbei] [動] 従わない, 反抗する
disorder [disɔ:rdər] [名] 病気, 混乱, 騒動
disordered [disɔ:rdərd] [形] 無秩序な
disorderly [disɔ:rdərli] [副] 無秩序に
disorganized [disɔ:rgənaizd] [形] 無秩序な
disorient [disɔ:riənt] [動] 方向感覚を失わせる
disown [disoun] [動] あきらめる
disparage [dispeəridʒ] [動] 悪く言う, 軽視する
disparagement [dispeəridʒmənt] [名] 非難, 誹謗
disparaging [dispeəridʒiŋ] [形] 見下す, 非難する
disparate [dispərət] [形] 本質的に違う
dispassionate [dispæʃənət] [形] 冷静な, 公平な
dispatch [dispætʃ] [名] 発送, 急送 [動] 発送(急送)する
dispel [dispel] [動] 追い散らす, 追い払う
dispense [dispens] [動] 分配する, 施す, 施行する
disperse [dispə:rs] [動] 散らす, 分散させる
dispirit [dispiərət] [動] がっかりさせる, 気力をくじく
displace [displeis] [動] 移す, 追放する, 交替する
displacement [displeismənt] [名] 代替, 解雇, 免職
display [displei] [名] 展示, 陳列 [動] 展示(陳列)する
displease [displi:z] [動] 不快にする
displeasure [despleʒər] [名] 不満, 不快, 怒り
disposable [dispouzəbl] [形]簡単に処分することができる,使い捨て
disposal [dispouzəl] [名] 処分, 売却
dispose [dispouz] [動] 配置する, 処分する
disposed [dispouzd] [形] ~ しやすい
disposition [dispəziʃən] [名] 性質, 傾向, 処分
dispossess [dispəzes] [動] 奪う, 追い払う
disproportionate [disprəpɔ:rʃənət] [形] 不均衡の
disprove [dispru:v] [動] 反証する, 論駁する
dispute [dispyu:t] [名] 論争, 口論 [動] 論争(口論)する
disqualified [diskwaləfaid] [形] 資格を失った
disqualify [diskwaləfai] [動] 資格を奪う
disquiet [diskwaiət] [動] 不安にする
disregard [disriga:rd] [名] 無視, 軽視 [動] 無視する, 軽視する
disrepair [disripeər] [名] 破損, 荒廃
disreputable [disrepyətəbl] [形] 評判が悪い, 恥ずかしい
disrespect [disrispekt] [名] 無礼, 失礼
disrobe [disroub] [動] 服を脱ぐ
disrupt [disrʌpt] [形] 崩壊した [動] 混乱に巻き込む
disruption [disrʌpʃən] [名] 崩壊, 分裂
dissatisfaction [disætəsfækʃən] [名] 不満, 不平
dissatisfied [disætəsfaid] [形] 不満な
dissatisfy [disætəsfai] [動] 不満(不平)を抱くようにする
dissect [disekt] [動] 解剖する, 分析する
dissected [disektəd] [形] 解剖した
dissection [disekʃən] [名] 切開, 解剖
dissemble [disembəl] [動] 隠す, だます
disseminate [disemәneit] [動] 散布する, 伝播する
dissension [disenʃən] [名] 意見衝突, 不一致
dissent [disent] [名] 異議 [動] 意見を異にする
dissertation [disərteiʃən] [名] 論説, 論文
disservice [disə:rvəs] [名] 虐待
dissidence [disədəns] [名] 不一致, 異議
dissident [disədənt] [名] 反対者 [形] 異論を持つ
dissimilar [disimələr] [形] 同じでない, 他の
dissipate [disəpeit] [動] 散らす, 浪費する
dissipated [disəpeitəd] [形] 放蕩な, 無駄にされた
dissociate [disouʃieit] [動] 分離する, 引き離す
dissolute [disəlu:t] [形] 行実が悪い, 放蕩な
dissolution [disəlu:ʃən] [名] 溶解, 分離, 解散
dissolve [dizalv] [動] 溶かす, 溶ける, 解散する
dissuade [disweid] [動] 断念させる
distance [distəns] [名] 距離, 間隔
distant [distənt] [形] 遠い
distaste [disteist] [名] 嫌悪 [動] 嫌う
distasteful [disteistfl] [形] 嫌な, おいしくない, 不快な
distastefully [disteistfəli] [副] 不快に
distend [distend] [動] 膨張させる, 膨らます
distill [distil] [動] 蒸留する, 純化する
distilled [distild] [形] 蒸留して得た

distillery [distiləri] [名] 蒸留所, 醸造所
distinct [distiŋkt] [形] 明らかな, 区別される
distinction [distiŋkʃən] [名] 区別, 差別, 違い
distinctive [distiŋktiv] [形] 独特な
distinctively [distiŋktivli] [副] 独特に
distinctly [distiŋktli] [副] 明らかに
distinguish [distiŋgwiʃ] [動] 区別する
distinguishable [distiŋgwiʃəbl] [形] 区別できる
distinguished [distiŋgwiʃt] [形] 有名な, 顕著な
distort [distɔ:rt] [動] 曲げる, ゆがめる
distorted [distɔ:rtəd] [形] ゆがんだ
distortion [distɔ:rʃən] [名] 歪曲, ゆがみ
distract [distrækt] [動] 気分を転換する
distracted [distræktəd] [形] 取り乱した, 気を散らされた
distraction [distrækʃən] [名] 注意散漫, 気晴らし
distraught [distrɔ:t] [形] 取り乱した, 狂った
distress [distres] [名] 苦悩, 危機 [動] 悩ます
distressed [distrest] [形] 苦悩に疲れた
distribute [distribyu:t] [動] 分配する
distributed [distribyu:təd] [形] ~の分布をした
distribution [distrəbyu:ʃən] [名] 分配, 配布, 商品流通
distributor [distribyətər] [名] 分配者, 配給者
district [distrikt] [名] 地区, 地域
distrust [distrʌst] [名] 不信 [動] 疑う
disturb [distə:rb] [動] 乱す, 妨げる
disturbance [distə:rbəns] [名] 妨害, 混乱
disturbed [distə:rbd] [形] 不安な, 動揺した
disuse [disyu:s] [名] 不使用, 廃棄
ditch [ditʃ] [名] 溝 [動] 溝を掘る
diurnal [daiə:rnəl] [形] 日々起こる
dive [daiv] [名] ダイビング [動] 飛び込む
diver [daivər] [名] ダイバー
diverge [divə:rdʒ] [動] 分かれる, 外れる
divers [daivə:rz] [形] いろいろな [代] 何人(個)
diverse [divə:rs] [形] 多様な, 別個の
diversely [divə:rsli] [副] 多様に
diversion [divə:rʒən] [名] 転換, 流用, 気分転換
diversity [divə:rsəti] [名] 多様性, 変化, 違い
divert [divə:rt] [動] 楽しくする, 転換する
divide [divaid] [動] 分ける
divided [divaidəd] [形] 分割された, 分離された
dividend [divədend] [名] 配当金, 被除数
divine [divain] [形] 神聖な [動] 予言する
divinely [divainli] [副] 神聖に
diving [daiviŋ] [名] 潜水, ダイビング
diving board [daiviŋ bɔ:rd] [名] 跳び箱, ダイビング台
divinity [divinəti] [名] 神, 神聖, 神学
division [diviʒən] [名] 分割, 部分, 支部
divisor [divaizər] [名] 除数, 約数 (数学)
divorce [divɔ:rs] [名] 離婚 [動] 離婚する
divorcee [divɔ:rsi:] [名] 離婚した女性
divulge [divʌldʒ] [動] もらす, 暴露する
dizzy [dizi] [形] めまいがする [動] 目まいをさせる
do [du:] [動] する
docile [dasəl] [形] すなおな, 従順な
dock [dak] [名] 波止場 [動] 波止場に入って来る
dockyard [dakya:rd] [名] 造船所
doctor [daktər] [名] 医師, 博士
doctorate [daktərət] [名] 博士号
doctrinaire [daktrəneər] [名] 卓上空論家, 教条主義
doctrine [daktrən] [名] 教理, 主義
document [dakyəmənt] [名] 書類, 記録 [動] 記録する
documentary [dakyəmentəri] [名] 記録物, ドキュメンタリー [形]文書の
dodge [dadʒ] [動] 体を避ける, 回避する
doe [dou] [名] 雌鹿
doer [du:ər] [名] 行為者
does [dʌz] [動] do 動詞三人称単数直説法現在
doesn't [dʌznt] [短] does not の短縮形
dog [dɔ:g] [名] 犬
dogged [dɔ:gəd] [形] 頑強な, 執拗な
doggedly [dɔ:gədli] [副] 頑強に, 執拗に
dogma [dɔ:gmə] [名] 教義, 教理, 定説
dogmatic [dɔ:gmætik] [形] 独断的な, 教義の
dogmatism [dɔ:gmətizm] [名] 独断性, 教条主義
doing [du:iŋ] [名] 行為, 実行, 行動
doldrums [douldrəmz] [名] 無気力状態
dole [doul] [名] 施し物 [動] 分けてやる
doleful [doulfl] [形] 悲しみに沈んだ
dolefully [doulfəli] [副] 悲しく, 寂しく
doll [dal] [名] 人形
dollar [dalər] [名] ドル ($)
dolly [dali] [名] 人形, 小さいカート
dolphin [dalfən] [名] イルカ
dolt [doult] [名] 馬鹿
domain [doumein] [名] 領土, 所有地, 領域
dome [doum] [名] ドーム, 丸い屋根
domestic [dəmestik] [形] 国内の, 国産の, 家庭の
domesticate [dəmestikeit] [動] 動物を飼いならす
domicile [daməsəl] [名] 住所 [動] 住所を定める
dominance [damənəns] [名] 支配, 優勢, 優性 (遺伝)

dominant [**da**mənənt] [形] 支配的な, 優勢な, 優性の

dominantly [**da**mənəntli] [副] 優勢に

dominate [**da**məneit] [動] 支配する

domi**na**tion [damə**nei**ʃən] [名] 支配, 統治, 優勢

do**min**ion [də**min**yən] [名] 主権, 統治, 領土, 自治領

don [dan] [名] スペインの紳士, 名士

donate [**dou**neit] [動] 寄付する, 寄贈する

do**na**tion [dou**nei**ʃən] [名] 寄付, 寄贈

done [dʌn] [形] 終わった

donkey [**daŋ**ki] [名] ロバ

donor [**dou**nər] [名] 寄付者, 寄贈者

don't [dount] [短] do not の短縮形

doom [du:m] [名] 不運, 判決 [動] 宣告する

doomed [du:md] [形] 不運の

door [dɔ:r] [名] 門

doorbell [**dɔ:r**bel] [名] 呼び鈴

doorknob [**dɔ:r**nab] [名] ドアの取っ手

doorman [**dɔ:r**mæn] [名] 門番, ドアマン

doormat [**dɔ:r**mæt] [名] ドアマット

doorstep [**dɔ:r**step] [名] ドアの前の階段

doorway [**dɔ:r**wei] [名] 出入口

dope [doup] [名] ドープ (潤滑剤), ドープ塗料

dorm [dɔ:rm] [名] dormitory (寄宿舎)

dormant [**dɔ:r**mənt] [形] 眠る, 活動しない

dormitory [**dɔ:r**mətɔ:ri] [名] 学生寮

dose [dous] [名] 薬の一服

dossier [**da**siei] [名] 記録, 文書

dot [dat] [名] 点, しみ [動] 点を打つ

dotage [**dou**tidʒ] [名] 老いぼれ

dote [dout] [動] 盲目的に愛する

dotted line [**da**təd lain] [名] 点線

double [**dʌ**bəl] [形] 二重の [動] 二倍になる

double-**cross** [dəbl **krɔ:s**] [動] 裏切る, だます

doubly [**dʌ**bli] [副] 二倍に, 二重に

doubt [daut] [名] 疑問 [動] 疑う

doubtful [**daut**fl] [形] 疑わしい

doubtfulness [**daut**flnəs] [名] 疑い, 怪しさ

doubtless [**daut**ləs] [形] 確実な

doubtlessly [**daut**ləsli] [副] 確かに

dough [dou] [名] 粉生地, パン生地

doughnut [**dou**nət] [名] ドーナツ, ドーナツ型のもの

dour [duər] [形] 険悪な, 厳格な

douse [daus] [動] 水に突っ込む, 浴びせる

dove [dʌv] [名] 鳩

Dover [**dou**vər] [地] ドーバー海峡 (イギリスとフランスの間)

down [daun] [前] ~を下り [形] 下の

downcast [**daun**kæst] [名] 破滅, 滅亡 [形] 意気消沈した

downfall [**daun**fɔ:l] [名] 落下, 転落, 堕落

down**hear**ted [daun**ha:r**təd] [形] 落胆した, 憂鬱な

downheartedness [**daun**ha:rtədnəs] [名] 落胆

downhill [**daun**hil] [名] 下り坂 [形] 下り坂の

download [**daun**loud] [動] データを伝送する

downplay [**daun**plei] [動] 過小評価する, 軽視する

downpour [**daun**pɔ:r] [名] 豪雨

downright [**daun**rait] [形] 徹底的な, 完全な [副] 徹底的に

down**stairs** [daun**steərz**] [名] 階下 [副] 階下で

down**stream** [daun**stri:m**] [形] 流れに沿った [副] 流れに沿って

downtown [**daun**taun] [名] 商業地区, 都心地, ダウンタウン

downward [**daun**wə:rd] [形] 下の, 下に

downy [**dau**ni] [形] 綿毛の, 柔らかい

doze [douz] [名] 居眠り [動] 居眠りをする

dozen [**dʌ**zn] [名] 12 個, ダース

drab [dræb] [名] 淡褐色 [形] 淡褐色の, 単調な

dra**co**nian [drei**kou**niən] [形] 厳格な, 過酷な

draft [dræft] [名] 図案, 草案 [動] 草案を作る

draft beer [**dræft** biər] [名] 生ビール

draftsman [**dræfts**mən] [名] 設計図の作成者, 製図工

drag [dræg] [名] 網, 引っ張り [動] 引っ張る

dragon [**dræ**gən] [名] ドラゴン, 龍

dragonfly [**dræ**gənflai] [名] トンボ

drain [drein] [名] 下水溝 [動] 排水する

drainage [**drei**nidʒ] [名] 排水, 排水装置, 下水

drain pipe [**drein** paip] [名] 排水管, 下水管

drake [dreik] [名] 雄のアヒル

drama [**dra**mə] [名] 劇, ドラマ

dra**ma**tic [drə**mæ**tik] [形] 劇的な

dramatist [**dræ**mətist] [名] 劇作家, 戯曲作家

dramatize [**dræ**mətaiz] [動] 劇化する, 誇張して表現する

drank [dræŋk] [動] drink (飲む) の過去形

drape [dreip] [名] カーテン [動] 優雅におおう

draper [**drei**pər] [名] 服地屋, 生地屋

drapery [**drei**pəri] [名] 記章, カバー, 長いカーテン

drastic [**dræs**tik] [形] 強烈な, 猛烈な, 大胆な

draw [drɔ:] [動] 引く[名] 抽選, 引き分け

drawback [**drɔ:**bæk] [名] 障害, 妨害, 払戻し金

drawer [**drɔ:**ər] [名] 製図者, 手形発行人, 引き出し

drawing [**drɔ:**iŋ] [名] 絵画, スケッチ, 引くこと

drawing room [**drɔ:**iŋ rum] [名] 応接間

drawn [drɔ:n] [形] 引き分けた

dread [dred] [名] 恐怖, 心配 [動] 恐れる

dreadful [**dred**fl] [形] 恐ろしい

dreadfully [**dred**fəli] [副] 恐ろしく

dream [dri:m] [名] 夢 [動] 夢を見る

dreamer [**dri:**mər] [名] 空想家, 夢想家

dreamt [dremt] [動] dream(夢を見る)の過去·過去分詞形

dreamy [**dri:**mi] [形] 夢の多い, 夢のような, かすかな

dreary [**driər**i] [形] 寂しい, 悲しい

dredge [dredʒ] [名] 浚渫機 [動] 浚渫する

drench [drentʃ] [動] ずぶぬれになる

dress [dres] [名] 服装 [動] 服を着る

dressed [drest] [形] 服を着た, 正装した

dresser [**dres**ər] [名] 化粧台, 食器棚, 衣装担当者

dressing [**dres**iŋ] [名] 装い, 衣装, ドレッシングソース

dressmaker [**dres**meikər] [名] 婦人服の仕立屋, ドレスメーカー

dressmaking [**dres**meikiŋ] [名] 女性服製造

drew [dru:] [動] draw (引く) の過去形

dried [draid] [形] 乾いた, 乾燥した

drift [drift] [名] 漂流, 傾向 [動] 漂流する

drifter [**drift**ər] [名] 漂流者

drill [dril] [名] 訓練, 錐 [動] 訓練する

drink [driŋk] [名] 飲料水 [動] 飲む

drinker [**driŋ**kər] [名] 飲む人, 酒飲み

drinking [**driŋ**kiŋ] [名] 飲酒

drip [drip] [名] 水滴 [動] 水滴が落ちる

dripping [**dri**piŋ] [名] 水滴 [形] しずくのたれる

drive [draiv] [名] ドライブ, 運転 [動] 運転する

drive-in [**drai**vin] [名] ドライブイン [形] 車に乗ったままの

driven [**dri**vən] [動] drive (運転する) の過去分詞形

driver [**drai**vər] [名] 運転士, 運転者

driver's **li**cense [**drai**vərz **lai**sns] [名] 自動車運転免許証

drive-through [**draiv** θru:] [名] ドライブスルー

driveway [**draiv**wei] [名] 個人の車道

driving [**drai**viŋ] [形] 推進する [名] 運転

drizzle [**dri**zəl] [名] 霧雨 [動] 霧雨が降る

droll [droul] [形] 滑稽な, ひょうきんな

drone [droun] [名] 単調な低音

droop [dru:p] [動] 頭を下げる, 意気消沈する

drop [drap] [動] 落ちる, 落とす

drop-off [**drap** ɔ:f] [名] 断崖, 減少, 衰え

drop out [**drap** aut] [名] 中途退学者, 落伍者

dropper [**dra**pər] [名] 落とす人(物)

dross [dras] [名] 役に立たないもの

drought [draut] [名] 干ばつ, 不足

drove [drouv] [動] drive (運転する) の過去形

drown [draun] [動] 溺れ死ぬ, 溺れさせる

drowsy [**drau**zi] [形] 眠い

drug [drʌg] [名] 薬品, 麻薬 [動] 薬を混ぜる

drug addict [**drʌg** ədikt] [名] 麻薬常用者

druggist [**drʌ**gist] [名] 薬剤師

drugstore [**drʌg**stɔ:r] [名] 薬局

drum [drʌm] [名] ドラム [動] ドラムで演奏する

drummer [**drʌ**mər] [名] 鼓手, ドラマー, セールスマン

drumstick [**drʌm**stik] [名] 太鼓のばち

drunk [drʌŋk] [形] 酒に酔った

drunkard [**drʌŋ**kərd] [名] 酒飲み, 酔っぱらい

drunken [**drʌŋ**kən] [形] 酔った

dry [drai] [形] 乾燥した, 退屈な [動] 乾かす

dry-clean [**drai** kli:n] [動] ドライクリーニングする

dry-cleaning [**drai** kli:niŋ] [名] ドライクリーニング

dryer [**drai**ər] [名] drier (乾燥機)

dryly [**drai**li] [副] 冷淡に, 公正に

dryness [**drai**nəs] [名] 乾燥, 冷淡

dual [**dyu:**əl] [形] 二個の, 二重の

dub [dʌb] [動] ニックネームをつける, ダビングする

dubious [**dyu:**biəs] [形] 怪しい, 不審な, あいまいな

dubiously [**dyu:**biəsli] [副] 疑わしく

Dublin [**dʌb**lən] [地] ダブリン (アイルランドの首都)

duchess [**dʌ**tʃəs] [名] 公爵夫人

duck [dʌk] [名] アヒル [動] 水の中に沈む

duckling [**dʌk**liŋ] [名] アヒルの子

due [dyu:] [形] 当然の, 支給期日になった

duel [**dyu:**əl] [名] 決闘, 勝負 [動] 決闘する

dues [dyu:z] [名] 税金, 料金, 会費, 賦課金

du**et** [dyu**et**] [名] デュエット, 二重奏, 二重唱

dug [dʌg] [動] dig (掘る) の過去·過去分詞形

dugout [**dʌg**aut] [名] 防空壕, 選手控え所 (野球)

duke [dyu:k] [名] 公爵

dull [dʌl] [形] 鈍い, 愚かな [動] 鈍くする

dully [**dʌ**li] [副] 鈍く

duly [**dyu:**li] [副] 当然, 十分に

dumb [dʌm] [形] 口のきけない

dummy [**dʌ**mi] [名] 見本, 模型, マネキン

dump [dʌmp] [名] ごみ [動] ごみを捨てる

dunce [dʌns] [名] 馬鹿, 愚か者

dune [dyu:n] [名] 砂丘, 砂の丘

dung [dʌŋ] [名] くそ [動] 肥料を与える

dungeon [**dʌn**dʒən] [名] 地下牢

dunk [dʌŋk] [動] パンをコーヒー, ミルクなどに浸す

dupe [dyu:p] [名] だまされやすい人 [動] だます

duplicate [**dyu:**pləkət] [名] コピー [動] コピーを作る

duplication [dyu:pləkeiʃən] [名] 二重, 重複, 複写

duplicity [dyu:plisəti] [名] 二重性, 重複

durable [dyuərəbl] [形] 長持ちする, 頑丈な, 永続性のある

duration [dyureiʃən] [名] 持続, 耐久, 持続期間

duress [dyures] [名] 拘束, 監禁, 脅迫

during [dyuəriŋ] [前] ~の間

dusk [dʌsk] [名] たそがれ

dusky [dʌski] [形] 薄黒い, 鬱陶しい

dust [dʌst] [名] ほこり [動] ほこりをなくす

duster [dʌstər] [名] 掃除人, ふきん

dustpan [dʌstpæn] [名] ちりとり

dusty [dʌsti] [形] ほこりの多い

Dutch [dʌtʃ] [形] オランダの, オランダ人

Dutchman [dʌtʃmən] [名] オランダ人

duty [dyu:ti] [名] 義務, 責任

duty-free [dyu:ti fri:] [形] 免税の

dwarf [dwɔ:rf] [名] 小びと

dwell [dwel] [動] 住む

dweller [dwelər] [名] 居住者

dwelling [dweliŋ] [名] 住居

dwelt [dwelt] [動] dwell (住む) の過去・過去分詞形

dwindle [dwindl] [動] 徐々に小さくなる, 減少する

dye [dai] [名] 染料, 染色 [動] 染色する

dyer [daiər] [名] 染色工

dying [daiiŋ] [名] 死, 臨終 [形] 臨終の

dynamic [dainæmik] [形] 動的な, 力学的な, 活力ある

dynamics [dainæmiks] [名] 力学, 動力

dynamite [dainəmait] [名] ダイナマイト

dynamo [dainəmou] [名] 発電機

dynasty [dainəsti] [名] 王朝

dysentery [disnteri] [名] 赤痢

E

each [i:tʃ] [形] それぞれの, 各自 [副] それぞれ
eager [i:gər] [形] 熱望する, 熱心な
eagerly [i:gərli] [副] 切に
eagerness [i:gərnəs] [名] 熱望
eagle [i:gəl] [名] ワシ
ear [iər] [名] 耳, 聴覚
earache [iəreik] [名] 耳痛
eardrum [iərdrəm] [名] 鼓膜, 中耳
earl [ə:rl] [名] 伯爵
early [ə:rli] [形] 早い, 早期の [副] 早く
earn [ə:rn] [動] お金をもうける, 得る
earnest [ə:rnəst] [形] 真剣な
earnestly [ə:rnəstli] [副] 真剣に
earnings [ə:rniŋz] [名] 所得, 収入
earphones [iərfounz] [名] イヤホン
earplugs [iərpləgz] [名] 耳栓
earring [iəriŋ] [名] 耳輪, イヤリング
earth [ə:rθ] [名] 地球
earthen [ə:rθən] [形] 土で作った, 世俗の
earthenware [ə:rθənweər] [名] 土器, 陶器
earthly [ə:rθli] [形] 地球の
earthquake [ə:rθkweik] [名] 地震
earthworm [ə:rθwə:rm] [名] みみず
ease [i:z] [名] 快適 [動] 楽にする
easel [i:zəl] [名] 画架, 黒板台
easily [i:zəli] [副] ゆったりと, 簡単に
east [i:st] [名] 東側
Easter [i:stər] [名] イースター
Easter egg [i:stər eg] [名] イースターエッグ
eastern [i:stərn] [形] 東側の
eastward [i:stwə:rd] [名] 東方 [形] 東に向いた [副] 東へ
easy [i:zi] [副] 簡単な, 快適な
easygoing [i:zigouiŋ] [形] のんきな, ゆったりとした
eat [i:t] [動] 食べる
eaten [i:tn] [動] eat (食べる) の過去分詞形
eating [i:tiŋ] [名] 食べること, 食品
eaves [i:vz] [名] 家の軒
ebb [eb] [名] 引き潮, 衰退 [動] 潮が引く
ebony [ebəni] [名] 黒檀の材木 [形] 黒檀の
ebullient [ibulyənt] [形] 煮え立っている, 興奮した
eccentric [iksentrik] [名] 奇人 [形] 妙な, 異常な
eccentricity [eksentrisəti] [名] 異常, 奇行
ecclesiastical [ikli:ziæstikəl] [形] 教会の, 聖職の
ecclesiastically [ikli:ziæstikəli] [副] 教会の立場から
echo [ekou] [名] こだま [動] こだまする
eclectic [iklektik] [形] 幅が広い
eclipse [iklips] [名] 日食, 月食 [動] 光をさえぎる
ecology [ikalədʒi] [名] 生態学 (学問), 環境
economic [ekənamik] [形] 経済上の, 経済学の
economical [ekənamikəl] [形] 経済的な, 節約する
economically [ekənamikəli] [副] 経済的に
economics [ekənamiks] [名] 経済学 (学問)
economist [ikanəmist] [名] 経済学者
economize [ikanəmaiz] [動] 節約する
economy [ikanəmi] [名] 経済, 節約
ecosystem [i:kəsistəm] [名] 生態系
ecstasy [ekstəsi] [名] 恍惚, 熱狂
Ecuador [ekwədɔ:r] [地] エクアドル (南米諸国)
eddy [edi] [名] 小さい渦 [動] 渦を巻く
Eden [i:dn] [地] エデンの園 (聖書の地名), 楽園
edge [edʒ] [名] 刃 [動] 刃を立てる
edged [edʒd] [形] 刃がある, 刃を立てた
edible [edəbl] [名] 食用品 [形] 食べられる
edict [i:dikt] [名] 勅令, 勅命, 布告
edifice [edəfəs] [名] 大建築物, 大邸宅
edify [edəfai] [動] 啓蒙する
Edison [edəsən] [人] エジソン (米国の発明家)
edit [edət] [動] 編集する, 校正する
edition [idiʃən] [名] 刊行本, 発行部数
editor [edətər] [名] 編集者
editorial [edətɔ:riəl] [名] 社説 [形] 編集上の
Edmonton [edməntən] [地] エドモントン (カナダの都市)
educate [edʒəkeit] [動] 教育させる
educated [edʒəkeitəd] [形] 教養のある, 教育を受けた
education [edʒəkeiʃən] [名] 教育, 教養
educational [edʒəkeiʃənəl] [形] 教育的な
educationally [edʒəkeiʃənəli] [副] 教育的に
educator [edʒəkeitər] [名] 教育者, 教育家
Edward [edwə:rd] [人] エドワード (男の名前)
eel [i:l] [名] うなぎ (魚)
efface [ifeis] [動] 消す
effect [ifekt] [名] 結果, 効果 [動] 招く
effective [ifektiv] [形] 効果的な, 有効な
effectively [ifektivli] [副] 効果的に
effectual [ifektʃuəl] [形] 効果的な, 有効な
effectually [ifektʃuəli] [副] 効果的に, 完全に
effeminate [ifemənət] [形] めめしい, 柔弱な
effeminately [ifemənətli] [副] 柔弱に

efficacy [efikəsi] [名] 効力, 効能, 効験
efficiency [ifiʃənsi] [名] 効率, 能率
efficient [ifiʃənt] [形] 効率的な, 能率的な
efficiently [ifiʃəntli] [副] 効率的に
effort [efərt] [名] 努力
effortless [efərtləs] [形] 努力しない, 容易な
effortlessly [efərtləsli] [副] 簡単に
effusion [ifyu:ʒən] [名] 流出, 発露
egalitarian [igæləteəriən] [形] 人類平等主義の
egg [eg] [名] 卵
eggplant [egplænt] [名] ナス
ego [i:gou] [名] 自我, 自己
egocentric [i:gousentrik] [形] 自己中心の
egoism [i:gəizm] [名] 利己主義, 自慢
egotism [i:gətizm] [名] 自己中心の壁, うぬぼれ
egotist [i:gətist] [名] 自分本位な人, 利己主義者
egregious [igri:dʒəs] [形] すごく悪い, 悪名高い
Egypt [i:dʒipt] [地] エジプト
Egyptian [idʒipʃən] [形] エジプトの [名] エジプト人, エジプト語
eh [ei] [感] あっ, 何
eight [eit] [名] 八 [形] 八の
eighteen [eiti:n] [名] 十八
eighteenth [eiti:nθ] [名] 第十八 [形] 第十八の
eighth [eitθ] [名] 八番目 [形] 八番目の
eightieth [eitiəθ] [名] 第八十 [形] 第八十の
eighty [eiti] [名] 八十 [形] 八十の
Einstein [ainstain] [人] アインシュタイン (米国の物理学者)
either [i:ðər] [形] どちらか一方の, 両方の
ejaculate [idʒækyəleit] [動] 突然叫ぶ, 噴出する
eject [idʒekt] [動] 追い出す, 追放する, 噴出する
elaborate [ilæbəreit] [動] 苦心して作る
elaborate [ilæbərət] [形] 念を入れた, 精巧な
elapse [ilæps] [名] 時間の経過 [動] 経過する
elastic [ilæstik] [形] 弾力性のある, 柔軟な
elastically [ilæstikəli] [副] 弾力あるように, 柔軟に
elate [ileit] [動] 元気づける
elated [ileitəd] [形] 大得意の, 大喜びの
elation [ileiʃən] [名] 意気揚々, 大喜び
elbow [elbou] [名] 肘
elder [eldər] [名] 年長者, 老人 [形] 年上の
elderly [eldərli] [形] 年配の
eldest [eldəst] [形] 一番年上の
elect [ilekt] [動] 選ぶ, 選挙する, 選任する
election [ilekʃən] [名] 選挙
electorate [ilektərət] [名] 選挙民, 有権者
electric [ilektrik] [形] 電気の, 電撃的な
electrical [ilektrikəl] [形] 電気の
electrically [ilektrikəli] [副] 電気で
electrician [ilektriʃən] [名] 電気技術者, 電気工
electricity [ilektrisəti] [名] 電気
electrify [ilektrəfai] [動] 電気を流す
electrocute [ilektrəkyu:t] [動] 感電死させる
electron [ilektran] [名] 電子, エレクトロン
electronic [ilektranik] [形] 電子工学の, 電子の
electronics [ilektraniks] [名] 電子工学 (学問)
elegance [eləgəns] [名] 優雅, 上品, 気品
elegant [eləgənt] [形] 優雅な, 上品な
elegantly [eləgəntli] [副] 優雅に
elegy [elədʒi] [名] 悲歌, エレジー
element [eləmənt] [名] 元素, 要素
elemental [eləmentl] [形] 元素の, 基本的な
elementary [eləmentəri] [形] 初心者の, 元素の
elephant [eləfənt] [名] 象
elevate [eləveit] [動] 上げる
elevated [eləveitəd] [形] 高められた, 上品な
elevation [eləveiʃən] [名] 高地, 海抜, 上品
elevator [eləveitər] [名] エレベーター, 昇降機
eleven [ilevən] [名] 十一 [形] 十一の
eleventh [ilevənθ] [名] 第十一 [形] 第十一の
elf [elf] [名] 小さな妖精, いたずらっ子
elicit [ilisət] [動] 引き出す, 明らかにする
eligible [elidʒəbl] [名] 適任者 [形] 適任の, 適格の
eliminate [iliməneit] [動] 除去(脱落)させる
elite [ili:t] [名] 選ばれた人々 [形] 選ばれた
Elizabeth [ilizəbəθ] [人] エリザベス (女の名前)
ellipsis [ilipsəs] [名] 省略, 省略符号
elliptical [iliptikəl] [形] 楕円形の, 意味があいまいな
elm [elm] [名] ニレ
elocution [eləkyu:ʃən] [名] 演説法, 雄弁術
elongate [ilɔ:ŋgeit] [動] 長くする, 延長する
elongation [ilɔ:ŋgeiʃən] [名] 伸張
elope [iloup] [動] 駆け落ちする
elopement [ilоupmənt] [名] 家出, 逃亡
eloquence [eləkwəns] [名] 雄弁
eloquent [eləkwənt] [形] 雄弁の, 流暢な
eloquently [eləkwəntli] [副] 流暢に
else [els] [形] 他の, その他の [副] 他に
elsewhere [elsweər] [副] 他の所で, 他の所へ
elucidate [ilu:sədeit] [動] 明らかにする, 説明する
elucidation [ilu:sədeiʃən] [名] 明示, 説明

elude [ilu:d] [動] 避ける
elusive [ilu:siv] [形] 理解しにくい, 逃避する
elusiveness [ilu:sivnəs] [名] 逃避
elves [elvz] [名] elf(小さい妖精)の複数
emaciate [imeiʃieit] [動] 貧困あるいは病気でやせる
emaciated [imeiʃieitəd] [形] 衰弱な, やつれた
e-mail [i: meil] [名] 電子メール, Eメール
emanate [eməneit] [動] 発散する, 流出する
emancipate [imænsəpeit] [動] 解放する, 自由にする
emancipated [imænsəpeitəd] [形] 解放された, 自由の
emancipation [imænsəpeiʃən] [名] 解放, 自由
emasculate [imæskyəleit] [動] 去勢する, 気力を奪う
embankment [imbæŋkmənt] [名] 堤防, 堤
embargo [imba:rgou] [名] 出港(入港) 禁止
embark [imba:rk] [動] 積載する, 搭乗する
embarkation [imba:rkeiʃən] [名] 積載, 搭乗
embarrass [imbeərəs] [動] 当惑させせる
embarrassing [imbeərəsiŋ] [形] 困った, 厄介な
embarrassingly [imbeərəsiŋli] [副] 苦しく
embarrassment [imbeərəsmənt] [名] 当惑
embassy [embəsi] [名] 大使館
embed [imbed] [動] 埋め込む
embellish [imbeliʃ] [動] 美しくする, 飾る
ember [embər] [名] 燃えさし, 残り火
embezzle [imbezəl] [動] 横領する
embezzlement [imbezəlmənt] [名] 横領
embezzler [imbezələr] [名] 横領者
embitter [imbitər] [動] にがくする, つらくする
embitterment [imbitərmənt] [名] つらいこと
emblem [embləm] [名] 象徴 [動] 象徴する
embody [imbadi] [動] 具体化する, 統合する
emboss [imbas] [動] 目立つようにする
embossed [imbast] [形] 目立つようにした
embossment [imbasmənt] [名] 浮彫りにすること, 浮彫り細工
embrace [imbreis] [動] 抱擁 する, 含む
embracement [imbreismənt] [名] 抱擁, 包含
embroider [imbrɔidər] [動] 縫取りする
embroidery [imbrɔidəri] [名] 刺しゅう
embroil [embrɔil] [動] 紛争に関連させる
embryo [embriou] [名] 胎児, 胎芽, 初期
embryonic [embrianik] [形] 未開発の, 初歩の
emerald [emərəld] [名] エメラルド [形] 鮮緑色の
emerge [imə:rdʒ] [動] 出る, 現れる
emergency [imə:rdʒənsi] [名] 緊急事態
emergency exit [imə:rdʒənsi egzət] [名] 非常口
emergency room [imə:rdʒənsi rum] [名] 病院の応急室
emigrant [eməgrənt] [名] 移民, 移住者 [形] 移住する
emigrate [eməgreit] [動] 移民する, 移住する
emigration [eməgreiʃən] [名] 移民, 移住
eminence [emənəns] [名] 卓越
eminent [emənənt] [形] 優れた, 顕著な
eminently [emənəntli] [副] 際立って, 顕著に
emissary [eməseri] [名] 密使
emission [imiʃən] [名] 放射, 発散, 放出
emit [imit] [動] 発する, 発行する
emotion [imouʃən] [名] 感情
emotional [imouʃənəl] [形] 感情の
emotionally [imouʃənəli] [副] 感情的に
empathy [empəθi] [名] 感情移入
emperor [empərər] [名] 皇帝
emphasis [emfəsəs] [名] 強調
emphasize [emfəsaiz] [動] 強調する
emphatic [imfætik] [形] 強調された, 強勢のある, 目立つ
empire [empaiər] [名] 帝国
empirical [empiərikəl] [形] 経験的な
employ [implɔi] [動] 雇う, 使う
employee [implɔii:] [名] 従業員
employer [implɔiər] [名] 雇用者
employment [implɔimənt] [名] 雇用 (使用)
empower [impauər] [動] 権限を与える
empress [emprəs] [名] 皇后
emptiness [emptinəs] [名] 空虚
empty [empti] [形] 空白の, 空虚な
empty-headed [empti hedəd] [形] 頭のからっぽな, 無知な
emulate [emyuleit] [動] 張り合う, 匹敵する
enable [ineibl] [動] 可能にする
enact [inækt] [動] 法律化する, 制定する
enactment [inæktmənt] [名] 立法, 法律制定
enamel [inæməl] [名] ホーロー [動] エナメルを塗る
encamp [inkæmp] [動] 野営する
encampment [inkæmpmənt] [名] 野営
enchant [intʃænt] [動] 魔法をかける, 魅惑する
enchanted [intʃæntəd] [形] 魅惑された
enchanting [intʃæntiŋ] [形] 魅惑的な
enchantingly [intʃæntiŋli] [副] 魅惑的に
enchantment [intʃæntmənt] [名] 魅惑, 魅力, 魔法
encircle [insə:rkəl] [動] 取り囲む, 一周する
encirclement [insə:rkəlmənt] [名] 囲い込み, 孤立化
enclave [enkleiv] [名] 他国領土内の自国領土
enclose [inklouz] [動] 取り囲む, 同封する

enclosed [inklouzd] [形] 密閉された
enclosure [inklouʒər] [名] 囲い込み, 包囲, 同封された物, ダム
encompass [inkʌmpəs] [動] 取り囲む, 包囲する
encompassment [inkʌmpəsmənt] [名] 包囲, 網羅
encore [ankɔ:r] [名] アンコール [動] アンコールを要求する
encounter [inkauntər] [動] 偶然出会う, 直面する
encourage [inkə:ridʒ] [動] 勇気を与える, 奨励する
encouragement [inkə:ridʒmənt] [名] 激励, 奨励, 援助
encroach [inkroutʃ] [動] 侵入(浸食, 蚕食)する
encroacher [inkroutʃər] [名] 侵入者, 侵害者
encroachment [inkroutʃmənt] [名] 侵入, 侵害
encumber [inkʌmbər] [動] 妨害する
encumbrance [inkʌmbrəns] [名] 障害物
encyclopedia [insaikləpi:diə] [名] 百科事典
end [end] [名] 終わり, 終末 [動] 終える
endanger [indeindʒər] [動] 危うくする
endangered [indeindʒərd] [形] 絶滅寸前の
endear [indiər] [動] 慕わせる
endearing [indiəriŋ] [形] かわいい, 親しみのある
endearingly [indiəriŋli] [副] いとしく
endearment [indiərmənt] [名] 親愛, 愛情
endeavor [indevər] [名] 努力, 試み [動] 努力する
endemic [endemik] [形] 土着の, 地域固有の
ending [endiŋ] [名] 結末, 終末
endless [endləs] [形] 果てしない, 無限の
endlessly [endləsli] [副] 果てしなく
endlessness [endləsnəs] [名] 無限
endorse [indɔ:rs] [動] 支持する, 確認する, 裏書する
endorsement [indɔ:rsmənt] [名] 支持, 確認, 裏書
endow [indau] [動] 寄付する, 与える
endowment [indaumənt] [名] 寄付, 寄贈, 才能
endurance [indyuərəns] [名] 耐久性, 忍耐
endure [indyuər] [動] 耐える, 持続する
enduring [indyuəriŋ] [形] 忍耐強い, 持続する
enema [enəmə] [名] 灌腸, 灌腸剤
enemy [enəmi] [名] 敵
energetic [enərdʒetik] [形] 精力的な, 強力な
energetically [enərdʒetikəli] [形] 精力的に
energy [enərdʒi] [名] 力, 勢力, エネルギー
enervate [enərveit] [動] 無気力にする
enfold [infould] [動] 包む, 抱きしめる
enforce [infɔ:rs] [動] 施行する, 強要する
enforceable [infɔ:rsəbl] [形] 施行可能な, 実施できる
enforced [infɔ:rst] [形] 強要された, 強制的な
enforcement [infɔ:rsmənt] [名] 施行, 実施
enfranchise [infræntʃaiz] [動] 選挙権を与える
engage [ingeidʒ] [動] 約束する, 婚約する
engaged [ingeidʒd] [形] 婚約した, 忙しい
engagement [ingeidʒmənt] [名] 婚約, 雇用
engaging [ingeidʒiŋ] [形] 魅力的な, 愛嬌のある
engender [indʒendər] [動] 発生させる, 引き起こす
engine [endʒən] [名] エンジン, 機関
engineer [endʒəniər] [名] 技師
engineering [endʒəniəriŋ] [名] 工学
England [iŋglənd] [地] イングランド
English [iŋgliʃ] [名] 英語, イギリス人 [形] イギリスの
Englishman [iŋgliʃmən] [名] イギリス人
Englishwoman [iŋgliʃwumən] [名] イギリス人女性
engrave [ingreiv] [動] 刻む, 彫刻する, 飾る
engraver [ingreivər] [名] 彫刻師, 彫版物
engraving [ingreiviŋ] [名] 彫刻, 彫版, 版画
engross [ingrous] [動] 没頭させる
engrossing [ingrousiŋ] [形] 夢中にする
engrossment [ingrousmənt] [名] 熱中, 没頭, 買占め
enhance [inhæns] [動] 高める, 増やす, 強化する
enhancement [inhænsmənt] [名] 引き上げ, 増大, 強化
enigma [inigmə] [名] 謎
enigmatic [enigmætik] [形] 謎のような
enjoin [indʒɔin] [動] 課する, 命令する
enjoy [indʒɔi] [動] 楽しむ
enjoyable [indʒɔiəbl] [形] 楽しい
enjoyably [indʒɔiəbli] [副] 楽しく
enjoyment [indʒɔimənt] [名] 楽しさ, 快楽
enkindle [inkindl] [動] 火をつける, 燃やす
enlarge [inla:rdʒ] [動] 拡大する
enlargeable [inla:rdʒəbl] [形] 拡大できる
enlarged [inla:rdʒd] [形] 拡大した
enlargement [inla:rdʒmənt] [名] 拡大, 拡張
enlighten [inlaitn] [動] 啓蒙する, 開化する
enlightened [inlaitnd] [形] 啓蒙された, 開化された
enlightenment [inlaitnmənt] [名] 啓蒙, 開化
enlist [inlist] [動] 徴集する, 参加する
enlistment [inlistmənt] [名] 徴集, 入隊
enliven [inlaivən] [動] 元気づける
enlivenment [inlaivənmənt] [名] 活気づけ
enmesh [inmeʃ] [動] 網にかける, 巻き込む
enmity [enməti] [名] 敵意, 憎しみ, 憎悪
ennoble [inoubəl] [動] 高貴にする
ennoblement [inoubəlmənt] [名] 高貴にすること, 爵位授与
ennui [a:nwi:] [名] 倦怠

enormity [inɔ:rməti] [名] 無法, 極悪, 凶悪犯罪
enormous [inɔ:rməs] [形] 巨大な, 途方もない
enormously [inɔ:rməsli] [副] とてつもなく
enormousness [inɔ:rməsnəs] [名] 巨大さ, 莫大さ
enough [inʌf] [形] 十分な [副] 十分に
enrage [inreidʒ] [動] 激怒させる, 怒らせる
enrich [inritʃ] [動] 豊富にする
enriched [inritʃt] [形] 強化された, 濃縮された
enroll [inroul] [動] 登録する
enrolment [inroulmənt] [名] 登録, 記載, 加入
ensemble [a:nsa:mbəl] [名] 総体的な効果, 重唱, 協奏
ensign [ensən] [名] 旗, 国旗
enslave [insleiv] [動] 奴隷にする
enslavement [insleivmənt] [名] 奴隷にすること
ensue [insu:] [動] 結果として起きる
ensure [inʃuər] [動] 保証する, 確実にする
entail [inteil] [動] 伴う, 必要とする
entangle [intæŋgəl] [動] もつれさせる, 巻き込む
entanglement [intæŋgəlmənt] [名] もつれ, 紛糾, 困惑
enter [entər] [動] 入る, 入力する
enterprise [entərpraiz] [名] 企業, 冒険心
enterprising [entəraiziŋ] [形] 企業心が旺盛な, 進取の
enterprisingly [entəraiziŋli] [副] 進取的に, 冒険的に
entertain [entərtein] [動] 楽しませる
entertainer [entərteinər] [名] 芸能人
entertainment [entərteinmənt] [名] 娯楽, 芸能
enthrone [inθroun] [動] 王位に就かせる, 崇拝する
enthronement [inθrounmənt] [名] 即位, 即位式
enthusiasm [inθu:ziæzm] [名] 熱狂
enthusiast [inθu:ziæst] [名] 熱狂者
enthusiastic [inθu:ziæstik] [形] 熱狂的な
enthusiastically [inθu:ziæstikəli] [副] 熱狂的に
entice [intais] [動] 誘惑する
enticement [intaismənt] [名] 誘惑, 誘拐
entire [intaiər] [形] 全体の
entirely [intaiərli] [副] 完全に
entirety [intaiərti] [名] 完全無欠, 全体
entitle [intaitl] [動] タイトルを付ける
entity [entəti] [名] 実在, 存在
entourage [antura:ʒ] [名] 随行者一行, 環境
entrails [entreilz] [名] 内臓, 腸
entrance [entrəns] [名] 入場, 入学, 入口
entreat [intri:t] [動] 懇請する, 嘆願する
entreaty [intri:ti] [名] 懇願, 嘆願
entrée [antrei] [名] 主な料理, 入る権利
entrepreneur [a:ntrəprənə:r] [名] 企業家
entrust [intrʌst] [動] 委任する, 任せる
entry [entri] [名] 入場, 記入
enumerate [inyu:məreit] [動] 列挙する, 数える
enunciate [inʌnsieit] [動] 言明する, 明確に発音する
envelop [inveləp] [動] 包む, 覆う
envelope [envəloup] [名] 封筒, カバー
enviably [enviəbli] [副] 羨ましく
envious [enviəs] [形] 羨ましがる
enviously [enviəsli] [副] 羨ましそうに
environment [invairənmənt] [名] 環境, 包囲
environmental [invairənmentl] [形] 環境の
environmentalist [invairənmentəlist] [名] 環境論者
environmentally [invairənmentəli] [副] 環境的に
environs [invairənz] [名] 都市近郊
envision [inviʒən] [動] 心の中に描く, 想像する
envoy [envɔi] [名] 使節, 公使
envy [envi] [名] 嫉妬, 羨望 [動] ねたむ, うらやむ
enzyme [enzaim] [名] 酵素
ephemeral [ifemərəl] [名] 極めて短命したもの [形] 短命な
epic [epik] [名] 叙事詩 [形] 叙事詩の, 雄大な
epicure [epikyuər] [名] 美食家
epidemic [epədemik] [名] 流行病 [形] 流行性の
epigram [epəgræm] [名] 警句, 風刺詩
epilepsy [epəlepsi] [名] てんかん
epilog [epəlɔ:g] [名] 結び, 結語, エピローグ
episcopal [ipiskəpəl] [形] 監督(司教)の
episode [epəsoud] [名] エピソード, 逸話
epistle [ipisəl] [名] 書簡, 使徒の書簡
epitaph [epətæf] [名] 墓碑銘, 碑文
epithet [epəθet] [名] 通称, 別名 別称
epitome [ipitəmi] [名] あらすじ, 抜粋, 要約
epoch [epək] [名] 時代, エポック, 新紀元
epoch-making [epək meikiŋ] [形] 画期的な, 新紀元を開く
equal [i:kwəl] [形] 同じ, 平等な [動] ~と同じだ
equality [ikwaləti] [名] 同等, 平等, 同質性
equalize [i:kwəlaiz] [動] 等しくする, 平等にする
equalizer [i:kwəlaizər] [名] 平等にする人, 平衡装置
equally [i:kwəli] [副] 平等に
equanimity [i:kwənimәti] [名] 平静, 沈着, 冷静
equate [ikweit] [動] 平均化する
equation [i:kweiʒən] [名] 均等化, 等式, 方程式
equator [ikweitər] [名] 赤道
equatorial [ekwətɔ:riəl] [名] 赤道儀 [形] 赤道上の
equestrian [ikwestriən] [形] 乗馬の

equilibrium [i:kwəlibriəm] [名] 平衡, 均衡, 平静
equinox [i:kwənaks] [名] 昼夜平分時, 春分, 秋分
equip [ikwip] [動] 備える, 備え付ける
equipment [ikwipmənt] [名] 装備, 設備
equitable [ekwətəbl] [形] 公平な, 公正な, 合理的な
equitableness [ekwətəblnəs] [名] 公平, 正当
equity [ekwəti] [名] 公平, 正義, 財産の 純價
equivalent [ikwivələnt] [形] 同等な, ~に相当する
equivalently [ikwivələntli] [副] 均等に, 対等に
equivocal [ikwivəkəl] [形] 明らかでない, あいまいな
er [ə:r] [感] えー (言葉につかえたとき)
era [eərə] [名] 時代
eradicate [irædəkeit] [動] 根絶する , 撲滅する
erase [ireis] [動] 消す, 削除する
erased [ireist] [形] 消された
eraser [ireisər] [名] 消しゴム
erect [irekt] [形] 直立の [動] まっすぐに立てる
erection [irekʃən] [名] 直立, 建立, 勃起
erectly [irektli] [副] まっすぐに, 垂直に
erode [iroud] [動] 腐食する, 浸食する
erosion [iroʊʒən] [名] 腐食, 浸食
erotic [iratik] [名] 好色家 [形] みだらな, 好色的な
erotically [iratikəli] [副] 好色的に
eroticism [iratəsizm] [名] 好色, エロ
err [ə:r] [動] 間違う
errand [erənd] [名] 使い
erratic [irætik] [形] 変な, 奇矯な, 風変わりな
erroneous [irouniəs] [形] 誤った, 間違った
erroneously [irouniəsli] [副] 間違って
error [eərər] [名] 過ち, エラー
erudite [eərədait] [形] 学識のある, 博識な
eruditely [eərədaitli] [副] 博識に
eruditeness [eərədaitnəs] [名] 博学, 博識
erudition [eərədiʃən] [名] 博学, 博識
erupt [irʌpt] [動] 爆発する, 噴出する, 勃発する
eruption [irʌpʃən] [名] 爆発, 噴出, 勃発
escalate [eskəleit] [動] 漸増する
escalator [eskəleitər] [名] エスカレーター
escapade [eskəpeid] [名] 奔放な行為, 逃避
escape [iskeip] [動] 逃げる [名] 逃亡, 脱出
escaped [iskeipt] [形] 逃げた
eschew [istʃu:] [動] 避ける, 遠くする
escort [eskɔ:rt] [名] 護送者 [動] 護送する
Eskimo [eskəmou] [名] エスキモー族
esoteric [esəteərik] [形] 難解な, 秘訣の, 秘密の
especial [ispeʃəl] [形] 特別な, 格別な
especially [ispeʃəli] [副] 特別に, 格別に
espionage [espiəna:ʒ] [名] スパイ行為, 偵察, スパイ組織
espouse [ispauz] [動] 信奉する, 結婚する
espy [ispai] [動] 見つる, 見分ける
esquire [eskwaiər] [名] ~様 (貴下)
essay [esei] [名] エッセイ, 小論文
essayist [eseiist] [名] 随筆家
essence [esns] [名] 本質, 核心
essential [isenʃəl] [形] 必須の [名] 本質的要素
essentially [isenʃəli] [副] 本質的に
establish [istæbliʃ] [動] 確立する, 設立する
established [istæbliʃt] [形] 確立された
establishment [istæbliʃmənt] [名] 確立, 設立
estate [isteit] [名] 土地, 財産
esteem [isti:m] [名] 尊重, 尊敬 [動] 尊重(尊敬)する
Esther [estər] [人] エスター (聖書の人物)
estimable [estəməbl] [形] 立派な
estimate [estəmeit] [動] 評価する
estimate [estəmət] [名] 評価, 見積もり
estimated [estəmeitəd] [形] 評価上の, 見積もりの
estimation [estəmeiʃən] [名] 評価, 見積もり
estrange [istreindʒ] [動] 疎遠にする, 遠ざける
et cetera [et setərə] [名] 等, その他 (etc.)
etch [etʃ] [動] エッチング(蝕刻)する
etching [etʃiŋ] [名] エッチング法, エッチング術
eternal [itə:rnəl] [形] 永遠の
eternally [itə:rnəli] [副] 永遠に
eternity [itə:rnəti] [名] 永遠
ether [i:θər] [名] エーテル (化学)
ethereal [iθiəriəl] [形] 軽い, 空気のような, 優雅な
ethical [eθikəl] [形] 道徳的な, 倫理学上の
ethically [eθikəli] [副] 道徳的に, 倫理的に
ethics [eθiks] [名] 倫理学 (学問), 道徳
Ethiopia [i:θioupiə] [地] エチオピア (北アフリカ諸国)
ethnic [eθnik] [形] 民族の, 人種の, 少数民族の
etiquette [etikət] [名] エチケット, 礼儀
Eton [i:tn] [地] イートン (イギリスの都市)
etymology [etəmalədʒi] [名] 語源学, 語源
Euclid [yu:kləd] [人] ユークリッド (ギリシャの幾何学者)
eulogy [yu:lədʒi] [名] 賛辞, 賛美
euphemism [yu:fəmizm] [名] 婉曲的表現, 婉曲的な言葉
euphoria [yufɔ:riə] [名] 幸福感
Euphrates [yufreiti:z] [地] ユーフラテス川
Eurasia [yureiʒə] [地] ユーラシア, 欧亜大陸

Europe [yuərəp] [地] ヨーロッパ
European [yuərəpi:ən] [形] ヨーロッパの, ヨーロッパ人の
evacuate [ivækyueit] [動] 紹介する, 明け渡す
evacuation [ivækyueiʃən] [名] 疎開, 明け渡し, 撤退
evade [iveid] [動] 巧みにのがれる, 避ける
evaluate [ivælyueit] [動] 鑑定する, 評価する
evaluation [ivælyueiʃən] [名] 評価
evanescent [evənesnt] [形] はかない, 消える
evaporate [ivæpəreit] [動] 蒸発する, 気化する
evaporation [ivæpəreiʃən] [名] 蒸発, 脱水
evasion [iveiʒən] [名] 逃避, 回避
evasive [iveisiv] [形] 逃避的な, 回避的な
evasively [iveisivli] [副] 回避的に
evasiveness [iveisivnəs] [名] 逃避, 回避
eve [i:v] [名] イブ, 前夜
Eve [i:v] [人] イブ (聖書の人物)
even [i:vən] [形] 平らな, 規則的な
evening [i:vniŋ] [名] 夕方
evenly [i:vənli] [副] 平らに, 均等に, 公平に
event [ivent] [名] 事件, 行事
eventful [iventfl] [形] 重大な, 波乱万丈な
eventual [ivent∫uəl] [形] 最後の
eventually [ivent∫uəli] [副] 最後に, ついに
ever [evər] [副] いつか, いつでも
Everest [evərəst] [地] エベレスト山
evergreen [evəgri:n] [名] 常緑樹 [形] 常緑の
everlasting [evərlæstiŋ] [形] 永遠の
everlastingly [evərlæstiŋli] [副] 永遠に
every [evri] [形] すべて, あらゆる, ~ごとに
everybody [evribadi] [代] 誰でも, みんな
everyday [evridei] [形] 毎日の
everyone [evriwən] [代] 誰でも, みんな
everything [evriθiŋ] [代] すべて
everywhere [evriweər] [副] どこでも
evict [ivikt] [動] 立ち退かせる, 追い払う
eviction [ivikʃən] [名] 立ち退き, 追い立て
evidence [evədəns] [名] 証拠
evident [evədənt] [形] 明らかな
evidently [evədəntli] [副] 明らかに
evil [i:vəl] [名] 悪 [形] 悪い, 邪悪な
evince [ivins] [動] 明示する, 証明する
evoke [ivouk] [動] (記憶を)呼び起こす
evolution [evəlu:ʃən] [名] 進化, 発展
evolutionary [evəlu:ʃəneri] [形] 進化の, 進化論的な
evolve [ivalv] [動] 展開する, 発展する, 進化する
evolvement [ivalvmənt] [名] 展開, 発展, 進化
exacerbate [igzæsərbeit] [動] さらに悪化させる
exact [igzækt] [形] 正確な [動] 強要する
exacting [igzæktiŋ] [形] 過酷な, すごい技術を要する
exactly [igzæktli] [副] 正確に
exaggerate [igzædʒəreit] [動] 誇張する
exaggerated [igzædʒəreitəd] [形] 誇張された
exaggeration [igzædʒəreiʃən] [名] 誇張
exalt [igzɔ:lt] [動] 高める, 昇進させる
exalted [igzɔ:ltəd] [形] 高貴な, 上品な
exaltedly [igzɔ:ltədli] [副] 気高く, 上品に
exam [igzæm] [名] 試験
examination [igzæməneiʃən] [名] 試験, 調査, 検査
examine [igzæmən] [動] 試す, 調べる, 検査する
examiner [igzæmənər] [名] 試験官, 検査員
example [igzæmpəl] [名] 実例, 見本
exasperate [igzæspəreit] [動] 激怒させる, 悪化させる
exasperation [igzæspəreiʃən] [名] 激怒, 悪化
excavate [ekskəveit] [動] 掘る, 発掘する
excavation [ekskəveiʃən] [名] 掘削, 発掘, 発掘物
exceed [iksi:d] [動] 超える
exceeding [iksi:diŋ] [形] 過度な, すごい
exceedingly [iksi:diŋli] [副] ひどく, 非常に
excel [iksel] [動] ~より優れる, 卓越している
excellence [eksələns] [名] 卓越, 優越, 長所
excellency [eksələnsi] [名] 閣下 (尊称)
excellent [eksələnt] [形] 卓越した
excellently [eksələntli] [副] 卓越に
except [iksept] [前] ~を除いて [動] 除く
excepting [ikseptiŋ] [前] ~を除いて
exception [iksepʃən] [名] 例外
exceptional [iksepʃənəl] [形] 例外的な
exceptionally [iksepʃənəli] [副] 例外的に
excerpt [eksə:rpt] [名] 抜粋, 引用 [動] 抜粋する, 引用する
excess [ikses] [名] 過度, 超過
excessive [iksesiv] [形] 過度の
excessively [iksesivli] [副] 過度に
exchange [ikst∫eindʒ] [名] 交換 [動] 交換する
exchange rate [ikst∫eindʒ reit] [名] 為替レート
excise [eksaiz] [動] 削除する
excitable [iksaitəbl] [形] 興奮をよくする
excitably [iksaitəbli] [副] 興奮しやすく
excite [iksait] [動] 興奮(刺激)させる
excited [iksaitəd] [形] 興奮した
excitedly [iksaitədli] [副] 興奮して

excitement [iksaitmənt] [名] 興奮, 刺激
exciting [iksaitiŋ] [形] 興奮させる, 刺激的な
excitingly [iksaitiŋli] [副] 刺激的に
exclaim [ikskleim] [動] 叫ぶ
exclamation [ekskləmeiʃən] [名] 絶叫, 叫び
exclamatory [iksklæmətɔ:ri] [形] 感嘆する
exclude [iksklu:d] [動] 除く, 排除する
excluding [iksklu:diŋ] [前] ~を除いて
exclusive [iksklu:siv] [形] 排他的な
exclusively [iksklu:sivli] [副] 排他的に, 独占的に
excrement [ekskrəmənt] [名] 排出物, 便
excruciating [ikskru:ʃieitiŋ] [形] ひどく苦しめる
excursion [ikskə:rʒən] [名] ピクニック
excuse [ikskyu:s] [名] 許し, 言い訳
excuse [ikskyu:z] [動] 許す, 言い訳する
execute [eksikyu:t] [動] 執行(実行, 遂行)する
execution [eksikyu:ʃən] [名] 執行, 実行, 遂行
executioner [eksikyu:ʃənər] [名] 実行者, 刑の執行官
executive [igzekyətiv] [名] 支配人, 取締役 [形] 執行の
executively [igzekyətivli] [副] 行政的に
executor [igzekyətər] [名] 遺言執行者, 実行者
exemplary [igzempləri] [形] 模範的な, 典型的な
exemplify [igzempləfai] [動] 例示する
exempt [igzemt] [形] 免除された [動] 免除する
exemption [igzempʃən] [名] 免除
exercise [eksərsaiz] [名] 運動, 練習 [動] 運動(練習)する
exert [igzə:rt] [動] 影響を及ぼす
exertion [igzə:rʃən] [名] 権力の行使, 努力
exhale [eksheil] [動] 発散する, 息を吐き出す
exhaust [igzɔ:st] [動] 使い尽す
exhausted [igzɔ:stəd] [形] 使い尽くされた, 消耗した
exhausting [igzɔ:stiŋ] [形] 疲れさせる
exhaustion [igzɔ:stʃən] [名] 排出, 消耗, 枯渇
exhaustive [igzɔ:stiv] [形] 徹底した
exhibit [igzibət] [名] 展示品 [動] 展示する
exhibition [eksəbiʃən] [名] 展示, 展覧会
exhibitor [igzibətər] [名] 出品者, 参加者
exhilarate [igziləreit] [動] 陽気にする
exhort [igzɔ:rt] [動] 勧告する
exhortation [eksɔ:rteiʃən] [名] 勧告, 奨励, 訓戒
exhume [igzu:m] [動] 発掘する
exigency [eksədʒənsi] [名] 非常事態
exile [egzail] [名] 亡命, 追放 [動] 亡命する
exist [igzist] [動] 存在する, 生存する
existence [igzistəns] [名] 存在, 生存
existent [igzistənt] [形] 生存する
existential [egzistentʃəl] [形] 存在の, 実存主義の
existentialism [egzistentʃəlizm] [名] 実存主義
exit [egzət] [名] 出口, 退去 [動] 外出する
exodus [eksədəs] [名] 出国, 移住
exonerate [igzanəreit] [動] 無実の罪を晴らす, 免除する
exorbitant [igzɔ:rbətənt] [形] 途方もない, とんでもない
exorcise [eksɔ:rsaiz] [動] 鬼を追い払う
exorcism [eksɔ:rsizm] [名] 魔よけ
exotic [igzatik] [名] 外来物 [形] 外来の, 外国産の
expand [ikspænd] [動] 拡大する
expanded [ikspændəd] [形] 拡大した
expanse [ikspæns] [名] 広闊な空間
expansion [ikspænʃən] [名] 拡大, 発展
expansive [ikspænsiv] [形] 拡張的な, 広大な
expansively [ikspænsivli] [副] 拡張的に
expatriate [ekspeitrieit] [名] 国外追放者 [動] 国外追放する
expect [ikspekt] [動] 期待する
expectancy [ikspektənsi] [名] 見込み, 期待
expectant [ikspektənt] [形] 期待している
expectation [ekspekteiʃən] [名] 期待, 予想
expedient [ikspi:diənt] [名] 手段, 方便 [形] 便宜主義的な
expedite [ekspədait] [動] 進捗させる, 急送する
expedition [ekspədiʃən] [名] 遠征, 探険
expel [ikspel] [動] 追い出す, 撃退する, 追放する
expend [ikspend] [動] 消費する
expenditure [ikspendətʃər] [名] 経費, 支出
expense [ikspens] [名] 経費, 支出
expensive [ikspensiv] [形] 高価な
expensively [ikspensivli] [副] 費用をかけて
experience [ikspiəriəns] [名] 経験 [動] 経験する
experienced [ikspiəriənst] [形] 経験豊かな
experiment [ikspeərəmənt] [名] 実験 [動] 実験する
experimental [ikspeərəmentl] [形] 実験の
experimentally [ikspeərəmentəli] [副] 実験的に
experimentation [ikspeərəmənteiʃən] [名] 実験
expert [ekspərt] [名] 専門家 [形] 専門の, 熟練した
expertise [ekspərti:z] [名] 専門家的知識 (技術)
expiate [ekspieit] [動] 補償する, 贖罪する
expiration [ekspəreiʃən] [名] 期限満了, 息を吐くこと
expire [ikspaiər] [動] 満了する, 失効する
explain [iksplein] [動] 説明する
explanation [eksplənei∫ən] [名] 説明
explanatory [iksplænətɔ:ri] [形] 説明する, 解明の
explicable [eksplikəbl] [形] 説明できる, 納得の行く

explicate [eksplәkeit] [動] 詳しく説明する
explicit [iksplisәt] [形] 明白な, 明確な, 率直な
explicitly [iksplisәtli] [副] 明白に, 明確に, 率直に
explode [iksploud] [動] 爆発する
exploded [iksploudәd] [形] 爆発された
exploit [eksplɔit] [名] 功績, 偉業 [動] 搾取する
exploitation [eksplɔiteiʃәn] [名] 開拓, 開発, 搾取
exploration [eksplәreiʃәn] [名] 探険, 探査
explore [iksplɔ:r] [動] 探険する, 探査する
explorer [iksplɔ:rәr] [名] 探険家
explosion [iksplouʒәn] [名] 爆発
explosive [iksplousiv] [名] 爆発物 [形] 爆発性の, 激情的な
explosively [iksplousivli] [副] 爆発的に
export [ekspɔ:rt] [名] 輸出
export [ekspɔ:rt] [動] 輸出する
exporter [ekspɔ:rtәr] [名] 輸出業者
expose [ikspouz] [動] 当てる, 露出させる
exposed [ikspouzd] [形] 露出された, 明らかになった
exposition [ekspәziʃәn] [名] 博覧会, 説明
expostulate [ikspastʃәleit] [動] 訓戒する
exposure [ikspouʒәr] [名] 露出, 暴露
expound [ikspaund] [動] 詳しく説明する
express [ikspres] [動] 表現する [名] 急行, 速達
expression [ikspreʃәn] [名] 表現, 表情
expressive [ikspresiv] [形] 表現する, 意味のある
expulsion [ikspʌlʃәn] [名] 排除, 追放
expunge [ikspʌndʒ] [動] 削除する
exquisite [ekskwizәt] [形] 絶妙な, 鋭敏な
exquisitely [ekskwizәtli] [副] 絶妙に, 精巧に
exquisiteness [ekskwizәtnәs] [名] 絶妙さ, 精巧さ
extant [ekstænt] [形] 依然として現存する
extend [ikstend] [動] 広げる, 拡大する
extended [ikstendәd] [形] 拡張された, 延長された
extension [ikstenʃәn] [名] 拡張, 延長
extensive [ikstensiv] [形] 広範な, 幅広い
extensively [ikstensivli] [副] 広範囲に
extent [ikstent] [名] サイズ, 範囲, 程度
extenuate [ikstenyueit] [動] 罰を軽くする
exterior [ekstiәriәr] [名] 外部, 外観 [形] 外部の
exterminate [ikstә:rmәneit] [動] 皆殺しにする, 撲滅する, 根絶する
extermination [ikstә:rmәneiʃәn] [名] 撲滅, 根絶, 全滅
exterminator [ikstә:rmәneitәr] [名] 撲滅する人
external [ekstә:rnәl] [形] 外部の, 形式的な
extinct [ikstiŋkt] [形] 消えた, 活動を停止した, 絶滅した
extinction [ikstiŋkʃәn] [名] 消火, 消滅
extinguish [ikstiŋgwiʃ] [動] 消す, 消滅させる
extinguishable [ikstiŋgwiʃәbl] [形] 消火(消滅)できる
extinguisher [ikstiŋgwiʃәr] [名] 消火器
extinguishment [ikstiŋgwiʃmәnt] [名] 消火
extol [ikstoul] [動] 賞賛する, 激賞する, 賛美する
extort [ikstɔ:rt] [動] 強奪する, 搾取する
extortion [ikstɔ:rʃәn] [名] 強奪, 搾取
extra [ekstrә] [形] 余分の [名] 余り, 追加料金
extract [ikstrækt] [動] 抽出する, 抜粋する
extractable [ikstræktәbl] [形] 抽出することができる
extraction [ikstrækʃәn] [名] 抽出, 抽出物, 抜粋
extradite [ekstrәdait] [動] 引き渡す
extradition [ekstrәdiʃәn] [名] 犯罪人引渡し, 亡命者送還
extraneous [ekstreiniәs] [形] 外来の, 外生の, 異質的な
extraordinarily [ikstrɔ:rdәneәrәli] [副] 途方もなく, 珍しく
extraordinary [ikstrɔ:rdәneri] [形] 奇妙な, 特別な
extrapolate [ikstræpәleit] [動] 推測する
extravagance [ikstrævәgәns] [名] 贅沢, 浪費, とんでもないこと
extravagant [ikstrævәgәnt] [形] 浪費する, 贅沢な
extravagantly [ikstrævәgәntli] [副] 浪費的に, 非常に
extreme [ikstri:m] [名] 極度, 極端 [形] 極度の, 過度な
extremely [ikstri:mli] [副] 極端に
extremism [ikstri:mizm] [名] 極端論, 過激主義
extremist [ikstri:mist] [名] 過激派 [形] 過激論者の
extremity [ikstri:mәti] [名] 末端, 窮地, 極度, 非常手段
extricate [ekstrәkeit] [動] 救い出す, 解放する
extrovert [ekstrәvә:rt] [名] 外向的な人 [形] 外向性の
extrude [ikstru:d] [動] 押し出す, 追放する
exuberance [igzu:bәrәns] [名] 充満, 豊富
exuberant [igzu:bәrәnt] [形] 茂った, 豊かな
exude [igzu:d] [動] にじみ出る
exult [igzʌlt] [動] 歓喜する
exultation [egzәlteiʃәn] [名] 歓喜, 大喜び
eye [ai] [名] 目
eyeball [aibɔ:l] [名] 眼球
eyebrow [aibrau] [名] 眉毛
eyed [aid] [形] 目がある, 目の形の
eyeglasses [aiglæsiz] [名] 眼鏡
eyelash [ailæʃ] [名] まつ毛
eyelid [ailid] [名] まぶた
eye shadow [aiʃædou] [名] アイシャドー
eyesight [aisait] [名] 視力, 視覚, 視野
eyewitness [aiwitnәs] [名] 目撃者

F

fable [feibəl] [名] 寓話

fabric [fæbrik] [名] 織物

fabricate [fæbrikeit] [動] 作り出す, 製作する

fabrication [fæbrikeiʃən] [名] 製造, 組み立て, 偽造

fabulous [fæbyələs] [形] 途方もない, 非常に素晴らしい

façade [fəsa:d] [名] 建物の正面, 外観

face [feis] [名] 顔, 表情 [動] 向かう

faced [feist] [形] ～した顔の

face-lift [feis lift] [動] 顔のしわをなくす

facet [fæsət] [名] 切り子面, 一面, 局面

facetious [fəsi:ʃəs] [形] 冗談の, こっけいな

facial [feiʃəl] [名] 顔マッサージ [形] 顔に使う

facile [fæsəl] [形] 軽快な, 流暢な, リラックスした

facilitate [fəsiləteit] [動] 容易にする, 促進する

facilitation [fəsiləteiʃən] [名] 促進

facilitator [fəsiləteitər] [名] まとめ役, 促進物

facility [fəsiləti] [名] 設備, 才能

facing [feisiŋ] [名] 表面仕上げ

facsimile [fæksiməli] [名] 模写, ファクシミリ

fact [fækt] [名] 事実, 真実

faction [fækʃən] [名] 党派, 派閥, 派閥争い

factor [fæktər] [名] 要素, 要因

factory [fæktəri] [名] 工場

factual [fæktʃuəl] [形] 実際の, 事実に立脚した

faculty [fækəlti] [名] 能力, 学部

fad [fæd] [名] 一時的な流行

fade [feid] [動] 色あせる, 衰える

Fahrenheit [færənhait] [形] 華氏の

fail [feil] [動] 失敗する, 落ちる

failing [feiliŋ] [名] 失敗 [前] ～がない場合には

failure [feilyər] [名] 失敗, 落伍者

faint [feint] [形] かすかな, 弱い [動] 気絶する

faintly [feintli] [副] かすかに

fair [feər] [形] 公正な, 公平な [名] 博覧会

fairly [feərli] [副] 公平に, 正しく

fairness [feərnəs] [名] 公正, 公明正大

fairy [feəri] [名] 妖精

fairyland [feərilænd] [名] 魔法の国, 桃源郷

fairy tale [feəri teil] [名] 童話, 作り話

faith [feiθ] [名] 信念, 信頼, 信条

faithful [feiθfl] [形] 信頼できる, 誠実な

faithfully [feiθfəli] [副] 誠実に

faithless [feiθləs] [形] 信義のない, 不誠実な

fake [feik] [名] 偽 [形] 偽の [動] 偽造する

falcon [fælkən] [名] ハヤブサ (鳥)

fall [fɔ:l] [動] 落ちる, つまずく

fallacy [fæləsi] [名] 間違った考え, 誤謬

fallen [fɔ:lən] [動] fall (落ちる) の過去分詞形

fallible [fæləbl] [形] 騙されやすい, 間違いやすい

fallout [fɔ:laut] [名] 放射性物質の降下, 予期せぬ副産物

fallow [fælou] [名] 休閑地, 休作 [形] 休ませてある

false [fɔ:ls] [形] 誤った, 虚偽の

falsehood [fɔ:lshud] [名] 偽り, 嘘

falsify [fɔ:lsəfai] [動] だます, 歪曲する, 偽造する

falter [fɔ:ltər] [動] ためらう, つまずく

faltering [fɔ:ltəriŋ] [形] ためらいながらの, つまずく

fame [feim] [名] 名声, 評判

famed [feimd] [形] 有名な, よく知られた

familiar [fəmilyər] [形] よく知られている, 慣れた, 親しい

familiarity [fəmiliærəti] [名] 親密さ, 気安さ

familiarize [fəmilyəraiz] [動] 慣れ親しませる, 精通させる

family [fæməli] [名] 家族, 親戚

family name [fæməli neim] [名] 姓

family tree [fæməli tri:] [名] 系譜

famine [fæmən] [名] 飢饉

famish [fæmiʃ] [動] 飢えさせる, 飢える

famished [fæmiʃt] [形] 飢えた

famous [feiməs] [形] 有名な

fan [fæn] [名] うちわ [動] そそのかす

fanatic [fənætik] [名] 熱狂的な愛好家, 熱狂者

fanatical [fənætikəl] [形] 熱狂的な, 狂信的な

fanatically [fənætikəli] [副] 熱狂的に

fanaticism [fənætəsizm] [名] 熱狂, 狂信

fancied [fænsid] [形] 空想の, 架空の

fanciful [fænsifl] [形] 奇抜な, 空想上の, 気まぐれな

fancy [fænsi] [名] 空想, 妄想, 趣味

fanfare [fænfeər] [名] ファンファーレ, 華やかな誇示

fantastic [fæntæstik] [形] 幻想的な, 途方も無い

fantasy [fæntəsi] [名] 空想, 幻想曲

far [fa:r] [形] 遠い [副] 遠く, はるかに

faraway [fa:rəwei] [形] 遠い, 遥かなる, ぼんやりした

farce [fa:rs] [名] 茶番劇, こっけい

farcical [fa:rsikəl] [形] とんでもない

fare [feər] [名] 運賃, 料金

farewell [feərwel] [名] 別れ, 別れの挨拶

far-fetched [fa:r fetʃt] [形] ありそうもない, 無理な

farm [fa:rm] [名] 農場 [動] 耕作する, 耕す

farmer [fa:rmər] [名] 農夫, 農家

farmhouse [fɑ:rmhaus] [名] 農家

farming [fɑ:rmiŋ] [名] 農業, 農事

farmland [fɑ:rmlænd] [名] 農地, 農地

farmyard [fɑ:rmyɑ:rd] [名] 農家の中庭

far-off [fɑ:r ɔ:f] [形] 遥か遠い

far-reaching [fɑ:r ri:tʃiŋ] [形] 効果が広域にわたる

farther [fɑ:rðər] [形] より遠い, それ以上の, しかも

farthest [fɑ:rðəst] [形] 最も遠い

farthing [fɑ:rðiŋ] [名] 価値がないもの

fascinate [fæsəneit] [動] うっとりとさせる, 興味をひく

fascinating [fæsəneitiŋ] [形] 魅惑的な

fascination [fæsəneiʃən] [名] 魅惑, 魅力

fascism [fæʃizm] [名] ファシズム

fashion [fæʃən] [名] ファッション, 流行

fashionable [fæʃənəbl] [形] 流行の, 流行している

fashionably [fæʃənəbli] [副] 流行に沿って

fast [fæst] [形] 速い

fast food [fæst fu:d] [名] 簡易即席食品, ファーストフード

fasten [fæsn] [動] 固定させる, かける

fastener [fæsnər] [名] 締める人, 締めるもの

fastidious [fæstidiəs] [形] 潔癖な, 几帳面な

fat [fæt] [名] 脂肪 [形] 太った

fatal [feitl] [形] 致命的な

fatalist [feitlist] [名] 運命論者

fatality [feitæləti] [名] 災難, 死者, 運命

fatally [feitəli] [副] 致命的で, 運命的に

fate [feit] [名] 宿命, 運命

fateful [feitfl] [形] 決定的な, 致命的な, 宿命的な

father [fɑðər] [名] 父

father-in-law [fɑðərən lɔ:] [名] 義父, しゅうと

fathom [fæðəm] [名] 尋 (ファゾム: 6 フィート) [動] 推測する

fatigue [fəti:g] [名] 疲労 [動] 疲れさせる

fatten [fætn] [動] 太らせる, 肥やす

fatuous [fætʃuəs] [形] 愚かな, 非現実の

fatuously [fætʃuəsli] [副] 愚かに

faucet [fɔ:sət] [名] 水の蛇口, 栓

fault [fɔ:lt] [名] 過失, 欠陥

faultless [fɔ:ltləs] [形] 欠点がない, 完全無欠な

faulty [fɔ:lti] [形] 欠点がある, 不完全な

fauna [fɔ:nə] [名] 動物群

faux [fou] [形] 模造の, 偽の

favor [feivər] [名] 好意, 賛成 [動] 賛成する

favorable [feivərəbl] [形] 好意的な, 有利な

favorably [feivərəbli] [副] 有利に, 順調に

favorite [feivərət] [名] 好み [形] 好みの

favoritism [feivərətizm] [名] 偏愛, 情実

fawn [fɔ:n] [名] 子鹿

fax [fæks] [名] facsimile(ファクシミリ)

fear [fiər] [名] 恐れ [動] 恐れる

fearful [fiərfl] [形] 怖い

fearfully [fiərfəli] [副] 恐ろしく

fearless [fiərləs] [形] 恐ろしく

fearsome [fiərsəm] [形] 恐ろしい, 臆病な

feasibility [fi:zəbiləti] [名] 実行できること, 可能性

feasible [fi:zəbl] [形] 可能性のある, もっともらしい

feast [fi:st] [名] 祭り, 宴会

feat [fi:t] [名] 偉業, 妙技

feather [feðər] [名] 羽

feature [fi:tʃər] [名] 特色, 容貌

featured [fi:tʃərd] [形] 特種の, 特筆された

February [febrəri] [名] 二月

feces [fi:si:z] [名] 排泄物, かす

fecund [fi:kənd] [形] 多産の, 肥沃な

fed [fed] [動] feed (食べさせる) の過去・過去分詞形

federal [fedərəl] [形] 連合の, 連邦政府の

federation [fedəreiʃən] [名] 連合, 連邦政府

fee [fi:] [名] 料金, 手数料

feeble [fi:bəl] [形] 弱い

feebly [fi:bli] [副] 弱く

feed [fi:d] [動] 食べさせる, 育てる [名] 餌

feedback [fi:dbæk] [名] 反応, フィードバック

feel [fi:l] [動] 感じる, 触る

feeling [fi:liŋ] [名] 感じ, 肌触り

feet [fi:t] [名] foot (足) の複数形

feign [fein] [動] 装う, ふりをする

felicity [filisəti] [名] 至福, 適切な表現

feline [fi:lain] [名] 猫科の 動物

fell [fel] [動] fall (落ちる) の過去形

fellow [felou] [名] 仲間

fellow creature [felou kri:tʃər] [名] 同じ人間, 同胞

fellowman [feloumæn] [名] 同じ人間, 同胞

fellowship [felouʃip] [名] 親交, 会合

felony [feləni] [名] 重罪

felt [felt] [動] feel (感じる) の過去・過去分詞形

female [fi:meil] [名] 女性, 雌 [形] 女性の

feminine [femənən] [名] 女性, 女性形 [形] 女性らしい

feminism [femənizm] [名] 男女同権主義, 女権拡張運動

feminist [femənist] [名] 男女同権論者, 女権拡張論者

fence [fens] [名] 垣根

fencing [fensiŋ] [名] フェンシング

fender [**fen**dər] [名] 緩衝装置, 炉格子, フェンダー
fermen**ta**tion [fə:rmen**tei**ʃən] [名] 発酵, 騒動, 騒ぎ
fern [fə:rn] [名] シダ
fe**ro**cious [fə**rou**ʃəs] [形] 野生の, 残酷な, 途方もない
fe**ro**ciously [fə**rou**ʃəsli] [副] 凶暴に, ひどく
fe**ro**city [fə**ras**əti] [名] 野蛮, 凶暴, 残忍な行為
ferret [**fe**ərət] [名] 白イタチ(動物), 探索者 [動] 探索する
ferry [**fe**əri] [名] 渡船場, 渡し船, 連絡船, フェリー
ferryboat [**fe**əribout] [名] フェリー, 連絡船
fertile [**fə:r**tl] [形] 肥沃な, 豊かな
fer**ti**lity [fə:r**ti**ləti] [名] 肥沃, 豊富, 生殖力
fertilize [**fə:r**təlaiz] [動] 肥沃(豊富)にする
fertilizer [**fə:r**təlaizər] [名] 肥料
fervent [**fə:r**vənt] [形] 熱烈な, 熱い
fervor [**fə:r**vər] [名] 熱烈, 熱情
fester [**fes**tər] [動] 傷がうむ, 悩む
festival [**fes**təvəl] [名] 祭り, 祝典
festive [**fes**tiv] [形] 祝祭の, 楽しい
fes**ti**vity [fes**ti**vəti] [名] 祭り, お祝い行事, 愉快
fetch [fetʃ] [動] 連れてくる
fetish [**fe**tiʃ] [名] 物神, 盲目的崇拝の対象
fetter [**fet**ər] [名] 足かせ, 束縛 [動] 拘束する
fetus [**fi:**təs] [名] 胎児
feud [fyu:d] [名] 激しい反目, 敵意 [動] 反目する
feudal [**fyu:**dl] [形] 封建制度の, 封建的な, 封土の
feudalism [**fyu:**dəlizm] [名] 封建制度
feuda**lis**tic [fyu:də**lis**tik] [形] 封建制度の, 封建的な
fever [**fi:**vər] [名] 熱
feverish [**fi:**vəriʃ] [形] 興奮している, 熱がある
feverishly [**fi:**vəriʃli] [副] 熱狂的に
few [fyu:] [形] 少ない [名] 少数の人
fian**cée** [fi:an**sei**] [名] 婚約女
fi**as**co [fi:**æs**kou] [名] 大失敗, 完敗
fiat [**fi:**ət] [名] 法令, 命令
fib [fib] [動] 些細なうそをつく
fiber [**fai**bər] [名] 繊維
fiberglass [**fai**bərglæs] [名] ガラス 繊維
fickle [**fik**əl] [形] 可変的な, 気まぐれな
fiction [**fik**ʃən] [名] 虚構, 小説
fictional [**fik**ʃənəl] [形] 虚構の, 小説的な
fic**ti**tious [fik**ti**ʃəs] [形] 偽造の, 偽りの, 架空の
fiddle [**fid**l] [名] バイオリン (楽器) [動] バイオリンを弾く
fi**de**lity [fi**de**ləti] [名] 忠実, 忠誠
fidget [**fid**ʒət] [動] そわそわする
fidgety [**fid**ʒəti] [形] 落ち着かない, 不安な

field [fi:ld] [名] 野原, 分野, 競技場
fielder [**fi:l**dər] [名] 外野手 (野球)
fieldwork [**fi:ld**wə:rk] [名] 野外作業, 現場訪問
fiend [fi:nd] [名] 悪魔, 悪霊
fierce [fiərs] [形] 荒い, 恐ろしい
fiery [**fai**əri] [形] 燃える
fif**teen** [fif**ti:n**] [名] 15
fif**teenth** [fif**ti:nθ**] [名] 第 15 [形] 第 15 の
fifth [fifθ] [名] 第五 [形] 五番目の
fifthly [**fifθ**li] [副] 五番目に
fiftieth [**fif**tiəθ] [名] 第 50 [形] 第 50
fifty [**fif**ti] [名] 50
fifty-**fif**ty [fifti **fif**ti] [形] 半々の, 均等な [副] 均等に
fig [fig] [名] イチジク
fight [fait] [動] 戦う [名] 戦い, 闘争
fighter [**fai**tər] [名] 闘士, 戦士, 戦闘機
fighting [**fai**tiŋ] [名] 戦い, 闘争
figment [**fig**mənt] [名] 虚構, 作り事
figurative [**fig**yərətiv] [形] 比喩的な, 象徴的な
figuratively [**fig**yərətivli] [副] 比喩的に
figure [**fig**yər] [名] 数字, 人物
figured [**fig**yərd] [形] 図で表示した, 図で表された
filament [**fil**əmənt] [名] 細糸, 繊維, フィラメント
file [fail] [名] 書類とじ, ファイル [動] 整理する
filial [**fil**iəl] [形] 子の, 子にふさわしい
Fili**pi**no [filə**pi:**nou] [名] フィリピン人
fill [fil] [動] 満たす, 占める
fillet [**fil**ət] [名] ヘアバンド, 基本, フィレ肉
filling [**fil**iŋ] [名] 満たすこと, 充電
film [film] [名] フィルム, 映画 [動] 映画を作る
filter [**fil**tər] [名] 濾過器, フィルター [動] 濾過する
filth [filθ] [名] 汚物, 汚れ, みだらな
filthy [**fil**θi] [形] 不潔な, 淫らな
fin [fin] [名] ひれ, ひれ足
final [**fai**nəl] [名] 期末試験, 決勝戦 [形] 最後の
fi**na**le [fə**næ**li] [名] 終楽章 (音楽), 終幕, フィナーレ
finalist [**fai**nəlist] [名] 決勝出場選手
finally [**fai**nəli] [副] とうとう, 最終的に
fi**nance** [fai**næns**] [名] 財政, 財源 [動] 融資する
fi**nan**cial [fai**næn**ʃəl] [形] 財政の, 財務の
finan**cier** [fainən**siər**] [名] 財務官, 金融業者, 資本家
find [faind] [動] 発見する [名] 発見
finding [**fain**diŋ] [名] 発見物
fine [fain] [形] 素晴らしい, 繊細な [名] 罰金
fine **arts** [fain **a:rts**] [名] 美術

finely [**fain**li] [副] 見事に, 精巧に
finery [**fai**nəri] [名] 派手な服, 美しい装飾品
fi**nesse** [fə**nes**] [名] 技巧, 手腕
finger [**fiŋ**gər] [名] 指
fingernail [**fiŋ**gərneil] [名] 爪
fingerprint [**fiŋ**gərprint] [名] 指紋 [動] 指紋を採取する
fingertip [**fiŋ**gərtip] [名] 指先 [形] すぐ手に入る
finicky [**fi**niki] [形] ひどく気難しい
finish [**fi**niʃ] [動] 終える[名] 終わり
finished [**fi**niʃt] [形] 終わった, 完成した
finishing [**fi**niʃiŋ] [名] 仕上げ [形] 最後の
finite [**fai**nait] [名] 有限 [形] 制限された, 限定された
Finland [**fin**lənd] [地] フィンランド
Finn [fin] [名] フィンランド人
Finnish [**fi**niʃ] [名] フィンランド語 [形] フィンランドの
fir [fə:r] [名] モミ
fire [faiər] [名] 火, 火災
fire alarm [**faiər** əla:rm] [名] 火災警報, 火災警報器
firearm [**faiər**a:rm] [名] 火器
fire-cracker [**faiər** krækər] [名] 爆竹
fire department [**faiər** dipa:rtmənt] [名] 消防署
fire engine [**faiər** endʒən] [名] 消防ポンプ, 消防車
fire escape [**faiər** iskeip] [名] 火災避難装置, 非常階段
fire extinguisher [**faiər** ikstiŋgwiʃər] [名] 消火器
firefighter [**faiər**faitər] [名] 消防隊員
firefly [**faiər**flai] [名] 蛍 (虫)
fireman [**faiər**mən] [名] 消防官
fireplace [**faiər**pleis] [名] 壁付き暖炉
fireproof [**faiər**pru:f] [形] 耐火の, 燃えない
fireside [**faiər**said] [名] 炉辺, 家庭 [形] 炉辺の
fire station [**faiər** steiʃən] [名] 消防署
firewood [**faiər**wud] [名] まき
fireworks [**faiər**wə:rks] [名] 花火, 怒りの爆発
firing [**faiə**riŋ] [名] 発射, 発砲, 爆発, 燃料
firm [fə:rm] [名] 会社 [形] 頑丈な, しっかりした
firmly [**fə:rm**li] [副] 確固として
firmness [**fə:rm**nəs] [名] 堅固, 堅実
first [fə:rst] [形] 一つ目の, 最初の [名] 最初
first **aid** [fə:rst **eid**] [名] 応急処置
first **aid** kit [fə:rst **eid** kit] [名] 救急箱
first name [**fə:rst** neim] [名] 名前, 洗礼名
first-**class** [fə:rst **klæs**] [形] 最高級の
first**hand** [fə:rst**hænd**] [形] 直接の, 直接得た [副] 直接
firstly [**fə:rst**li] [副] 最初に
first-name [**fə:rst** neim] [形] 名前の, 洗礼名の
fiscal [**fis**kəl] [形] 国庫の, 財政上の, 会計の
fish [fiʃ] [名] 魚
fisher [**fi**ʃər] [名] 漁師, フィッシャー (動物)
fisherman [**fi**ʃərmən] [名] 漁師
fishery [**fi**ʃəri] [名] 漁業, 漁場, 養殖場
fishhook [**fiʃ**huk] [名] 釣り針
fishing [**fi**ʃiŋ] [名] 釣り
fishing rod [**fi**ʃiŋ rad] [名] 釣りざお
fishy [**fi**ʃi] [形] 魚のような, 疑わしい
fission [**fi**ʃən] [名] 分裂, 裂開
fissure [**fi**ʃər] [名] 割れ目, 亀裂 [動] 割る
fist [fist] [名] こぶし
fit [fit] [形] 適した, 適切な
fitful [**fit**fl] [形] 可変的な, 気まぐれな
fitness [**fit**nəs] [名] 適当, 適切, 適合性, 体づくり
fitting [**fi**tiŋ] [名] 適合, 仮縫い [形] 適当な
five [faiv] [名] 五
fix [fiks] [動] 固定させる, 決める
fixed [fikst] [形] 固定された
fixture [**fiks**tʃər] [名] 固定物, 付属の定着物
fizz [fiz] [名] 泡, 活気
flaccid [**flæ**səd] [形] たるんだ, 軟弱な
flag [flæg] [名] 旗
flagpole [**flæg**poul] [名] 旗ざお
flagrant [**flei**grənt] [形] 言語道断の, 悪名高い
flair [fleər] [名] 天賦の才能, 直感
flake [fleik] [名] 薄い切れ
flam**boy**ant [flæm**bɔi**ənt] [形] 燃えるような, きらびやかな
flame [fleim] [名] 炎
flaming [**flei**miŋ] [形] 燃えている, 情熱的な
fla**min**go [flə**miŋ**gou] [名] フラミンゴ (鳥)
flammable [**flæ**məbl] [形] 可燃性の, 燃えやすい
flank [flæŋk] [名] わき腹
flannel [**flæ**nl] [名] フランネル (布)
flap [flæp] [動] ひらめく, はためく
flare [fleər] [名] ゆらめく炎, 爆発 [動] ぱっと燃え上がる
flash [flæʃ] [名] 閃光, 瞬間
flashback [**flæʃ**bæk] [名] フラッシュバック (映画)
flashbulb [**flæʃ**bəlb] [名] フラッシュバルブ, フラッシュ電球
flashlight [**flæʃ**lait] [名] 懐中電灯, 閃光
flashy [**flæ**ʃi] [形] 一時的な, 見せかけだけの
flask [flæsk] [名] フラスコ, ボトル, 水筒
flat [flæt] [名] 平面, パンク [形] 平たい
flatly [**flæt**li] [副] 平らに, 明らかに, 単調に
flatten [**flæ**tn] [動] 平らにする, 単調にする

flatter [**flæ**tər] [動] お世辞をする
flattering [**flæ**təriŋ] [形] へつらう
flattery [**flæ**təri] [名] お世辞
flat tire [**flæt** taiər] [名] 風が抜けたタイヤ
flaunt [flɔ:nt] [名] 誇示 [動] 誇示する
flavor [**flei**vər] [名] 風味, 香り [動] 風味を添える
flaw [flɔ:] [名] あら, ひび, 欠点, 欠陥 [動] ひびが入る
flawless [**flɔ:**ləs] [形] きずのない, 欠点のない
flax [flæks] [名] アマ
flea [fli:] [名] ノミ
flea market [**fli:** ma:rkət] [名] 蚤の市
fleck [flek] [名] 斑点, そばかす
fled [fled] [動] flee (逃げる) の過去·過去分詞形
fledgling [**fledʒ**liŋ] [名] 巣立ちしたばかりのひな鳥, 青二才
flee [fli:] [動] 逃げる
fleece [fli:s] [名] 羊毛, 保温用裏地 [動] 強奪する
fleecy [**fli:**si] [形] 羊毛の, ふわふわした
fleet [fli:t] [名] 艦隊, 船団
flesh [fleʃ] [名] 肉, 肉体
flew [flu:] [動] fly (飛ぶ) の過去形
flex [fleks] [動] 曲げる
flexi**bil**ity [fleksə**bil**əti] [名] 柔軟性
flexible [**flek**səbl] [形] 曲げやすい, 柔軟な
flick [flik] [名] そっと叩き [動] 軽くたたく
flicker [**flik**ər] [動] 点滅する
flier [**flai**ər] [名] 飛ぶもの, 飛行機, 快速船
flight [flait] [名] 飛行, 飛行便, 逃走
flight attendant [**flait** ətendənt] [名] 接客乗務員
flighty [**flait**i] [形] 気まぐれな, 軽薄な
flimsy [**flim**zi:] [形] もろい, 壊れやすい, 貧弱な
flinch [flintʃ] [名] しりごみ [動] しりごみする
fling [fliŋ] [動] 投げる
flint [flint] [名] 火打ち石, ライターの石, 頑固な人
flip [flip] [動] 指ではじく, 裏返す
flippancy [**flip**ənsi] [名] 軽率, 軽薄
flippant [**flip**ənt] [形] 軽率な, 軽薄な
flipper [**flip**ər] [名] 水かき
flirt [flə:rt] [名] 遊戯 [動] ふざけ合う
flit [flit] [動] さっと飛ぶ
float [flout] [動] 編む
floating [**flout**iŋ] [形] 浮いている
flock [flak] [名] 群れ, 群集 [動] 群がる
flog [flag] [動] 強く打つ, むち打ちする
flood [flʌd] [名] 洪水, 氾濫
floodlight [**flʌd**lait] [名] 投光照明
floor [flɔ:r] [名] 底
floorboard [**flɔ:r**bɔ:rd] [名] 床板
flop [flap] [動] どさりと落ちる, 裏切る
floppy [**fla**pi] [形] ぱたぱたする, しまりのない
floppy disk [**fla**pi disk] [名] フロッピーディスク (コンピュータ)
floral [**flɔ:**rəl] [形] 花の, 花のような
Florence [**flɔ:**rəns] [地] フィレンツェ (イタリアの都市)
florid [**flɔ:**rəd] [形] 血色が良い, 鮮やかな, 華やかな
Florida [**flɔ:**rədə] [地] フロリダ(米国の州)
florist [**flɔ:**rist] [名] 花屋
flounder [**flaun**dər] [名] もがくこと [動] もがく
flour [flauər] [名] 小麦粉
flourish [**flə:r**iʃ] [動] いっぱい生える, 繁盛する
flout [flaut] [名] 軽蔑, 嘲弄 [動] 嘲弄する
flow [flou] [動] 流れる [名] 流れ
flower [**flau**ər] [名] 花 [動] 花が咲く
flower bed [**flau**ər bed] [名] 花壇
flowerpot [**flau**ərpat] [名] 花粉
flowery [**flau**əri] [形] 花のような, 花飾りの, 華やかな
flown [floun] [動] fly (飛ぶ) の過去分詞形
flu [flu:] [名] インフルエンザ
fluctuate [**flʌk**tʃueit] [動] 変動する, 動揺する
fluctu**a**tion [fləktʃu**ei**ʃən] [名] 変動, 動揺, 波動
fluency [**flu:**ənsi] [名] 流暢
fluent [**flu:**ənt] [形] 流暢な
fluently [**flu:**əntli] [副] 流暢に
fluff [flʌf] [名] 綿毛, 軟毛 [動] ふわふわになる
fluffy [**flʌ**fi] [形] けばの, ふわふわした, 軽薄な
fluid [**flu:**əd] [名] 流動体 [形] 流動体の, 流動的な
fluke [flu:k] [名] 錨鉤
flung [flʌŋ] [動] fling (投げる) の過去·過去分詞形
fluo**res**cent light [flɔ:**res**nt lait] [名] 蛍光灯
flurry [**flə:**ri] [名] にわか雨, 疾風, 混乱
flush [flʌʃ] [名] 紅潮 [動] (ほおを) 紅潮させる
fluster [**flʌs**tər] [名] 混乱, 当惑 [動] 混乱させる
flute [flu:t] [名] 笛, フルート
flutter [**flʌ**tər] [動] 跳ねる, どきどきする
flux [flʌks] [名] 流れ, 流動 [動] 流出させる
fly [flai] [動] 飛ぶ
flying [**flai**iŋ] [名] 飛行 [形] 空を飛ぶ, 差し迫った
flying **sau**cer [**flai**iŋ **sɔ:**sər] [名] 空飛ぶ円盤
foal [foul] [名] 子馬 (動物)
foam [foum] [名] 泡 [動] 泡立つ
focal [**fou**kəl] [形] 焦点の
focus [**fou**kəs] [名] 焦点, 中心 [動] 焦点を合わせる

fodder [**fa**dər] [名] 餌, 飼料 [動] 餌を与える
foe [fou] [名] 敵
fog [fɔ:g] [名] 霧
foggy [**fɔ:**gi] [形] 霧が多い, もうろうとした, 曇った
foible [**fɔi**bəl] [名] 弱点, 欠点
foil [fɔil] [名] 箔 [動] 挫折させる
foist [fɔist] [動] 無理に押しつける
fold [fould] [動] 畳む [名] しわ
folder [**foul**dər] [名] 折り畳み機, 折ったファイルホルダー
foliage [**fou**liidʒ] [名] 木の葉
folio [**fou**liou] [名] 2 折, ページ付け
folk [fouk] [名] 人々, 家族
folklore [**fouk**lɔ:r] [名] 民俗, 民俗学
folk song [**fouk** sɔ:ŋ] [名] 民謡, フォークソング
follow [**fa**lou] [動] 追う, 従う
follower [**fa**louər] [名] 追従者, 随行員
following [**fa**louiŋ] [形] 次の
follow-up [**fa**lou əp] [名] 追跡, 続報 [形] 追いかけ
folly [**fa**li] [名] 愚かさ
fo**ment** [fou**ment**] [動] 刺激する, 扇動する
fond [fand] [形] 好きな, 親しい
fondle [**fan**dl] [動] かわいがる, なで回す
fondly [**fand**li] [副] 優しく, 愚かにも
fondness [**fand**nəs] [名] 愛好, 趣味
food [fu:d] [名] 食べ物
foodstuff [**fu:d**stəf] [名] 食料品, 食料
fool [fu:l] [名] ばか [動] からかう
foolhardy [**fu:l**hardi] [形] 無謀な, 向こう見ずの
foolish [**fu:**liʃ] [形] 愚かな
foot [fut] [名] 足
football [**fut**bɔ:l] [名] サッカー
foothold [**fut**hould] [名] 足場, 拠点
footing [**fut**iŋ] [名] 確固とした地位, 拠点, 足場
footlights [**fut**laits] [名] 脚光, 舞台
footman [**fut**mən] [名] 召使い, 従僕
footmark [**fut**ma:rk] [名] 足跡
footnote [**fut**nout] [名] 脚註 [動] 脚注をつける
footprint [**fut**print] [名] 足跡
footstep [**fut**step] [名] 足取り, 足音
footwear [**fut**weər] [名] 履物
footwork [**fut**wə:rk] [名] 足さばき, 巧みな処置
for [fɔ:r] [前] ~のために
forage [**fɔ:**ridʒ] [名] 飼料 [動] 食料を求める
foray [**fɔ:**rei] [名] 侵入, 侵略 [動] 侵入する
for**bade** [fər**beid**] [動] forbid (禁じる) の過去形

for**bear** [fɔ:r**beər**] [動] 我慢する
for**bear**ance [fɔ:r**beə**rəns] [名] 自制, 忍耐, 留保
for**bear**ing [fɔ:r**beə**riŋ] [形] 忍耐強い, 寛大な
for**bid** [fər**bid**] [動] 禁じる
for**bid**den [fər**bid**n] [動] forbid (禁じる) の過去·過去分詞形
for**bore** [fɔ:r**bɔ:r**] [動] forbear(我慢する)の過去形
for**borne** [fɔ:r**bɔ:rn**] [動] forbear(我慢する)の過去分詞形
force [fɔ:rs] [名] 力 [動] 強要する
forced [fɔ:rst] [形] 強要された, 強制的な
forceful [**fɔ:rs**fl] [形] 力強い
forcible [**fɔ:**rsəbl] [形] 強制的な, 力強い
forcibly [**fɔ:**rsəbli] [副] 強制的に, 強力に
ford [fɔ:rd] [名] 早瀬
fore [fɔ:r] [名] 前面, 前方 [形] 前方の, 最初の
forearm [**fɔ:**ra:rm] [名] 前腕
fore**bode** [fɔ:r**boud**] [動] 例示する, 予見する
fore**bod**ing [fɔ:r**boud**iŋ] [名] 前兆, 予言
forecast [**fɔ:**rkæst] [名] 予報, 予測 [動] 予測する
fore**clo**sure [fɔ:r**klou**ʒər] [動] 権利を剥奪する
forefather [**fɔ:**rfaðər] [名] 祖先, 先祖
forefinger [**fɔ:**rfiŋgər] [名] 人差し指
forefront [**fɔ:**rfrənt] [名] 先頭, 最前線
fore**go**ing [fɔ:r**gou**iŋ] [形] 前(上)で述べた
foreground [**fɔ:r**graund] [名] 前景, 最も目立つ
forehead [**fɔ:**rəd] [名] 額
foreign [**fɔ:**rən] [形] 外国の
foreigner [**fɔ:**rənər] [名] 外国人
foreman [**fɔ:r**mən] [名] 職長, 親方
foremost [**fɔ:r**moust] [形] 最初の
forenoon [**fɔ:r**nu:n] [名] 午前 [形] 午前の
fo**ren**sic [fə**ren**sik] [形] 法廷の, 議論の
forerunner [**fɔ:r**rənər] [名] 先駆者
fore**saw** [fɔ:r**sɔ:**] [動] foresee (予測する) の過去形
fore**see** [fɔ:r**si:**] [動] 予測する
fore**see**able [fɔ:r**si:**əbl] [形] 前もって知ることができる
fore**seen** [fɔ:r**si:n**] [動] foresee (予測する) の過去分詞形
fore**sha**dow [fɔ:r**ʃæ**dou] [動] あらかじめ暗示する, 例示する
foresight [**fɔ:r**sait] [名] 先見の明, 予知, 展望
forest [**fɔ:**rəst] [名] 森
fore**stall** [fɔ:r**stɔ:l**] [動] 先んじる, 買占めする, 妨害する
forestry [**fɔ:**rəstri] [名] 森林学 (学問), 森林地帯
fore**tell** [fɔ:r**tel**] [動] 予告する, 予言する
for**ev**er [fɔ:r**ev**ər] [副] 永遠に
fore**warn** [fɔ:r**wɔ:rn**] [動] あらかじめ警告(予告)する
foreword [**fɔ:r**wərd] [名] はしがき, 序文

forfeit [fɔ:rfət] [名] 没収 [動] 没収される
forgave [fərgeiv] [動] forgive (許す) の過去形
forge [fɔ:rdʒ] [名] 溶鉱炉, 鍛冶屋
forgery [fɔ:rdʒəri] [名] 偽造, 偽造物, 偽造罪
forget [fərget] [動] 忘れる
forgetful [fərgetfl] [形] よく忘れる, 不注意な
forgetfulness [fərgetflnəs] [名] 物忘れ, 不注意
forgive [fərgiv] [動] 許す
forgiven [fərgivən] [動] forgive (許す) の過去分詞形
forgiveness [fərgivnəs] [名] 許し, 寛容
forgo [fɔ:rgou] [動] やめる, さし控える
forgot [fərgat] [動] forget (忘れる) の過去形
forgotten [fərgatn] [動] forget (忘れる) の過去分詞形
fork [fɔ:rk] [名] フォーク
forlorn [fərlɔ:rn] [形] 捨てられた, 孤独な
form [fɔ:rm] [名] 形, 形式, 様式
formal [fɔ:rməl] [形] 形式の, 正式の, 儀礼的な
formality [fɔ:rmæləti] [名] 形式, 形式上の手続き
formally [fɔ:rməli] [副] 形式的に, 明らかに, 正式に
format [fɔ:rmæt] [名] 構成, フォーマット
formation [fɔ:rmeiʃən] [名] 形成, 構造
former [fɔ:rmər] [形] 以前の
formerly [fɔ:rmərli] [副] 前には
formidable [fɔ:rmədəbl] [形] 恐ろしい, 手に負えない
formidably [fɔ:rmədəbli] [副] 恐ろしく
formula [fɔ:rmyələ] [名] 常套句, 公式
formulate [fɔ:rmyəleit] [動] 明確に示す, 公式で示す
formulation [fɔ:rmyəleiʃən] [名] 公式化, 明確な説明
forsake [fərseik] [動] 見捨てる
forsaken [fərseikən] [動] forsake (見捨てる) の過去分詞形
forsook [fərsuk] [動] forsake (見捨てる) の過去形
forswear [fɔ:rsweər] [動] 取り消す, 諦める
fort [fɔ:rt] [名] 堡塁, 要塞
forte [fɔ:rt] [名] 特技
forth [fɔ:rθ] [副] 前へ
forthcoming [fɔ:rθkʌmiŋ] [名] 接近, 出現 [形] やがて来る
forthright [fɔ:rθrait] [副] 素直に, まっすぐに [形] 率直な
fortieth [fɔ:rtiəθ] [名] 第 40 [形] 第 40 の
fortification [fɔ:rtəfəkeiʃən] [名] 要塞化, 防御物, 要塞
fortify [fɔ:rtəfai] [動] 防衛を強化する
fortitude [fɔ:rtətyu:d] [名] 勇気, 忍耐
fortnight [fɔ:rtnait] [名] 二週間
fortnightly [fɔ:rtnaitli] [形] 隔週の [副] 隔週で
fortress [fɔ:rtrəs] [名] 要塞
fortuitous [fɔ:rtyu:ətəs] [形] 偶発的な, 予想外の
fortuity [fɔ:rtyu:əti] [名] 偶然性, 偶然, 偶発的事件
fortunate [fɔ:rtʃənət] [形] 幸運の
fortunately [fɔ:rtʃənətli] [副] 運良く
fortune [fɔ:rtʃən] [名] 幸運, 財産
fortune-teller [fɔ:rtʃən telər] [名] 占い師
forty [fɔ:rti] [名] 40
forum [fɔ:rəm] [名] 集会広場, 討論会, フォーラム
forward [fɔ:rwə:rd] [形] 前の [副] 前へ
fossil [fasəl] [名] 化石 [形] 化石の, 時代に遅れた
fossil fuel [fasəl fyuəl] [名] 化石燃料
foster [fɔ:stər] [動] 養育する, 促進する
fought [fɔ:t] [動] fight (戦う) の過去·過去分詞形
foul [faul] [形] 反則の [動] 汚れる
found [faund] [動] 設立する
found [faund] [動] find (発見する) の過去·過去分詞形
foundation [faundeiʃən] [名] 基礎, 財産, 基金
founder [faundər] [名] 設立者
foundry [faundri] [名] 鋳造場, 鋳物工場, 鋳造法
fountain [fauntn] [名] 噴水, 泉
fountain pen [fauntn pen] [名] 万年筆
four [fɔ:r] [名] 四
fourteen [fɔ:rti:n] [名] 14
fourteenth [fɔ:rti:nθ] [名] 第 14 [形] 第 14 の
fourth [fɔ:rθ] [名] 第四 [形] 第四の
fowl [faul] [名] 鳥, 家禽
fox [faks] [名] キツネ
foyer [fɔiər] [名] 休憩室, ロビー, 玄関のホール
fracas [freikəs] [名] 騒ぎ, 騒動
fraction [frækʃən] [名] 一部分, 噴水, 少量
fracture [fræktʃər] [名] 骨折 [動] 骨折する
fragile [frædʒəl] [形] 壊れやすい, 弱い, はかない
fragment [frægmənt] [名] 断片, 破片
fragmentary [frægmənteri] [形] 断片的な, 壊れた
fragrance [freigrəns] [名] 香り
fragrant [freigrənt] [形] 芳しい
frail [freil] [形] 壊れやすい, 軟弱な
frame [freim] [名] 骨組み, 骨格, 枠
framework [freimwə:rk] [名] 構造物, 骨組み, 構造
franc [fræŋk] [名] フラン
France [fræns] [地] フランス
franchise [fræntʃaiz] [名] 専売権 [動] 特権を与える
frank [fræŋk] [形] 率直な
Frankfurt [fræŋkfərt] [地] フランクフルト (ドイツの都市)
frankfurter [fræŋkfə:rtər] [名] フランクフルトのソーセージ
Franklin [fræŋklən] [人] フランクリン (男の名前)

frankly [**fræŋk**li] [副] 率直に
frankness [**fræŋk**nəs] [名] 率直
frantic [**fræn**tik] [形] 狂乱の
frantically [**fræn**tikəli] [副] 狂ったように, 狂って
fra**ter**nal [frə**tə:r**nəl] [形] 兄弟の, 友愛の
fra**ter**nity [frə**tə:r**nəti] [名] 友愛団体, 友愛
fraud [frɔ:d] [名] 詐欺, 詐欺行為, 詐欺, 詐欺師
fraudulent [**frɔ:**dʒələnt] [形] 詐欺をする, 不正な
fraught [frɔ:t] [名] 貨物 [形] ~に満ちた
fray [frei] [名] 騒動, 乱闘
freak [fri:k] [名] 気まぐれ [形] 変った [動] 興奮する
freckle [**fre**kəl] [名] そばかす [動] そばかすが出来る
free [fri:] [形] 自由な, 空の
freedom [**fri:**dəm] [名] 自由
freely [**fri:**li] [副] 自由に
freeman [**fri:**mən] [名] 自由民, 市民
freeze [fri:z] [動] 凍る, 凍らせる
freezer [**fri:**zər] [名] 冷凍機, 冷蔵庫, フリーザー
freezing [**fri:**ziŋ] [名] 冷凍, 凍結 [形] 冷凍の, 冷淡な
freight [freit] [名] 貨物輸送, 送料
freighter [**frei**tər] [名] 貨物船, 貨物運送業者, 荷主
French [frentʃ] [名] フランス語 [形] フランスの
Frenchman [**frentʃ**mən] [名] フランス人
fre**ne**tic [fri**ne**tik] [形] 狂乱の, 熱狂した
frenzied [**fren**zid] [形] 狂的な, 熱狂した
frenzy [**fren**zi] [名] 狂乱 [動] 激憤させる
frequence [**fri:**kwəns] [名] frequency (頻発)
frequency [**fri:**kwənsi] [名] 頻発, 頻繁, 頻度, 周波数
frequent [**fri:**kwənt] [形] 頻繁な [動] 頻繁に訪問する
frequently [**fri:**kwəntli] [副] 頻繁に
fresh [freʃ] [形] 新鮮な, 新しい
freshen [**fre**ʃən] [動] 新鮮にする, 新しくする
freshly [**freʃ**li] [副] 新鮮に
freshman [**freʃ**mən] [名] 大学の新入生, 新参者 [形] 新入の
freshness [**freʃ**nəs] [名] 新しさ, 新鮮, 鮮明
fret [fret] [動] いらいらさせる
fretful [**fret**fl] [形] いらいらした
friar [**frai**ər] [名] 修道士
friction [**frik**ʃən] [名] 摩擦, 不和, 軋轢
Friday [**frai**dei] [名] 金曜日
fridge [fridʒ] [名] refrigerator (冷蔵庫)
friend [frend] [名[友人
friendless [**frend**ləs] [形] 頼る所のない
friendliness [**frend**linəs] [名] 友情, 親切, 好意
friendly [**frend**li] [形] 親切な
friendship [**frendʃ**ip] [名] 友情
fright [frait] [名] 恐怖
frighten [**frai**tn] [動] 驚かせる
frightened [**frai**tnd] [形] びっくりした, おびえた
frightening [**frai**tniŋ] [形] 怖い
frightful [**frait**fl] [形] 恐ろしい, 醜い
frigid [**fri**dʒəd] [形] 酷寒の, 冷淡な, 不感症の
frill [fril] [名] ひだ飾り, 虚飾 [動] ひだ飾りをする
fringe [frindʒ] [名] 周辺, ふさ飾り
frisky [**fris**ki] [形] 陽気な, 跳ね回る
frivolous [**fri**vələs] [形] 軽薄な, ささいな, とんでもない
fro [frou] [副] 向こうに
frock [frak] [名] 女性服
frog [frɔ:g] [名] 蛙
frolic [**fra**lik] [名] 陽気, 浮かれ騒ぎ [動] はしゃぐ
from [frʌm] [前] ~から
front [frʌnt] [形] 前の [名] 前, 正面
frontal [**frʌn**tl] [名] 前面 [形] 前面の
fron**tier** [frən**tiər**] [名] 国境地帯
frontispiece [**frʌn**təspi:s] [名] 前面, 装飾壁
frost [frɔ:st] [名] 霜
frostbite [**frɔ:st**bait] [名] 凍傷 [動] 凍傷にかからせる
frosting [**frɔ:s**tiŋ] [名] つや消し
frosty [**frɔ:s**ti] [形] 霜が降りる, 冷淡な
froth [frɔ:θ] [名] 泡 [動] あわ立たせる
frown [fraun] [名] しかめた顔
froze [frouz] [動] freeze (凍る) の過去形
frozen [**frou**zn] [動] freeze (凍る) の過去分詞形
frugal [**fru:**gəl] [形] 倹約(節約)する, 質素な
fruit [fru:t] [名] 果物, 成果
fruitful [**fru:t**fl] [形] 実が多い, 肥沃な
fruition [fruiʃən] [名] 達成, 実現, 成就
fruitless [**fru:t**ləs] [形] 不毛の, 無益な
frustrate [**frʌs**treit] [動] 挫折させる
frustrated [**frʌs**treitəd] [形] 挫折した
frustratingly [**frʌs**treitiŋli] [副] 挫折感を持つほど
frus**tra**tion [frəs**trei**ʃən] [名] 挫折, 欲求不満
fry [frai] [動] 油で揚げる [名] 天ぷら
frying pan [**frai**iŋ pæn] [名] フライパン, 揚げ鍋
fuel [**fyu:**əl] [名] 燃料
fugitive [**fyu:**dʒətiv] [名] 逃亡者 [形] 逃げる
ful**fill** [ful**fil**] [動] 果たす, 満たす
ful**fill**ment [ful**fil**mənt] [名] 実現, 満足
full [ful] [形] いっぱいの
fullness [**ful**nəs] [名] いっぱいあること, 十分であること

full-time [ful taim] [形] 専任の

fully [fuli] [副] 十分に, 完全に

fulminate [fʌlməneit] [動] ぴかっと光る, 爆発する

fumble [fʌmbəl] [動] 手探りする

fume [fyu:m] [名] 煙 [動] 煙を出す

fumigate [fyu:məgeit] [動] 煙で蒸す

fun [fʌn] [名] 楽しみ

function [fʌŋkʃən] [名] 機能 [動] 作用する

functional [fʌŋkʃənəl] [形] 機能上の, 機能的な, 関数の

fund [fʌnd] [名] 基金

fundamental [fəndəmentl] [形] 根本的な

fundamentalism [fəndəmentəlizm] [名] 根本主義, 原理主義

fundamentalist [fəndəmentəlist] [名] 根本主義のキリスト教信者

fundamentally [fəndəmentəli] [副] 根本(本質)的に

fundamentals [fəndəmentlz] [名] 根本, 基本, 基礎

funeral [fyu:nərəl] [名] 葬式

fungus [fʌŋgəs] [名] 菌類, きのこ

funnel [fʌnl] [名] じょうご, 通風筒

funny [fʌni] [形] おかしな

fur [fə:r] [名] 毛皮

furious [fyuəriəs] [形] 激怒した

furlough [fə:rlou] [名] 兵士の休暇

furnace [fə:rnəs] [名] 暖炉

furnish [fə:rniʃ] [動] 整える, 家具を備える

furnished [fə:rniʃt] [形] 家具付きの

furnishings [fə:rniʃiŋz] [名] 家具, 備品

furniture [fə:rnitʃər] [名] 家具

furred [fə:rd] [形] 毛皮で作った, 毛皮の服を着た

furrow [fə:rou] [名] 溝, 深いしわ

furry [fə:ri] [形] 毛皮で作った, 毛皮を着た

further [fə:rðər] [形] それ以上の [副] さらに

furthermore [fə:rðə:rmɔ:r] [副] しかも

furthest [fə:rðəst] [形] 最も遠い

furtive [fə:rtiv] [形] 秘密の, 狡猾な

fury [fyuəri] [名] 激怒, 憤激

fuse [fyu:z] [名] ヒューズ, 導火線 [動] 溶かす

fusion [fyu:ʒən] [名] 溶解, 融合, 連合(政党)

fuss [fʌs] [名] 騒ぎ, 興奮

fussy [fʌsi] [形] 騒ぎ立てる

futile [fyu:tl] [形] 役に立たない

futility [fyu:tiləti] [名] 無益, むなしさ

future [fyu:tʃər] [名] 未来

fuzz [fʌz] [名] けば, 綿毛 [動] ぼやかす

fuzzy [fʌzi] [形] 綿毛のような, かすんでいる

G

gabble [**gæ**bəl] [動] 早くしゃべる

gable [**gei**bəl] [名] 切妻 (建築)

gadget [**gæ**dʒət] [名] 機械装置, 道具, 妙案

gaffe [gæf] [名] 無作法な行為

gag [gæg] [名] さるぐつわ [動] さるぐつわをはめる

gaiety [**gei**əti] [名] 陽気, 快活, お祭り騒ぎ

gaily [**gei**li] [副] 陽気に, 快活に, 華やかに

gain [gein] [動] 得る

gait [geit] [名] 歩きぶり, (馬の) 歩調

gala [**gei**lə] [名] 祝祭 [形] 祝祭の

galaxy [**gæ**ləksi] [名] 銀河, 輝く星のような集団

gale [geil] [名] 強風

Galileo [gæ**lə**li:ou] [人] ガリレオ (イタリアの天文学者)

gall [gɔ:l] [名] 胆汁, 胆嚢, 憎悪

gallant [**gæ**lənt] [形] 勇敢な

gallantry [**gæ**ləntri] [名] 勇気, 勇敢な行為

gall bladder [gɔ:l **blæ**dər] [名] 胆嚢

gallery [**gæ**ləri] [名] 画廊

galley [**gæ**li] [名] ガレー船

gallon [**gæ**lən] [名] ガロン

gallop [**gæ**ləp] [名] 馬の速い歩調 [動] 疾走する

gallows [**gæ**louz] [名] 絞首台, 絞首刑

galore [gə**lɔ:**r] [名] 豊かさ [副] 豊かに

galosh [gə**laʃ**] [名] ゴム製の長いブーツ

galvanize [**gæ**lvənaiz] [動] 亜鉛メッキする, 電流を通す

gambit [**gæ**mbət] [名] 術策, 策略

gamble [**gæ**mbəl] [名] 賭博 [動] 賭博をする

gambler [**gæ**mblər] [名] 賭博師

gambling [**gæ**mbliŋ] [名] 賭博

game [geim] [名] 遊び, ゲーム

gamut [**gæ**mət] [名] すべて, 全般, 音階

gang [gæŋ] [名] ギャング, 暴力団

gangster [**gæ**ŋstər] [名] ギャング, 悪漢

gap [gæp] [名] 切れ間, 格差

gape [geip] [動] 口を開けて眺める

garage [gə**ra:ʒ**] [名] 車庫

garb [ga:rb] [名] 服装 (職業特有の), 衣装

garbage [**ga:r**bidʒ] [名] ごみ

garbage can [**ga:r**bidʒ kæn] [名] ゴミ箱

garbage man [**ga:r**bidʒ mæn] [名] ごみ収集人

garden [**ga:r**dn] [名] 庭

gardener [**ga:r**dnər] [名] 庭師

gardening [**ga:r**dniŋ] [名] 園芸

gargle [**ga:r**gəl] [名] うがい薬 [動] うがいする

garland [**ga:r**lənd] [名] 花輪 [動] 花輪で飾る

garlic [**ga:r**lik] [名] にんにく

garment [**ga:r**mənt] [名] 衣服

garner [**ga:r**nər] [動] 集める, 獲得する

garnish [**ga:r**niʃ] [名] 飾り物 [動] 装飾をする

garret [**geə**rət] [名] 屋根裏部屋

garrison [**geə**rəsən] [名] 守備隊

garrulous [**geə**rələs] [形] おしゃべりの, 冗長な

garter [**ga:r**tər] [名] 靴下留め, ガーター

gas [gæs] [名] ガス, 気体

gaseous [**gæ**siəs] [形] ガスの, 気体の, 虚しい

gash [gæʃ] [名] 深傷

gasoline [**gæ**səli:n] [名] 揮発油, ガソリン

gasp [gæsp] [名] 息苦しさ [動] 息苦しい

gas station [**gæ**s steiʃən] [名] ガソリンスタンド

gastronomy [gæ**stra**nəmi] [名] 美食法, 料理法

gate [geit] [名] ドア, 門

gateway [**geit**wei] [名] ドア, 門, 出入口

gather [**gæ**ðər] [動] 集める

gathering [**gæ**ðəriŋ] [名] 集まり, 集会

gaudy [**gɔ:**di] [形] けばけばしい

gauge [geidʒ] [名] 測定の基準 [動] 測定する

Gaul [gɔ:l] [地] ゴール (古代ヨーロッパの地域)

gaunt [gɔ:nt] [形] やつれた, 荒涼とした, 不吉な

gauze [gɔ:z] [名] 薄い布, ガーゼ

gave [geiv] [動] give (与える) の過去形

gay [gei] [名] 同性恋愛者 [形] 陽気な

gaze [geiz] [名] 凝視, 注視 [動] じっと見つめる

gazette [gə**zet**] [名] 新聞紙, 新聞, 官報

gear [giər] [名] ギア, 電動装置

geese [gi:s] [名] goose (ガチョウ) の複数形

gel [dʒel] [名] 教化体, ゲル

gelatin [**dʒe**lətən] [名] ゼラチン

gem [dʒem] [名] 宝石

Gemini [**dʒe**məni] [名] 双子座 (天文)

gender [**dʒe**ndər] [名] 文法の性

gene [dʒi:n] [名] 遺伝子

genealogy [dʒi:**ni**alədʒi] [名] 家系, 血統

general [**dʒe**nərəl] [名] 陸軍大将 [形] 一般的な

generalization [dʒenərələ**zei**ʃən] [名] 総合, 一般化

generalize [**dʒe**nərəlaiz] [動] 一般化する, 総合する

generalized [**dʒe**nərəlaizd] [形] 一般化された

generally [**dʒe**nərəli] [副] 一般的に

generate [**dʒe**nəreit] [動] 発生させる, 引き起こす

gene**ra**tion [dʒenə**rei**ʃən] [名] 世代, 産出

generator [**dʒe**nəreitər] [名] 発電機, 発生させる物

ge**ne**ric [dʒə**neə**rik] [形] 全般的な, 共通的な

gene**ro**sity [dʒenə**ra**səti] [名] 寛大, 寛容

generous [**dʒe**nərəs] [形] 寛大な

generously [**dʒe**nərəsli] [副] 寛大に

genesis [**dʒe**nəsəs] [名] 起源, 発生, 創世記 (聖書)

Ge**ne**va [dʒə**ni:**və] [地] ジュネーブ (スイスの都市)

genial [**dʒi:**nyəl] [形] 温かい, 親切な

genitals [**dʒe**nətlz] [名] 生殖器, 外陰部 [形] 生殖の

genius [**dʒi:**nyəs] [名] 天才

genocide [**dʒe**nəsaid] [名] 人種抹殺政策

genre [**ʒa:**nrə] [名] 種類, 類型, ジャンル [形] 風俗画の

gen**teel** [dʒen**ti:l**] [形] 上流社会の, 優雅な

gentile [**dʒen**tail] [名] 異邦人, 異教徒 [形] 異教徒の

gentle [**dʒen**tl] [形] 親切な, 従順な

gentleman [**dʒen**tlmən] [名] 紳士

gentlemanly [**dʒen**tlmənli] [形] 紳士的な, 礼儀正しい

gentleness [**dʒen**tlnəs] [名] 親切, 優雅さ

gently [**dʒen**tli] [副] 親切に

gentry [**dʒen**tri] [名] 良い家門

genuine [**dʒe**nyuən] [形] 本物の

genus [**dʒi:**nəs] [名] 種類

ge**o**grapher [dʒi:**a**grəfər] [名] 地理学者

geo**gra**phic [dʒi:ə**græ**fik] [形] 地理学の, 地理的な

ge**o**graphy [dʒi:**a**grəfi] [名] 地理学

geo**lo**gic [dʒi:ə**la**dʒik] [形] 地質学上の

ge**o**logist [dʒi:**a**lədʒist] [名] 地質学者

ge**o**logy [dʒi:**a**lədʒi] [名] 地質学 (学問)

geo**me**tric [dʒi:ə**me**trik] [形] 幾何学上の, 幾何学的な

ge**o**metry [dʒi:**a**mətri] [名] 幾何学

George [dʒɔ:rdʒ] [人] ジョージ (男の名前)

Georgia [**dʒɔ:r**dʒə] [地] ジョージア (米国の州)

ge**ra**nium [dʒə**rei**niəm] [名] ゼラニウム (植物)

germ [dʒə:rm] [名] 胚種, 細菌, 起源

German [**dʒə:r**mən] [名] ドイツ人, ドイツ語 [形] ドイツの

ger**mane** [dʒə:r**mein**] [形] 適切な, 適合した

Germany [**dʒə:r**məni] [地] ドイツ

germinate [**dʒə:r**məneit] [動] 発芽する, 発生する

gerund [**dʒe**ərənd] [名] 動名詞

ges**ti**culate [dʒes**ti**kyəleit] [動] ジェスチャーを使う

gesture [**dʒes**tʃər] [名] ジェスチャー, 身振り

get [get] [動] 得る, ~になる, 稼ぐ

getaway [**get**əwei] [名] 逃亡, 逃走 [形] 逃亡用の

Ghana [**ga**nə] [地] ガーナ (西アフリカ諸国)

ghastly [**gæst**li] [形] 身の毛がよだつ

ghetto [**ge**tou] [名] ユダヤ人居住区

ghost [goust] [名] 幽霊

ghostly [**goust**li] [形] 幽霊のような, かすかな, 霊的な

giant [**dʒai**ənt] [名] 巨人

gibberish [**dʒi**bəriʃ] [名] 訳の分からないおしゃべり

gibe [dʒaib] [名] 愚弄 [動] からかう

giddy [**gi**di] [形] 目まいがする

gift [gift] [名] 贈り物

gifted [**gift**əd] [形] 生まれつきの才能がある

gi**gan**tic [dʒai**gæn**tik] [形] 巨大な

giggle [**gi**gəl] [名] くすくす笑い [動] くすくす笑う

gild [gild] [動] めっきをする

gill [gil] [名] えら

gilt [gilt] [名] 金箔 [形] 金メッキした

gimmick [**gi**mik] [名] 装置, 考案品, 策略

gin [dʒin] [名] ジン

ginger [**dʒin**dʒər] [名] 生姜

gi**raffe** [dʒə**ræf**] [名] キリン

gird [gə:rd] [動] 帯で締める, 囲む, あざ笑う

girdle [**gə:r**dl] [名] 腰帯

girl [gə:rl] [名] 少女

girl friend [**gə:rl** frend] [名] 女友達

girlhood [**gə:rl**hud] [名] 少女時代, 娘時代

girt [gə:rt] [形] しっかりつながれている

gist [dʒist] [名] 要点, 要旨

give [giv] [動] 与える

given [**gi**vən] [形] 与えられた, 贈与された

given name [**gi**vən neim] [名] 名前

glacier [**glei**ʃər] [名] 名前

glad [glæd] [形] 嬉しい

gladly [**glæd**li] [副] 楽しく

gladness [**glæd**nəs] [名] 喜び, 楽しさ

glamour [**glæ**mər] [名] 神秘的な魅力, 魔法

glance [glæns] [名] 一見 [動] チラッと見かける

gland [glænd] [名] 腺

glare [gleər] [名] 閃光 [動] 眩しく輝く

glaring [**gleə**riŋ] [形] まぶしい, 派手な色, 明らかな

glass [glæs] [名] ガラス

glasses [**glæ**siz] [名] メガネ

glassware [**glæs**weər] [名] ガラス製品 (食卓用)

glassy [**glæ**si] [形] ガラスのような, 透明な, 生気がない

glaze [gleiz] [名] うわ薬 [動] うわ薬をかける

glazed [gleizd] [形] うわ薬をかけた, 光沢のある
gleam [gli:m] [名] かすかな光 [動] 微光を発する
glee [gli:] [名] 喜び, 歓喜
glen [glen] [名] 峡谷, 谷
glide [glaid] [動] 滑走する, 滑空する
glider [**glai**dər] [名] 滑空機, グライダー
glimmer [**gli**mər] [名] 微光 [動] かすかに光る
glimmering [**gli**məriŋ] [名] 微光 [形] かすかに光る
glimpse [glimps] [名] 一瞥 [動] ちらりと見る
glint [glint] [名] きらめき [動] きらりと光る
glisten [**gli**sn] [動] きらめく
glitter [**gli**tər] [動] 輝く
glittering [**gli**təriŋ] [形] 光る, まぶしい, もっともらしい
gloat [glout] [名] 満足して眺めること [動] 満足げに眺める
global [**glou**bəl] [形] 球形の, 地球の, 世界的な
globe [gloub] [名] 地球, 地球儀
gloom [glu:m] [名] 闇, 憂鬱
gloomy [**glu:**mi] [形] 暗い, 憂鬱な
glorify [**glɔ:**rəfai] [動] 栄光を賛美する, 美化する
glorious [**glɔ:**riəs] [形] 輝く, 荘厳な
gloriously [**glɔ:**riəsli] [副] 荘厳に
glory [**glɔ:**ri] [名] 名誉, 栄光
gloss [glas] [名] 光沢, つや [動] つやを付ける
glossary [**gla**səri] [名] 語彙, 用語辞典
glossy [**gla**si] [形] 光沢がある, 見せかけだけの
glove [glʌv] [名] 手袋
glow [glou] [名] 炎 [動] 燃えるように輝く
glowing [**glou**iŋ] [形] 白熱の, 熱烈な
glue [glu:] [名] にかわ, 接着剤 [動] 接着させる
glum [glʌm] [形] むっつりした, 陰気な
glut [glʌt] [名] 満腹, 供給過剰 [動] 満腹させる
glutton [**glʌ**tn] [名] 大食家, 暴食家
gluttonous [**glʌ**tənəs] [形] 大食の, 貪欲な
gluttony [**glʌ**təni] [名] 大食
glycerin [**gli**sərən] [名] グリセリン
gnarl [na:rl] [名] 木のこぶ
gnarled [na:rld] [形] こぶだらけの, ひねくれた
gnash [næʃ] [名] 歯ぎしり [動] 歯ぎしりする
gnat [næt] [名] ブヨ (昆虫)
gnaw [nɔ:] [動] 噛み切る
go [gou] [動] 行く
goal [goul] [名] 目標, ゴール
goalie [**gou**li] [名] goalkeeper (ゴールキーパー)
goalkeeper [**goul**ki:pər] [名] ゴールキーパー
goat [gout] [名] 山羊
goblet [**gab**lət] [名] 足つきコップ
goblin [**gab**lən] [名] 鬼
god [gad] [名] 神
godchild [**gad**tʃaild] [名] 代子
goddess [**ga**dəs] [名] 女神
godfather [**gad**faðər] [名] 代父, 後見人
godlike [**gad**laik] [形] 神のような, 聖なる
godmother [**gad**məðər] [名] 代母, 後見人
godsend [**gad**send] [名] 神の贈り物, 思いがけない幸運
goes [gouz] [動] go (行く) の三人称現在形
goggles [**ga**gəlz] [名] ゴーグル, 保護メガネ
going [**gou**iŋ] [名] 出発
gold [gould] [名] 金
golden [**goul**dən] [形] 金の
goldfish [**gould**fiʃ] [名] 金魚
golf [gɔ:lf] [名] ゴルフ
gondola [**gan**dələ] [名] ゴンドラ
gone [gɔ:n] [形] 過ぎた, 死んだ
gong [gɔ:ŋ] [名] ゴング
gonor**rhea** [ganə**ri:**ə] [名] 淋病
good [gud] [形] 良い [名] 善, 利益
good**bye** [gud**bai**] [感] さようなら [名] お別れの挨拶
good-hearted [**gud ha:r**təd] [形] 親切な, 思いやりのある
good-humored [**gud hyu:**mərd] [形] 快活な, 気さくな
good-looking [**gud lu**kiŋ] [形] 魅力的な, 美貌の
goodly [**gud**li] [形] 立派な, ハンサムな
good-natured [**gud nei**tʃə:rd] [形] 善良な, 温厚の
goodness [**gud**nəs] [名] 善良, 親切, 優秀さ
goods [gudz] [名] 物
goodwill [**gud**wil] [名] 親善
goose [gu:s] [名] ガチョウ
gore [gɔ:r] [名] 凝固した血
gorge [gɔ:rdʒ] [名] 峡谷, 暴食
gorgeous [**gɔ:**rdʒəs] [形] 豪華な, 素晴らしい
go**ri**lla [gə**ri**lə] [名] ゴリラ (動物)
gory [**gɔ:ri**] [形] 血まみれの, 流血の
gosh [gaʃ] [感] おやっ！
gospel [**gas**pəl] [名] 福音
gossip [**ga**səp] [名] 雑談 [動] 雑談する
got [gat] [動] get (得る) の過去形
Gothic [**ga**θik] [名] ゴシック建築 (美術)
gotten [**ga**tn] [動] get(得る)の過去分詞形
gourd [guərd] [名] ヒョウタン
gourmet [**guər**mei] [名] 食い道楽, 美食家
govern [**gʌ**vərn] [動] 治める, 支配する

governess [**gʌ**vərnəs] [名] 女子家庭教師, 女性知事
government [**gʌ**vərnmənt] [名] 政府
govern**men**tal [gəvərn**men**tl] [形] 政府の, 政治の
governor [**gʌ**vənər] [名] 州知事, 総督
gown [gaun] [名] 婦人服, ガウン
grab [græb] [動] ひっつかむ
grace [greis] [名] 優雅さ, 恩恵
graceful [**greis**fl] [形] 優雅な
graceless [**greis**ləs] [形] 無作法な
gracious [**grei**ʃəs] [形] 優雅な, 親切な
gra**da**tion [grei**dei**ʃən] [名] 等級づけ, 徐々の変化
grade [greid] [名] 学年, 同級, 成績
gradient [**grei**diənt] [名] 傾斜度, 坂
gradual [**græ**dʒuəl] [形] 漸進的な
gradually [**græ**dʒuəli] [副] 漸進的に
graduate [**græ**dʒueit] [動] 卒業させる, 卒業する
graduate [**græ**dʒuət] [名] 卒業生
graduated [**græ**dʒueitəd] [形] 等級別にした
graduate school [**græ**dʒuət sku:l] [名] 大学院
gradu**a**tion [grædʒu**ei**ʃən] [名] 卒業, 卒業式
graft [græft] [名] 小枝, 組織移植
grain [grein] [名] 穀物, 粒
grained [greind] [形] ざらざらした, 木目のある
gram [græm] [名] グラム
grammar [**græ**mər] [名] 文法
gram**mar**ian [grə**meə**riən] [名] 文法学者, 言語学者
gram**ma**tical [grə**mæ**tikəl] [形] 文法の, 文法学の, 文法に合った
gramophone [**græ**məfoun] [名] 蓄音機
granary [**græ**nəri] [名] 穀倉, 穀倉地帯
grand [grænd] [形] 雄大な, 重要な
grandchild [**grænd**tʃaild] [名] 孫
granddaughter [**grænd**dɔ:tər] [名] 孫娘
grandeur [**græn**dʒər] [名] 壮大, 壮観, 荘厳
grandfather [**grænd**faðər] [名] 祖父
gran**dil**oquent [græn**dil**əkwənt] [形] 誇張する
grandiose [**græn**dious] [形] 雄大な, 荘厳な, 崇高な
grandly [**grænd**li] [副] 雄大に, 堂々と, 崇高に
grandma [**grænd**ma] [名] おばあちゃん
grandmother [**grænd**məðər] [名] 祖母
grandpa [**grænd**pa] [名] おじいさん
grandparent [**grænd**peərənt] [名] 祖父母
grandson [**grænd**sən] [名] 孫
grandstand [**grænd**stænd] [名] 特別観覧席
granite [**græ**nət] [名] 花崗岩
granny [**græ**ni] [名] おばあちゃん
grant [grænt] [動] 承諾する [名] 許可, 補助金
granular [**græ**nyələr] [形] 粒状の
granulated [**græ**nyəleitəd] [形] 粒の, 小さな粒にされた
grape [greip] [名] ブドウの実, ブドウの木
grapefruit [**greip** fru:t] [名] グレープフルーツ (果実)
graph [græf] [名] 図表 [動] 図示する
graphical [**græ**fikəl] [形] 絵のような, 絵画の, 図表の
graphically [**græ**fikəli] [副] 事実的に, 図表に
graphics [**græ**fiks] [名] 製図法, 図解法
grapple [**græ**pəl] [名] つかみ合い [動] つかみ合う, 格闘する
grasp [græsp] [名] 把握 [動] 捕まえる, 把握する
grass [græs] [名] 草, 牧草
grasshopper [**græs**hapər] [名] バッタ
grassy [**græ**si] [形] 草の多い, 草の
grate [greit] [動] こする [名] 火床
grateful [**greit**fl] [形] 感謝する
gratifi**ca**tion [grætəfə**kei**ʃən] [名] 満足, 満足させること
gratify [**græ**təfai] [動] 満足させる
gratifying [**græ**təfaiŋ] [形] 満足のゆく, 愉快な
grating [**grei**tiŋ] [名] 格子, 格子戸, 格子細工
gratis [**græ**təs] [形] 無料で, 無料の
gratitude [**græ**tətyu:d] [名] 感謝
gra**tu**itous [grə**tyu:**ətəs] [形] 無料の, 無償の, 根拠のない
gra**tu**ity [grə**tyu:**əti] [名] チップ, 贈り物
grave [greiv] [名] 墓 [形] 重大な, 謹厳な
gravel [**græ**vəl] [名] 砂利
gravely [**greiv**li] [副] 重大に
gravestone [**greiv**stoun] [名] 墓石, 墓碑
graveyard [**greiv**ya:rd] [名] 墓地
gravitate [**græ**vəteit] [動] 引力に引かれる
gravi**ta**tion [grævə**tei**ʃən] [名] 引力, 重力
gravity [**græ**vəti] [名] 真剣さ, 重力
gravy [**grei**vi] [名] 肉のスープ
gray [grei] [形] 灰色の [名] 灰色
graze [greiz] [動] 牧草を食べる, 放牧する
grease [gri:s] [名] 脂肪, 樹脂
greasy [**gri:**si] [形] 油が多い, 滑りやすい
great [greit] [形] 大きい, 巨大な, 偉大な
greater [**grei**tər] [形] より大きい
great-**grand**child [greit **grænd**tʃaild] [名] 曾孫
greatly [**greit**li] [副] とても, すごく
greatness [**greit**nəs] [名] 巨大さ, 偉大さ
Grecian [**gri:**ʃən] [名] ギリシャ人 [形] ギリシャ風の
Greece [gri:s] [地] ギリシャ
greed [gri:d] [名] 欲, 貪欲

greedy [**gri:**di] [形] 貪欲な
Greek [gri:k] [名] ギリシャ人, ギリシャ語
green [gri:n] [形] 緑の [名] 緑色
greenhouse [**gri:n**haus] [名] 温室
greenish [**gri:**niʃ] [形] 緑色を帯びた, 青々とした
Greenwich [**gre**nitʃ] [地] グリニッジ (本初子午線通過)
greet [gri:t] [動] 歓迎する, 挨拶する
greeting [**gri:**tiŋ] [名] 歓迎, 挨拶
gre**gar**ious [gri**geə**riəs] [形] 群居性の, 社交的な
gre**nade** [grə**neid**] [名] 手榴弾, 消火弾
grew [gru:] [動] grow (成長する) の過去形
grey [grei] [形] gray (灰色の)
greyhound [**grei**haund] [名] グレイハウンド (犬)
grief [gri:f] [名] 悲しみ
grievance [**gri:**vəns] [名] 不平, 不平の種
grieve [gri:v] [動] 悲嘆する
grievous [**gri:**vəs] [形] 悲しい, 悲痛な, 辛い
grill [gril] [名] 焼き網 [動] 焼く
grim [grim] [形] 厳格な, 冷酷な
grimace [**gri**məs] [名] しかめた顔
grime [graim] [名] 汚れ, あか [動] 汚す
grin [grin] [名] にっこり笑い [動] にこにこする
grind [graind] [動] 研ぐ
grinder [**grain**dər] [名] 粉砕機, 研磨機, 奥歯
grinding [**grain**diŋ] [名] 粉砕, 研磨 [形] 研磨する
grindstone [**graind**stoun] [名] 回転砥石, 石うす
grip [grip] [名] しっかり握り, 把握 [動] しっかり握る
gripe [graip] [動] しっかりつかむ, 苦しめる
grisly [**griz**li] [形] 不気味な, 身の毛がよだつ
grit [grit] [名] 砂利, 砂, 容器
grizzly bear [**griz**li beər] [名] 灰色の大きなクマ (動物)
groan [groun] [名] うめき声 [動] うめく
grocer [**grou**sər] [名] 食料雑貨商
groceries [**grou**səriz] [名] 食料雑貨類
grocery store [**grou**səri stɔ:r] [名] 食料雑貨店
groggy [**gra**gi] [形] つまずく, ふらつく
groin [grɔin] [名] 脚の付け根
groom [grum] [名] 新郎
groove [gru:v] [名] 溝, 慣例 [動] みぞを作る
grope [group] [名] 模索 [動] 模索する
gross [grous] [名] 総額 [形] 太った, 大きい, 総計の
gro**tesque** [grou**tesk**] [名] グロテスク風の柄 [形] 奇怪な
ground [graund] [名] 地面, 土, 運動場
ground [graund] [動] grind (研ぐ) の過去·過去分詞形
ground **floor** [graund **flɔ:r**] [名] 一階
groundless [**graund**ləs] [形] 根拠がない, 理由がない
group [gru:p] [名] グループ, 群れ
grouping [**gru:**piŋ] [名] グループ分け, 配置, 配合
grove [grouv] [名] 小さな森
grovel [**gra**vəl] [動] はう, 腹ばう
grow [grou] [動] 成長する
grower [**grou**ər] [名] 支配家
growl [graul] [名] 叫び声 [動] うなる
grown [groun] [動] grow (成長する) の過去分詞形
grown-up [**grou**nəp] [名] 大人 [形] 大人になった
growth [grouθ] [名] 成長, 発達, 増加
grub [grʌb] [名] 地虫, うじ [動] 掘る
grubby [**grʌ**bi] [形] 汚い, だらしない
grudge [grʌdʒ] [名] 怨恨 [動] 惜しむ
gruesome [**gru:**səm] [形] 怖い
gruff [grʌf] [形] しゃがれ声の, 荒々しい, ぶっきらぼうな
grumble [**grʌm**bəl] [動] 不平を言う, 愚痴する
grumpy [**grʌm**pi] [形] 不機嫌な, 無愛想な
grunt [grʌnt] [動] 不平を言う
guaran**tee** [gerən**ti:**] [名] 保証, 保証人 [動] 保証する
guaranty [**geə**rənti] [名] 保証書, 担保
guard [ga:rd] [名] 監視, 警戒 [動] 守る
guarded [**ga:r**dəd] [形] 用心深い, 保護された
guardian [**ga:r**diən] [名] 保護者, 後見人
Guate**ma**la [gwatə**ma**lə] [地] グアテマラ (中南米諸国)
guer**ri**lla [gə**ri**lə] [名] 遊撃隊員, 非正規兵, ゲリラ兵
guess [ges] [動] 推測する [名] 推測
guesswork [**ges**wə:rk] [名] 当て推量
guest [gest] [名] お客様
guidance [**gai**dns] [名] 案内, 地図, 助言
guide [gaid] [動] 案内する [名] 案内人, 指針
guidebook [**gaid**buk] [名] 旅行ガイド, 旅行案内書
guidepost [**gaid**poust] [名] 道標, 道しるべ
guild [gild] [名] 同業組合, ギルド
guile [gail] [名] ずるさ, 策略
guillotine [**gi**ləti:n] [名] 断頭台, ギロチン
guilt [gilt] [名] 犯罪, 罪の意識
guiltless [**gilt**ləs] [形] 潔白な
guilty [**gil**ti] [形] 有罪の
guinea pig [**gi**ni: pig] [名] 実験材料,モルモット,テンジクネズミ (動物)
guise [gaiz] [名] 変装, 外観 [動] 変装する, 仮装する
gui**tar** [gi**ta:r**] [名] ギター
gui**tar**ist [gi**ta:**rist] [名] ギター奏者
gulf [gʌlf] [名] 湾
gull [gʌl] [名] カモメ (鳥), 騙されやすい人

gulp　[gʌlp]　[名] ごくりと飲むこと [動] ごくりと飲込む

gum　[gʌm]　[名] ゴム

gun　[gʌn]　[名] 銃, 大砲

gunfire　[**gʌn**faiər]　[名] 発砲, 砲火, 砲撃

gunman　[**gʌn**mən]　[名] 銃で武装した人

gunner　[**gʌn**ər]　[名] 砲手, 砲兵

gunpoint　[**gʌn**pɔint]　[名] 銃口

gunpowder　[**gʌn**paudər]　[名] 火薬

gunshot　[**gʌn**ʃat]　[名] 銃弾, 砲弾, 射撃 [形] 撃たれた

gurgle　[**gə:r**gəl]　[名] どくどく流れ出る音 [動] どくどく流れ出る

gush　[gʌʃ]　[名] 噴出 [動] 噴出する

gust　[gʌst]　[名] 突風, 突発

gut　[gʌt]　[名] 腸, 内臓, 容器

Gutenberg [**gu:**tnbə:rg]　[人] グーテンベルク (活版印刷の発明者)

gutsy　[**gʌt**si]　[形] 大胆な, 元気にあふれた

gutter　[**gʌt**ər]　[名] 溝, 水路, 屋根のとい

guttural　[**gʌt**rəl]　[形] のどの

guy　[gai]　[名] 男, やつ

guzzle　[**gʌz**əl]　[動] 暴飲する

gym　[dʒim]　[名] 体育館, 体操

gym**na**sium　[dʒim**nei**ziəm]　[名] 体育館

gymnast　[**dʒim**nəst]　[名] 体操競技者, 体育教師

gym**nas**tic　[dʒim**næs**tik]　[形] 体操の

gym**nas**tics　[dʒim**næs**tiks]　[名] 体操

gyne**co**logist　[gainə**ka**lədʒist]　[名] 婦人科医

gyne**co**logy　[gainə**ka**lədʒi]　[名] 婦人科学 (学問)

gyp　[dʒip]　[名] 詐欺, 詐取 [動] だまし取る

Gypsy　[**dʒip**si]　[名] ジプシー [動] ジプシーのように流浪する

gyrate　[**dʒai**reit]　[動] 旋回する

H

ha [ha:] [感] おやおや

habit [**hæ**bət] [名] 習慣

habitable [**hæ**bətəbl] [形] 買える, 住みよい

habitat [**hæ**bətæt] [名] 生息地, 居住地

habi**ta**tion [hæbə**tei**ʃən] [名] 居住地, 住所

ha**bi**tual [hə**bit**ʃuəl] [形] 習慣的な

ha**bi**tuate [hə**bit**ʃueit] [動] 慣らす, 習慣づける

hack [hæk] [動] たたき切る

hacker [**hæ**kər] [名] コンピュータ侵害者

hackneyed [**hæk**ni:d] [形] 古臭い, 陳腐な

hacksaw [**hæk**sɔ:] [名] 弓のこ

had [hæd] [動] have (持つ) の過去·過去分詞形

hadn't [**hæ**dnt] [短] had not の短縮形

hag [hæg] [名] 醜い老婆, 魔女

haggard [**hæ**gərd] [名] 野生のタカ (鳥) [形] やつれた, 険しい

Hague [heig] [地] ハーグ (オランダの都市)

hail [heil] [名] あられ, 歓声 [動] あられが降る

hailstone [**heil**stoun] [名] 粉雪, ひょう

hair [heər] [名] 毛髪, 毛

hairbrush [**heər**brəʃ] [名] 毛ブラシ

haircut [**heər**kət] [名] 散髪

hairdo [**heər**du] [名] 女性のヘアスタイル

hairdresser [**heər**dresər] [名] 美容師

hairdrier [**heər**draiər] [名] ヘアドライヤー

hairpin [**heər**pin] [名] ヘアピン

hair-raising [**heər** reiziŋ] [形] ぞっとさせる

hairspray [**heər**sprei] [名] ヘアスプレー

hairstyle [**heər**stail] [名] ヘアスタイル

hairy [**heər**i] [形] 毛深い

Haiti [**hei**ti] [地] ハイチ (西インド諸島国)

halcyon [**hæl**siən] [形] 平和な, のんきな

hale [heil] [形] 気力が旺盛な, 強壮な

half [hæf] [名] 半分

half brother [**hæf** brəðər] [名] 異父母兄弟

half-cooked [**hæf kukt**] [形] 生煮えの, 半熟の

half-**hearted** [hæf **ha:r**təd] [形] 気乗りのしない

half-holiday [**hæf** halədei] [名] 半休日

half hour [**hæf auər**] [名] 半時間, 30 分間

half-price [**hæf** prais] [形] 半額の

halftime [**hæf**taim] [名] ハーフタイム, 中間休息

half**way** [hæf**wei**] [副] 中間に, 中途で

half-wit [**hæf** wit] [名] ばか, まぬけ

Halifax [**hæ**ləfaks] [地] ハリファックス (カナダの都市)

hall [hɔ:l] [名] 廊下, ホール

hallmark [**hɔ:l**mark] [名] 品質証明 [動] 品質保証する

hal**lo** [hə**lou**] [感] おい [動] さけぶ

hallow [**hæ**lou] [動] 神聖にする

Hallo**ween** [hælə**wi:n**] [名] ハロウィーン

hal**lu**cinate [hə**lu:**səneit] [動] 幻覚を起こす

hallucin**a**tion [həlu:sə**nei**ʃən] [名] 幻覚, 幻想

hallway [**hɔ:l**wei] [名] 廊下, 玄関

halt [hɔ:lt] [名] 停止 [動] 停止する

halve [hæv] [動] 二等分する, 半減する

halves [hævz] [名] half(半分)の複数形

ham [hæm] [名] ハム

hamburger [**hæm**bərgər] [名] ハンバーガー

Hamilton [**hæ**məltən] [地] ハミルトン (カナダの都市)

Hamlet [**hæm**lət] [名] ハムレット (Shakespeare の悲劇)

hammer [**hæ**mər] [名] 槌

hammock [**hæ**mək] [名] ハンモック, つり床

hamper [**hæm**pər] [名] 手さげかご [動] 妨げる

hamster [**hæm**stər] [名] ハムスター (動物)

hand [hænd] [名] 手

handbag [**hænd**bæg] [名] バッグ, ハンドバッグ

handball [**hænd**bɔ:l] [名] ハンドボール

handbook [**hænd**buk] [名] ガイド, 取扱説明書

handcuffs [**hænd**kəfs] [名] 手錠 [動] 手錠を掛ける

handed [**hæn**dəd] [形] 手がある

handful [**hænd**fl] [名] 一握り, 少量

handgun [**hænd**gən] [名] 拳銃

handicap [**hænd**ikæp] [名] 不利な条件, ハンディキャップ

handicapped [**hænd**ikæpt] [形] 身体的障害のある

handicrafts [**hænd**ikræfts] [名] 手先の器用さ, 手細工, 手芸

handiwork [**hænd**iwə:rk] [名] 手作業, 手細工, 作業

handkerchief [**hæŋ**kərtʃəf] [名] ハンカチ

handle [**hæn**dl] [名] 取っ手 [動] 手で扱う

handmade [**hænd**meid] [形] 手で作った, 手細工の

handshake [**hænd**ʃeik] [名] 握手

handsome [**hæn**səm] [形] ハンサムな

handwriting [**hænd**raitiŋ] [名] 手記

handy [**hæn**di] [形] 便利な, 手軽な

hang [hæŋ] [動] 吊るす, 掛ける

hanger [**hæŋ**ər] [名] 洋服掛け

hanging [**hæŋ**iŋ] [名] 掛かり, 絞首刑

hangover [**hæŋ**ouvər] [名] 残存物 , 遺物

hanker [**hæŋ**kər] [動] 憧れる, 熱望する

hap**ha**zard [hæp**hæ**zərd] [名] 偶然起こった事 [形] 偶然の

hapless [**hæp**ləs] [形] 不運な

happen [**hæ**pən] [動] 起こる, 偶然~する

happening [**hæ**pəniŋ] [名] 偶然起こった事, ハプニング

happily [**hæ**pəli] [副] 幸せに, 幸いに

happiness [**hæ**pinəs] [名] 幸せ

happy [**hæ**pi] [形] 幸せな

ha**rass** [hə**ræs**] [動] 苦しめる

harbinger [**ha:r**bindʒər] [名] 先駆者, 兆し

harbor [**ha:r**bər] [名] 港, 隠れ場 [動] 隠す

hard [ha:rd] [形] 硬い, 固い

hard-**boiled** [ha:rd **bɔild**] [形] 堅ゆでの, 非情な

hard disk [**ha:rd** disk] [名] ハードディスク (コンピュータ)

hard drive [**ha:rd** draiv] [名] ハードドライブ

harden [**ha:r**dn] [動] 固まる, 硬くなる

hardened [**ha:r**dnd] [形] 固まった, 頑固な, しっかりした

hard-**hea**ded [ha:rd **he**dəd] [形] 実利的な, 隙のない, 頑固な

hard-**hear**ted [ha:rd **ha:r**təd] [形] 非情な, 無慈悲な

hardly [**ha:rd**li] [副] やっと, 決して~ない

hardness [**ha:rd**nəs] [名] 硬さ, 堅固

hardship [**ha:rd**ʃip] [名] 苦難, 困難

hardware [**ha:rd**weər] [名] ハードウェア, 金物類

hard**working** [ha:rd**wə:rk**iŋ] [形] 勤勉な

hardy [**ha:r**di] [形] 丈夫な, 強い

hare [heər] [名] 野ウサギ

hark [ha:rk] [動] 聞く, 耳を傾ける

Harlem [**ha:r**ləm] [地] ハーレム (ニューヨークの黒人居住地区)

harm [ha:rm] [動] 傷つける [名] 害, 傷害

harmful [**ha:rm**fl] [形] 有害な

harmless [**ha:rm**ləs] [形] 害のない

har**mo**nica [ha:r**ma**nikə] [名] ハーモニカ (楽器)

har**mo**nious [ha:r**mou**nyəs] [形] 調和した, 和やかな

harmoni**za**tion [ha:rmənə**zei**ʃən] [名] 調和, 一致, 和合

harmonize [**ha:r**mənaiz] [動] 調和させる, 調和する

harmony [**ha:r**məni] [名] 調和, 和声

harness [**ha:r**nəs] [名] 馬具 [動] 馬具をつける

harp [ha:rp] [名] ハーフ

har**poon** [ha:r**pu:n**] [名] 銛 [動] もりを打込む

harpsichord [**ha:rp**sikɔ:rd] [名] ハープシコード (ピアノの前身)

harrow [**heə**rou] [名] まぐわ (農機具) [動] まぐわでならす

harry [**heə**ri] [動] 苦しめる, 略奪する

harsh [ha:rʃ] [形] 荒い, 過酷な

harvest [**ha:r**vəst] [名] 収穫, 収穫物 [動] 収穫する

has [hæz] [動] have (持つ) の三人称単数現在形

has-been [**hæz** bin] [名] 時代遅れの人(物)

hasn't [**hæ**znt] [短] has not の短縮形

hassle [**hæ**səl] [名] 口論, けんか [動] 苦しめる

haste [heist] [名] せっかち, 軽率 [動] 急ぐ

hasten [**hei**sn] [動] 急がせる, 急ぐ

hastily [**heis**təli] [副] 急いで

hasty [**heis**ti] [形] 急な, 軽率な

hat [hæt] [名] 帽子

hatch [hætʃ] [名] 孵化 [動] 孵化する

hatchet [**hæt**ʃət] [名] 手斧

hate [heit] [動] 憎む [名] 憎悪

hateful [**heit**fl] [形] 憎い, 嫌いな

hatred [**hei**trəd] [名] 憎悪, 嫌悪

haughty [**hɔ:**ti] [形] 高慢な, 生意気な

haul [hɔ:l] [動] 引っ張る [名] 輸送品

haunt [hɔ:nt] [動] よく行く, 苦しむ

have [hæv] [動] 持つ, 持っている

haven [**hei**vən] [名] 避難所 [動] 避難させる

haven't [**hæ**vnt] [短] have not の短縮形

havoc [**hæ**vək] [名] 大破壊 [動] 破壊する

Ha**wai**i [hə**wai**:] [地] ハワイ (米国の州)

Ha**wai**ian [hə**wai**yən] [名] ハワイ人 [形] ハワイの

hawk [hɔ:k] [名] タカ

hawthorn [**hɔ:**θɔ:rn] [名] さんざし (植物)

hay [hei] [名] 干し草

hay fever [**hei** fi:vər] [名] 枯草熱, 花粉症

haystack [**hei**stæk] [名] 大きい干し草の山

haywire [**hei**waiər] [名] 干し草を束ねる針金

hazard [**hæ**zərd] [名] 危険 [動] 冒険する

hazardous [**hæ**zərdəs] [形] 危険が多い, 冒険的な

haze [heiz] [名] 霧 [動] かすむ

hazel [**hei**zəl] [名] ハシバミ (植物), はしばみ色

hazelnut [**hei**zəlnət] [名] ハシバミの実

hazy [**hei**zi] [形] かすみがかった, ぼんやりした

he [hi:] [代] 彼が, 彼は

head [hed] [名] 頭, 長 [動] 向かう

headache [**he**deik] [名] 頭痛

head**first** [hed**fə:rst**] [副] まっさかさまに, 大急ぎで

heading [**hed**iŋ] [名] 頭, タイトル, ヘディング (サッカー)

headless [**hed**ləs] [形] 指導者がいない, 無知な

headlight [**hed**lait] [名] ヘッドライト

headline [**hed**lain] [名] 見出し, タイトル, ページの上欄

headlong [**hed**lɔŋ] [形] 軽率な [副] 逆に, 無謀に

head-on [**hed ɔ:n**] [形] 正面の

headphones [**hed**founz] [名] ヘッドホン

headquarters [**hed**kwɔ:rtərz] [名] 本部, 司令部

headstone [**hed**stoun] [名] 墓石

headstrong [**hed**strɔŋ] [形] 頑固な
headway [**hed**wei] [名] 前進, 船の速度, 進捗
heady [**he**di] [形] 性急な, 無謀な, 興奮させる
heal [hi:l] [動] 病気を治す
health [helθ] [名] 健康
healthful [**helθ**fl] [形] 健康に良い, 有益な, 健康な
healthy [**hel**θi] [形] 健康な
heap [hi:p] [名] 積み重ね, 多数 [動] 積み重ねる
hear [hiər] [動] 聴く
heard [hə:rd] [動] hear (聴く) の過去·過去分詞形
hearer [**hiər**ər] [名] 聴衆
hearing [**hiər**iŋ] [名] 聴覚, 聴聞会
hearsay [**hiər**sei] [名] 風聞, うわさ [形] 風聞の, 噂の
hearse [hə:rs] [名] 霊柩車, 葬儀車
heart [ha:rt] [名] 心臓, 感情
heartache [**ha:rt**eik] [名] 心臓の痛み, 悲しみ
heart attack [**ha:rt** ətæk] [名] heart failure (心臓麻痺)
heartbeat [**ha:rt**bi:t] [名] 心臓の鼓動
heartbreak [**ha:rt**breik] [名] 悲嘆, 断腸の思い
heartbreaking [**ha:rt**breikiŋ] [形] 胸が張り裂けるような
heartbroken [**ha:rt**broukən] [形] 悲嘆にくれた
heartburn [**ha:rt**bərn] [名] 胸焼け, 嫉妬
hearth [ha:rθ] [名] 炉, 暖炉
heartily [**ha:r**təli] [副] 本当に, 忠心で
heartless [**ha:rt**ləs] [形] 無情の, 残酷な, 落胆した
heartsick [**ha:rt**sik] [形] 悲嘆にくれた
hearty [**ha:r**ti] [形] 暖かい
heat [hi:t] [名] 熱, 熱気 [動] 加熱する
heater [**hi:**tər] [名] 暖房装置, 電熱器, ヒーター
heath [hi:θ] [名] 荒野, 荒地, ヒース (植物)
heathen [**hi:**ðən] [名] 異教徒
heather [**he**ðər] [名] ヒース類の小さな潅木
heatstroke [**hi:t**strouk] [名] 日射病
heat wave [**hi:t** weiv] [名] 熱波
heave [hi:v] [動] 持ち上げる, 上がる
heaven [**he**vən] [名] 空, 天国
heavenly [**he**vənli] [形] 空の, 天国のような
heavily [**he**vəli] [副] 重く
heaviness [**he**vinəs] [名] 重いこと, 重さ, 重苦しさ
heavy [**he**vi] [形] 重い, 大量の
Hebrew [**hi:**bru:] [名] ヘブライ人, ユダヤ人
heckle [**he**kəl] [動] いじめる, 苦しめる
hectare [**hek**teər] [名] ヘクタール
hectic [**hec**tik] [形] 熱狂的な, 消耗熱の
he'd [hi:d] [短] he had (would) の短縮形

hedge [hedʒ] [名] 生垣, 障壁 [動] 防ぐ
hedgehog [**hedʒ**hag] [名] ハリネズミ (動物)
hedgerow [**hedʒ**rou] [名] 低木の列
hedonism [**hi:**dənizm] [名] 快楽主義
heed [hi:d] [名] 注意 [動] 注意する
heedful [**hi:d**fl] [形] 注意深い, 用心する
heedless [**hi:d**ləs] [形] 不注意な, 軽率な
heel [hi:l] [名] 踵
hefty [**hef**ti] [形] 重い, 大きくて強い
he**ge**mony [hi**dʒe**məni] [名] 主導権
height [hait] [名] 高さ, 背
heighten [**hai**tn] [動] 高くする, 高める
heir [eər] [名] 相続人
heiress [**eər**əs] [名] 女子相続人
held [held] [動] hold (握る) の過去·過去分詞形
helicopter [**he**ləkaptər] [名] ヘリコプター
helium [**hi:**liəm] [名] ヘリウム (化学)
hell [hel] [名] 地獄
he'll [hi:l] [短] he will (shall) の短縮形
hellish [**hel**iʃ] [形] 地獄の, 身の毛もよだつ, 邪悪な
hel**lo** [he**lou**] [感] おい, もしもし, こんにちは
helm [helm] [名] 舵
helmet [**hel**mət] [名] ヘルメット, 鉄帽
helmsman [**helmz**mæn] [名] かじ取り, 舵手
help [help] [名] 助け [動] 助ける
helper [**help**ər] [名] 助ける人, 助力者
helpful [**help**fl] [形] 役に立つ, 有用な
helping [**help**iŋ] [名] 援助 [形] 役に立つ
helpless [**help**ləs] [形] 無力な, 無能な
hem [hem] [名] 服(布)のへり, 縁
hemisphere [**he**məsfiər] [名] 地球の半球, 半球体
hemlock [**hem**lak] [名] ドクニンジン (植物)
hemorrhage [**he**məridʒ] [名] 出血 [動] 出血する
hemorrhoids [**he**mərɔidz] [名] 痔
hemp [hemp] [名] アサ, 大麻
hen [hen] [名] 雌鳥
hence [hens] [副] ここから, 今から
hence**forth** [hens**fɔ:rθ**] [副] これからは, 今後
henchman [**hentʃ**mən] [名] 追従者, 腹心
Henry [**hen**ri] [人] ヘンリー (男の名前)
hepa**ti**tis [hepə**tai**təs] [名] 肝炎
her [hə:r] [代] 彼女を, 彼女に
herald [**heər**əld] [名] 伝令, 伝達者
herb [ə:rb] [名] 草, 薬用植物
her**bi**vorous [ə:r**bi**vərəs] [形] 草食の

herd [hə:rd] [名] 家畜の群れ, 群衆
herdsman [hə:rdzmæn] [名] 牧童
here [hiər] [副] ここに, ここへ
hereafter [hiəræftər] [副] 今後
hereby [hiərbai] [副] この結果
hereditary [həredəteri] [形] 遺伝的な, 世襲の
heredity [həredəti] [名] 遺伝
herein [hiərin] [副] この中に, これらの理由から,
here's [hiərz] [短] here is の短縮形
heresy [herəsi] [名] 異端, 異説
heretofore [hiərtəfɔ:r] [副] 今まで
herewith [hiərwiθ] [副] これと一緒に, ちなみに
heritable [heərətəbl] [形] 相続され得る, 遺伝性の
heritage [heərətidʒ] [名] 世襲財産, 相続財産, 遺産
hermetic [hə:rmetik] [形] 外部と断絶された, 密閉された
hermit [hə:rmət] [名] 隠者, 俗世を捨てた人
hernia [hə:rniə] [名] ヘルニア, 脱腸
hero [hi:rou] [名] 英雄
heroic [hirouik] [形] 英雄の, 英雄的な
heroin [heərouən] [名] ヘロイン
heroism [heərouizm] [名] 英雄的資質(行為), 勇猛
heron [heərən] [名] サギ (鳥)
herring [heəriŋ] [名] サバ
hers [hə:rz] [代] 彼女の物
herself [hə:rself] [代] 彼女自身
he's [hi:z] [短] he is (has) の短縮形
hesitant [hezətənt] [形] ためらう, 躊躇する
hesitate [hezəteit] [動] ためらう, 躊躇する
hesitation [hezəteiʃən] [名] とまどい, 躊躇
heterosexual [hetərousekʃuəl] [形] 異性の
hew [hyu:] [動] 切る, 切り倒す
hexagon [heksəgan] [名] 六角形
hey [hei] [感] おい, これ
heyday [heidei] [名] 全盛期, 絶頂
hi [hai] [感] やぁ!, さようなら!
hiatus [haieitəs] [名] 中断, 断絶, 隙
hiccups [hikəps] [名] しゃっくり [動] しゃっくりをする
hid [hid] [動] hide (隠す) の過去形
hidden [hidn] [形] 隠された, 隠れた
hidden [hidn] [動] hide (隠す) の過去分詞形
hide [haid] [動] 隠す
hide-and-seek [haid ən si:k] [名] かくれんぼ
hideous [hidiəs] [形] むごたらしい, 恐ろしい
hideously [hidiəsli] [副] 恐ろしく, ぞっとするほど
hideout [haidaut] [名] 隠れが, 潜伏場所, アジト
hierarchy [haiəra:rki] [名] 階級制度
hi-fi [hai fai] [名] ハイファイ音再生装置
high [hai] [形] 高い, 高価な
highborn [haibɔ:rn] [形] 上流家門生まれの
highlands [hailændz] [名] 高地, 高原 [形] 高地地方の
highlight [hailait] [名] 目立つ部分 [動] 強調する
highly [haili] [副] とても, すごく
highness [hainəs] [名] 高いこと, 殿下
high school [hai sku:l] [名] 高校
high-tech [hai tek] [名] 先端技術 [形] 先端技術の
high-tide [hai taid] [名] 満潮
highway [haiwei] [名] 幹線道路
hijack [haidʒæk] [名] 拉致行為 [動] 拉致する
hijacker [haidʒækər] [名] ハイジャック犯人
hike [haik] [名] 徒歩旅行, 引上
hiking [haikiŋ] [名] 徒歩旅行
hilarious [hileəriəs] [形] 浮かれ騒ぐ, 愉快な
hilariously [hileəriəsli] [副] はしゃいで, 愉快に
hilarity [hileərəti] [名] 浮かれ騒ぎ, 歓喜, 愉快
hill [hil] [名] 丘
hillside [hilsaid] [名] 丘の中腹
hilltop [hiltap] [名] 丘の頂上
hilt [hilt] [名] つか
him [him] [代] 彼を, 彼に
Himalayas [himəleiəz] [地] ヒマラヤ山脈 (アジア)
himself [himself] [代] 彼自身
hind [haind] [形] 後ろ側の, 後ろの
hinder [hindər] [動] 妨げる [形] 後方の, 後ろの
hindrance [hindrəns] [名] 邪魔, 妨害, 障害物
Hindu [hindu] [名] ヒンズー教の人, ヒンズー教徒
Hinduism [hindu:izm] [名] ヒンズー教
hinge [hindʒ] [名] ちょうつがい, 要諦
hint [hint] [名] 暗示 [動] 暗示する
hip [hip] [名] お尻
hippopotamus [hipəpatəməs] [名] カバ (動物)
hire [haiər] [動] 雇う [名] 雇用
his [hiz] [代] 彼の
Hispanic [hispænik] [名] 米国内ラテン アメリカ系の住民
hiss [his] [名] シッと言う音
historian [histɔ:riən] [名] 歴史家
historic [histɔ:rik] [形] 歴史の, 歴史上の
historical [histɔ:rikəl] [形] 歴史的な, 歴史上
history [histəri] [名] 歴史
histrionic [histrianik] [形] 劇的な, 演劇の
hit [hit] [動] 打つ

hit-and-**run** [**hit** n **rʌn**] [形] ひき逃げの
hitch [hitʃ] [名] ぐいと引くこと [動] ひっかける
hitchhike [**hitʃ**haik] [動] 便乗して旅行する
hither [**hi**ðər] [副] ここへ, こちらへ
hitherto [**hi**ðərtu:] [副] 今まで
Hitler [**hit**lər] [人] ヒトラー (ドイツの総統)
hive [haiv] [名] ミツバチの巣箱
ho [hou] [感] あら
hoard [hɔ:rd] [名] 秘蔵 [動] 秘蔵する
hoarse [hɔ:rs] [形] しわがれた, やかましい
hoary [**hɔ:ri**] [形] 白髪の, 古い, 灰色の
hoax [houks] [名] 人をだますためのもの [動] だます
hobble [**ha**bəl] [名] 足を引きずること [動] 足を引きずる
hobby [**ha**bi] [名] 趣味
hobbyhorse [**ha**bihɔ:rs] [名] 木馬
hockey [**ha**ki] [名] ホッケー
hodgepodge [**hadʒ**padʒ] [名] ごった混ぜ, 寄せ集め
hoe [hou] [名] くわ [動] 鍬で掘る
hog [hɔ:g] [名] 豚
hoist [hɔist] [名] 掲揚 [動] 掲揚する
hold [hould] [動] 握る, 捕まえる
holder [**houl**dər] [名] 所持人, 所有者
holding [**houl**diŋ] [名] 所有物
holdup [**houl**dəp] [名] 強奪, 路上強盗, 正体
hole [houl] [名] 穴
holiday [**ha**lədei] [名] 休日, 休暇, 休み
holiness [**hou**linəs] [名] 神聖
Holland [**ha**lənd] [地] オランダ
hollow [**ha**lou] [名] くぼみ [形] 中空の
holly [**ha**li] [名] ヒイラギ (植物)
Hollywood [**ha**liwud] [地] ハリウッド (映画産業の中心地)
holocaust [**ha**lәkɔ:st] [名] 全滅, 大虐殺
holy [**hou**li] [形] 神聖な, 敬虔な
homage [**ha**midʒ] [名] 敬意
home [houm] [名] 家, 家庭, 故郷
home address [**houm** ədres] [名] 自宅の住所
homebody [**houm**badi] [名] 家庭本位の人
homeland [**houm**lænd] [名] 故国, 母国
homeless [**houm**ləs] [名] ホームレス [形] 家のない
homely [**houm**li] [形] 家庭的な, 素朴な, 平凡な
home**made** [houm**meid**] [形] 家で作った
homemaker [**houm**meikər] [名] 主婦
homemaking [**houm**meikiŋ] [名] 家政
home page [**houm** peidʒ] [名] ホームページ (コンピュータ)
homer [**hou**mər] [名] ホームラン (野球) [動] ホームランを打つ
homeroom [**houm**rum] [名] 生活指導教室, ホームルーム
home **run** [houm **rʌn**] [名] ホームラン
homesick [**houm**sik] [形] 望郷病の
homespun [**houm**spən] [名] ホムスポン [形] 手編みの, 素朴な
home stay [**houm** stei] [名] 家庭滞在, ホームステイ
homestead [**houm**sted] [名] 家屋敷 [動] 移住(定着)する
home**town** [houm**taun**] [名] 故郷, 自分が生まれた都市
homeward [**houm**wə:rd] [形] 帰路の [副] 家に向かって
homework [**houm**wə:rk] [名] 宿題, 家庭学習
homicide [**ha**məsaid] [名] 殺人, 殺人犯
homily [**ha**məli] [名] 説教
homo**ge**neous [houmə**dʒi:**niəs] [形] 同種の, 同質の
homo**sex**ual [houmə**sek**ʃuəl] [名] 同性愛者 [形] 同性愛の
Hon**dur**as [han**dyuə**rəs] [地] ホンジュラス (中南米諸国)
honest [**a**nəst] [形] 正直な, 誠実な
honestly [**a**nəstli] [副] 正直に, 誠実に
honesty [**a**nəsti] [名] 正直, 誠実
honey [**hʌ**ni] [名] 蜂蜜, 貴方
honeycomb [**hʌ**nikoum] [名] 蜂の巣 [形] 蜂の巣状の
honeydew [**hʌ**nidyu:] [名] 糖液, 甘露
honeymoon [**hʌ**nimu:n] [名] 新婚旅行
honeysuckle [**hʌ**nisəkəl] [名] スイカズラ
Hong Kong [**hɔ:ŋ kɔ:ŋ**] [地] 香港 (中国の都市)
honk [haŋk] [名] 警笛の音 [動] 警笛を鳴らす
Hono**lu**lu [hanə**lu:**lu] [地] ホノルル (米国の都市)
honor [**a**nər] [名] 名誉
honorable [**a**nərəbl] [形] 立派な, 名誉ある
hono**rar**ium [anə**reər**iəm] [名] 報酬, 謝礼
honorary [**a**nəreri] [名] 名誉の, 名誉職の
hood [hud] [名] 頭巾, 外套のフード
hooded [**hu**dəd] [形] ずきんの付いている
hoodlum [**hud**ləm] [名] 暴漢, ギャング
hoof [huf] [名] ひずめ
hook [huk] [名] 鉤 [動] 鉤にかける
hooked [hukt] [形] 鉤状の
hoop [hu:p] [名] 輪状の物
hoo**ray** [hu**rei**] [感] 万歳, hurrah
hoot [hu:t] [名] やじる声 [動] やじる
hop [hap] [名] 跳躍 [動] 片足で走る
hope [houp] [名] 希望
hopeful [**houp**fl] [形] 希望する
hopefully [**houp**fəli] [副] 希望を持って, うまくいけば
hopeless [**houp**ləs] [形] 希望がない, 絶望的な
horde [hɔ:rd] [名] 遊牧民集団, 群れ
hor**i**zon [hə**rai**zn] [名] 地平線, 水平線, 視野

horizontal [hɔrəzantl] [形] 地平線の, 水平線の
horizontally [hɔrəzantəli] [副] 水平, 横に
hormone [hɔ:rmoun] [名] ホルモン
horn [hɔ:rn] [名] 角, 警笛
hornet [hɔ:rnət] [名] スズメバチ (虫), 意地悪
horoscope [hɔ:rəskoup] [名] 占星術, 星占い
horoscopic [hɔ:rəskapik] [形] 占星術の, 星占いの
horrendous [hɔ:rendəs] [形] 恐ろしい, ぞっとするような
horrible [hɔ:rəbl] [形] 恐ろしい, むごたらしい
horribly [hɔ:rəbli] [副] 恐ろしく, むごたらしく
horrid [hɔ:rəd] [形] ぞっとする
horrific [hɔ:rifik] [形] 恐ろしい, ぞっとする
horrify [hɔ:rəfai] [動] ぞっとさせる
horror [hɔ:rər] [名] 恐怖, 戦慄
horse [hɔ:rs] [名] 馬
horseback [hɔ:rsbæk] [名] 馬の背中
horseman [hɔ:rsmən] [名] 騎手
horsepower [hɔ:rspauər] [名] 馬力
horseradish [hɔ:rsrædiʃ] [名] ワサビダイコン
horse race [hɔ:rs reis] [名] 競馬のレース
horseshoe [hɔ:rsʃu:] [名] 馬蹄 [形] 馬蹄形の
horticulture [hɔ:rtəkəltʃər] [名] 園芸, 園芸学 (学問)
hose [houz] [名] 長い靴下, 水道用ホース
hospitable [haspitəbl] [形] 温かくもてなす
hospital [haspitl] [名] 病院
hospitality [haspətæləti] [名] 歓待
hospitalize [haspitəlaiz] [動] 入院させる
host [houst] [名] 宴会の主人, 司会者
hostage [hastidʒ] [名] 人質
hostel [hastl] [名] ユースホステル
hostess [houstəs] [名] 宴会の女主人, 接待婦
hostile [hastl] [形] 敵意を持った, 敵対する
hostility [hastiləti] [名] 敵意, 敵愾心, 敵対行為
hot [hat] [形] 暑い, 最近の
hot-blooded [hat blʌdəd] [形] 興奮しやすい
hot cake [hat keik] [名] ホットケーキ
hot dog [hat dɔ:g] [名] ホットドッグ
hotel [houtel] [名] ホテル
hot-headed [hat hedəd] [形] 短気な
hothouse [hathaus] [名] 温室
hotline [hatlain] [名] 緊急用直通電話回線
hotly [hatli] [副] 熱く, 激しく
hot spring [hat spriŋ] [名] 温泉
hound [haund] [名] 猟犬 (動物)
hour [auər] [名] 一時間, 時刻
hourly [auərli] [形] 毎時の [副] 毎時
house [haus] [名] 家, 住宅
household [haushould] [名] 家族, 世帯
housekeeper [hauski:pər] [名] 主婦
housekeeping [hauski:piŋ] [名] 家事
housemaid [hausmeid] [名] 家政婦, 下女
housetop [haustap] [名] 屋根
housewarming [hauswɔ:rmiŋ] [名] 引っ越し祝い
housewife [hauswaif] [名] 主婦
housework [hauswə:rk] [名] 家事
housing [hauziŋ] [名] 住宅の供給, 住宅
Houston [hyu:stən] [地] ヒューストン (米国の都市)
hover [hʌvər] [動] 空をくるくる回わる, うろうろする
how [hau] [副] どのようにして
however [hauevər] [接] しかし, ところが
howl [haul] [動] 長くほえる, 泣き叫ぶ
hub [hʌb] [名] 車輪のハブ, 中心
hubris [hyu:brəs] [名] 傲慢
huddle [hʌdl] [動] 群がる
hue [hyu:] [名] 色合い
huff [hʌf] [名] 立腹 [動] 腹を立てる
hug [hʌg] [動] ぎゅっと抱き締める
huge [hyu:dʒ] [形] 巨大な
hull [hʌl] [名] 外皮 [動] 皮をむく
hum [hʌm] [名] 鼻歌, ハミング [動] 鼻歌を歌う
human [hyu:mən] [形] 人間の, 人間的な
human being [hyu:mən bi:iŋ] [名] 人間
humane [hyumein] [形] 人情のある, 思いやりのある
humanism [hyu:mənizm] [名] 人間性, 人本主義
humanist [hyu:mənist] [名] 人道主義者
humanitarian [hyu:mænəteəriən] [名] 人道主義者 [形]人道主義の
humanity [hyumænəti] [名] 人間, 人類
humankind [hyu:mənkaind] [名] 人類
human nature [hyu:mən neitʃər] [名] 人間性
human resources [hyu:mən ri:sɔ:siz] [名] 人的資源
human rights [hyu:mən raits] [名] 人権
humble [hʌmbəl] [形] 卑しい, へりくだった
humbly [hʌmbli] [副] へりくだって
humdrum [hʌmdrəm] [名] 平凡, 退屈 [形] 平凡な
humid [hyu:məd] [形] 湿った, 湿気の多い
humidifier [hyu:midəfaiər] [名] 加湿器
humidity [hyu:midəti] [名] 湿気, 湿度
humiliate [hyu:milieit] [動] 恥をかかせる
humiliation [hyu:milieiʃən] [名] 侮辱, 屈辱
humiliator [hyu:milieitər] [名] 侮辱する人

humility [hyu:miləti] [名] 謙そん
humming [hʌmiŋ] [形] 鼻歌を歌う
humor [hyu:mər] [名] ユーモア, 滑稽, 諧謔
humorist [hyu:mərist] [名] ユーモア作家, 諧謔家
humorless [hyu:mərləs] [形] ユーモアがない
humorous [hyu:mərəs] [形] 滑稽な, 面白い
hump [hʌmp] [名] こぶ, 丘
humpback [hʌmpbæk] [名] せむし
hunch [hʌntʃ] [名] こぶ, かたまり [動] 背を丸める
hundred [hʌndrəd] [名] 100
hundredth [hʌndrədθ] [名] 百番目 [形] 百番目の
hung [hʌŋ] [動] hang (吊るす) の過去·過去分詞形
Hungarian [hʌŋgeəriən] [名] ハンガリー人 [形] ハンガリーの
Hungary [hʌŋgəri] [地] ハンガリー
hunger [hʌŋgər] [名] 飢餓, 飢え [動] 飢える
hungry [hʌŋgri] [形] 空腹な, 飢えた, 渇望する
hunt [hʌnt] [動] 狩る [名] 狩り
hunter [hʌntər] [名] 狩人
hunting [hʌntiŋ] [名] 狩り
hurdle [hə:rdl] [名] 障害物 [動] ハードルを飛び越える
hurl [hə:rl] [動] 力いっぱい投げる, 悪口を浴びせる
Huron [hyuəran] [地] ヒューロン湖 (五大湖の一つ)
hurray [hərei] [感] 万歳
hurricane [hə:rəkein] [名] ハリケーン, 大暴風
hurried [hə:rid] [形] 非常に急な
hurry [hə:ri] [動] 急ぐ [名] 非常に忙しいこと
hurt [hə:rt] [動] 傷つける [名] 苦痛, 傷
husband [hʌzbənd] [名] 夫
husbandry [hʌzbəndri] [名] 農業, 耕作, 節約
hush [hʌʃ] [名] 沈黙 [動] 静かにする
husk [hʌsk] [名] 皮, 外皮 [動] 皮をむく
husky [hʌski] [形] かすれた声の, 皮で覆われた
hustle [hʌsəl] [名] 騒動, 騒ぎ [動] 押し合う
hut [hʌt] [名] 小屋
hyacinth [haiəsinθ] [名] ヒヤシンスの花
hybrid [haibrəd] [名] 雑種, 混血児 [形] 雑種の
hydrant [haidrənt] [名] 消火栓
hydroelectric [haidrouilektrik] [形] 水力電気の
hydrogen [haidrədʒən] [名] 水素
hyena [haii:nə] [名] ハイエナ (動物), 残忍な人
hygiene [haidʒi:n] [名] 衛生法, 健康法
hygienic [haidʒenik] [形] 衛生的な, 健康に良い
hymn [him] [名] 賛美歌
hymnal [himnəl] [名] 賛美歌集 [形] 賛美歌の
hyperbole [haipə:rbəli:] [名] 誇張法, 誇張表現
hypertension [haipərtenʃən] [名] 過度の緊張, 高血圧
hyphen [haifən] [名] ハイフン (-)
hyphenate [haifəneit] [動] ハイフンでつなぐ
hyphenated [haifəneitəd] [形] ハイフンが付いた, 外国系の
hypnosis [hipnousəs] [名] 催眠状態, 催眠術
hypnotic [hipnatik] [名] 睡眠薬 [形] 催眠術の
hypnotism [hipnətizm] [名] 催眠術
hypnotize [hipnətaiz] [動] 催眠術をかける
hypochondria [haipəkandriə] [名] 憂うつ症
hypocrisy [hipakrəsi] [名] 偽善
hypocrite [hipəkrit] [名] 偽善者
hypocritical [hipəkritikəl] [形] 偽善的な, 偽善の
hypodermic [haipədə:rmik] [名] 皮下注射 [形] 皮下の
hypothesis [haipaθəsəs] [名] 仮説, 前提, 仮定
hypothetical [haipəθetikəl] [形] 仮説の, 仮定の
hysteria [histeəriə] [名] ヒステリー, 病的興奮
hysterical [histeərikəl] [形] ヒステリーの, 病的に興奮した
hysterics [histeəriks] [名] ヒステリー, 狂乱

I

I [ai] [代] 私は, 私が [名] 私
ice [ais] [名] 氷
iceberg [**ais**bə:rg] [名] 氷山
icebox [**ais**baks] [名] アイスボックス
ice cream [**ais** kri:m] [名] アイスクリーム
ice cube [**ais** kyu:b] [名] 角氷
ice-skate [**ais** skeit] [動] アイススケートをする
icicle [**ai**sikəl] [名] つらら
icing [**ai**siŋ] [名] 氷の皮膜
icon [**ai**kan] [名] 肖像画, 偶像
i**co**nic [ai**ka**nik] [形] 肖像画の, 偶像の
i**co**noclast [ai**ka**nəklæst] [名] 聖像破壊者, 因習打破主義者
icy [**ai**si] [形] 氷の, 冷たい
I'd [aid] [短] I would (had) の短縮形
Idaho [**ai**dəhou] [地] アイダホ (米国の州)
i**de**a [ai**di:**ə] [名] 考え, 意見, 概念
i**deal** [ai**di:l**] [名] 理想 [形] 理想的な
i**de**alism [ai**di:**əlizm] [名] 理想主義
i**de**alist [ai**di:**əlist] [名] 理想主義者
i**de**alize [ai**di:**əlaiz] [動] 理想化する, 理想的にする
i**de**ally [ai**di:**əli] [副] 理想的に, 観念的に
i**den**tical [ai**den**tikəl] [形] 同じ, 同一の
i**den**tifiable [ai**den**təfaiəbl] [形] 同一であることを証明できる
identifi**ca**tion [aidentəfə**kei**ʃən] [名] 同一人確認, 身分証明書
i**den**tify [ai**den**təfai] [動] 同一視する, 確認する
i**den**tity [ai**den**təti] [名] 個性, 正体, 身元, 同一性
ideo**lo**gical [aidiə**la**dʒikəl] [形] イデオロギーの, 観念的な
ideo**lo**gy [aidi**a**lədʒi] [名] イデオロギー, 観念形態
idiom [**i**diəm] [名] 慣用句
idio**ma**tic [idiə**mæ**tik] [形] ある言葉特有の, 独特の
idio**syn**crasy [idiə**siŋ**krəsi] [名] 個人の特質, 特異性
idiot [**i**diət] [名] 白痴, 馬鹿
idi**o**tic [idi**a**tik] [形] 精神薄弱の, 馬鹿な
idle [**ai**dl] [形] 怠惰な, 遊んでいる
idleness [**ai**dlnəs] [名] 怠惰, 無益
idly [**ai**dli] [副] 怠けて
idol [**ai**dl] [名] 偶像
i**do**latry [ai**da**lətri] [名] 偶像崇拝
idolize [**ai**dəlaiz] [動] 偶像化する, 崇拝する
i**dy**llic [ai**di**lik] [形] 魅力的な田舎風の
if [if] [接] もし~なら
ig**nite** [ig**nait**] [動] 点火する
ig**ni**tion [ig**ni**ʃən] [名] 点火, 発火
ig**no**ble [ig**nou**bəl] [形] 下品な, 卑しい
igno**mi**nious [ignə**mi**niəs] [形] 不名誉な, 卑劣な
igno**mi**niously [ignə**mi**niəsli] [副] 不名誉なことに, 卑劣に
ignominy [**ig**nəmini] [名] 不名誉
ignorance [**ig**nərəns] [名] 無知
ignorant [**ig**nərənt] [形] 無知な
ig**nore** [ig**nɔ:r**] [動] 無視する
ill [il] [名] 病, 悪 [形] 病気になった
I'll [ail] [短] I shall (will) の短縮形
il**le**gal [il**i:**gəl] [形] 不法の
il**le**gible [il**e**dʒəbl] [形] 読みにくい
ille**gi**timate [ili**dʒi**təmət] [形] 違法の [動] 不法化する
ill-**fa**ted [il **fei**təd] [形] 不運な, 不幸な
il**li**cit [il**i**sət] [形] 不正な, 違法の, 禁止された
Illi**nois** [ili**nɔi**] [地] イリノイ (米国の州)
il**li**teracy [il**i**tərəsi] [名] 文盲, 無学, 無教育
il**li**terate [il**i**tərət] [名] 文盲者 [形] 文盲の
ill-**ma**nnered [il **mæ**nərd] [形] 行儀の悪い, 失礼な
ill-**na**tured [il **nei**tʃərd] [形] 意地悪な, 歪んだ
illness [**il**nəs] [名] 病気
il**lo**gical [il**a**dʒikəl] [形] 非論理的な, 不合理な
il**lu**minate [il**u:**məneit] [動] 照らし出す, 説明する
illumi**na**tion [ilu:mə**nei**ʃən] [名] 照明, 説明
il**lu**minator [il**u:**məneitər] [名] 啓蒙家, 教化者
il**lu**sion [il**u:**ʒən] [名] 幻想
il**lu**sory [il**u:**səri] [形] 幻想的な, 架空の
illustrate [**il**əstreit] [動] 図解する
illus**tra**tion [iləs**trei**ʃən] [名] 挿絵, 図解
illustrative [**il**əstrətiv] [形] 説明的な, 例証する
illustrator [**il**əstrietər] [名] 挿絵画家, 例証する人
il**lus**trious [il**ʌs**triəs] [形] 顕著な, 著名な, 輝く
I'm [aim] [短] I am の短縮形
image [**i**midʒ] [名] 像, 姿, 概念
imagery [**i**midʒri] [名] 形象, 心象, 比喩
i**ma**ginable [i**mæ**dʒənəbl] [形] 想像できる
i**ma**ginary [i**mæ**dʒəneri] [形] 想像の
imagi**na**tion [imædʒə**nei**ʃən] [名] 想像, 想像力
i**ma**ginative [i**mæ**dʒənətiv] [形] 想像的な, 空想的な
i**ma**gine [i**mæ**dʒən] [動] 想像する
im**ba**lance [im**bæ**ləns] [名] 不均衡, 不安定
imbecile [**im**bəsəl] [名] 精神薄弱者 [形] 精神薄弱の
im**bibe** [im**baib**] [動] 飲む, 吸収する
im**bue** [im**byu:**] [動] 鼓吹する, 染み込ませる
imitate [**i**məteit] [動] 真似る
imi**ta**tion [imə**tei**ʃən] [名] 模倣

immaculate [imækyələt] [形] 欠点のない, 清浄な, 純潔な
immaterial [imətiəriəl] [形] 無形の, とるに足らない
immature [imətyuər] [形] 未熟な, 未完成の
immeasurable [imeʒərəbl] [形] 測量できない, 無限の
immediate [imi:diət] [形] 即時の, 直接の, 近所の
immediately [imi:diətli] [副] 直ちに
immemorial [iməmɔ:riəl] [形] 記憶がない, 太古の
immense [imens] [形] 巨大な
immensely [imensli] [副] 広大に, 無限に
immerse [imə:rs] [動] 浸す, 没頭させる
immigrant [iməgrənt] [名] 移民者, 移住者
immigrate [iməgreit] [動] 移住してくる
immigration [iməgreiʃən] [名] 移住, 移民
imminent [imənənt] [形] 差し迫った, 切迫した
imminently [imənəntli] [副] 差し迫って
immobile [imoubəl] [形] 動くことができない, 不動の
immobilize [imoubəlaiz] [動] 固定させる
immoral [imɔ:rəl] [形] 不道徳な, 不倫の, わいせつな
immortal [imɔ:rtl] [形] 不滅の [名] 不死身
immortality [imɔ:rtæləti] [名] 不死, 永遠, 永遠の命
immortalize [imɔ:rtəlaiz] [動] 不滅にする, 永続させる
immovable [imu:vəbl] [名] 不動産 [形] 動くことができない
immune [imyu:n] [名] 免疫者 [形] 免疫の
immunity [imyu:nəti] [名] 免疫, 免除
immunize [imyənaiz] [動] 免疫させる
immutable [imyu:təbl] [形] 不変の
imp [imp] [名] 小鬼, いたずらっ子
impact [impækt] [名] 衝突, 衝撃 [動] 激突する
impair [impeər] [動] 弱くする, 悪化させる, 損傷させる
impairment [impeərmənt] [名] 悪化, 損傷
impart [impa:rt] [動] 知らせる, 分けてくれる
impartial [impa:rʃəl] [形] 偏見のない, 公平な
impasse [impæs] [名] 窮地, 難局
impassive [impæsiv] [形] 無表情な, 無感動の
impatience [impeiʃəns] [名] 我慢できないこと, 性急
impatient [impeiʃənt] [形] 我慢できない
impatiently [impeiʃəntli] [副] 我慢できなくて
impeach [impi:tʃ] [動] 弾劾する, 告発する
impeachment [impi:tʃmənt] [名] 弾劾, 告発
impeccable [impekəbl] [形] 欠点がない, 文句なしの
impeccably [impekəbli] [副] 申し分なく
impecunious [impikyu:nyəs] [形] 無一文の
impede [impi:d] [動] 妨げる, じゃまする
impediment [impedəmənt] [名] 身体(言語) 障害, 妨害, 障害
impel [impel] [動] 強いて~させる, 推し進める

impending [impendiŋ] [形] 差し迫った
impenetrable [impenətrəbl] [形] 突き通せない
imperative [imperətiv] [名] 命令, 命令法 (文法) [形] 命令の
imperceptible [impərseptəbl] [形] 微細な, 知覚できない
imperceptibly [impərseptəbli] [副] 微細に
imperfect [impə:rfikt] [形] 不完全な
imperfection [impə:rfekʃən] [名] 欠点, 欠陥, 不十分
imperfectly [impə:rfiktli] [副] 不完全に
imperial [impiəriəl] [形] 帝国の, 支配する
imperialism [impiəriəlizm] [名] 帝国主義, 侵略主義
imperious [impiəriəs] [形] 傲慢な, 緊急な
impersonal [impə:rsənəl] [名] 非人称動詞 (文法) [形] 非人格的な
impersonate [impə:rsəneit] [動] 真似をする, 擬人化する
impersonation [impə:rsəneiʃən] [名] 真似, 偽装, 擬人化
impersonator [impə:rsəneitər] [名] 扮装者, 演技者, 俳優
impertinence [impə:rtənəns] [名] 生意気, 無礼, 不適当
impertinent [impə:rtənənt] [形] 生意気な, 無礼な, 不適切な
impertinently [impə:rtənəntli] [副] 生意気に
impervious [impə:rviəs] [形] 不浸透性の, 通過できない
imperviously [impə:rviəsli] [副] 通過できないように, 無感覚に
impetuous [impetʃuəs] [形] 性急な, 衝動的な
impetuously [impetʃuəsli] [副] 性急に, 衝動的に
impetus [impətəs] [名] 力, 慣性, 刺激
impinge [impindʒ] [動] 殴る, 衝突する, 侵害する
implacable [implækəbl] [形] 和解しにくい, 恨み深い
implant [implænt] [名] 移植された組織 [動] 移植する
implement [impləmənt] [名] 道具, ツール
implement [impləment] [動] 実施する
implicate [impləkeit] [動] 関係させる, 巻き込む
implication [impləkeiʃən] [名] 含み , 暗示, 連累
implicative [impləkeitiv] [形] 含みのある, 含蓄的な
implicit [implisət] [形] 暗黙の, 絶対的な, 含蓄的な
implore [implɔ:r] [動] 哀願する, 嘆願する
imploring [implɔ:riŋ] [形] 哀願する, 嘆願する
imply [implai] [動] 暗示する
impolite [impəlait] [形] 無礼な, 失礼の
import [impɔ:rt] [名] 輸入, 輸入品
import [impɔ:rt] [動] 輸入する
importance [impɔ:rtəns] [名] 重要性
important [impɔ:rtənt] [形] 重要な
importation [impɔ:rteiʃən] [名] 輸入, 輸入品
importune [impərtyu:n] [動] しつこく求める
impose [impouz] [動] 課する
imposing [impouziŋ] [形] 印象的な, 他人の目を引く
imposition [impəziʃən] [名] 賦課, 賦課物, 負担

impossi**bi**lity [impasə**bi**ləti] [名] 不可能
im**po**ssible [im**pa**səbl] [形] 不可能な
impotence [**im**pətəns] [名] 無力, 無能, 性的無能力
impotent [**im**pətənt] [形] 無力な, 性的能力がない
im**pound** [im**paund**] [動] 没収する, 監禁する
im**po**verish [im**pa**vəriʃ] [動] 貧しくする
im**po**verished [im**pa**vəriʃt] [形] 貧乏になった, 乾いた
im**prac**ticable [im**præk**tikəbl] [形] 実行できない
im**prac**tical [im**præk**tikəl] [形] 実行不可能な
im**preg**nable [im**preg**nəbl] [形] 難攻不落の
im**preg**nate [im**preg**neit] [動] 妊娠させる, しみ込ませる
impre**sa**rio [imprə**sa:**riou] [名] 公演を主管する人
im**press** [im**pres**] [動] 感動させる, 印象づける
im**pres**sion [im**pre**ʃən] [名] 感銘, 印象
im**pres**sionable [im**pre**ʃənəbl] [形] 感受性が強い
im**pres**sionist [im**pre**ʃənist] [名] 印象派, 印象派の芸術家
im**pres**sive [im**pre**siv] [形] 感動的な
im**print** [im**print**] [名] 跡 [動] 強く印象図ける
im**pri**son [im**pri**zn] [動] 投獄する, 監禁する
im**pri**sonment [im**pri**znmənt] [名] 投獄, 監禁
improba**bi**lity [imprabə**bi**ləti] [名] 本当らしくないこと
im**pro**bable [im**pra**bəbl] [形] 事実らしくない
im**pro**bably [im**pra**bəbli] [副] ありそうにもなく
im**promp**tu [im**pramp**tu] [名] 即興の演説 [形] 即席の
im**pro**per [im**pra**pər] [形] 不適当な, 誤った
im**prove** [im**pru:v**] [動] 改善(改良, 向上)する
im**prove**ment [im**pru:v**mənt] [名] 改善, 改良, 向上
improvise [**im**prəvaiz] [動] 即席で作る
im**pru**dence [im**pru:**dəns] [名] 軽率, 無分別
im**pru**dent [im**pru:**dənt] [形] 軽率な, 無分別な
impudent [**im**pyədənt] [形] ずうずうしい
impudently [**im**pyədəntli] [副] 厚かましく
im**pugn** [im**pyu:n**] [動] 攻撃する, 異議を申し立てる
impulse [**im**pəls] [名] 衝動, 衝撃
im**pul**sive [im**pʌl**siv] [形] 衝動的な, 刺激的な
im**pul**sively [im**pʌl**sivli] [副] 衝動的に
im**pu**nity [im**pyu:**nəti] [名] 刑罰を免れること
im**pure** [im**pyuər**] [形] 不潔な, 不純な
im**pu**rity [im**pyuə**rəti] [名] 不純, 不潔
im**pute** [im**pyu:t**] [動] ~のせいにする, 告訴する
in [in] [前] ~の中に
ina**bi**lity [inə**bi**ləti] [名] 無能, 無力
inac**ces**sible [inæk**se**səbl] [形] 接近しにくい
in**ac**curacy [in**æ**kyərəsi] [名] 不正確
in**ac**curate [in**æ**kyərət] [形] 不正確な, 間違った
in**ac**tive [in**æk**tiv] [形] 活動しない, 怠惰な
in**a**dequate [in**æ**dikwət] [形] 不適当な
in**a**dequately [in**æ**dikwətli] [副] 不適当に
inad**ver**tent [inəd**və:r**tənt] [形] 故意ではない, 不注意な
in**a**lienable [in**ei**lyənəbl] [形] 神聖な(権利)
in**ane** [in**ein**] [名] 空虚 [形] 空虚な, 愚かな
in**a**nimate [in**æ**nəmət] [形] 生命がない, 活気のない
inap**pro**priate [inə**prou**priət] [形] 不適当な, 似合わない
inar**ti**culate [ina:r**ti**kyələt] [形] 発音がはっきりしていない
in**au**gural [in**ɔ:**gyərəl] [名] 就任式 [形] 就任式の
in**au**gurate [in**ɔ:**gyəreit] [動] 開始する, 就任させる
inaugu**ra**tion [inɔ:gyə**rei**ʃən] [名] 開始, 就任式, 開会式
inborn [**in**bɔ:rn] [形] 生まれつきの, 先天的な
Inc. [ink] [形] incorporated(法人組織の)の略字
Inca [**iŋ**kə] [名] インカ人, インカ族
incan**des**cent [inkən**de**snt] [形] 輝く
incan**ta**tion [inkæn**tei**ʃən] [名] 呪文, 魔法, 魔術
in**ca**pable [in**kei**pəbl] [形] ~ができない, 無能な
inca**pa**citate [inkə**pæ**səteit] [動] 無能にする
inca**pa**city [inkə**pæ**səti] [名] 無能力, 無力, 不適格
in**car**cerate [in**ka:r**səreit] [形] 投獄された [動] 投獄する
in**car**nate [in**ka:r**neit] [形] 肉体を備えた [動] 肉体を与える
incar**na**tion [inka:r**nei**ʃən] [名] 肉体化, 人間化
in**cen**diary [in**sen**dieri] [形] 放火の, 扇動的な
incense [**in**sens] [名] 香 [動] 香をたく
in**cen**tive [in**sen**tiv] [名] 刺激, 誘因 [形] 刺激的な
in**cep**tion [in**sep**ʃən] [名] 始め, 開始
in**ce**ssant [in**se**sənt] [形] 絶え間ない
in**ce**ssantly [in**se**səntli] [副] 絶えず
inch [intʃ] [名] インチ
Inchon [**in**tʃən] [地] 仁川 (韓国の都市)
incidence [**in**sədəns] [名] 影響範囲, 発生, 発生率
incident [**in**sədənt] [名] 事件, 出来事
inci**den**tal [insə**den**tl] [名] 付随的な仕事 [形] 付随的な
inci**den**tally [insə**den**təli] [副] 付随的に, 偶然に
in**ci**nerate [in**si**nəreit] [動] 燃えて灰になる
in**ci**pient [in**si**piənt] [形] 初期の, 始めの
in**cised** [in**saizd**] [形] 切り込んだ, 彫刻した
in**ci**sion [in**si**ʒən] [名] 切り目, 切り口
in**ci**sive [in**sai**siv] [形] 鋭い, 辛辣な
in**cite** [in**sait**] [動] 激励(刺激, 扇動)する
in**cite**ment [in**sait**mənt] [名] 激励, 刺激, 扇動
incli**na**tion [inklə**nei**ʃən] [名] 傾き, 傾斜, 傾向
in**cline** [in**klain**] [動] 傾く, 傾斜する
in**close** [in**klouz**] [動] enclose (取り囲む)

include [inklu:d] [動] 含む
including [inklu:diŋ] [前] ~を含んで
inclusion [inklu:ʒən] [名] 包含すること, 含有物
inclusive [inklu:siv] [形] 含めた, 包括的な
inclusively [inklu:sivli] [副] 含めて
incognito [inkagnitou] [名] 匿名 [形] 匿名の [副] 匿名で
income [inkəm] [名] 収入, 所得
income tax [inkəm tæks] [名] 所得税
incomparable [inkampərəbl] [形] 比べものにならない
incompatible [inkəmpætəbl] [形] 両立できない, 相反する
incompetent [inkampətənt] [名] 無能力者 [形] 無能な
incomplete [inkəmpli:t] [形] 不完全な, 未完成の
incomprehensible [inkamprihensəbl] [形] 理解できない
inconceivable [inkənsi:vəbl] [形] 考えられない, 信じられない
incongruous [inkaŋgruəs] [形] 一致しない, 矛盾した
inconsistency [inkənsistənsi] [名] 不一致, 矛盾
inconsistent [inkənsistənt] [形] 一貫性がない, 調和されていない
inconvenience [inkənvi:nyəns] [名] 不便
inconvenient [inkənvi:nyənt] [形] 不便な
inconveniently [inkənvi:nyəntli] [副] 不便に
incorporate [inkɔ:rpəreit] [形] 法人の [動] 法人組織化する
incorporated [inkɔ:rpəreitəd] [形] 法人組織の, 株式会社の
incorporation [inkɔ:rpəreiʃən] [名] 合体, 結合, 法人組織
incorrect [inkərekt] [形] 間違った
incorrigible [inkɔ:rədʒəbl] [形] 矯正できない
increase [inkri:s] [動] 増える, 増加する
increase [inkri:s] [名] 増加, 上昇
increasingly [inkri:siŋli] [副] ますます, より一層
incredible [inkredəbl] [形] 信じられない
incredulous [inkredʒələs] [形] 疑い深い, 懐疑的な
increment [inkrəmənt] [名] 増分, 増加, 増額
incriminate [inkriməneit] [動] 訴える, 有罪とする
inculcate [inkʌlkeit] [動] 繰り返して教え込む
incumbent [inkʌmbənt] [名] 在職者 [形] 現職の
incur [inkə:r] [動] 招く, ~される
incursion [inkə:rʒən] [名] 敵国の侵入, 襲撃
indebted [indetəd] [形] 負債がある
indeed [indi:d] [副] 本当に, 実際に
indefinite [indefənət] [形] 不明確な, 無期限の
indefinite article [indefənət a:rtikəl] [名] 不定冠詞
indefinitely [indefənətli] [副] 漠然と, 無期限に
indelible [indeləbl] [形] 消すことができない, 忘れられない
indemnify [indemnəfai] [動] 弁償する
indemnity [indemnəti] [名] 弁償, 賠償, 賠償金
indent [indent] [名] 刻み目 [動] 刻み目をつける
indented [indentəd] [形] 刻まれた
independence [indəpendəns] [名] 独立, 自立
independent [indəpendənt] [形] 独立の [名] 独立した人
independently [indəpendəntli] [副] 独立して
indescribable [indiskraibəbl] [形] 明確に表現できない, 漠然とした
index [indeks] [名] 指標, 索引, 指数
index finger [indeks fiŋgər] [名] 人さし指
India [indiə] [地] インド
Indian [indiən] [名] インディアン, インド人 [形] インドの
Indiana [indiænə] [地] インディアナ (米国の州)
Indianapolis [indiənæpəlis] [地] インディアナポリス (米国の都市)
indicate [indəkeit] [動] 示す, 暗示する
indication [indəkeiʃən] [名] 指示, 徴候
indicative [indikətiv] [名] 直說法 (文法) [形] 指示(表示)する
indicator [indəkeitər] [名] 指示者, 尺度
indict [indait] [動] 起訴する, 告発する
indictment [indaitmənt] [名] 起訴, 告発
Indies [indi:z] [地] インド･インドシナの総称
indifference [indifərəns] [名] 無関心, 冷淡
indifferent [indifərənt] [形] 無関心な, 公平な
indifferently [indifərəntli] [副] 無関心に, 公平に
indigenous [indidʒənəs] [形] 土着の, 固有の, 生まれつきの
indigenously [indidʒənəsli] [副] 固有に
indigent [indidʒənt] [形] 貧しい
indigently [indidʒəntli] [副] 貧しく
indigestible [indidʒestəbl] [形] 消化不良の
indigestion [indidʒestʃən] [名] 消化不良
indignant [indignənt] [形] 怒った, 憤慨した
indignation [indigneiʃən] [名] 憤り, 憤慨
indignity [indignəti] [名] 軽蔑, 侮辱, 無礼
indigo [indigou] [名] インディゴ, 藍色 [形] 藍色の
indirect [indərekt] [形] 間接的な, 迂回的な
indirectly [indərektli] [副] 間接的に
indiscreet [indiskri:t] [形] 無分別な, 軽率な
indiscretion [indiskreʃən] [名] 無分別, 軽率
indiscriminate [indiskrimənət] [形] 無差別の
indiscriminately [indiskrimənətli] [副] 無差別に
indispensability [indispensəbiləti] [名] 必須, 緊要
indispensable [indispensəbl] [形] 不可欠な
indispose [indispouz] [動] いやにならせる
indisposed [indispouzd] [形] 気が向かない
indisposition [indispəziʃən] [名] 不快, 軽い病気, 気が向かないこと
individual [indəvidʒuəl] [形] 個人的な [名] 個人, 人
individualism [indəvidʒuəlizm] [名] 個人主義, 個性
individualist [indəvidʒuəlist] [名] 個人主義者

individuality [indəvidʒuæləti] [名] 個性, 個別性
individually [indəvidʒuəli] [副] 個別に, 個人的に
indivisible [indivizəbl] [形] 分割できない
Indochina [indoutʃainə] [地] インドシナ
indoctrinate [indaktrəneit] [動] 教え込む, 吹き込む
indoctrination [indaktrəneiʃən] [名] 教化, 洗脳
indolence [indələns] [名] 怠け, 無痛
indolent [indələnt] [形] 怠惰な, 無痛性の
indolently [indələntli] [副] 怠惰に
indomitable [indamətəbl] [形] 屈しない, 不屈の
Indonesia [indouni:ʒə] [地] インドネシア
indoor [indɔ:r] [形] 室内の
indoors [indɔ:rz] [副] 室内で
induce [indyu:s] [動] 説得して~させる
inducement [indyu:smənt] [名] 勧誘, 誘引
induct [indʌkt] [動] 案内する, 就任させる
induction [indʌkʃən] [名] 就任, 誘導, 帰納
indulge [indʌldʒ] [動] 好きなようにさせる
indulgence [indʌldʒəns] [名] 耽溺, 放縦
indulgent [indʌldʒənt] [形] 甘やかす, 寛大な
industrial [indʌstriəl] [形] 産業の, 工業の
industrialization [indəstriələzeiʃən] [名] 産業化, 工業化
industrialize [indʌstriəlaiz] [動] 産業(工業)化する
industrious [indʌstriəs] [形] 勤勉な
industriously [indʌstriəsli] [副] 勤勉に
industry [indəstri] [名] 産業, 工業, 勤勉
ineffable [inefəbl] [形] 言葉で表現できない
ineluctable [inilʌktəbl] [形] 避けられない
inept [inept] [形] 不向きの, 愚かな
inequality [inikwaləti] [名] 不平等, 不均衡, 格差
inequity [inekwəti] [名] 不公平, 不公正
ineradicable [inirædikəbl] [形] 根絶できない
inert [inə:rt] [形] 活発でない
inertia [inə:rʃə] [名] 無気力, 慣性, 惰性
inescapable [inəskeipəbl] [形] 避けられない, 不可避の
inestimable [inestəməbl] [形] 評価できない
inevitable [inevətəbl] [形] 避けられない, 必然的な
inevitably [inevətəbli] [副] 必然的に
inexhaustible [inigzɔ:stəbl] [形] 疲れを知らない
inexorable [ineksərəbl] [形] 冷酷な, 無情の
inexpedient [inikspi:diənt] [形] ふさわしくない
inexpensive [inikspensiv] [形] 安価な, 費用のかからない
inexpensively [inikspensivli] [副] 安く
inexperienced [inikspiəriənst] [形] 経験がない, 未熟な
inexplicable [iniksplikəbl] [形] 説明しにくい
infallible [infæləbl] [形] 誤りが全くない
infamous [infəməs] [形] 悪名高い, 評判の悪い
infamy [infəmi] [名] 不名誉, 破廉恥, 醜行
infancy [infənsi] [名] 幼年期, 初期
infant [infənt] [名] 幼児 [形] 幼児の
infantile [infəntail] [形] 子供のような, 幼稚な, 幼児の
infantry [infəntri] [名] 歩兵
infatuate [infætʃueit] [動] 夢中にさせる
infatuated [infætʃueitəd] [形] 夢中な, 理性を失った
infatuation [infætʃueiʃən] [名] 心酔
infect [infekt] [動] 感染させる, 影響を与える
infection [infekʃən] [名] 感染, 伝染病
infectious [infekʃəs] [形] 伝染性の, 伝染病の
infer [infə:r] [動] 推論する, 推測する, 推定する
inference [infərəns] [名] 推論, 推測, 推定
inferior [infiəriər] [形] ~より劣る, 劣等な, 下の
inferiority [infəriɔ:rəti] [名] 下位, 劣等
infernal [infə:rnəl] [形] 地獄の, 地獄のような
inferno [infə:rnou] [名] 地獄
infest [infest] [動] 蔓延している, 横行する
infidel [infədl] [名] 無神論者, 異教徒
infidelity [infədeləti] [名] 無信仰, 否定
infield [infi:ld] [名] 内野 (野球), 内野手
infiltrate [infiltreit] [動] 染み込む, 浸透する
infinite [infənət] [形] 無限の, 莫大な
infinitely [infənətli] [副] 無限に, 限りなく
infinitesimal [infinətesəməl] [名] 極微量 [形] 極小の
infinitive [infinətiv] [名] 不定詞
infinity [infinəti] [名] 無限, 無窮
infirm [infə:rm] [形] 虚弱な, 優柔不断な
infirmity [infə:rməti] [名] 虚弱, 優柔不断
inflame [infleim] [動] 火をつける, 扇動する
inflammable [inflæməbl] [名] 可燃性物質 [形] 火がつきやすい
inflammation [infləmeiʃən] [名] 点火, 発火, 燃焼
inflammatory [inflæmətɔ:ri] [形] 火のような, 扇動的な
inflatable [infleitəbl] [形] 膨張性の
inflate [infleit] [動] 膨らませる, 膨張させる
inflation [infleiʃən] [名] 膨張, インフレーション
inflationary [infleiʃəneri] [形] インフレの
inflect [inflect] [動] 曲げる, 声の調子を変える
inflection [inflekʃən] [名] 音調の変化, 屈曲
inflict [inflict] [動] 苦痛を与える, 負担させる
influence [influəns] [名] 影響 [動] 影響を与える
influential [influenʃəl] [形] 影響を及ぼす, 有力な
influenza [influenzə] [名] 流感, インフルエンザ

influx [infləks] [名] 流入, 殺到
inform [infɔ:rm] [動] 知らせる, 通知する
informal [infɔ:rməl] [形] 非公式の, 形式ばらない
informality [infɔ:rmæləti] [名] 非公式, 略式
informant [infɔ:rmənt] [名] 通報者, 密告者
information [infə:rmeiʃən] [名] 情報, 伝達
informative [infɔ:rmətiv] [形] 情報を与える, 有益な
informed [infɔ:rmd] [形] 有識な, 事情に詳しい
infract [infrækt] [動] 破る, 犯す
infraction [infrækʃən] [名] 違反, 裏切り, 侵犯
infrastructure [infrəstrəktʃər] [名] 下部組織, 下部構造, 基盤
infringe [infrindʒ] [動] 違反する, 侵害する
infuriate [infyuərieit] [形] 激怒した [動] 激怒させる
infuse [infyu:z] [動] 注入する, 吹き込む
infusion [infyu:ʒən] [名] 注入, 鼓吹
ingenious [indʒi:nyəs] [形] 賢い, 才能がある, 精巧な
ingenuity [indʒənyu:əti] [名] 創意, 器用, 巧妙
ingenuous [indʒenyu:əs] [形] 率直な, 無邪気な
ingest [indʒest] [動] 摂取する
ingrained [ingreind] [形] 深く染み込んだ, 徹底した
ingratiate [ingreiʃieit] [動] 機嫌を合わせる
ingratitude [ingrætətyu:d] [名] 恩知らず
ingredient [ingri:diənt] [名] 成分, 要素
inhabit [inhæbət] [動] 住む, 占める
inhabitant [inhæbətənt] [名] 居住者, 住民
inhabited [inhæbətəd] [形] 人が住んでいる
inhale [inheil] [動] 吸い込む
inherent [inhiərənt] [形] 生まれつきの, 固有の
inherently [inhiərəntli] [副] 先天的に
inherit [inheərət] [動] 相続する, 遺伝する
inheritance [inheərətəns] [名] 相続, 相続権, 遺伝
inhibit [inhibət] [動] 禁じる, 抑制する
inhibited [inhibətəd] [形] 抑制された, 抑圧された
inhibition [inhibiʃən] [名] 禁止, 抑制
inhospitable [inhaspitəbl] [形] 不親切な, 荒涼とした
inhuman [inhyu:mən] [形] 無慈悲な, 非人間的な
inimical [inimikəl] [形] 有害な, 敵対的な
inimitable [inimitəbl] [形] 真似のできない, 最高の
iniquity [inikwəti] [名] 不正, 不法
initial [iniʃəl] [形] 初期の [名] 頭文字, イニシャル
initially [iniʃəli] [副] 最初に
initiate [iniʃieit] [動] 着手する, 発議する
initiation [iniʃieiʃən] [名] 着手, 入会
initiative [iniʃətiv] [名] 主導, 率先
inject [indʒekt] [動] 注入(注射)する, さしはさむ
injection [indʒekʃən] [名] 注入, 注射
injunction [indʒʌŋkʃən] [名] 禁止命令, 命令
injure [indʒər] [動] 傷つける, 傷を負わせる
injurious [indʒuəriəs] [形] 有害な, 傷を与える
injury [indʒəri] [名] 負傷, 傷
injustice [indʒʌstəs] [名] 不正, 不公平
ink [iŋk] [名] インク
inkling [iŋkliŋ] [名] 暗示
inlaid [inleid] [形] はめ込んだ
inland [inlənd] [形] 内陸の, 国内の
inlet [inlet] [名] 内海, 入り口, 挿入物
inmate [inmeit] [名] 入院患者, 囚人, 同居人
inn [in] [名] 旅館, 宿屋
innate [ineit] [形] 生まれつきの, 先天的な
inner [inər] [形] 内部の, 内面的な
innermost [inərmoust] [名] 最も深いところ [形] 最も深い
inning [iniŋ] [名] 野球のイニング, 回
innkeeper [inki:pər] [名] 宿屋の主人
innocence [inəsəns] [名] 純潔, 無罪, 無邪気
innocent [inəsənt] [形] 純潔な, 罪のない
innocuous [inakyuəs] [形] 無害の, 無毒の
innovation [inəveiʃən] [名] 革新, 刷新
innuendo [inyəwendou] [名] 風刺, 暗示 [動] 暗示する
innumerable [inyu:mərəbl] [形] 無数の
inoculate [inakyəleit] [動] 予防接種をする
inoculation [inakyəleiʃən] [名] 予防接種, 植えつけ
inordinate [inɔ:rdənət] [形] 過度な, 不合理な
inorganic [inɔ:rgænik] [形] 無生物の, 無機の
input [input] [名] 入力, 投入
inquest [inkwest] [名] 審問, 検死
inquire [inkwaiər] [動] 問う, 質問する
inquirer [inkwaiərər] [名] 尋問する人
inquiry [inkwaiəri] [名] 問い合わせ, 質問, 調査
inquisition [inkwiziʃən] [名] 調査, 尋問
inquisitive [inkwizətiv] [形] 好奇心が強い
inroad [inroud] [名] 侵害, 蚕食
insane [insein] [形] 狂った, 非常に愚かな
insanity [insænəti] [名] 精神障害, 狂気
insatiable [inseiʃəbl] [形] 強欲な, 貪欲な
inscribe [inskraib] [動] 刻む, 登録する
inscription [inskripʃən] [名] 銘刻, 碑文
insect [insekt] [名] 昆虫, 虫
insecticide [insektəsaid] [名] 殺虫, 殺虫剤
inseminate [inseməneit] [動] 種をまく, 授精する
insemination [inseməneiʃən] [名] 種まき, 授精

insensibility [insensəbiləti] [名] 無感覚, 鈍感, 無神経
insensible [insensəbl] [形] 無感覚な, 感受性がない
insensitive [insensətiv] [形] 無感覚な, 鈍感な
insensitivity [insensətivəti] [名] 無感覚, 鈍感
inseparable [inseprəbl] [形] 分離できない, 分けられない
insert [insə:rt] [名] 挿入物
insert [insə:rt] [動] 挿入する
inserted [insə:rtəd] [形] 挿入した
insertion [insə:rʃən] [名] 挿入, 挿入物
inside [insaid] [形] 内部の [副] 内部に [名] 内部
insidious [insidiəs] [形] 油断のならない, 陰険な
insidiously [insidiəsli] [副] 陰険に
insight [insait] [名] 識見, 洞察力
insignificance [insignifikəns] [名] 取るに足らない事, 無意味な事
insignificant [insignifikənt] [形] つまらない, 無意味な
insincere [insinsiər] [形] 不誠実な, 偽りの
insincerity [insinseərəti] [名] 不誠実, 偽善
insinuate [insinyueit] [動] それとなく言う, 暗示する
insinuation [insinyueiʃən] [名] ほのめかし, 暗示
insipid [insipəd] [形] おもしろくない, 風味のない, 気の抜けた
insipidly [insipədli] [副] つまらなく, 無味乾燥に
insist [insist] [動] 主張する, 強調する
insistence [insistəns] [名] 主張, 強調
insistent [insistənt] [形] 主張する, 力説する
insolence [insələns] [名] 傲慢, 無礼
insolent [insələnt] [形] 傲慢な, 無礼な
insoluble [insalyəbl] [形] 溶解しない, 解けない
insomnia [insamniə] [名] 不眠, 不眠症
insouciant [insu:siənt] [形] 無関心な, のんきな
inspect [inspekt] [動] 調査する, 検査する
inspection [inspekʃən] [名] 調査, 検査
inspector [inspektər] [名] 調査官, 検査官
inspiration [inspəreiʃən] [名] 感化, 霊感, 名案
inspire [inspaiər] [動] 感動させる
inspired [inspaiərd] [形] 霊感を受けた
instability [instəbiləti] [名] 不安定, 気まぐれ
install [instɔ:l] [動] 設置する, 就任させる
installation [instəleiʃən] [名] 設置, 装置
installment [instɔ:lmənt] [名] 割賦, 一回払込金
instance [instəns] [名] 場合, 例
instant [instənt] [形] 即時の, 瞬間の [名] 即時, 瞬間
instantaneous [instənteiniəs] [形] 即時の, 瞬間の, 同時的な
instantly [instəntli] [副] 即時, 瞬間的に
instead [instead] [副] 代わりに
instigate [instəgeit] [動] そそのかす, 扇動する
instigation [instəgeiʃən] [名] そそのかし, 扇動
instill [instil] [動] 思想を注入する
instinct [instiŋkt] [名] 本能, 素質
instinctive [instiŋktiv] [形] 本能的な
institute [instətyu:t] [名] 制度, 協会 [動] 設立する
institution [instətyu:ʃən] [名] 制度, 協会, 設立
institutional [instətyu:ʃənəl] [形] 制度上の, 協会の
instruct [instrʌkt] [動] 指示する, 教える
instruction [instrʌkʃən] [名] 指示, 教育
instructive [instrʌktiv] [形] 教育的な, 有益な
instructor [instrʌktər] [名] 教師, 指導者, 大学講師
instrument [instrəmənt] [名] 手段, 道具, 楽器
instrumental [instrəmentl] [形] 手段となる, 器具の
insufferable [insʌfərəbl] [形] 我慢できない
insufficiency [insəfiʃənsi] [名] 不足, 不十分
insufficient [insəfiʃənt] [形] 不足な, 不十分な
insular [insələr] [形] 島の, 島に住む, 偏狭な
insulate [insəleit] [動] 隔離させる, 絶縁する
insulated [insəleitəd] [形] 隔離された, 絶縁された
insulation [insəleiʃən] [名] 隔離, 絶縁, 断熱材
insulator [insəleitər] [名] 隔離物, 絶縁体
insulin [insələn] [名] インスリン(糖尿病薬)
insult [insʌlt] [名] 侮辱 [動] 侮辱する
insulting [insʌltiŋ] [形] 侮辱の, 無礼な
insuperable [insu:pərəbl] [形] 克服できない
insurance [inʃuərəns] [名] 保険
insure [inʃuər] [動] 保険に入る, 保証する
insured [inʃuərd] [名] 被保険者 [形] 保険に加入した
insurer [inʃuərər] [名] 保険業者, 保証人
insurgent [insə:rdʒənt] [名] 暴徒, 謀反者 [形] 反抗的な
insurgently [insə:rdʒəntli] [副] 反抗的に
insurrection [insərekʃən] [名] 暴動, 反乱
intact [intækt] [形] 手をつけない, 完全な
intake [inteik] [名] 吸入口, 吸入, 吸入物
intangible [intændʒəbl] [名] 触れることができない [形] 無形の
integral [intigrəl] [名] 全体 [形] 必須の, 完全な
integrate [intəgreit] [動] 統合する, 完成する
integrated [intəgreitəd] [形] 統合された, 人種差別をしない
integration [intəgreiʃən] [名] 統合, 完成
integrator [intəgreitər] [名] 完成者, 統合者
integrity [integrəti] [名] 誠実, 完全
intellect [intəlekt] [名] 知性
intellectual [intəlektʃuəl] [名] 知識人 [形] 知的な
intellectually [intəlektʃuəli] [副] 知的に
intelligence [intelədʒəns] [名] 秘密情報

intelligent [intelədʒənt] [形] 聡明な, 賢い

intelligently [intelədʒəntli] [副] 聡明に

intelligible [intelədʒəbl] [形] わかりやすい, 明瞭な

Intelsat [intelsæt] [名] 国際商業衛星通信機構

intend [intend] [動] ～するつもりだ

intended [intendəd] [形] 意図された, 故意の

intense [intens] [形] 激しい, 熱烈な

intensify [intensəfai] [動] 強くする, 増大させる

intensity [intensəti] [名] 激烈さ, 強度

intensive [intensiv] [形] 強い, 集中的な, 徹底した

intent [intent] [名] 意志, 意図 [形] 夢中になった

intention [intenʃən] [名] 意志, 意図

intentional [intenʃənəl] [形] 故意の

intercede [intərsi:d] [動] 仲裁する, 調停する

intercept [intərsept] [動] 途中で奪う

interception [intərsepʃən] [名] 途中で奪うこと, 遮断

interchange [intərtʃeindʒ] [名] 交換, 交替, 立体交差路

interchangeable [intərtʃeindʒəbl] [形] 交換(交替)できる

intercourse [intərkɔ:rs] [名] 交際, 親交, 性交

interdict [intərdikt] [名] 禁止, 制止 [動] 禁止する

interest [intərəst] [名] 興味, 利益, 利息

interested [intərəstəd] [形] 関心のある

interesting [intərəstiŋ] [形] おもしろい, 関心をひく

interface [intərfeis] [動] 連結する

interfere [intərfiər] [動] 衝突 (妨害, 干渉)する

interference [intərfiərəns] [名] 衝突, 妨害, 干渉

interim [intərəm] [名] 合間, 暫定協定 [形] 臨時の

interior [intiəriər] [名] 内部, 内陸, 内蔵 [形] 内部の

interjection [intərdʒekʃən] [名] 叫び, 挿入, 感嘆詞

interloper [intərloupər] [名] 侵入者

interlude [intərlu:d] [名] 合間, 幕間, 間奏曲

intermediary [intərmi:dieri] [名] 仲介者, 媒介 [形] 仲介の

intermediate [intərmi:diət] [名] 中間物 [形] 中間の

interminable [intə:rmənəbl] [形] 終わりのない, 無限の

intermingle [intərmiŋgəl] [動] 混ぜる, 混ざる

intermission [intərmiʃən] [名] 休息時間, 中止

intermittent [intərmitənt] [形] 断続的な, 間歇性の

intermittently [intərmitəntli] [副] 断続的に, 間欠的に

intern [intə:rn] [名] インターン

intern [intə:rn] [動] 抑留する, インターンとして勤務する

internal [intə:rnəl] [形] 内部の, 国内の

international [intərnæʃənəl] [形] 国際的な

Internet [intərnet] [名] インターネット

internship [intə:rnʃip] [名] インターンの地位(期間)

interpose [intərpouz] [動] 挿入する, 介在させる

interpret [intə:rprət] [動] 通訳する, 解釈する

interpretation [intərprəteiʃən] [名] 通訳, 解釈

interpreter [intə:rprətər] [名] 通訳人, 解説者

interracial [intərreiʃəl] [形] 他の人種間の

interrogate [inteərəgeit] [動] 質問する, 尋問する

interrogation [inteərəgeiʃən] [名] 質問, 尋問

interrogative [intəragətiv] [名] 疑問詞 [形] 疑問の

interrupt [intərʌpt] [動] 妨害する

interrupted [intərʌptəd] [形] 中断された, 妨害された, 断続的な

interruptedly [intərʌptədli] [副] 断続的に

interruption [intərʌpʃən] [名] 妨害, 遮断

intersect [intərsekt] [動] 横切る, 交差する

intersection [intərsekʃən] [名] 交差点

intersperse [intərspə:rs] [動] 間隔をおいて配置する

interstate [intərsteit] [形] 米国の州間の

interval [intərvəl] [名] 間隔, 間

intervene [intərvi:n] [動] 干渉する, 仲裁する

intervention [intərvenʃən] [名] 干渉, 仲裁

interview [intərvyu] [名] 会見, 面接

interviewer [intərvyuər] [名] 会見者, 面接官

intestine [intestən] [名] 腸 [形] 内部の

intimacy [intəməsi] [名] 親密, 親交

intimate [intəmeit] [動] 暗示する

intimate [intəmət] [形] 親密な, 該博な [名] 友人

intimately [intəmətli] [副] 親密に

intimidate [intimədeit] [動] おびえさせる, 脅迫する

into [intu] [前] 中に

intolerable [intalərəbl] [形] 我慢できない, 耐えられない

intolerant [intalərənt] [形] 頑固な, がまんできない

intonation [intəneiʃən] [名] 抑揚, イントネーション

intoxicate [intaksəkeit] [動] 陶酔させる

intoxication [intaksəkeiʃən] [名] 酔った状態, 陶酔

intractable [intræktəbl] [形] 純朴でない, 扱いにくい

intransigent [intrænsədʒənt] [形] 妥協しない, 頑固な

intransitive [intrænsətiv] [形] 自動の

intransitive verb [intrænsətiv və:rb] [名] 自動詞

intravenous [intrəvi:nəs] [形] 静脈内の, 静脈注射の

intrepid [intrepəd] [形] 勇猛な, 大胆な

intrepidly [intrepədli] [副] 大胆に, 冒険的に

intricacy [intrikəsi] [名] 複雑さ, 込み入った事柄

intricate [intrikət] [形] 複雑な, 難解な

intrigue [intri:g] [名] 陰謀, 計略 [動] 陰謀を企てる

intriguing [intri:giŋ] [形] 陰謀をたくらむ, 興味をそそる

intrinsic [intrinzik] [形] 本質的な, 固有の

introduce [intrədyu:s] [動] 紹介する, 導入する

introduction [intrədʌkʃən] [名] 紹介, 導入, 入門
introductive [intrədʌktiv] [形] introductory (紹介する)
introductory [intrədʌktəri] [形] 紹介する, 前置きの
introspection [intrəspekʃən] [名] 内省, 自己省察
introspective [intrəspektiv] [形] 内省の, 内省的な
introspectively [intrəspektivli] [副] 内省的に
introvert [intrəvərt] [名] 内向性の人
intrude [intru:d] [動] 押し込む, 押しつける
intruder [intru:dər] [名] 侵入者, 妨害者
intrusion [intru:ʒən] [名] 侵入, 妨害
intuition [intuwiʃən] [名] 直観, 直観力
inundate [inəndeit] [動] 浸水させる, 氾濫する
inundation [inəndeiʃən] [名] 浸水, 氾濫
invade [inveid] [動] 侵略する, 侵害する
invader [inveidər] [名] 侵略者, 侵害者
invalid [invələd] [名] 病弱な人
invalid [invæləd] [形] 効果がない
invaluable [invælyəbl] [形] 非常に貴重な
invariable [inveəriəbl] [形] 不変の
invariably [inveəriəbli] [副] 変わらず
invasion [inveiʒən] [名] 侵略, 侵害
invective [invektiv] [名] 痛烈な非難 [形] 非難する
invent [invent] [動] 発明する, 操作する
invention [invenʃən] [名] 発明, 発明品, 虚構
inventive [inventiv] [形] 発明の, 発明の才能がある
inventor [inventər] [名] 発明家
inventory [invəntɔri] [名] 財産(在庫)目録, 在庫品
inverse [invə:rs] [名] 反対 [動] 逆にする
inversion [invə:rʒən] [名] 転倒, 転換, 倒置
invert [invə:rt] [動] 逆にする
invertebrate [invə:rtəbrət] [名] 無脊椎動物 [形] 脊椎がない
inverted [invə:rtəd] [形] 逆にした, 逆の
invest [invest] [動] 投資する
investigate [investəgeit] [動] 調査する, 研究する
investigation [investəgeiʃən] [名] 調査, 研究
investigator [investəgeitər] [名] 調査員
investment [investmənt] [名] 投資, 投資金
investor [investər] [名] 投資家
inveterate [invetərət] [形] 習慣的な, 常習的な
invidious [invidiəs] [形] 人に憎まれる
invidiously [invidiəsli] [副] 不公平に
invigorate [invigəreit] [動] 元気づける, 活気づける
invigorating [invigəreitiŋ] [形] 元気づける
invincible [invinsəbl] [形] 無敵の, 克服しにくい
invincibly [invinsəbli] [副] 無敵に
inviolate [invaiələit] [形] 侵害されていない
invisible [invizəbl] [形] 目に見えない
invisibly [invizəbli] [副] 隠れて
invitation [invəteiʃən] [名] 招待
invitational [invəteiʃənəl] [形] 招待の
invite [invait] [動] 招待する, 勧誘する
inviting [invaitiŋ] [形] 招待する, 勧誘する, 魅惑的な
invoice [invɔis] [名] 送り状, 請求書
invoke [invouk] [動] 訴える, 懇請する
involuntary [invalənteri] [形] 自発的でない, 無意識の
involution [invəlu:ʃən] [名] 巻き込むこと, 紛糾
involve [invalv] [動] 含む, 没頭させる
involved [invalvd] [形] 複雑な, 難解な
involvement [invalvmənt] [名] 連累, 紛争, 包含
inward [inwə:rd] [形] 内部の [副] 内側に
ion [aiən] [名] イオン (化学)
Iowa [aiəwə] [地] アイオワ (米国の州)
Iran [iran] [地] イラン (中東諸国)
Iraq [irak] [地] イラク (中東諸国)
irascible [iræsəbl] [形] 短気な, 怒りっぽい
irascibly [iræsəbli] [形] 短気に
irate [aireit] [形] 怒った, 激怒した
Ireland [aiərlənd] [地] アイルランド (西ヨーロッパ諸国)
iridescent [irədesnt] [形] 虹色の
iris [airəs] [名] (眼球の) 虹彩
Irish [airiʃ] [名] アイルランド人, アイルランド語
irk [ə:rk] [動] 疲れさせる, 退屈させる
iron [aiərn] [名] 鉄, アイロン
ironic [airanik] [形] 反語的な, 皮肉な
ironically [airanikəli] [副] 皮肉にも
ironing [aiərniŋ] [名] アイロンがけ
ironing board [aiərniŋ bɔ:rd] [名] アイロン板
irony [airəni] [名] 諷刺, 意外な結果, アイロニー
irrational [iræʃənəl] [形] 不合理な, 分別がない
irreconcilable [irekənsailəbl] [形] 和解できない
irregular [iregyələr] [形] 不規則的な, でこぼこ
irregularity [iregyəlærəti] [名] 不規則, でこぼこ
irrelevant [ireləvənt] [形] 見当違いの, 関係のない
irreparable [irepərəbl] [形] 修理(治療)できない
irresistible [irizistəbl] [形] 抵抗できない, 圧倒的な
irresolute [irezəlu:t] [形] 決断力のない, 優柔不断な
irrespective [irispektiv] [形] ~を気にせず
irresponsible [irispansəbl] [形] 無責任な
irrevocable [irevəkəbl] [形] 撤回(取り消し)できない
irrigate [irəgeit] [動] 潅漑する, 水を注ぐ

irri**ga**tion [irə**gei**ʃən] [名] 灌漑

irritable [**i**rətəbl] [形] おこりっぽい, 興奮しやすい

irritate [**i**rəteit] [動] 焦らせる

irritating [**i**rəteitiŋ] [形] いらいらさせる, 刺激する

irri**ta**tion [irə**tei**ʃən] [名] いらだち, 刺激, 興奮

is [iz] [動] be 動詞の三人称 現在単数形

Isaiah [ai**zei**ə] [人] イザヤ(聖書の人物)

Islam [**is**lam] [名] イスラム, イスラム教

island [**ai**lənd] [名] 島

islander [**ai**ləndər] [名] 島民

isle [ail] [名] 小さな島

isn't [**i**znt] [短] is not の短縮形

isolate [**ai**səleit] [動] 孤立させる, 隔離させる

isolated [**ai**səleitəd] [形] 孤立された, 隔離された

iso**la**tion [aisə**lei**ʃən] [名] 孤立, 隔離

Israel [**iz**riəl] [地] イスラエル, イスラエル人

Is**rae**li [iz**rei**li] [名] イスラエル人 [形] イスラエル人の

issuance [**i**ʃuːəns] [名] 発行, 配給, 支給

issue [**i**ʃu] [名] 発行物, 争点, 流出

isthmus [**is**məs] [名] 地峡

it [it] [代] それは, それを

I**tal**ian [i**tæl**yən] [名] イタリア人 [形] イタリアの

i**ta**licize [i**tæ**ləsaiz] [動] イタリック体で印刷する

i**ta**lics [i**tæ**liks] [名] イタリック体文字 [形] イタリック体の

Italy [**i**təli] [地] イタリア

itch [itʃ] [名] かゆいこと [動] かゆい

itchy [**i**tʃi] [形] かゆい, 渇望する

item [**ai**təm] [名] 項目, 目録, 品目

itemize [**ai**təmaiz] [動] 項目別に分ける

i**ti**nerant [ai**ti**nərənt] [形] 巡回する

i**ti**nerary [ai**ti**nəreri] [名] 旅程, 旅行日程

it'll [itl] [短] it will の短縮形

its [its] [代] それの

it's [its] [短] it is (has) の短縮形

it**self** [it**self**] [代] それ自体

I've [aiv] [短] I have の短縮形

ivory [**ai**vəri] [名] 象牙

ivy [**ai**vi] [名] ツタ

J

jab [dʒæb] [名] 突くこと, ジャブ(ボクシング) [動] 突く
jabber [**dʒæ**bər] [名] おしゃべり[動] おしゃべりをする
jack [dʒæk] [名] 電気プラグの穴 (ジャック)
jackass [**dʒæk**æs] [名] ろば (動物), バカ
jacket [**dʒæ**kət] [名] ジャケット, (本の)カバー
jackknife [**dʒæk**naif] [名] ジャックナイフ,折り畳み式の大型ナイフ
Jacksonville [**dʒæk**sənvil] [地] ジャクソンビル (米国の都市)
Jacob [**dʒei**kəb] [人] ヤコブ (聖書の人物)
Jacqueline [**dʒæ**kəli:n] [人] ジャクリーン (女の名前)
jade [dʒeid] [名] ひすい, 翠玉
jaded [**dʒei**dəd] [形] 疲れきった, うんざりした
jagged [**dʒæ**gəd] [形] ぎざぎざの, 耳ざわりな
jaguar [**dʒæ**gwar] [名] ジャガー (アメリカのヒョウ)
jail [dʒeil] [名] 監獄, 刑務所 [動] 投獄する
jailer [**dʒei**lər] [名] 矯導官
Ja**kar**ta [dʒə**ka:r**tə] [地] ジャカルタ (インドネシアの首都)
jam [dʒæm] [名] 混雑, ジャム [動] 押し込む
Ja**mai**ca [dʒə**mei**kə] [地] ジャマイカ (西インド諸島国)
James [dʒeimz] [人] ジェームズ (男の名前)
jangle [**dʒæŋ**gəl] [名] 口論 [動] 口論する
janitor [**dʒæ**nətər] [名] 管理人, 守衛
January [**dʒæ**nyueri] [名] 一月
Janus [**dʒei**nəs] [名] ヤヌス神 (ローマ神話)
Ja**pan** [dʒə**pæn**] [地] 日本
Japa**nese** [dʒæpə**ni:z**] [名] 日本人, 日本語 [形] 日本の
jar [dʒa:r] [名] 甕, 壺 [動] 振動する
jargon [**dʒa:r**gən] [名] 特殊用語, 隠語
Jason [**dʒei**sn] [人] イアソン (ギリシャ神話)
jaundice [**dʒɔ:n**dəs] [名] 黄疸, 偏見
jaundiced [**dʒɔ:n**dəst] [形] 黄疸にかかった, 歪んだ
jaunt [dʒɔ:nt] [名] 遠足 [動] 遠足する
Java [**dʒa:**və] [地] ジャワ島 (インドネシアの島)
javelin [**dʒæ**vələn] [名] 槍投げ
jaw [dʒɔ:] [名] あご
jay [dʒei] [名] カケス, おしゃべりな人
jazz [dʒæz] [名] ジャズ
jealous [**dʒe**ləs] [形] 嫉妬する, 妬み深い
jealousy [**dʒe**ləsi] [名] 嫉妬, 妬み
jeans [dʒi:nz] [名] ジーンズ, ジーンのズボン
jeep [dʒi:p] [名] ジープ (自動車)
jeer [dʒiər] [名] ひやかし [動] ひやかしす
Jefferson [**dʒe**fərsən] [人] ジェファーソン (米国第三代大統領)
Je**ho**vah [dʒə**hou**və] [名] エホバ (旧約聖書の神の名)
jelly [**dʒe**li] [名] ゼリー
jellyfish [**dʒe**lifiʃ] [名] クラゲ
Jenny [**dʒe**ni] [人] ジェニー (女の名前)
jeopardize [**dʒe**pərdaiz] [動] 危険に陥れる
jeopardy [**dʒe**pərdi] [名] 危険, 危難
jerk [dʒə:rk] [名] 急激な動作
Jerry [**dʒe**ri] [人] ジェリー (男の名前)
jersey [**dʒə:r**zi] [名] (体にぴったりあう) セーター·シャツ
Je**ru**salem [dʒə**ru:**sələm] [地] エルサレム (イスラエルの首都)
Jesse [**dʒe**si] [人] ゼシー (男の名前)
jest [dʒest] [名] 冗談 [動] 冗談を言う
jester [**dʒes**tər] [名] 道化師
Jesus [**dʒi:**zəs] [人] イエス·キリスト
jet [dʒet] [名] 噴出, ジェット機 [動] 噴出する
jet-black [**dʒet blæk**] [形] まっ黒な, 漆黒の
jet lag [**dʒet** læg] [名] ジェット機の疲労
jet plane [**dʒet** plein] [名] ジェット機
jetty [**dʒe**ti] [名] 防波堤, 波止場
Jew [dʒu:] [名] ユダヤ人
jewel [**dʒu:**əl] [名] 宝石, 貴重品
jeweler [**dʒu:**ələr] [名] 宝石商, 宝石細工人
jewelry [**dʒu:**əlri] [名] 宝石類, 装身具
Jewish [**dʒu:**iʃ] [形] ユダヤ人の
jigsaw [**dʒig**sɔ:] [動] 糸のこで切る
jigsaw puzzle [**dʒig**sɔ: pəzəl] [名] ジグソーパズル
jilt [dʒilt] [名] 浮気女
Jim [dʒim] [人] James (男の名前)の愛称
Jimmy [**dʒi**mi] [人] ジミー (男の名前)
jingle [**dʒin**gəl] [名] チリンチリン
job [dʒab] [名] 仕事, 作業
jockey [**dʒa**ki] [名] 競馬の騎手, 運転者, 操縦者
jocular [**dʒa**kyələr] [形] こっけいな, 馬鹿馬鹿しい
jocund [**dʒa**kənd] [形] 明るい, 愉快な
Joe [dʒou] [人] Joseph (男の名前)の愛称
jog [dʒag] [名] そっと押すこと [動] ジョギングする
jogger [**dʒa**gər] [名] ジョギングする人
jogging [**dʒa**giŋ] [名] ジョギング
John [dʒan] [人] ジョン (男の名前)
join [dʒɔin] [動] 加入する, つなぐ
joint [dʒɔint] [名] つぎ目, 関節
jointly [**dʒɔint**li] [副] 共同で
joke [dʒouk] [名] 冗談, 滑稽 [動] 冗談を言う
joker [**dʒou**kər] [名] 冗談の好きな人
jolly [**dʒa**li] [形] 楽しい, 愉快な
jolt [dʒoult] [名] 急激な衝撃 [動] 急激に揺する

Jones [dʒounz] [人] ジョーンズ (男の名前)
Jordan [**dʒɔ:**rdn] [地] ヨルダン (中東諸国)
Joseph [**dʒou**zəf] [人] ジョセフ (聖書の人物)
Josephine [**dʒou**zəfi:n] [人] ジョージピン (女の名前)
Joshua [**dʒa**ʃuə] [人] ヨシュア (聖書の人物)
jostle [**dʒa**səl] [名] 押合い [動] 押す, 突く
jot [dʒat] [名] わずか [動] メモをする
journal [**dʒə:r**nəl] [名] 日誌, 日刊新聞
journalism [**dʒə:r**nəlizm] [名] 新聞·雑誌業, ジャーナリズム
journalist [**dʒə:r**nəlist] [名] 新聞·雑誌記者, ジャーナリスト
journa**lis**tic [dʒə:rnə**lis**tik] [形] 新聞·雑誌の
journey [**dʒə:r**ni] [名] 旅行
joust [dʒaust] [名] 馬上槍試合
jovial [**dʒou**viəl] [形] 愉快な, 楽しい
jowl [dʒoul] [名] あご, 下あご
joy [dʒɔi] [名] 喜び, 歓喜
joyful [**dʒɔi**fl] [形] 喜びに満ちた
joyous [**dʒɔi**əs] [形] joyful (喜びに満ちた)
jubilant [**dʒu:**bələnt] [形] 歓喜にあふれた, 歓声を上げる
jubilantly [**dʒu:**bələntli] [副] 歓喜にあふれ
jubi**la**tion [dʒubi**lei**ʃən] [名] 歓喜
jubilee [**dʒu:**bəli:] [名] 記念祭, 祝典, 喜び
Judaism [**dʒu:**dəizm] [名] ユダヤ教, ユダヤ人
judge [dʒʌdʒ] [動] 判断する [名] 裁判官, 審判
judgment [**dʒʌdʒ**mənt] [名] 裁判, 判決, 判断
ju**di**cial [dʒu**di**ʃəl] [形] 司法の, 裁判の
ju**di**cious [dʒu**di**ʃəs] [形] 賢明な判断をする
jug [dʒʌg] [名] やかん
juggle [**dʒʌ**gəl] [動] 魔法をかける, だます
juice [dʒu:s] [名] 汁, ジュース
juicy [**dʒu:**si] [形] 汁の多い, 活気のある
Julia [**dʒu:**lyə] [人] ジュリア (女の名前)
Julie [**dʒu:**li] [人] ジュリー (女の名前)
Juliet [**dʒu:**lyət] [人] ジュリエット (女の名前)
Ju**ly** [dʒu**lai**] [名] 7月
jumble [**dʒʌm**bəl] [名] ごた混ぜ [動] ごた混ぜになる
jumbo [**dʒʌm**bou] [名] ジャンボジェット機 [形] 巨大な
jump [dʒʌmp] [動] 跳躍する [名] 跳躍, ジャンプ
jumper [**dʒʌm**pər] [名] ジャンパー, 跳躍者
jumpy [**dʒʌm**pi] [形] 走る, 神経質な
junction [**dʒʌŋk**ʃən] [名] 接合, 結合点, 連絡駅
juncture [**dʒʌŋk**tʃər] [名] 重大な時期, 危機, 連結
June [dʒu:n] [名] 6月
jungle [**dʒʌŋ**gəl] [名] ジャングル, 密林
junior [**dʒu:**nyər] [形] 年下の, 下級の
junk [dʒʌŋk] [名] がらくた [動] 捨てる
junk food [**dʒʌŋk** fu:d] [名] 栄養に欠ける食品
junk mail [**dʒʌŋk** meil] [名] ジャンクメール
junta [**hun**tə] [名] 臨時軍事政府
Jupiter [**dʒu:**pətər] [名] 木星
juris**dic**tion [dʒuərəs**dik**ʃən] [名] 司法権, 司法管轄地域
jurist [**dʒuə**rəst] [名] 法学者, 法律の専門家
juror [**dʒuə**rər] [名] 陪審員
jury [**dʒuə**ri] [名] 陪審員, 審査委員団
just [dʒʌst] [形] 正しい, 公平な
justice [**dʒʌs**təs] [名] 正義, 公平, 判事
justifi**ca**tion [dʒəstəfə**kei**ʃən] [名] 正当化, 擁護, 弁護
justify [**dʒʌs**təfai] [動] 正当化する, 解明する
justly [**dʒʌst**li] [副] 公正に, 公平に
jut [dʒʌt] [名] 突出物 [動] 突き出る
juvenile [**dʒu:**vənail] [名] 青少年 [形] 若い
juxta**pose** [dʒəkstə**pouz**] [動] 並置する

K

Kaiser [kaizər] [名] ドイツ皇帝の称号, 独裁者

kangaroo [kæŋgəru:] [名] カンガルー

Kansas [kænzəs] [地] カンザス (米国の州)

Karachi [kəratʃi] [地] カラチ (パキスタンの都市)

karate [kərati] [名] 空手

karma [ka:rmə] [名] 因果応報, カルマ, 業

keel [ki:l] [名] 竜骨

keen [ki:n] [形] 鋭い, 鋭利な, 鋭敏な

keenly [ki:nli] [副] 鋭く, 痛烈に

keep [ki:p] [動] 持続する, 保存する

keeper [ki:pər] [名] 保護者, 管理人, 守備者

keeping [ki:piŋ] [名] 管理, 保存, 一致

keepsake [ki:pseik] [名] 記念品, 遺品

keg [keg] [名] 小たる

Keith [ki:θ] [人] キース (男の名前)

Kelvin [kelvən] [人] ケルビン (男の名前)

ken [ken] [名] 理解, 知識, 認識の範囲

Kennedy [kenədi] [人] ケネディ (米国 35 代大統領)

kennel [kenl] [名] 犬小屋

Kentucky [kəntʌki] [地] ケンタッキー (米国の州)

Kenya [kenyə] [地] ケニア (東アフリカ諸国)

kept [kept] [動] keep (持続する) の過去·過去分詞形

kerchief [kə:rtʃəf] [名] 女性のかぶるカチーフ

kernel [kə:rnl] [名] 核, 核心

kerosene [keərəsi:n] [名] 灯油

ketchup [ketʃəp] [名] ケチャップ

kettle [ketl] [名] やかん

key [ki:] [名] 鍵, 解決策

keyboard [ki:bɔ:rd] [名] 鍵盤, キーボード

keyhole [ki:houl] [名] かぎ穴 [形] 内密の

Keynes [keinz] [人] ケインズ (イギリスの経済学者)

keynote [ki:nout] [名] 主音, 政策の基調, 骨子

key ring [ki: riŋ] [名] かぎ環

khaki [kæki] [名] カーキ色 [形] カーキ色の

kick [kik] [動] 蹴る

kid [kid] [名] 子供 [動] 冷やかす

kidnap [kidnæp] [動] 誘拐する, 拉致する

kidnapper [kidnæpər] [名] 誘拐犯

kidney [kidni] [名] 腎臓, 気質

kill [kil] [動] 殺す, 台なしにする

killer [kilər] [名] 殺人者, 殺人犯

killing [kiliŋ] [名] 殺害 [形] 死にそうな, つらい

kilogram [kiləgræm] [名] キログラム

kilohertz [kiləhə:rts] [名] キロヘルツ (周波数の単位)

kiloliter [kiləli:tər] [名] キロリットル

kilometer [kilamətər] [名] キロメートル

kilowatt [kiləwat] [名] キロワット

kin [kin] [名] 親戚, 親族 [形] 親戚の

kind [kaind] [名] 種類, 特質 [形] 親切な

kindergarten [kindərga:rtn] [名] 幼稚園

kind-hearted [kaind ha:rtəd] [形] 心優しい, 親切な

kindle [kindl] [動] 焦がす, 明るくする

kindliness [kaindlinəs] [名] 親切, 親切な行為

kindly [kaindli] [形] 親切な [副] 親切に

kindness [kaindnəs] [名] 親切

kindred [kindrəd] [名] 親戚 [形] 親族の

kinetic [kinetik] [形] 運動の, 活発な

kinfolk [kinfouk] [名] 親戚, 親族

king [kiŋ] [名] 王

kingdom [kiŋdəm] [名] 王国

kingly [kiŋli] [形] 王の, 王らしい [副] 王らしく

king-size [kiŋ saiz] [形] 特大の

kink [kiŋk] [名] ねじれ, もつれ, 筋肉のけいれん

kinky [kiŋki] [形] 細かく縮れた, ゆがんだ, よじれの多い

kinship [kinʃip] [名] 血族関係, 類似性

kinsman [kinzmæn] [名] 男の親戚, 姻戚の人

kiosk [ki:ask] [名] 街頭売店, キオスク

kiss [kis] [名] キス [動] キスする

kit [kit] [名] 道具一式, 道具箱

kitchen [kitʃən] [名] 台所

kite [kait] [名] 凧

kitten [kitn] [名] 子猫

kitty [kiti] [名] 子猫 (動物)

knack [næk] [名] 技巧, 要領, 習慣

knapsack [næpsæk] [名] 背嚢, ナップザック

knave [neiv] [名] 不良

knead [ni:d] [動] こねる, 混ぜる

knee [ni:] [名] 膝

kneecap [ni:kæp] [名] 膝蓋骨, 膝あて

knee-deep [ni: di:p] [形] 膝まで来る深さ

kneel [ni:l] [動] ひざまずく

knell [nel] [名] 弔鐘, 悪い前兆

knelt [nelt] [動] kneel (ひざまずく) の過去·過去分詞形

knew [nyu:] [動] know (知る) の過去形

knickknack [niknæk] [名] 装飾品, 小さな装身具

knife [naif] [名] 刃物, ナイフ

knight [nait] [名] 騎士

knit [nit] [動] 編む

knitting needle [**ni**tiŋ ni:dl] [名] 編み棒

knives [naivz] [名] knife (刃物) の複数形

knob [nab] [名] (ドアの) 握り, 木のこぶ

knock [nak] [名] ノック, (戸を) たたくこと [動] たたく

knockdown [**nak**daun] [名] 分解可能な, ノックダウン

knocker [**na**kər] [名] 叩く人, ノッカー

knockout [**nak**aut] [名] KO (ボクシング) [形] 打倒する

knot [nat] [名] 結び [動] 結ぶ

know [nou] [動] 知る

know-how [**nou** hau] [名] 要領, 専門機能, ノウハウ

knowing [**nou**iŋ] [形] 知識のある, 賢い

knowledge [**na**lidʒ] [名] 知識

knowledgeable [**na**lidʒəbl] [形] 知識のある, 聡明な

known [noun] [形] 既知の

knuckle [**nʌ**kəl] [名] 指の関節

Ko**ran** [kə**ræn**] [名] コーラン (イスラム教の聖典)

Ko**re**a [kə**ri:**ə] [地] 韓国

Ko**re**an [kə**ri:**ən] [名] 韓国人, 韓国語 [形] 韓国の

Ku**wait** [ku**weit**] [地] クウェート (中東諸国)

L

label [**lei**bəl] [名] ラベル [動] はり紙をはる
labor [**lei**bər] [名] 労働, 仕事 [動] 働く
laboratory [**læ**brətɔ:ri] [名] 実験室, 研究所
laborer [**lei**bərər] [名] 労働者
la**bor**ious [lə**bɔ:r**iəs] [形] 骨の折れる, 困難な, 勤勉な
labor union [**lei**bər yu:nyən] [名] 労働組合
labyrinth [**læ**bərinθ] [名] 迷路, 迷宮, 混迷した事件
lace [leis] [名] レース, 靴ひも
lacerate [**læ**səreit] [動] 引き裂く, 傷つける
lack [læk] [動 不足する [名] 不足, 欠乏
lacka**da**isical [lækə**dei**zikəl] [形] ものうげな, 気力のない
lackey [**læ**ki] [名] 卑屈な追従者 [動] へつらう
lacking [**læ**kiŋ] [形] ~に欠けていて [前] ~がなく
lackluster [**læk**ləstər] [名] 輝きのないこと [形] 輝きのない
la**co**nic [lə**ka**nik] [形] 口数の少ない
lacquer [**læ**kər] [名] ラッカー (塗料), 漆
lad [læd] [名] 少年, 若者
ladder [**læ**dər] [名] 梯子
lade [leid] [動] 荷物を積む
laden [**lei**dn] [形] 荷物を積んだ
ladle [**lei**dl] [名] ひしゃく [動] ひしゃくでくむ
lady [**lei**di] [名] 淑女, 貴婦人
ladybug [**lei**dibəg] [名] てんとう虫
lag [læg] [名] 遅延, 遅滞 [動] 遅れる
la**goon** [lə**gu:n**] [名] 潟, 礁湖
laid [leid] [動] lay (寝かせる) の過去·過去分詞形
lain [lein] [動] lie (横たわる) の過去分詞形
lake [leik] [名] 湖
lamb [læm] [名] 子ヒツジ, 羊の肉
lame [leim] [形] びっこを引く
la**ment** [lə**ment**] [名] 悲嘆 [動] 悲嘆する
lamentable [**læ**məntəbl] [形] 悲しい, 嘆かわしい
lamen**ta**tion [læmən**tei**ʃən] [名] 悲嘆, 哀悼
lamp [læmp] [名] 灯, ランプ
lam**poon** [læm**pu:n**] [名] 風刺文
lampshade [**læmp**ʃeid] [名] ランプのかさ
lance [læns] [名] 槍 [動] 槍で刺す
land [lænd] [名] 陸地, 土地 [動] 着陸する
landed [**læn**dəd] [形] 土地を所有している
landing [**læn**diŋ] [名] 上陸, 着陸
landlady [**lænd**leidi] [名] 女主人
landlord [**lænd**lɔrd] [名] 家主, 地主
landmark [**lænd**ma:rk] [名] 境界標, 画期的な事件
landowner [**lænd**ounər] [名] 地主
landscape [**lænd**skeip] [名] 風景, 風景画
landslide [**lænd**slaid] [名] 土砂崩れ, 大勝利
lane [lein] [名] 狭い道, 航路, 車線
language [**læŋ**gwidʒ] [名] 言語, 言葉遣い
languid [**læŋ**gwəd] [形] だるい, 興味がない, 力のない
languish [**læŋ**gwiʃ] [動] 衰弱する
languor [**læŋ**gər] [名] 倦怠, だるさ, 無気力
lanky [**læŋ**ki] [形] やせこけた
lantern [**læn**tərn] [名] ランタン, 提灯
Laos [**la**ous] [地] ラオス (東南アジア諸国)
lap [læp] [名] 膝, ひと回り
la**pel** [lə**pel**] [名] 折り返し, 折りえり
lapse [læps] [名] 経過, 失効 [動] 経過する
laptop [**læp**tap] [名] ラップトップ (コンピュータ)
larceny [**la:r**səni] [名] 窃盗, 窃盗罪
lard [la:rd] [名] ロッド (豚油)
large [la:rdʒ] [形] 大きい, 多くの
largely [**la:rdʒ**li] [副] 大きく, 主に
large-scale [**la:rdʒ** skeil] [形] 大規模な
lar**gess** [la:r**dʒes**] [名] 寄付金, 慈善行為
lark [la:rk] [名] ヒバリ
larva [**la:r**və] [名] (昆虫の)幼虫
larynx [**læ**riŋks] [名] 喉頭
las**ci**vious [lə**si**viəs] [形] 好色な, わいせつな
laser [**lei**zər] [名] レーザー
laser printer [**lei**zər printər] [名] レーザープリンタ
lash [læʃ] [名] むち打ち [動] むちで打つ
lass [læs] [名] 若い女性
lasso [**læ**sou] [名] 投げ縄
last [læst] [形] 最後の [動] 続く
lasting [**læs**tiŋ] [形] 永遠の
lastly [**læst**li] [副] 最後に, 終りに
last name [**læst** neim] [名] 姓
latch [lætʃ] [名] 掛け金, かんぬき [動] かんぬきをかける
late [leit] [形] 遅い, 最近の
lately [**leit**li] [副] 最近
latent [**lei**tənt] [形] 潜伏した, 潜伏性の, 潜在している
later [**lei**tər] [形] 後で
lateral [**læ**tərəl] [名] 側面, 側音 [形] 側面の, 側音の
latest [**lei**təst] [形] 最近の, 最新の
lathe [leið] [名] 旋盤
lather [**læ**ðər] [名] 石鹸の泡 [動] 泡立つ
Latin [**læ**tn] [名] ラテン語 [形] ラテン語の
Latin A**me**rica [**læ**tn ə**meə**rəkə] [地] ラテン アメリカ

latitude [**læ**tətyu:d] [名] 緯度
latter [**læ**tər] [形] 後ろの, 最近の
lattice [**læ**təs] [名] 格子, ラティス
laud [lɔ:d] [名] 賛美 [動] 賛美する
laudable [**lɔ:**dəbl] [形] 称賛に値する
laugh [læf] [動] 笑う
laughing [**læ**fiŋ] [名] 笑い [形] 笑っている, 明るい
laughter [**læ**ftər] [名] 笑い
launch [lɔ:ntʃ] [動] 発射する, 着手する
launder [**lɔ:n**dər] [動] 洗濯する, 浄化する
Laundromat [**lɔ:n**drəmæt] [名] コインランドリー
laundry [**lɔ:n**dri] [名] 洗濯屋, 洗い物
laureate [**lɔ:ri**ət] [形] 月桂冠をかぶった
laurel [**lɔ:**rəl] [名] 月桂樹, 月桂冠
lava [**la**və] [名] 溶岩, 火山岩
lavatory [**læ**vətɔri] [名] トイレ, 洗面台
lavender [**læ**vəndər] [名] ラベンダー色 (薄い紫色)
lavish [**læ**viʃ] [形] 浪費する [動] 浪費する
law [lɔ:] [名] 法, 法律, 規則
lawful [**lɔ:**fl] [形] 合法的な, 法律上の
lawless [**lɔ:**ləs] [形] 違法の, 無法の
lawn [lɔ:n] [名] 芝生
lawn mower [**lɔ:n** mouər] [名] 芝刈り機
Lawrence [**lɔ:**rəns] [人] ローレンス (男の名前)
lawsuit [**lɔ:**su:t] [名] 訴訟
lawyer [**lɔ:**yər] [名] 弁護士, 法律家
lax [læks] [形] あいまいな, しまりのない
laxative [**læk**sətiv] [名] 下剤
lay [lei] [動] 寝かせる, 敷く
lay [lei] [動] lie (横たわる) の過去形
layer [**lei**ər] [名] 層, ~を置く人
layman [**lei**mən] [名] 素人, 門外漢
layoff [**lei**ɔ:f] [名] 一時解雇
layout [**lei**aut] [名] 設計図, 地取り, レイアウト
lazy [**lei**zi] [形] 怠惰な
lead [led] [名] 鉛
lead [li:d] [動] 率いる [名] 指導, 先頭
leaden [**le**dn] [形] 鉛の, 鉛を含有した, 重い
leader [**li:**dər] [名] 指導者, リーダー
leadership [**li:**dərʃip] [名] 統率力
leading [**li:**diŋ] [形] 先導する [名] 指導, 統率
leaf [li:f] [名] 葉
leafless [**li:f**ləs] [形] 葉がない
leaflet [**li:f**lət] [名] ちらし, 小葉
leafy [**li:f**i] [形] 葉の多い, 葉状の

league [li:g] [名] 連盟, 同盟 [動] 同盟を結ぶ
leak [li:k] [名] 漏出, 漏れ [動] 漏れる
lean [li:n] [形] 乾いた [動] 傾く, 寄りかかる
leap [li:p] [名] 跳躍, 飛躍 [動] 跳躍する
leap year [**li:p** yiər] [名] うるう年
learn [lə:rn] [動] 学ぶ
learned [**lə:r**nəd] [形] 学識のある
learner [**lə:r**nər] [名] 学習者
learning [**lə:r**niŋ] [名] 学問, 知識
learnt [lə:rnt] [動] learn (学ぶ) の過去·過去分詞形
lease [li:s] [名] 借用契約, リース
leash [li:ʃ] [名] 革ひも [動] 革ひもでつなぐ
least [li:st] [形] 最も小さい, 最も少ない
leather [**le**ðər] [名] 革
leave [li:v] [動] 去る [名] 休み, 別れ
leaved [li:vd] [形] 葉がある
leaven [**le**vən] [名] 酵母, 発酵させるもの [動] 発酵させる
leaves [li:vz] [名] leaf (葉) の複数形
Lebanon [**le**bənən] [地] レバノン (中東諸国)
lechery [**le**tʃəri] [名] 好色, 淫乱
lectern [**lek**tərn] [名] 聖書台
lecture [**lek**tʃər] [名] 講義, 講演 [動] 講義(講演)する
lecturer [**lek**tʃərər] [名] 講演者, 講師
led [led] [動] lead (率いる) の過去·過去分詞形
ledge [ledʒ] [名] 棚, 暗礁
ledger [**le**dʒər] [名] 元帳, 台帳
lee [li:] [名] 隠された所, かす
leech [li:tʃ] [名] ヒル, 搾取する人 [動] 血を吸いとる
leer [liər] [名] 横目 [動] 横目で見る
leery [**liə**ri] [形] 疑い深い, ずるい
leeway [**li:**wei] [名] 余裕, 風圧
left [left] [名] 左 [形] 左の
left [left] [動] leave (去る) の過去·過去分詞形
left-hand [**left hænd**] [形] 左手の, 左側の
left-handed [**left hæn**dəd] [形] 左利きの, 不器用な, 疑わしい
leftist [**left**ist] [名] 左派 [形] 左派の, 急進主義の
left-overs [**left** ouvərs] [名] 残り, 残った食べ物
leg [leg] [名] 脚
legacy [**le**gəsi] [名] 遺贈, 遺産, 遺物
legal [**li:**gəl] [形] 法律上の, 法的な
legalize [**li:**gəlaiz] [動] 法律化する, 公認する
legally [**li:**gəli] [副] 法律的に, 合法的に
le**ga**tion [li**gei**ʃən] [名] 公使一行, 公使館
legend [**le**dʒənd] [名] 伝説
legendary [**le**dʒənderi] [名] 伝説集 [形] 伝説の, 伝説的な

leggings [legiŋz] [名] 脚絆ゲートル, 子供用冬ズボン

legible [ledʒəbl] [形] 判読しやすい, 明瞭な

legion [li:dʒən] [名] 軍団, 軍隊

legislate [ledʒəsleit] [動] 立法する

legislation [ledʒəsleiʃən] [名] 立法, 立法権

legislative [ledʒəsleitiv] [形] 立法の

legislator [ledʒəsleitər] [名] 立法者, 国会議員

legislature [ledʒəsleitʃər] [名] 立法府

legitimate [ledʒitəmət] [形] 合法的な

legume [legyu:m] [名] マメ科の植物

leisure [li:ʒər] [名] 余暇, レジャー

leisurely [li:ʒərli] [形] ゆったりとした [副] ゆったりと

lemon [lemən] [名] レモン

lemonade [leməneid] [名] レモネード

lend [lend] [動] 貸す

length [leŋθ] [名] 長さ

lengthen [leŋθən] [動] 長くする

lengthwise [leŋθwaiz] [形] 長い, 縦の [副] 長く, 縦に

lengthy [leŋθi] [形] 長い, 長たらしい, 長くて退屈な

Lenin [lenən] [人] レーニン (ロシアの革命家)

lens [lenz] [名] レンズ

lent [lent] [動] lend (貸す) の過去·過去分詞形

leopard [lepərd] [名] ヒョウ (動物)

leprosy [leprəsi] [名] ハンセン病

lesbian [lezbiən] [名] 女性同性愛者

Leslie [lesli] [人] レスリー (男の名前)

less [les] [形] ~より少ない, ~より小さい

lessen [lesn] [動] 減らす, 少なくする

lesser [lesər] [形] より小さい (少ない)

lesson [lesn] [名] 授業, 学科, 教訓

lessor [lesər] [名] 賃貸人

lest [lest] [接] ~しないようにする

let [let] [動] ~させる

letdown [letdaun] [名] 減少, 減退, 衰退

lethal [li:θəl] [形] 致命的な

lethargy [leθərdʒi] [名] 無気力, 倦怠

let's [lets] [短] let us の短縮形

letter [letər] [名] 文字, 手紙

lettuce [letəs] [名] レタス (野菜)

leukemia [luki:miə] [名] 白血病

level [levəl] [名] 水平, 水準, 平地 [形] 水平の

lever [levər] [名] てこ [動] てこで動かす

levity [levəti] [名] 軽薄, 軽率, 気まぐれ

levy [levi] [名] 課税, 招集 [動] 課税する

lewd [lu:d] [形] みだらな, わいせつな

lexicon [leksəkan] [名] 辞書, 古典語辞書

liability [laiəbiləti] [名] 責任, 賠償責任, 債務

liable [laiəbl] [形] ~しやすい, 責任がある

liaison [li:əzan] [名] 連絡, 連結発音

liar [laiər] [名] 嘘つき

libel [laibəl] [名] 名誉毀損, 誹謗 [動] 中傷する

liberal [libərəl] [形] 自由な, 寛大な, 豊かな

liberal arts [libərəl a:rts] [名] (大学の)教養学科

liberalism [libərəlizm] [名] 自由主義

liberalize [libərəlaiz] [動] 自由化する

liberally [libərəli] [副] 寛大に, 公平に

liberate [libəreit] [動] 解放(釈放)する

liberation [libəreiʃən] [名] 解放, 釈放

Liberia [laibiəriə] [地] リベリア (西アフリカ諸国)

liberty [libərti] [名] 自由

libido [ləbi:dou] [名] 生命力, 性的本能, リビドー

librarian [laibreəriən] [名] 司書

library [laibrəri] [名] 図書館, 図書室

Libya [libiə] [地] リビア (北アフリカ諸国)

lice [lais] [名] louse(シラミ)の複数形

license [laisns] [名] 免許 [動] 免許を与える

licensed [laisnst] [形] 公認された, 免許を受けた

license plate [laisns pleit] [名] 番号版 ナンバープレート

licentious [laisentʃəs] [形] 不道徳な, 放蕩な

lichen [laikən] [名] 地衣

lick [lik] [名] なめること [動] なめる

lid [lid] [名] 蓋

lie [lai] [名] うそ [動] 横たわる, うそを言う

lieutenant [lutenənt] [名] 副官, 陸軍中尉

life [laif] [名] 生命, 生涯, 寿命

lifeboat [laifbout] [名] 救命ボート, 救助船

life expectancy [laif ikspektənsi] [名] 予想余命

lifeguard [laifga:rd] [名] 救助員, ライフガード

life jacket [laif dʒækət] [名] 救命胴衣

lifeless [laifləs] [形] 生命のない, 活気のない

lifelike [laiflaik] [形] 生きているような

lifelong [laiflɔŋ] [形] 一生の, 生涯の

life sentence [laif sentəns] [名] 終身刑, 無期懲役

lifestyle [laifstail] [名] 生活方式, ライフスタイル

lifetime [laiftaim] [名] 一生, 生涯

lift [lift] [動] 持ち上げる

lift-off [lift ɔ:f] [名] 離陸, 発射

ligament [ligəmənt] [名] 靭帯

light [lait] [名] 光 [形] 軽い [動] 火をつける

light bulb [lait bəlb] [名] 白熱電球

lighten [laitn] [動] 明るくする, 軽くする

lighter [laitər] [名] ライター, 点火器

light-headed [lait hedəd] [形] 軽率な, ふらふらする

light-headedly [lait hedədli] [副] 軽率に, 軽く

lighthouse [laithaus] [名] 灯台

lighting [laitiŋ] [名] 点火, 点灯, 照明

lightly [laitli] [副] 軽く, 簡単に

lightning [laitniŋ] [名] 稲妻

light-year [lait yiər] [名] 光年

likable [laikəbl] [形] 好感がもてる

like [laik] [動] 好む [形] 同じ, 似たような

likelihood [laiklihud] [名] ありそうなこと, 見込み

likely [laikli] [形] ありそうな [副] おそらく

likeness [laiknəs] [名] 似ていること, 相似性

likewise [laikwaiz] [副] 同様に, また

liking [laikiŋ] [名] 好み, 嗜好

lilac [lailək] [名] ライラック (花) [形] ライラック色の

lily [lili] [名] 百合

limb [lim] [名] 手足, 大きな枝

limber [limbər] [形] 柔軟な

lime [laim] [名] 石灰, ライム [動] 石灰をまく

limelight [laimlait] [名] 石灰光灯, ライムライト

limestone [laimstoun] [名] 石灰岩

limit [limət] [名] 限度, 限界 [動] 制限する

limitation [liməteiʃən] [名] 制限, 限界, 範囲

limited [limətəd] [形] 限られた, 制限された

limousine [liməzi:n] [名] リムジン (高級大型乗用車)

limp [limp] [名] 足の不自由なこと [動] びっこをひく

limpid [limpəd] [形] 澄んだ, 透明な, 明快な

Lincoln [liŋkən] [人] リンカーン (米国第 16 代大統領)

linden [lindən] [名] シナノキ

Lindsay [linzi] [人] リンゼイ (男の名前)

line [lain] [名] ひも, 線 [動] 線を引く

lineage [liniidʒ] [名] 血統, 系統

linear [liniər] [形] 線の, 線状の

linen [linən] [名] 亜麻布, リンネル

liner [lainər] [名] 定期船, 裏地

linger [liŋgər] [動] ぐずぐずする

lingerie [lanʒərei] [名] 女性の下着, ランジェリー

linguist [liŋgwist] [名] 言語学者

linguistic [liŋgwistik] [形] 言語の, 言語学の

linguistics [liŋgwistiks] [名] 言語学 (学問)

lining [lainiŋ] [名] 裏地, 内容物

link [liŋk] [名] 連結, 鎖の輪

linkage [liŋkidʒ] [名] 結合, 連結

linoleum [lənouliəm] [名] リノリウム (床敷き)

lint [lint] [名] リント布 (包帯用)

lion [laiən] [名] ライオン

lioness [laiənəs] [名] 雌のライオン (動物)

lip [lip] [名] 唇

lipstick [lipstik] [名] 口紅, ルージュ

liquid [likwəd] [名] 液体 [形] 液体の

liquidate [likwədeit] [動] 清算する, 返済する

liquidation [likwədeiʃən] [名] 清算, 返済

liquor [likər] [名] アルコール, 飲料, 酒

Lisa [li:sə] [人] リサ (女の名前)

Lisbon [lizbən] [地] リスボン (ポルトガルの首都)

lisp [lisp] [名] 舌足らずの発音

list [list] [名] 表, 目録, 名簿

listen [lisn] [動] 傾聴する

listener [lisnər] [名] 聴取者

listening [lisniŋ] [名] 傾聴

listless [listləs] [形] 気乗りしない

lit [lit] [動] light (火をつける) の過去・過去分詞形

litany [litəni] [名] 長く退屈な話

liter [li:tər] [名] リットル

literacy [litərəsi] [名] 読み書きの能力, 識字率

literal [litərəl] [形] 文字の

literally [litərəli] [副] 文字どおり

literary [litəreri] [形] 文学の

literate [litərət] [形] 読み書きのできる

literature [litərətʃər] [名] 文学, 文芸

litigate [litigeit] [動] 訴訟する

litigation [litəgeiʃən] [名] 訴訟

litter [litər] [動] 散らかす [名] ごみ

little [litl] [形] 小さい, 少量の, ほとんどない

live [liv] [動] 生きる, 住む, 生活する

live [laiv] [形] 生きている, 生放送の

livelihood [laivlihud] [名] 生計, 暮らし

lively [laivli] [形] 元気のよい, 鮮やかな

liver [livər] [名] 肝臓, 肝

livery [livəri] [名] 制服, 特殊な衣装

lives [laivz] [名] life (生命) の複数形

livestock [laivstak] [名] 家畜

livid [livəd] [形] 青黒い, 激怒した

living [liviŋ] [形] 生きている [名] 生存, 生活

living room [liviŋ rum] [名] 居間

lizard [lizərd] [名] トカゲ (動物)

load [loud] [名] 荷物, 負担 [動] 荷物を積む

loaded [loudəd] [形] 荷物を積んだ, 積載した

loading [loudiŋ] [名] 荷積み, 荷役, 装填

loaf [louf] [名] (パンの) 一塊

loafer [loufər] [名] 怠け者, のらくら者

loan [loun] [名] 貸し出し, 貸出金 [動] 貸し出しする

loath [louθ] [形] 嫌いな

loathe [louð] [動] ひどく嫌う

loathsome [louθsəm] [形] 大嫌いな, うんざりする

loaves [louvz] [名] loaf(一塊)の複数形

lobby [labi] [名] 玄関, 待合室, 圧力団体

lobbyist [labiist] [名] 議案通過運動者, ロビー活動家

lobster [labstər] [名] ロブスター, 伊勢えび

local [loukəl] [形] 地方の [名] 鈍行列車

locale [loukæl] [名] 現場, 場所, 場面

locality [loukæləti] [名] 所在地, 現場

local time [loukəl taim] [名] 現地時間

locate [loukeit] [動] 位置を探し出す

location [loukeiʃən] [名] 場所, 位置

lock [lak] [名] 錠 [動] 錠をかける

locker [lakər] [名] ロッカー, 保管室

locket [lakət] [名] ロケット(首飾り)

locksmith [laksmiθ] [名] 錠前屋

locomotive [loukəmoutiv] [名] 機関車

locust [loukəst] [名] バッタ (虫), 破壊的な人

lodge [ladʒ] [名] 小屋, 警備室 [動]下宿する

lodger [ladʒər] [名] 下宿人

lodging [ladʒiŋ] [名] 宿所, 下宿部屋

loft [lɔ:ft] [名] 屋根裏部屋

lofty [lɔ:fti] [形] 非常に高い, 上品な

log [lɔ:g] [名] 丸太, 航海日誌

logic [ladʒik] [名] 論理学, 論理

logical [ladʒikəl] [形] 論理学の, 論理的な

logistics [lədʒistiks] [名] 兵站術

loin [lɔin] [名] 腰, 腰部

loiter [lɔitər] [動] ぶらぶらする

lollipop [lalipap] [名] 棒つき飴

London [lʌndən] [地] ロンドン

lone [loun] [形] 一人の, ひっそりとした

loneliness [lounlinəs] [名] 孤独, 寂しさ

lonely [lounli] [形] 孤独な

lonesome [lounsəm] [形] 孤独な, 人里離れた

long [lɔ:ŋ] [形] 長い [副] 長い間 [動] 憧れる

long-distance [lɔ:ŋ distəns] [形] 長距離の, 長距離電話の

longevity [landʒevəti] [名] 寿命, 長寿

longing [lɔ:ŋiŋ] [名] 憧憬, 熱望

longitude [landʒətyu:d] [名] 経度

look [luk] [動] 見る [名] 見ること, 様子, 顔の表情

lookout [lukaut] [名] 見張り, 警戒

loom [lu:m] [動] ぼんやりと見える [名] 織機

loon [lu:n] [名] アビ (鳥), 怠け者

loop [lu:p] [名] 輪, 曲がり, 環状線

loophole [lu:phoul] [名] 小窓, 抜け穴

loose [lu:s] [形] 緩い, 揺れる, 緩んでいる

loosely [lu:sli] [副] ゆるく, 大ざっぱに, だらしなく

loosen [lu:sn] [動] 緩くする

loot [lu:t] [名] 戦利品, 略奪品, 強奪

lopsided [lapsaidəd] [形] 一方に傾いた, 不均衡の

loquacious [loukweiʃəs] [形] おしゃべり

lord [lɔ:rd] [名] 支配者, 君主, 神

lordly [lɔ:rdli] [形] 君主らしい, 堂々たる [副] 堂々と

lordship [lɔ:rdʃip] [名] 閣下, 支配権

lore [lɔ:r] [名] 知識, 学問

lorry [lɔ:ri] [名] 型貨物自動車

Los Angeles [lɔs ændʒələs] [地] ロスアンジェルス

lose [lu:z] [動] 無くす, 逃す

loser [lu:zər] [名] 敗者

loss [lɔ:s] [名] 紛失, 損失, 浪費

lost [lɔ:st] [形] 紛失した

lost [lɔ:st] [動] lose (無くす) の過去·過去分詞形

lost and found [lɔ:st ən faund] [名] 遺失物取扱所

lot [lat] [名] くじ, 抽選, 分け前, 運, 敷地

lotion [louʃən] [名] 外用液剤, 化粧水, ローション

lottery [latəri] [名] 宝くじ, 抽選, 運

lotto [latou] [名] 数字を合わせるトランプゲームの一種

lotus [loutəs] [名] ロータス (植物)

loud [laud] [形] 音が大きい [副] 大きな声で

loudly [laudli] [副] 大きな声で

loudness [laudnəs] [名] 大声, 騒ぎ

loudspeaker [laudspi:kər] [名] 拡声器

Louis [lu:i] [人] ルイス (男の名前)

Louisiana [lu:i:ziænə] [地] ルイジアナ (米国の州)

lounge [laundʒ] [名] 肘掛け椅子, 休憩室

louse [laus] [名] シラミ [動] シラミを取る

lousy [lauzi] [形] シラミだらけの, 不潔な, 下品な

lout [laut] [名] 田舎者, 馬鹿

lovable [lʌvəbl] [形] 愛らしい, 好感がもてる

love [lʌv] [動] 愛する [名] 愛, 愛情

love affair [lʌv əfeər] [名] 情事

lovely [lʌvli] [形] 美しい, 楽しい

lover [lʌvər] [名] 愛人, 恋人

loving [lʌviŋ] [形] 愛する, 愛情のこもった

low [lou] [形] 低い, 安い [副] 低く
lower [louər] [動] 低くする, (値段を)下げる
lower case [louər keis] [名] 小文字活字ケース
lowland [loulænd] [名] 低地 [形] 低地の
lowly [louli] [形] みすぼらしい [副] みすぼらしく
low tide [lou taid] [名] 引き潮, 干潮
loyal [lɔiəl] [形] 忠誠な
loyalty [lɔiəlti] [名] 忠誠
lubricant [lu:brikənt] [名] 潤滑油 [形] 滑らかにする
lubricate [lu:brəkeit] [動] 油を塗る, 滑らかにする
lubrication [lu:brəkeiʃən] [名] 潤滑, 注油
lucid [lu:səd] [形] 明るい, 透明な, 明白な
luck [lʌk] [名] 幸運
luckily [lʌkəli] [副] 運良く
luckless [lʌkləs] [形] 不運한
lucky [lʌki] [形] 不運な
lucrative [lu:krətiv] [形] 有利な, 儲かる
Lucy [lu:si] [人] ルーシー (女の名前)
ludicrous [lu:dəkrəs] [形] こっけいな
ludicrously [lu:dəkrəsli] [副] こっけいに
lug [lʌg] [動] 強く引く
luggage [lʌgidʒ] [名] 手荷物, 旅行用バッグ
lugubrious [lugu:briəs] [形] ひどく悲しそうな
lukewarm [lu:kwɔ:rm] [形] 微温の
lull [lʌl] [動] あやして寝かせる , なだめすかす
lullaby [lʌləbai] [名] 子守唄
lumber [lʌmbər] [名] 材木, がらくた
lumberjack [lʌmbərdʒæk] [名] 木材切り出し人
luminous [lu:mənəs] [形] 光を出す, 明瞭な
luminously [lu:mənəsli] [副] 明瞭に
lump [lʌmp] [名] 塊, こぶ
lumpy [lʌmpi] [形] 塊の多い, 荒い
lunacy [lu:nəsi] [名] 狂気, 間欠性精神病
lunar [lu:nər] [形] 月の, 月のような
lunatic [lu:nətik] [名] 精神障害者 [形] 狂気の
lunch [lʌntʃ] [名] 昼食 [動] 昼食を取る
luncheon [lʌntʃən] [名] 午餐
luncheonette [lʌntʃənet] [名] 軽食堂
lunch hour [lʌntʃ auər] [名] 昼休み
lunchtime [lʌntʃtaim] [名] 昼休み
lung [lʌŋ] [名] 肺
lunge [lʌndʒ] [名] 突き刺し, 突進 [動] 刺す
lure [luər] [名] 魅惑, 擬似餌 [動] 誘惑する
lurid [lu:rəd] [形] 赤く燃え立つ, ぞっとする
lurk [lə:rk] [動] 潜伏する, 潜在している
luscious [lʌʃəs] [形] おいしい, 甘美な
lusciously [lʌʃəsli] [副] 甘美に, 甘く
lush [lʌʃ] [形] 青々と茂った
lushly [lʌʃli] [副] 青々と茂って
lust [lʌst] [名] 欲望, 執念 [動] 熱望する
luster [lʌstər] [名] 光沢, つや
lusty [lʌsti] [形] 元気な, 丈夫な
Luxembourg [lʌksəmbərg] [地]ルクセンブルク(西ヨーロッパ諸国)
luxuriant [ləgʒuəriənt] [形] 繁茂した, 豊かな, 華麗な
luxuriantly [ləgʒuəriəntli] [副] 豊かに, 華やかに
luxurious [ləgʒuəriəs] [形] 贅沢な, 豪華な
luxury [lʌkʃəri] [名] 贅沢, 贅沢品 [形] 贅沢な
lying [laiiŋ] [名] 嘘をつくこと [形] 偽りの
lymph [limf] [名] リンパ
lynch [lintʃ] [動] 私刑で殺す
lyrical [lirikəl] [形] 叙情的な
lyrics [liriks] [名] 歌詞, 叙情詩

M

ma [ma:] [名] ママ

ma'am [mæm] [名] 奥様, おばさん, 婦人

Macao [məkau] [地] マカオ (中国の都市)

macaroni [mækərouni] [名] マカロニ

Macedonia [məsədouniə] [地] マケドニア (旧ギリシャ地方)

machination [mæʃəneiʃən] [名] 策動, 陰謀

machine [məʃi:n] [名] 機械, 器具

machine gun [məʃi:n gən] [名] 機関銃

machinery [məʃi:nəri] [名] 機械類

mackerel [mækərəl] [名] サバ (魚)

mad [mæd] [形] 狂った, 無謀な, 夢中の

madam [mædəm] [名] 夫人, 奥様

madame [mædəm] [名] 夫人, 奥様

madden [mædn] [動] 狂気にする, 怒らせる

made [meid] [動] make (作る) の過去・過去分詞形

madly [mædli] [副] 狂って, 猛烈に

madman [mædmæn] [名] 精神異常者

madness [mædnəs] [名] 狂気, 精神錯乱

Madonna [mədanə] [人] 聖母マリア (聖書の人物)

Madrid [mədrid] [地] マドリード (スペインの首都)

Mafia [mafi:ə] [名] マフィア

magazine [mægəzi:n] [名] 雑誌

Magellan [mədʒelən] [人] マゼラン (ポルトガルの航海家)

maggot [mægət] [名] うじ (虫)

magic [mædʒik] [名] 魔法, 魔力, 妖術

magical [mædʒikəl] [形] 魔術の, 不思議な

magician [mədʒiʃən] [名] 魔術師

magistrate [mædʒəstreit] [名] 行政長官, 治安判事

magnanimous [mægnænəməs] [形] 度量が大きい, 寛大な

magnanimously [mægnænəməsli] [副] 寛大に

magnate [mægneit] [名] 大立て者, 有力者, 権力家

magnesium [mægni:ziəm] [名] マグネシウム

magnet [mægnət] [名] 磁石

magnetic [mægnetik] [形] 磁石の, 魅力がある

magnetism [mægnətizm] [名] 磁性, 磁気, 魅力

magnificence [mægnifəsəns] [名] 雄大, 壮大

magnificent [mægnifəsənt] [形] 素晴らしい, 壮大な

magnificently [mægnifəsəntli] [副] 見事に

magnify [mægnəfai] [動] 拡大する, 誇張する

magnitude [mægnətyu:d] [名] 大きさ, 規模, 重大性

mahogany [məhagəni] [名] マホガニー (植物), 赤褐色

maid [meid] [名] 少女, 処女, 家政婦

maiden [meidn] [名] 少女, 処女 [形] 未婚の

maiden name [meidn neim] [名] 女性の結婚前の姓

mail [meil] [名] 郵便物, 郵便 [動] 郵送する

mailbox [meilbaks] [名] 郵便箱

mailman [meilmæn] [名] 郵便配達員

mail-order [meil ɔ:rdər] [形] 通信販売の

maim [meim] [動] 不具にする

main [mein] [形] 主な [名] 本管, 幹線

Maine [mein] [地] メイン (米国の州)

mainland [meinlænd] [名] 本土, 大陸

mainly [meinli] [副] 主に

mainstay [meinstei] [名] 大黒柱, 主な支持者

mainstream [meinstri:m] [名] 主流

maintain [meintein] [動] 維持する, 主張する

maintenance [meintənəns] [名] 維持, 扶養, 生活費

majestic [mədʒestik] [形] 威厳のある, 堂々たる

majesty [mædʒəsti] [名] 威厳, 最高権威, 陛下

major [meidʒər] [形] 重要な [名] 成人, 専攻科目

majority [mədʒɔ:rəti] [名] 大多数, 過半数, 成年

make [meik] [動] 作る, ～させる

maker [meikər] [名] 製作者, 製造業者

makeup [meikəp] [名] 化粧, 作り話

making [meikiŋ] [名] 製造, 構造, 製作品

malady [mælədi] [名] 病気

malaise [mæleiz] [名] 不安感, 無気力

malapropism [mæləprapizm] [名] 滑稽な同音異義語

malaria [məleəriə] [名] マラリア

Malaysia [məleiʒə] [地] マレーシア

male [meil] [名] 男性, 雄 [形] 男性の

malefactor [mæləfæktər] [名] 犯人, 犯罪者

malevolence [məlevələns] [名] 悪意, 敵意

malevolent [məlevələnt] [形] 悪意のある

malfeasance [mælfi:zəns] [名] 不正行為, 不法行為

malice [mæləs] [名] 悪意

malicious [məliʃəs] [形] 悪意がある

maliciously [məliʃəsli] [副] 意地悪に

malign [məlain] [動] 悪口を言う, 中傷する

malignant [məlignənt] [形] 悪意のある, 有害な, 悪性の

malinger [məliŋgər] [動] 仮病をつかう

mall [mɔ:l] [名] 散歩道, ショッピングセンター

malleable [mæli:əbl] [形] 変形が容易な

mallet [mælət] [名] 木槌

malnutrition [mælnyutriʃən] [名] 栄養失調

malt [mɔ:lt] [名] 麦芽

Malta [mɔ:ltə] [地] マルタ (南ヨーロッパの島国)

mamma [ma:mə] [名] お母さん

mammal [mæməl] [名] 哺乳動物
mammoth [mæməθ] [名] マンモス (動物) [形] 巨大な
mammy [mæmi] [名] お母さん
man [mæn] [名] 男子, 大人, 人間
manage [mænidʒ] [動] 経営する, 扱う
management [mænidʒmənt] [名] 経営, 管理, 管理職
manager [mænidʒər] [名] 経営者, 支配人
Mandarin [mændərən] [名] 標準中国語
mandarin [mændərən] [名] 中国種みかん (果物)
mandate [mændeit] [名] 委任, 権限付与
mandatory [mændətɔri] [形] 強制的な, 必須の
mane [mein] [名] たてがみ (動物の)
maneuver [mənyu:vər] [名] 戦略的行動 [動] 起動する
manger [meindʒər] [名] 飼い葉桶
mangle [mæŋgəl] [動] ずたずたに切る, しわを伸ばす
mango [mæŋgou] [名] マンゴー (果実)
manhandle [mænhændl] [動] 荒く扱う
Manhattan [mænhætn] [地] マンハッタン (米国ニューヨークの島)
manhole [mænhoul] [名] マンホール
manhood [mænhud] [名] 男らしさ, 成人
mania [meiniə] [名] ~狂, マニア
maniac [meiniæk] [名] 狂人 [形] 狂的な
manicure [mænəkyuər] [名] マニキュア [動] マニキュアをする
manifest [mænəfest] [形] 明らかな [動] 明らかにする
manifestation [mænəfəsteiʃən] [名] 明示, 顕示, 政見発表
manifesto [mænəfestou] [名] 声明, 宣言
manifold [mænəfould] [形] 多様な, いろいろな
Manila [mənilə] [地] マニラ (フィリピンの首都)
manipulate [mənipyəleit] [動] 巧みに扱う, 操作する
manipulation [mənipyəleiʃən] [名] 操作, 操縦
Manitoba [mænətoubə] [地] マニトバ (カナダの州)
mankind [mænkaind] [名] 人類, 人間
manly [mænli] [形] 男らしい, 勇敢な
man-made [mæn meid] [形] 人造の, 人工の
mannequin [mænikən] [名] マネキン, ファッションモデル
manner [mænər] [名] 方法, 態度, 礼儀
mannerism [mænərizm] [名] マンネリズム, 型にはまった手法, 癖
manor [mænər] [名] 封建時代の荘園
manpower [mænpauər] [名] 人的資源
mansion [mænʃən] [名] 大邸宅, マンション
mantel [mæntl] [名] 暖炉の前飾り, 暖炉棚
mantelpiece [mæntlpi:s] [名] mantel (暖炉の前飾り)
mantle [mæntl] [名] マント, 外套, カバー
manual [mænyuəl] [名] 参考書, 教本 [形] 手の, 手動の
manufacture [mænyəfæktʃər] [名] 製造, 製品 [動] 製造する
manufacturer [mænyəfæktʃərər] [名] 製造業者
manure [mənuər] [名] 肥料 [動] 肥料を施す
manuscript [mænyəskript] [名] 原稿, 筆写本
many [meni] [形] 多数の, 多くの
map [mæp] [名] 地図
maple [meipəl] [名] 紅葉
mar [ma:r] [動] 傷つく
marathon [mærəθan] [名] 長距離 (マラソン) 競走
marble [ma:rbəl] [名] 大理石 [形] 大理石の
march [ma:rtʃ] [名] 行軍, 行進曲 [動] 行進する
March [ma:rtʃ] [名] 三月
mare [meər] [名] 牝馬
margarine [ma:rdʒərən] [名] マーガリン
margin [ma:rdʒən] [名] へり, 余白, 販売マージン
marginal [ma:rdʒənəl] [形] へりの, 欄外の, 限界の
marginally [ma:rdʒənəli] [副] へりに, 少し
marijuana [mærəwanə] [名] マリファナ, 大麻
marina [məri:nə] [名] マリーナ (ヨットの係留場)
marine [məri:n] [形] 海の [名] 海兵隊員, 海軍
mariner [meərənər] [名] 船員, 航海者
marital [meərətl] [形] 結婚の, 夫婦間の
marital status [meərətl steitəs] [名] 婚姻状態
maritime [meərətaim] [形] 海の, 沿海の
mark [ma:rk] [動] 表す [名] 表示, 跡
marked [ma:rkt] [形] しるしのついた, 著しい
market [ma:rkət] [名] 市場
marketing [ma:rkətiŋ] [名] マーケティング, 市場取引
marketplace [ma:rkətpleis] [名] 市場
marmalade [ma:rməleid] [名] マーマレード (ジャム)
maroon [məru:n] [名] 茶色 [形] 茶色の
marquise [ma:rkwi:z] [名] 侯爵夫人
marriage [meəridʒ] [名] 結婚, 結婚式
married [meərid] [形] 結婚した
marrow [meərou] [名] 骨髄, 精髄, 中心部
marry [meəri] [動] 結婚する
Mars [ma:rz] [名] 火星
marsh [ma:rʃ] [名] 沼, 湿地
marshal [ma:rʃəl] [名] 陸軍元帥 [動] 整列させる
marshmallow [ma:rʃmelou] [名] マシュマロ
marshy [ma:rʃi] [形] 沼の, 沼地の
mart [ma:rt] [名] 市場,商業の中心地
Martha [ma:rθə] [人] マーサー (女の名前)
martial [ma:rʃəl] [形] 好戦的な, 勇敢な, 軍隊の
martial art [ma:rʃəl a:rt] [名] 武術
martial law [ma:rʃəl lɔ:] [名] 戒厳令

Martin [**ma:r**tn] [人] マーティン (男の名前)
martyr [**ma:r**tər] [名] 殉教者
martyrdom [**ma:r**tərdəm] [名] 殉教, 献身, 悩み
marvel [**ma:r**vəl] [名] 驚異 [動] 驚く
marvelous [**ma:r**vələs] [形] 驚くべき, とても良い
marvelously [**ma:r**vələsli] [副] 驚くほど, 非常に
Marx [ma:rks] [人] マルクス (ドイツの 社会主義者)
Marxism [**ma:rk**sizm] [名] マルクス主義
Mary [**meə**ri] [人] 聖母マリア (聖書の人物)
Maryland [**meə**rələnd] [地] メリーランド (米国の州)
mas**cara** [mæs**keərə**] [名] マスカラ (化粧品)
mascot [**mæs**kat] [名] 幸運をもたらしてくれるもの
masculine [**mæs**kyələn] [名] 男性 [形] 男の
mash [mæʃ] [動] 粉砕する
mask [mæsk] [名] マスク, 仮面
masochism [**mæ**səkizm] [名] マゾヒズム (被虐性変態性欲)
mason [**mei**sn] [名] 石工, 煉瓦工
masonry [**mei**snri] [名] 石工, 石造物
masque**rade** [mæskə**reid**] [名] 仮面舞踏会, 変装 [動] 変装する
mass [mæs] [名] 一般大衆, 多数, 塊
Massa**chu**setts [mæsə**tʃu:**səts] [地] マサチューセッツ (米国の州)
massacre [**mæ**səkər] [名] 大虐殺 [動] 大量に虐殺する
mas**sage** [mə**sa:ʒ**] [名] マッサージ [動] マッサージをする
massive [**mæ**siv] [形] 大きい, 重い
mass **me**dia [mæs **mi:**diə] [名] マスメディア, 大衆媒体
mass pro**duc**tion [mæs prə**dʌk**ʃən] [名] 大量生産, 量産
mast [mæst] [名] 帆柱, マスト, 高い柱
master [**mæs**tər] [名] 主人, 大家 [動] 支配する
mastermind [**mæs**tərmaind] [名] 指導者 [動] 巧みに画策する
masterpiece [**mæs**tərpi:s] [名] 名作, 傑作
master's degree [**mæs**tərz digri:] [名] 修士号
mastery [**mæs**təri] [名] 支配, 勝利, 熟練
masturbate [**mæs**tərbeit] [動] 自慰行為をする
mastur**ba**tion [mæstər**bei**ʃən] [名] 自慰, マスターベーション
mat [mæt] [名] マット, ござ [動] マットを敷く
match [mætʃ] [名] 試合 [動] 互いに競争させる
matchless [**mætʃ**ləs] [形] 無比の
matchmaker [**mætʃ**meikər] [名] 仲人
mate [meit] [名] 同僚, 配偶者 [動] 交尾させる
ma**ter**ial [mə**tiə**riəl] [名] 原料, 材料 [形] 物質的な
ma**ter**ialism [mə**tiə**riəlizm] [名] 唯物論, 唯物主義
materia**lis**tic [mətiəriə**lis**tik] [形] 物質的な, 唯物論の
ma**ter**ialize [mə**tiə**riəlaiz] [動] 具体化する, 実現させる
ma**ter**ially [mə**tiə**riəli] [副] 物質的に, 顕著に
ma**ter**nal [mə**tə:r**nəl] [形] 母の, 母系の
ma**ter**nity [mə**tə:r**nəti] [名] 母性, 母らしさ
math [mæθ] [名] 数学
mathema**ti**cian [mæθəmə**ti**ʃən] [名] 数学者
mathe**ma**tics [mæθə**mæ**tiks] [名] 数学
mati**nee** [mætə**nei**] [名] 昼間の興行, マチネー
ma**tri**culate [mə**tri**kyəleit] [動] 大学に入学する
matrimony [**mæ**trəmouni] [名] 結婚式, 結婚, 結婚生活
matrix [**mei**triks] [名] 母体, 基盤, 行列
matron [**mei**trən] [名] 婦人, 寮母
matted [**mæ**təd] [形] もじゃもじゃの, ござを敷いた
matter [**mæ**tər] [名] 問題, 物質, 内容
Matthew [**mæ**θyu:] [人] マタイ (聖書の人物)
mattress [**mæ**trəs] [名] ベッドマットレス, 敷ぶとん
ma**ture** [mə**tyuər**] [形] 成熟した, 満期になった
ma**tur**ity [mə**tyuər**əti] [名] 成熟, 満期
maudlin [**mɔ:d**lən] [形] 涙もろい, 感傷的な
maul [mɔ:l] [動] 乱暴に扱う, 酷評する [名] 大槌
mauso**le**um [mɔ:sə**li:**əm] [名] 雄大な墓
maverick [**mæ**vrik] [名] 反逆者
mawkish [**mɔ:**kiʃ] [形] 過度に感傷的な
maxim [**mæk**səm] [名] 格言, 座右の銘
maximize [**mæk**səmaiz] [動] 最大(極大)にする
maximum [**mæk**səməm] [名] 最大限 [形] 最高の, 最大の
may [mei] [助] ~してもよい
May [mei] [名] 五月
maybe [**mei**bi] [副] おそらく
May Day [**mei** dei] [名] メーデー, 労働祭
Mayflower [**mei**flauər] [名] メイフラワー号, 5 月に咲く花
mayonnaise [**mei**əneiz] [名] マヨネーズ
mayor [**mei**ər] [名] 市長
maze [meiz] [名] 迷宮, 迷路
me [mi:] [代] 私は, 私に
meadow [**me**dou] [名] 牧草地
meager [**mi:**gər] [形] 貧弱な, 乏しい, やせた
meal [mi:l] [名] 食事
mean [mi:n] [動] 意味する [形] 中位の
me**an**der [mi**æn**dər] [動] 曲りくねって流れる, ぶらぶら歩く
meaning [**mi:**niŋ] [名] 意味
meaningful [**mi:**niŋfl] [形] 意味のある
meaningless [**mi:**niŋləs] [形] 無意味な
means [mi:nz] [名] 手段, 方法
meant [ment] [動] mean (意味する) の過去·過去分詞形
meantime [**mi:n**taim] [副] その間に [名] その間
meanwhile [**mi:n**wail] [名] meantime (その間)
measles [**mi:**zəlz] [名] はしか, 麻疹

measly [**mi:**zli] [形] はしかの, つまらない

measurable [**me**ʒərəbl] [形] 測定できる

measure [**me**ʒər] [動] 測定する [名] 測定, 巻き尺

measurement [**me**ʒərmənt] [名] 測定, 測量

meat [mi:t] [名] 獣の肉

meatball [**mi:t**bɔl] [名] 肉団子, まぬけ

Mecca [**me**kə] [地] メカ (イスラムの聖地), 発祥の地

me**cha**nic [mə**kæ**nik] [名] 機械修理工

me**cha**nical [mə**kæ**nikəl] [形] 機械の

me**cha**nics [mə**kæ**niks] [名] 力学, 機構, 仕組み

mechanism [**me**kənizm] [名] 機械, 機具, 構造

mechanize [**me**kənaiz] [動] 機械化する

medal [**me**dl] [名] メダル, 勲章

me**dal**lion [mə**dæ**lyən] [名] 大メダル, 円形装飾

meddle [**me**dl] [動] 干渉する, おせっかいをする

media [**mi:**diə] [名] medium(中間)の複数形, マスコミ, 媒体

mediate [**mi:**dieit] [動] 仲裁する, 調停する

medi**a**tion [mi:**diei**ʃən] [名] 仲裁, 調停

mediator [**mi:**dieitər] [名] 仲裁人, 調停者

medical [**me**dikəl] [形] 医学の, 内科の

medi**ca**tion [medə**kei**ʃən] [名] 薬物治療, 投薬

medicine [**me**dəsən] [名] 薬, 医学

medi**e**val [midi**i:**vəl] [形] 中世の

medi**o**cre [mi:di**ou**kər] [形] 普通の, 平凡な

medi**o**crity [mi:di**a**krəti] [名] 平凡, 平凡な才能 (人)

meditate [**me**dəteit] [動] 瞑想する, 企む

medi**ta**tion [medə**tei**ʃən] [名] 瞑想, 黙想

meditative [**me**dəteitiv] [形] 瞑想する, 黙想する

Mediter**ra**nean [medətə**rei**niən] [地] 地中海 [形] 地中海の

medium [**mi:**diəm] [名] 中間, 手段, 媒介物

medley [**med**li] [名] 混成曲, メドレー, 寄せ集め [形] よせ集めの

meek [mi:k] [形] 温順な

meet [mi:t] [動] 会う [名] 会合

meeting [**mi:t**iŋ] [名] 出会い, 会合, 集会

megabyte [**me**gəbait] [名] メガバイト (コンピュータ)

megaphone [**me**gəfoun] [名] メガホン, 拡声器

melan**cho**lic [melən**ka**lik] [形] 憂鬱な, ふさぎ込んだ

melancholy [**me**lənkali] [形] 憂鬱な [名] 憂鬱, 憂鬱症

melee [**mei**lei] [名] 戦い, 乱闘劇

mel**li**fluous [mə**li**fluəs] [形] 甘美な

mellow [**me**lou] [形] 甘い, 香りがよい, 柔らかい

me**lo**dious [mə**lou**diəs] [形] 美しい音の, 旋律的な

melodrama [**me**lədramə] [名] メロドラマ, 通俗劇

melody [**me**lədi] [名] メロディー, 旋律

melon [**me**lən] [名] メロン (果物)

melt [melt] [動] 溶ける, 和らぐ

member [**mem**bər] [名] 会員, 一員, 手足

membership [**mem**bərʃip] [名] 会員資格, 会員数

membrane [**mem**brein] [名] 薄い膜, 皮膜

me**men**to [mə**men**tou] [名] 思い出の記念品, 遺物

memo [**me**mou] [名] メモ

memoirs [**mem**wa:rz] [名] 回顧録

memorable [**me**mərəbl] [形] 記憶すべき, 印象的な

memo**ran**dum [memə**ræn**dəm] [名] メモ, 備忘録

me**mo**rial [mə**mɔ:**riəl] [名] 記念物, 記念碑 [形] 記念の

me**mo**rialize [mə**mɔ:**riəlaiz] [動] 記念する

memorize [**me**məraiz] [動] 暗記する, 記録する

memory [**me**məri] [名] 記憶, 記憶力

Memphis [**mem**fəs] [地] メンフィス (米国の都市)

men [men] [名] man (男子) の複数形

menace [**me**nəs] [名] 脅威 [動] 脅かす

me**na**gerie [mə**næ**dʒəri] [名] 動物園

mend [mend] [名] 改良, 修理 [動] 直す

men**da**cious [men**dei**ʃəs] [形] うそをつく

mendicant [**men**dikənt] [名] 乞食

menial [**mi:**niəl] [形] 下品な

menopause [**me**nəpɔ:z] [名] 閉経, 更年期

menstru**a**tion [menstru**ei**ʃən] [名] 月経, メンス

mental [**men**tl] [形] 精神の, 心の

men**ta**lity [men**tæ**ləti] [名] 心性, 知能, 精神状態

mentally [**men**təli] [副] 精神的に

mention [**ment**ʃən] [動] 言及する [名] 言及

mentor [**men**tɔ:r] [名] 教師, 指導者, メントール

menu [**men**yu:] [名] 献立, メニュー

me**ow** [mi**au**] [動] 猫が泣く

mercenary [**mə:r**səneri] [名] 傭兵 [形] 報酬を目的とする

merchandise [**mə:rt**ʃəndaiz] [名] 商品

merchant [**mə:rt**ʃənt] [名] 商人, 貿易商

merciful [**mə:r**sifl] [形] 慈悲深い

merciless [**mə:r**siləs] [形] 無慈悲な, 残酷な

mer**cu**rial [mə:r**kyuə**riəl] [形] 気まぐれな

mercury [**mə:r**kyəri] [名] 水銀

Mercury [**mə:r**kyəri] [人] マーキュリー (ローマ神話)

mercy [**mə:r**si] [名] 慈悲, 同情

mere [miər] [形] 単純な, ～に過ぎない

merely [**miər**li] [副] 単純に, ただ

merge [mə:rdʒ] [動] 合併する, 統合する

merger [**mə:r**dʒər] [名] 合併, 統合

me**ri**dian [mə**ri**diən] [名] 子午線, 全盛期 [形] 子午線の

me**ringue** [mə**ræŋ**] [名] メレン (お菓子)

merit [merət] [名] 長所, 価値, 功績
meritorious [merətɔ:riəs] [形] 称賛に値する, 価値のある
meritoriously [merətɔ:riəsli] [副] 立派なに
mermaid [mə:rmeid] [名] 人魚, 女子水泳選手
merrily [meərəli] [副] 楽しく
merriment [meərəmənt] [名] 愉快, 歓楽
merry [meəri] [形] 陽気な, 愉快な
merry-go-round [meəri gou raund] [名]回転木馬,メリーゴーランド
mesh [meʃ] [名] 網, わな [動] 網にかける
mess [mes] [名] 混乱状態 [動] 台無しにする
message [mesidʒ] [名] 伝言, メッセージ
messenger [mesəndʒər] [名] 使者
messy [mesi] [形] 散らかった, 汚い
met [met] [動] meet (会う) の過去·過去分詞形
metabolism [mətæbəlizm] [名] 新陳代謝, 代謝作用
metal [metl] [名] 金属
metallic [mətælik] [形] 金属の, 金属性の
metamorphosis [metəmɔ:rfəsəs] [名] 急激な変化
metaphor [metəfɔ:r] [名] 隠喩, 比喩
metaphysical [metəfizikəl] [形] 形而上学の, 抽象的な
metaphysics [metəfiziks] [名] 形而上学, 抽象論
meteor [mi:tiər] [名] 流星, 隕石
meteorite [mi:tiərait] [名] 隕石
meteorological [mi:tiərəladʒikəl] [形] 気象学上の, 気象の
meter [mi:tər] [名] 計量器, メーター
method [meθəd] [名] 方法
methodical [məθadikəl] [形] 整然とした, 秩序だった, きちょうめんな
Methodist [meθədist] [名] メソジスト教徒 [形] メソジスト教の
methodology [meθədalədʒi] [名] 方法論
meticulous [mətikyələs] [形] こせこせした, 細心な,きちょうめんな
meticulously [mətikyələsli] [副] 綿密に
metric [metrik] [形] メートル法の
metrical [metrikəl] [形] 韻律の, 測量法の
metropolis [mətrapələs] [名] 首都, 大都市, 中心地
metropolitan [metrəpalətən] [形] 首都の, 大都市の
Mexican [meksikən] [名] メキシコ人 [形] メキシコの
Mexico [meksikou] [地] メキシコ
Miami [maiæmi] [地] マイアミ (米国の都市)
mice [mais] [名] mouse (ハツカネズミ) の複数形
Michael [maikəl] [人] マイケル (男の名前)
Michelangelo [maikəlændʒəlou] [人] ミケランジェロ(イタリアの画家)
Michigan [miʃigən] [地] ミシガン (米国の州)
microbe [maikroub] [名] 微生物, 細菌
microcosm [maikrəkazm] [名] 小宇宙
microfilm [maikroufilm] [名] マイクロフィルム, 縮小写真フィルム
microphone [maikrəfoun] [名] マイク
microscope [maikrəskoup] [名] 顕微鏡
microscopic [maikrəskapik] [形] 顕微鏡の, ごく小さな
microscopical [maikrəskapikəl] [形] 顕微鏡の, ごく小さな
microwave [maikrəweiv] [名] マイクロ波, 極超短波
mid [mid] [形] 中間の, 中央の
Midas [maidəs] [人] ミダス (ギリシャ神話)
midday [middei] [名] 正午, 真昼
middle [midl] [名] 中央, 中間 [形] 中間の
middle aged [midl eidʒd] [形] 中年の
middle class [midl klæs] [名] 中産階級, 中間層
middleman [midlmæn] [名] 仲買人, 仲介人
middle name [midl neim] [名] 中間名
middle school [midl skul] [名] 中学校
midget [midʒət] [名] ちび, 小人 [形] 非常に小さい
midnight [midnait] [名] 真夜中
midst [midst] [名] 真ん中
midsummer [midsʌmər] [名] 真夏, 夏至
midway [midwei] [名] 中途 [形] 中途の [副] 途中で
midwife [midwaif] [名] 助産婦, 産婆
midwinter [midwintər] [名] 真冬 [形] 真冬の
might [mait] [助] ~だろう, ~かもしれない
mighty [maiti] [形] 強力な, 巨大な
migraine [maigrein] [名] 偏頭痛
migrate [maigreit] [動] 移住する, (渡り鳥) が 移動する
migration [maigreiʃən] [名] 移住, 移動
migratory [maigrətɔ:ri] [形] 移動する, 移住する
mike [maik] [名] microphone (マイク)
Milan [milæn] [地] ミラノ (イタリアの都市)
mild [maild] [形] 穏やかな, 親切な, 優しい
mildew [mildyu:] [名] かび, ベト病菌
mildly [maildli] [副] 優しく, 穏やかに
mile [mail] [名] マイル
mileage [mailidʒ] [名] 総マイル数, 一定燃料あたりの走行距離
milestone [mailstoun] [名] 里程標, (人生の) 画期的な事件
milieu [mi:lyu:] [名] 周囲, 環境
militant [milətənt] [名] 好戦的な人 [形] 好戦的な
militantly [milətəntli] [副] 好戦的に
military [miləteri] [名] 軍隊, 軍人 [形] 軍隊の
militia [məliʃə] [名] 市民軍, 民兵
milk [milk] [名] 牛乳, 乳 [動] 乳を搾る
milkmaid [milkmeid] [名] 乳しぼりの女
milkshake [milkʃeik] [名] ミルクシェイク
milky [milki] [形] 牛乳のような
mill [mil] [名] 製粉機, 製粉所 [動] 製粉する

millennium [mə**le**niəm] [名] 千年, 千年記念日, 千年王国
miller [**mi**lər] [名] 精米所主人, 製粉業者
milligram [**mi**ləgræm] [名] ミリグラム
millimeter [**mi**ləmətər] [名] ミリメートル
million [**mil**yən] [名] 百万
million**aire** [milyə**neər**] [名] 百万長者, 巨富
millstone [**mil**stoun] [名] ひきうす石
Mil**wau**kee [mil**wɔ:**ki] [地] ミルウォーキー (米国の都市)
mime [maim] [名] 身振り, 無言道化芝居
mimic [**mi**mik] [名] 物まねをする人 [動] 物まねをする
mimicry [**mi**mikri] [名] 真似, 模倣, 模造品
mince [mins] [名] ひき肉 [動] 細かく刻む
mincemeat [**mins**mi:t] [名] ひき肉
mind [maind] [名] 心, 考え方 [動] 気をつける
mindful [**maind**fl] [形] 用心する, 注意する
mine [main] [代] 私の物
miner [**mai**nər] [名] 鉱夫
mineral [**mi**nərəl] [名] 鉱物
mineral water [**mi**nərəl wɔ:tər] [名] 鉱泉水, ミネラルウォーター
Mi**ner**va [mi**nə:r**və] [人] ミネルバ (ローマ神話)
mingle [**miŋ**gəl] [動] 混ぜる
miniature [**mi**nətʃər] [名] 小さい模型 [形] 小型の
minimum [**mi**nəməm] [名] 最小限, 極小 [形] 最小の
mining [**mai**niŋ] [名] 鉱業, 採鉱
minister [**mi**nəstər] [名] 長官, 牧師
ministry [**mi**nəstri] [名] 長官(牧師)の任期, 内閣
mink [miŋk] [名] ミンク, ミンクの毛皮
Minne**a**polis [mini**æ**pəlis] [地] ミネアポリス (米国の都市)
Minne**so**ta [minə**sou**tə] [地] ミネソタ (米国の州)
minor [**mai**nər] [形] 重要でない [名] 副専攻
mi**no**rity [mai**nɔ:**rəti] [名] 少数派, 未成年
minstrel [**min**strəl] [名] 吟遊詩人, 宮廷詩人
mint [mint] [名] はっか
minus [**mai**nəs] [名] 負数 [形] マイナスの
minuscule [**mi**nəskyul] [形] 非常に小さい
mi**nute** [mai**nyu:t**] [形] 非常に小さい, つまらない, 詳しい
minute [**mi**nət] [名] 分
miracle [**miə**rikəl] [名] 奇跡
mi**ra**culous [mə**ræ**kyələs] [形] 奇跡の, 不思議な
mi**ra**culously [mə**ræ**kyələsli] [副] 奇跡的に
mi**rage** [mə**ra:ʒ**] [名] 蜃気楼, 妄想, 幻想
Mi**ran**da [mi**ræn**də] [人] ミレンダ (女の名前)
mire [maiər] [名] 泥沼, 窮地 [動] 泥沼にはまらせる
mirror [**mi**rər] [名] 鏡
mirth [mə:rθ] [名] 陽気

mirthful [**mə:rθ**fl] [形] 陽気な
misanthrope [**mi**sənθroup] [名] 人間を嫌悪する人
misan**thro**pic [misən**θra**pik] [形] 人間ぎらいの, 厭世的な
misbe**have** [misbi**heiv**] [動] 不正なことをする, 無作法に振る舞う
misbe**ha**vior [misbi**hei**vyər] [名] 無作法, 不正行為
mis**car**riage [mis**keə**ridʒ] [名] 失敗, 失策, 誤配
miscel**la**neous [misə**lei**niəs] [形] 雑多の, 寄せ集めの
miscel**la**neously [misə**lei**niəsli] [副] 雑多に
mischief [**mis**tʃəf] [名] 害悪, いたずら
mischievous [**mis**tʃəvəs] [形] 有害な, 意地の悪い
mischievously [**mis**tʃəvəsli] [副] 有害に, 悪ふざけて
mis**con**duct [mis**kan**dəkt] [名] 違法行為, 不正行為
miscon**duct** [miskən**dʌkt**] [動] 管理を誤る
misde**mea**nor [misdi**mi:**nər] [名] 軽犯罪, 非行
mis**done** [mis**dʌn**] [動] misdo (やりそこなう) の過去分詞形
miser [**mai**zər] [名] けちん坊
miserable [**mi**zərəbl] [形] かわいそうな, 辛い
misery [**mi**zəri] [名] 不幸, 悲惨
mis**fit** [mis**fit**] [動] よく合わない
misfit [**mis**fit] [名] 合わないこと, 似合わないこと
mis**for**tune [mis**fɔ:r**tʃən] [名] 不幸, 不運
mis**gi**ving [mis**gi**viŋ] [名] 疑い, 心配, 不安
mishap [**mis**hæp] [名] 不幸な出来事, 災難
misin**form** [misn**fɔ:rm**] [動] 誤報する
misin**ter**pret [misn**tə:r**prət] [動] 誤解する, 誤訳する
mis**lead** [mis**li:d**] [動] 誤って導く
mis**lea**ding [mis**li:**diŋ] [形] 誤解させる
mis**led** [mis**led**] [動] mislead (誤って導く) の過去·過去分詞形
mis**no**mer [mis**nou**mər] [名] 間違った名称, 誤称
mi**so**gyny [mə**sa**dʒəni] [名] 女性を嫌うこと
mis**place** [mis**pleis**] [動] 置き間違える
misrepre**sent** [misrepri**zent**] [動] 不正確に話す
Miss [mis] [名] 少女, お嬢さん, 未婚女性
miss [mis] [動] 間違う, 逃す
missile [**mi**səl] [名] ミサイル
missing [**mi**siŋ] [形] 行方不明の
mission [**mi**ʃən] [名] 外交使節, 任務, 伝道
missionary [**mi**ʃəneri] [名] 宣教師
Missis**sau**ga [misə**sɔ:**gə] [地] ミシサガ (カナダの都市)
Missis**si**ppi [misə**si**pi] [地] ミシシッピ川, ミシシッピ (米国の州)
Mis**sou**ri [mi**zuə**ri] [地] ミズーリ (米国の州)
mist [mist] [名] 霧
mis**take** [mis**teik**] [名] 過ち [動] 間違う
mis**ta**ken [mis**tei**kən] [形] 間違った, 誤解した
mis**ta**ken [mis**tei**kən] [動] mistake (間違う) の過去分詞形

mister [**mis**tər] [名] ~様 (男の性の前に付ける)
mistletoe [**mis**əltou] [名] ヤドリギ (植物)
mis**took** [mis**tuk**] [動] mistake (間違う) の過去形
mis**treat** [mis**tri:t**] [動] 虐待する, 酷使する
mistress [**mis**trəs] [名] 女主人, 主婦
mis**trust** [mis**trʌst**] [名] 不信, 疑い [動] 疑う
misty [**mis**ti] [形] 霧のかかった, おぼろげな
misunder**stand** [misəndər**stænd**] [動] 誤解する
misunder**stand**ing [misəndər**stænd**iŋ] [名] 誤解
misunder**stood** [misəndər**stud**] [動] misunderstand (誤解する) の過去・過去分詞
mis**use** [mis**yu:z**] [名] 誤用, 悪用 [動] 誤用する
Mitchell [**mit**ʃəl] [人] ミッチェル (男・女の名前)
mitigate [**mit**əgeit] [動] 和らげる, 軽減する
mitt [mit] [名] 指なし手袋
mitten [**mit**n] [名] 二また手袋, ミトン
mix [miks] [名] 混合 [動] 混ぜる, 混合する
mixed [mikst] [形] 混じった, 混成の
mixture [**miks**tʃər] [名] 混合物
moan [moun] [名] うめき声 [動] うめき声を出す
moat [mout] [名] 濠
mob [mab] [名] 群衆, 暴徒 [動] 襲う
mobile [**mou**bəl] [名] モービル [形] 移動しやすい
mobile **home** [moubəl **houm**] [名] 移動住宅, トレーラー 住宅
mo**bil**ity [mou**bil**əti] [名] 移動性, 可動性
mobili**za**tion [moubələ**zei**ʃən] [名] 動員, 流通させること
mobilize [**mou**bəlaiz] [動] 動員する
mock [mak] [名] 冷やかし [動] からかう
mockery [**ma**kəri] [名] あざけり, あざ笑い, まねごと
mocking [**ma**kiŋ] [形] 嘲る, まねをするような
mode [moud] [名] 方法, 様式
model [**ma**dl] [名] モデル, 本 [動] モデルを作る
model **home** [madl **houm**] [名] モデルハウス
modem [**mou**dəm] [名] モデム (コンピュータ)
moderate [**ma**dəreit] [動] 適当にする, 柔らかくなる
moderate [**ma**dərət] [形] 適度の, 普通の
moderately [**ma**dərətli] [副] 適切に, 適当に
mode**ra**tion [madə**rei**ʃən] [名] 節度, 中庸, 穏健
moderator [**ma**dəreitər] [名] 調停者, 司会者
modern [**ma**dərn] [形] 現代の, 最新の
modernism [**ma**dərnizm] [名] 近代主義, 現代風
moderni**za**tion [madərnə**zei**ʃən] [名] 近代化, 現代化
modernize [**ma**dərnaiz] [動] 近代化する, 現代化する
modest [**ma**dəst] [形] へりくだった, おとなしい, 質素な
modesty [**ma**dəsti] [名] 謙遜, 謙虚, 質素
modifi**ca**tion [madəfə**kei**ʃən] [名] 変更, 修正, 変形
modifier [**ma**dəfaiər] [名] 修飾語
modify [**ma**dəfai] [動] 修正する, 修飾する
modulate [**ma**dʒəleit] [動] 調節する, 規制する
Mo**ham**mad [mou**hæ**məd] [人] Muhammad (マホメット)
moist [mɔist] [形] 湿気のある
moisten [**mɔi**sn] [動] 湿らす, ぬらす
moisture [**mɔis**tʃər] [名] 湿気, 水蒸気
molar [**mou**lər] [名] 臼歯 [形] かみ砕く
mold [mould] [名] 型, かび [動] 型に入れて造る
moldy [**moul**di] [形] かび臭い, 陳腐な
mole [moul] [名] 皮膚の点, モグラ
mo**le**cular [mə**le**kyələr] [形] 分子の, 分子で構成された
molecule [**ma**likyul] [名] 分子 (化学)
mo**lest** [mə**lest**] [動] 苦しめる, 暴行する
mollify [**ma**ləfai] [動] 和らげる, なだめる
molten [**moul**tn] [形] 溶けた, 溶解した
mom [mam] [名] お母さん
moment [**mou**mənt] [名] 瞬間, 時期
momentary [**mou**mənteri] [形] 瞬間の
mo**men**tous [mou**men**təs] [形] 重大な, 重要な
mo**men**tously [mou**men**təsli] [副] 重大に
mo**men**tum [mou**men**təm] [名] 惰性, はずみ, 勢い
mommy [**ma**mi] [名] お母さん (子供言葉)
monarch [**ma**nərk] [名] 君主, 王
monarchy [**ma**nərki] [名] 君主制, 君主国
monastery [**ma**nəsteri] [名] 修道院
Monday [**mʌn**dei] [名] 月曜日
monetary [**ma**nəteri] [形] 貨幣の, 通貨の, 財政的な
money [**mʌ**ni] [名] お金, 金銭, 通貨, 財産
money order [**mʌ**ni ɔ:rdər] [名] 為替, 郵便為替
Mon**go**lia [man**gou**lyə] [地] モンゴル (東アジア諸国)
monitor [**ma**nətər] [名] モニター, 監視 [動] 監視する
monk [mʌŋk] [名] 僧侶
monkey [**mʌŋ**ki] [名] 猿
monogram [**ma**nəgræm] [名] 組合せ文字, モノグラム
monograph [**ma**nəgræf] [名] 専攻論文, モノグラフ
mono**li**thic [manə**li**θik] [形] 巨大な
monologue [**ma**nəlɔg] [名] 独白, 一人芝居
mo**no**polize [mə**na**pəlaiz] [動] 独占する, 専売する
mo**no**poly [mə**na**pəli] [名] 独占, 専売
monorail [**ma**nəreil] [名] モノレール, 単軌鉄道
monotone [**ma**nətoun] [名] 単調な音 [形] 単調な
mo**no**tonous [mə**na**tənəs] [形] 単調な, 退屈な
mo**no**tonously [mə**na**tənəsli] [副] 単調に
mo**no**tony [mə**na**təni] [名] 単調さ, 退屈, 単調音

monsoon [mansu:n] [名] モンスーン, 季節風
monster [manstər] [名] 怪物, 巨人
monstrous [manstrəs] [形] 巨大な, 奇怪な
Montana [mantænə] [地] モンタナ (米国の州)
Montessori [mantəsɔ:ri] [名] モンテッソーリ教育法
Montgomery [mangʌməri] [人] モンゴメリー (男の名前)
month [mʌnθ] [名] 月
monthly [mʌnθli] [形] 毎月の [名] 月刊刊行物
Montreal [mantriɔ:l] [地] モントリオール (カナダの都市)
monument [manyəmənt] [名] 記念館, 記念碑
monumental [manyəmentl] [形] 記念碑的な, 記念になる
moo [mu:] [名] モー (牛の鳴き声)
mood [mu:d] [名] 気分, 雰囲気
moody [mu:di] [形] 気まぐれな, 不きげんな
moon [mu:n] [名] 月
moonlight [mu:nlait] [名] 月光
moonlit [mu:nlit] [形] 月が明るい
moonshine [mu:nʃain] [名] 月光, ばかげた考え
moor [muər] [名] 荒れ地, 荒野
moose [mu:s] [名] 大きな鹿 (動物)
mop [map] [名] モップ [動] モップでふく
mope [moup] [名] 意気消沈 [動] 意気消沈する
moral [mɔ:rəl] [名] 教訓, 道徳 [形] 道徳的な
morale [məræl] [名] 士氣
moralist [mɔ:rəlist] [名] 道徳家, モラリスト
morality [məræləti] [名] 道徳, 徳行, 道徳性
morally [mɔ:rəli] [副] 道徳的に, 道徳上
moratorium [mɔ:rətɔ:riəm] [名] 支払い猶予, モラトリアム
morbid [mɔ:rbəd] [形] 病的な, 病気にかかった
more [mɔ:r] [形] より多くの
moreover [mɔ:rouvər] [副] さらに
mores [mɔ:reiz] [名] 慣習
morgue [mɔ:rg] [名] 死体置き場, 資料室
moribund [mɔ:rəbənd] [形] 死んでいく, 消滅していく
Mormon [mɔ:rmən] [名] モルモン教徒
morn [mɔ:rn] [名] 朝
morning [mɔ:rniŋ] [名] 朝, 午前
Morocco [mərakou] [地] モロッコ (北アフリカ諸国)
moron [mɔ:ran] [名] 精神遅滞者
morose [mərous] [形] むっつりした, 不機嫌な
morphine [mɔ:rfi:n] [名] モルヒネ (薬)
morrow [ma:rou] [名] 翌日, 朝, 直後
morsel [mɔ:rsəl] [名] 一口, 少量
mortal [mɔ:rtl] [名] 人間, 死ぬ運命の物
mortality [mɔ:rtæləti] [名] 死亡率
mortar [mɔ:rtər] [名] すり鉢, 粉砕機, モルタル
mortgage [mɔ:rgidʒ] [名] 抵当, 抵当権 [動] 抵当に取られる
mortification [mɔ:rtəfəkeiʃən] [名] 屈辱, 苦行
mortify [mɔ:rtəfai] [動] 屈辱感を与える, 苦行する
mortuary [mɔ:rtʃueri] [名] 霊安室, 死体安置所
mosaic [mouzeiik] [名] モザイク [形] モザイク式の
Moscow [maskou] [地] モスクワ
Moses [mouzəz] [人] モーセ (聖書の人物)
Moslem [mazləm] [名] イスラム教 [形] イスラム教の
mosque [mask] [名] イスラム教寺院, モスク
mosquito [məski:tou] [名] 蚊
moss [mɔ:s] [名] コケ
mossy [mɔ:si] [形] コケがいっぱい生えた, 時代に取り残された
most [moust] [形] 最も多い, 最も大きい
mostly [moustli] [副] 主に, 大概
motel [moutel] [名] モーテル
moth [mɔ:θ] [名] 蛾
mothballs [mɔ:θbɔ:lz] [名] 虫よけ玉
mother [mʌðər] [名] 母
motherhood [mʌðərhud] [名] 母性, 母性愛
mother-in-law [mʌðərən lɔ:] [名] 義母, しゅうとめ
motherly [mʌðərli] [形] 母親らしい [副] 母親らしく
mother-of-pearl [mʌðər əv pə:rl] [名] 真珠層
motif [moutif] [名] 主題, 中心思想, モチーフ
motion [mouʃən] [名] 身振り [動] 身振りで知らせる
motionless [mouʃənləs] [形] 動かない, 停止した
motion picture [mouʃən piktʃər] [名] 映画
motivate [moutəveit] [動] 動機を与える, 刺激する
motivation [moutəveiʃən] [名] 動機づけ, 刺激
motive [moutiv] [名] 動機, 目的 [形] 動機となる
motley [matli] [形] 非常に多様な, 非常に雑多な
motor [moutər] [名] モータ, 発電機
motorbike [moutərbaik] [名] 小型バイク
motorboat [moutərbout] [名] モータボート
motorcar [moutərka:r] [名] 自動車
motorcycle [moutərsaikəl] [名] バイク
motorcyclist [moutərsaiklist] [名] バイクに乗る人
motor home [moutər houm] [名] 移動住宅 バス
motorist [moutərist] [名] 自動車運転者
motto [matou] [名] 座右の銘, 金言, モットー
mound [maund] [名] マウンド
mount [maunt] [動] 登る
mountain [mauntn] [名] 山
mountaineer [mauntəniər] [名] 登山家
mountaineering [mauntəniəriŋ] [名] 登山

mountainous [**maun**tənəs] [形] 山が多い, 山地の
mountainside [**maun**tnsaid] [名] 山腹
mounted [**maun**təd] [形] 馬に乗った
mourn [mɔ:rn] [動] 悲しむ, 哀悼する
mourner [**mɔ:r**nər] [名] 哀悼者, 会葬者
mournful [**mɔ:rn**fl] [形] 悲しい
mourning [**mɔ:r**niŋ] [名] 悲しみ, 哀悼
mouse [maus] [名] ハツカネズミ
mousetrap [**maus**træp] [名] ねずみ捕り
mouth [mauθ] [名] 口
mouthful [**mauθ**ful] [名] 口いっぱい, 少量
mouthpiece [**mauθ**pi:s] [名] 水道の蛇口, マウスピース
movable [**mu:**vəbl] [名] 動産 [形] 動くことができる
move [mu:v] [動] 動く [名] 動き, 移転
movement [**mu:v**mənt] [名] 動作, 動き, 移動
movie [**mu:**vi] [名] 映画
movie star [**mu:**vi sta:r] [名] 映画俳優
moving [**mu:**viŋ] [形] 動く, 感動的な
mow [mou] [動] 草を刈る
mower [**mou**ər] [名] 草刈り機
Mozart [**mout**sa:rt] [人] モーツァルト (オーストリアの作曲家)
Mr. [**mis**tər] [名] ~貴下, ~先生, ~さん
Mrs. [**mis**əz] [名] ~夫人
Ms. [miz] [名] ~さん
Mt. [maunt] [名] 山
much [mʌtʃ] [形] 多い [副] 非常に [名] 大量
mud [mʌd] [名] 粘土
muddle [**mʌ**dl] [動] ごたまぜにする, めちゃくちゃにする
muddy [**mʌ**di] [形] 泥だらけの, 混濁した
muffin [**mʌ**fən] [名] マフィン (パン)
muffle [**mʌ**fəl] [動] 包む, 覆う
muffler [**mʌ**flər] [名] えりまき, マフラー, 消音器
mug [mʌg] [名] 取っ手の付いた茶碗, マグカップ
muggy [**mʌ**gi] [形] むし暑い
Mu**ham**mad [mu**hæ**məd] [名] マホメット (イスラム教)
mulberry [**mʌl**beri] [名] クワの実, クワの木
mule [myu:l] [名] ラバ
mull [mʌl] [動] 熟考する
multi**na**tional [məlti**nei**ʃənəl] [形] 多国籍の
multiple [**mʌl**təpəl] [名] 倍数 [形] 様々な, 多数の
multipli**ca**tion [məltəplə**kei**ʃən] [名] 増加, 増殖, 乗算
multi**pli**city [məltə**pli**səti] [名] 多数, 多様性
multiply [**mʌl**təplai] [動] 掛ける, 増加する
multitude [**mʌl**tətyu:d] [名] 多数, 群集, 大衆
mumble [**mʌm**bəl] [名] 呟き [動] つぶやく
mummy [**mʌ**mi] [名] ミラ
mumps [mʌmps] [名] 流行性耳下腺炎, おたふくかぜ
munch [mʌntʃ] [動] むしゃむしゃ食べる
mundane [**mʌn**dein] [形] 宇宙の, 世界の, 世俗的な
Munich [**myu:**nik] [地] ミュンヘン (ドイツの都市)
mu**ni**cipal [myu**ni**səpəl] [形] 市の, 都市の
munici**pa**lity [myunisə**pæ**ləti] [名] 自治体, 地方自治団体
mu**ni**ficent [myu**ni**fəsənt] [形] 非常に寛大な, 気前のいい
mu**ni**tion [myu**ni**ʃən] [名] 軍需品, 軍用品
mural [**myuə**rəl] [名] 壁画 [形] 壁の, 壁にかかった
murder [**mə:r**dər] [名] 殺人 [動] 殺す
murderer [**mə:r**dərər] [名] 殺人者
murderous [**mə:r**dərəs] [形] 殺人の, 残忍な
murky [**mə:r**ki] [形] 真っ暗な, どんよりした
murmur [**mə:r**mə:r] [名] ささやき, 文句 [動] 文句を言う
muscle [**mʌ**səl] [名] 筋肉
muscular [**mʌs**kyələr] [形] 筋肉の, 丈夫な
muse [myu:z] [動] 熟考する, 黙想する
mu**se**um [myu**zi:**əm] [名] 博物館, 美術館
mushroom [**mʌʃ**rum] [名] キノコ
music [**myu:**zik] [名] 音楽
musical [**myu:**zikəl] [名] ミュージカル [形] 音楽の, 音楽的な
mu**si**cian [myu**zi**ʃən] [名] 音楽家
musk [mʌsk] [名] 麝香
musket [**mʌs**kət] [名] 旧式小銃
Muslim [**mʌz**ləm] [名] イスラム教 [形] イスラム教の
muslin [**mʌz**lən] [名] モスリン (生地に使う)
must [mʌst] [助] ~しなければならない [名] 必需品
mustache [**mʌs**tæʃ] [名] 口ひげ
mustard [**mʌs**tərd] [名] からし, マスタード
muster [**mʌs**tər] [名] 招集, 検閲 [動] 招集する
mustn't [**mʌ**snt] [短] must not の短縮形
mutant [**myu:**tnt] [名] 突然変異体
mu**ta**tion [myu:**tei**ʃən] [名] 変化, 変形, 変質
mute [myu:t] [名] 口のきけない人 [形] 無言の, 口のきけない
mutilate [**myu:**təleit] [動] 手足を切断して損傷させる
muti**la**tion [myu:tə**lei**ʃən] [名] 切断, 毀損
mutiny [**myu:**təni] [名] 反乱 [動] 反乱を起こす
mutter [**mʌ**tər] [名] 呟き [動] 呟く
mutton [**mʌ**tn] [名] 羊の肉
mutual [**myu:**tʃuəl] [形] お互いの, 共通の
mutual fund [**myu:**tʃuəl fənd] [名] ミューチュアルファンド
muzzle [**mʌ**zəl] [名] 口輪 [動] 口輪をはめる
my [mai] [代] 私の
Myanmar [**myan**ma:r] [地] ミャンマー (インドシナ諸国)

myopia　[maioupiə]　[名] 近視

myriad　[miəriəd]　[名] 無数 [形] 無数の

myrtle　[mə:rtl]　[名] ギンバイカ (植物)

myself　[maiself]　[代] 私自身

mysterious　[mistiəriəs]　[形] 神秘的な, 不思議な

mysteriously　[mistiəriəsli]　[副] 神秘的に

mystery　[mistəri]　[名] 神秘, 不可思議

mystic　[mistik]　[形] 秘法の, 神秘的な

mystical　[mistikəl]　[形] 超自然的な, 神秘主義の

mystically　[mistikəli]　[副] 神秘的に

mystify　[mistəfai]　[動] 当惑させる, 神秘的にする

myth　[miθ]　[名] 神話

mythology　[miθalədʒi]　[名] 神話

N

nag [næg] [動] 口やかましく言う, うるさくせがむ
nail [neil] [名] 手の爪, 足の爪, 釘 [動] くぎを打つ
nail polish [neil paliʃ] [名] マニキュア液
naïve [nai:v] [形] 純真な, 無邪気な
naked [neikəd] [形] 裸の, 裸体の
nakedness [neikədnəs] [名] 裸, 率直性
name [neim] [名] 名前, 名声 [動] 名づける
nameless [neimləs] [形] 無名の, 匿名の
namely [neimli] [副] つまり, 言い換えれば
Namibia [nəmibiə] [地] ナミビア (西アフリカ諸国)
nanny [næni] [名] 乳母
Naomi [neioumi] [人] ナオミ (女の名前)
nap [næp] [名] 昼寝 [動] 昼寝をする
nape [neip] [名] えり首
napkin [næpkən] [名] ナプキン
Naples [neipəlz] [地] ナポリ (イタリアの都市)
Napoleon [nəpouliən] [人] ナポレオン (フランスの皇帝)
narcissism [na:rsəsizm] [名] ナルシズム
narcissus [na:rsisəs] [人] ナルシス (ギリシャ神話) [名] スイセン (花)
narcotic [na:rkatik] [名] 麻酔剤 [形] 麻酔の, 麻酔剤の
narrate [neəreit] [動] 物語る, 述べる
narration [næreiʃən] [名] 物語, 叙述
narrative [neərətiv] [名] 物語 [形] 物語の
narrator [neəreitər] [名] 記述者, ナレーター
narrow [neərou] [形] 狭い, 限られた [動] 狭める
narrowly [neərouli] [副] 狭く, 偏狭な, かろうじて
narrow-minded [neərou maindəd] [形] 心が狭い, 偏狭な
nasal [neizəl] [名] 鼻音 [形] 鼻の, 鼻音の
Nashville [næʃvil] [地] ナッシュビル (米国の都市)
nasty [næsti] [形] 不快な, 汚い
nation [neiʃən] [名] 国家, 国民
national [næʃənəl] [形] 国家の, 国民の, 全国の
national anthem [næʃənəl ænθəm] [名] 國歌
nationalism [næʃənəlizm] [名] 国家主義, ナショナリズム, 民族主義
nationalist [næʃənəlist] [名] 国家主義者, 民族主義者
nationality [næʃənæləti] [名] 国籍
nationalize [næʃənəlaiz] [動] 国有化(国営化)する
national park [næʃənəl pa:rk] [名] 国立公園
native [neitiv] [形] 生れの, 土着の [名] 原住民
natural [nætʃərəl] [形] 自然の, 生まれつきの
naturalism [nætʃərəlizm] [名] 自然主義, ナチュラリズム
naturalist [nætʃərəlist] [名] 自然主義者
naturalize [nætʃərəlaiz] [動] 帰化させる, 帰化する
naturally [nætʃərəli] [副] 自然に, 生まれつき
nature [neitʃər] [名] 自然, 天性, 性質
naught [nɔ:t] [名] 零, ゼロ, 無
naughty [nɔ:ti] [形] いたずらの, 行儀が悪い
nausea [nɔ:ziə] [名] 吐き気, 船酔い, 嫌悪
nautical [nɔ:tikəl] [形] 船員の, 船舶の, 航海の
nautically [nɔ:tikəli] [副] 航海上に
naval [neivəl] [形] 海軍の
nave [neiv] [名] 教会の本堂
navel [neivəl] [名] へそ, 中心
navigable [nævigəbl] [形] 航行できる
navigate [nævəgeit] [動] 航行する, 操縦する
navigation [nævəgeiʃən] [名] 航行, 運航
navigator [nævəgeitər] [名] 航海者, 自動操縦機
navy [neivi] [名] 海軍
navy-blue [neivi blu:] [名] 濃紺色 (イギリス海軍の制服の色)
nay [nei] [副] いや [名] 否定
Nazi [nætʃi] [名] ナチス (過去 ドイツのナチ党)
near [niər] [形] 近い [副] 近く, 密接に
nearby [niərbai] [形] 近い [副] 近くで
nearly [niərli] [副] ほとんど
nearsighted [niərsaitəd] [形] 近視の, 近視眼の
neat [ni:t] [形] さわやかな, きちんとした
neatly [ni:tli] [副] きちんと
Nebraska [nəbræskə] [地] ネブラスカ (米国の州)
nebula [nebyələ] [名] 星雲
nebulous [nebyələs] [形] 漠然とした, はっきりしない
necessarily [nesəseərəli] [副] 必然的に
necessary [nesəseri] [形] 必要な
necessitate [nisesəteit] [動] 必要とする
necessity [nisesəti] [名] 必要, 必要性, 必需品
neck [nek] [名] 首, 襟
necklace [nekləs] [名] 首飾り, ネックレス
neckline [neklain] [名] ネックライン
necktie [nektai] [名] ネクタイ
need [ni:d] [動] 要る [名] 必要
needful [ni:dfl] [形] 必要な
needle [ni:dl] [名] 針
needless [ni:dləs] [形] 無駄な
needlework [ni:dlwə:rk] [名] 針仕事, 裁縫
needn't [ni:dnt] [短] need not の短縮形
needy [ni:di] [形] すごく貧しい, 貧困な
nefarious [nifeəriəs] [形] 邪悪な, 極悪な
negate [nigeit] [動] 否定する, 否認する
negation [nigeiʃən] [名] 否定, 否認

negative [**neg**ətiv] [形] 否定の, 消極的な [名] 否定

negatively [**neg**ətivli] [副] 否定的に

neglect [ni**glekt**] [名] 無視, 怠慢 [動] 無視する

negligee [**neg**liʒei] [名] 婦人用へや着, ネグリジェ

negligence [**neg**lidʒəns] [名] 怠慢, 不注意

negligent [**neg**lidʒənt] [形] 怠慢な, 不注意な

negligently [**neg**lidʒəntli] [副] 不注意に

negligible [**neg**lidʒəbl] [形] 無視できる, 些細な

negotiable [ni**gou**ʃəbl] [形] 交渉(協商, 譲渡)できる

negotiate [ni**gou**ʃieit] [動] 交渉する, 協商する, 譲渡する

negotiation [nigouʃiei**ʃən**] [名] 交渉, 協商, 譲渡

Negro [**ni**:grou] [名] 黒人 [形] 黒人の

neigh [nei] [名] 馬のいななき [動] 馬がいななく

neighbor [**nei**bər] [名] 隣人 [動] 近く住む

neighborhood [**nei**bərhud] [名] 近所, 隣

neighboring [**nei**bəriŋ] [形] 近所の, 隣接している

neither [**ni**:ðər] [副] どちらも~ない

nemesis [**nem**əsəs] [名] 征服できないもの, 最高の強敵

neologism [ni:**al**ədʒizm] [名] 新造語

neon [**ni**:an] [名] ネオン

neon light [**ni**:an lait] [名] ネオンの光

neophyte [**ni**:əfait] [名] 初心者, 新改宗者

Nepal [nə**pɔ**:l] [地] ネパール (南アジア諸国)

nephew [**nef**yu:] [名] 甥, 姪

nepotism [**nep**ətizm] [名] 縁者びいき, 情実

Neptune [**nep**tyu:n] [人] ネプチューン (ローマ神話) [名] 海王星

nerd [nə:rd] [名] 無能な人, 変わり者

Nero [**ni**:rou] [人] ネロ (ローマの暴君)

nerve [nə:rv] [名] 神経, 勇気

nervous [**nə**:rvəs] [形] 神経の, 神経質な

nervously [**nə**:rvəsli] [副] 神経質に

nest [nest] [名] 巣, 安息の場

nestle [**nes**əl] [動] 気持ちよく横たわる, 定着する

net [net] [名] 網 [形] 純粋な

Netherlands [**neð**ərləndz] [地] オランダ

network [**net**wə:rk] [名] 放送網 [動] 情報を交換する

neurology [nyu**ral**ədʒi] [名] 神経学 (学問)

neurosis [nyu**rou**səs] [名] ノイローゼ, 神経症

neurotic [nyu**rat**ik] [名] 神経症患者 [形] 神経症の

neuter [**nyu**:tər] [名] 中性 [形] 中性の, 中立の

neutral [**nyu**:trəl] [形] 中立の, 中性の [名] 中立国

neutrality [nyu:**træl**əti] [名] 中立, 中立政策

neutralize [**nyu**:trəlaiz] [動] 中立化する, 中立にする

Nevada [nə**væd**ə] [地] ネバダ (米国の州)

never [**nev**ər] [副] 決して~しない

never-ending [**nev**ər endiŋ] [形] 果てしない

nevertheless [nevər**ðel**es] [副] それにもかかわらず

new [nyu:] [形] 新しい

newborn [**nyu**:bɔ:rn] [名] 新生児 [形] 生まれたばかりの

newcomer [**nyu**:kəmər] [名] 新しく来た人

Newfoundland [nyu:**fæn**lənd] [地] ニューファンドランド (カナダ東部の島)

New Jersey [nyu: **dʒə**:rzi] [地] ニュージャージー (米国の州)

newly [**nyu**:li] [副] 新たに, 最近

newlyweds [**nyu**:liwedz] [名] 新婚夫婦

news [nyu:z] [名] ニュース

newscaster [**nyu**:zkæstər] [名] ニュース報道員, ニュース解説者

newsletter [**nyu**:zletər] [名] 時事回報, 公報, 社報

newspaper [**nyu**:zpeipər] [名] 新聞

newsstand [**nyu**:zstænd] [名] 新聞・雑誌販売店

Newton [**nyu**:tn] [人] ニュートン (イギリスの物理学者)

New World [**nyu**: wə:rld] [名] 新世界, 西半球

new year [**nyu**: yiər] [名] 新年, 元旦

New York [nyu: **yɔ**:rk] [地] ニューヨーク

New Zealand [nyu: **zi**:lənd] [地] ニュージーランド

next [nekst] [形] 次の [副] 次に

next door [**nekst** dɔ:r] [名] 隣家 [副] 隣へ, 近所に

Niagara [nai**æg**rə] [地] ナイアガラ (滝)

nibble [**nib**əl] [動] 少しずつかじる

nice [nais] [形] 良い, 気持ちの良い

nicely [**nais**li] [副] よく, 見事に

nick [nik] [名] 刻み目 [動] 刻み目をつける

nickel [**nik**əl] [名] ニッケル

nickname [**nik**neim] [名] 別名, 愛称

niece [ni:s] [名] 姪

Nigeria [nai**dʒi**əriə] [地] ナイジェリア (西アフリカ諸国)

night [nait] [名] 夜, 夜間 [形] 夜の, 夜間の

nightclub [**nait**kləb] [名] ナイトクラブ

nightfall [**nait**fɔ:l] [名] 日暮れ, たそがれ

nightgown [**nait**gaun] [名] ナイトガウン

nightingale [**nait**ngeil] [名] ナイチンゲール (鳥)

nightly [**nait**li] [形] 夜の [副] 夜に, 夜ごとに

nightmare [**nait**meər] [名] 悪夢, 心配事

nighttime [**nait**taim] [名] 夜間, 夜

nihilism [**nai**əlizm] [名] 虚無主義

Nike [**nai**ki:] [人] ニケ (ギリシャ神話)

nimble [**nim**bəl] [形] す早い, 鋭敏な, 賢い

nine [nain] [名] 9 [形] 9 の

nineteen [nainti:n] [名] 19 [形] 19 の

nineteenth [nainti:nθ] [名] 第 19 [形] 第 19 の

ninetieth [**nain**tiəθ] [名] 第 90 [形] 第 90 の

125

ninety [**nain**ti] [名] 90 [形] 90の
ninth [nainθ] [名] 九番目 [形] 九番目の
nip [nip] [名] はさみ, つかみ [動] はさむ, つまむ
nipple [**ni**pəl] [名] 乳首
nir**va**na [nə:**rva:**nə] [名] 心配のない状態
nitrogen [**nai**trədʒən] [名] 窒素
no [nou] [名] 否定 [形] 何もない
Noah [**nou**ə] [人] ノア (聖書の人物)
no**be**list [nou**be**list] [名] ノーベル賞受賞者
No**bel** prize [nou**bel** praiz] [名] ノーベル賞
no**bi**lity [no**bi**ləti] [名] 貴族, 気高さ
noble [**nou**bəl] [形] 貴族の, 高貴な
nobleman [**nou**bəlmən] [名] 貴族
nobly [**nou**bli] [副] 高潔な, 上品な, 貴人らしく
nobody [**nou**bədi] [代] 誰も~ない [名] 無名の人
noc**tur**nal [nak**tə:r**nəl] [形] 夜の, 夜行性の
nocturne [**nak**tərn] [名] 夜想曲
nod [nad] [名] うなずき, 挨拶 [動] うなずく
noise [nɔiz] [名] 騒音, 雑音
noiseless [**nɔiz**ləs] [形] 音のない, 静かな
noisome [**nɔi**səm] [形] 不快な, 悪臭を放つ
noisy [**nɔ**izi] [形] うるさい
nomad [**nou**mæd] [名] 遊牧民, 放浪者
no**ma**dic [nou**mæ**dik] [形] 遊牧民の, 放浪する
nomenclature [**nou**mənkleitʃər] [名] 名称の体系
nominal [**na**mənəl] [形] 名前だけの, わずかな
nominally [**na**mənəli] [副] 指名して, 名目上
nominate [**na**məneit] [動] 指名する, 任命する
nomi**na**tion [namə**nei**ʃən] [名] 指名, 任命
nominative [**na**mənətiv] [名] 主格 (文法) [形] 主格の, 指名された
nomi**nee** [namə**ni:**] [名] 指名(任命)された人
noncha**lant** [nanʃə**lant**] [形] 平気な, 無関心な, 冷淡な
noncol**le**giate [nankəli:dʒət] [形] 学寮制でない大学の
noncom**mit**tal [nankə**mi**tl] [形] 言質を与えない, あいまいな
noncon**for**mist [nankən**fɔ:r**mist] [名] 慣習に従わぬ人, 非国教徒
nonde**script** [nandi**skript**] [形] 特徴がない, 漠然とした
none [nʌn] [代] 誰も~ない, なにも~ない
nonethe**less** [nanðə**les**] [副] にもかかわらず
nonex**is**tent [nanig**zis**tənt] [形] 実在(存在)しない
non**fic**tion [nan**fik**ʃən] [名] ノンフィクション
nonsense [**nan**sens] [名] とんでもない考え, ナンセンス
non**smo**king [nan**smou**kiŋ] [形] 禁煙の
non**stop** [nan**stap**] [名] 無着陸飛行,ノンストップ,直行 [形] 直行の
non**vio**lence [nan**vai**ələns] [名] 非暴力
noodle [**nu:**dl] [名] 麺類, 麺

nook [nuk] [名] 隅
noon [nu:n] [名] 正午 [形] 正午の
noonday [**nu:n**dei] [名] 正午, 昼 [形] 正午の, 昼の
no one [**nou** wən] [代] 誰も~ない
nope [noup] [副] いいえ
nor [nɔ:r] [接] ~もまた~ない
Nordic [**nɔ:r**dik] [名] 北欧人
norm [nɔ:rm] [名] 標準, 規範, 基準労働量
normal [**nɔ:r**məl] [形] 正常の, 標準的な
normally [**nɔ:r**məli] [副] 通常的に, 普通は
Norman [**nɔ:r**mən] [名] ノルマン人 [形] ノルマン族の
north [nɔ:rθ] [名] 北 [形] 北の
North Ame**ri**ca [**nɔ:rθ** ə**me**ərəkə] [地] 北アメリカ
North Caro**li**na [**nɔ:rθ** kærə**lai**nə] [地] ノースカロライナ (米国の州)
North Da**ko**ta [**nɔ:rθ** də**kou**tə] [地] ノースダコタ (米国の州)
north**east** [nɔ:r**θi:st**] [名] 北東部 [形] 北東の
north**eas**tern [nɔ:r**θi:s**tə:rn] [形] 東北の, 北東への
northern [**nɔ:r**ðərn] [形] 北部にある, 北の
north**west** [nɔ:rθ**west**] [名] 北西, 北西部
north**wes**tern [nɔ:rθ**wes**tərn] [形] 北西の
Norway [**nɔ:r**wei] [地] ノルウェー
Nor**we**gian [nɔ:r**wi:**dʒən] [名] ノルウェー人 [形] ノルウェーの
nose [nouz] [名] 鼻, 嗅覚 [動] 嗅ぐ
nosebleed [**nouz**bli:d] [名] 鼻血が出ること
nosedive [**nouz**daiv] [名] 急降下, 暴落
no**stal**gia [na**stæl**dʒə] [名] 郷愁, 過去へのあこがれ
nostril [**nas**trəl] [名] 鼻の穴
nosy [**nou**zi] [形] おせっかいな, 鼻の大きい
not [nat] [副] ~ではない, ~でない
notable [**nou**təbl] [形] 注目に値する [名] 名士
notary [**nou**təri] [名] 公証人
notch [natʃ] [名] 刻み目 [動] 刻み目をつける
note [nout] [名] メモ, 注目 [動] メモを取る
notebook [**nout**buk] [名] 手帳, ノート
noted [**nou**təd] [形] 著名な, 有名な
notepaper [**nout**peipər] [名] 便箋
noteworthy [**nout**wə:rði] [形] 注目すべき
nothing [**nʌ**θiŋ] [名] 無 [代] 何も~ない
notice [**nou**təs] [名] 通知 [動] 気づく
noticeable [**nou**təsəbl] [形] 目立つ, 顕著な
notifi**ca**tion [noutəfə**kei**ʃən] [名] 通知, 通告, 通知書
notify [**nou**təfai] [動] 通知する, 通告する
notion [**nou**ʃən] [名] 観念, 考え
noto**ri**ety [noutə**rai**əti] [名] 評判, 悪名

notorious [noutɔ:riəs] [形] 悪名高い

notoriously [noutɔ:riəsli] [副] 悪名高く

notwithstanding [natwiθstændiŋ] [前] ~にもかかわらず

noun [naun] [名] 名詞 [形] 名詞の

nourish [nə:riʃ] [動] 育てる, 栄養分を与える

nourishment [nə:riʃmənt] [名] 栄養素, 食物

Nova Scotia [nouvə skouʃə] [地] ノバスコシア (カナダの州)

novel [navəl] [名] 小説 [形] 新しい

novelist [navəlist] [名] 小説家, 作家

novelty [navəlti] [名] 斬新さ, 物珍らしさ, 目新しい物

November [nouvembər] [名] 11 月

novice [navəs] [名] 初心者, 未熟者, 新信者

now [nau] [副] 今, 現在

nowadays [nauədeiz] [副] 今日は [名] 現在, 今日

nowhere [nouweər] [名] ~するところがない

noxious [nakʃəs] [形] 有害な, 不快な

nozzle [nazəl] [名] 吹き出し口, ノズル

nuance [nyu:ans] [名] 微妙な違い, ニュアンス

nuclear [nyu:kliər] [形] 核の, 原子力の [名] 核兵器

nuclear family [nyu:kliər fæməli] [名] 核家族

nucleus [nyu:kliəs] [名] 核, コア, 土台

nude [nu:d] [名] 裸体画 [形] 裸の

nudge [nʌdʒ] [動] ひじでそっと突く

nudist [nu:dist] [名] 裸体主義者

nudity [nu:dəti] [名] 露出, 裸の状態

nugget [nʌgət] [名] 塊, 天然の金塊

nuisance [nyu:sns] [名] 迷惑, 迷惑な人

nullify [nʌləfai] [動] 無効にする, 破棄する

numb [nʌm] [形] 麻痺した [動] 麻痺させる

number [nʌmbər] [名] 数字, 番号 [動] 数える

numberless [nʌmbərləs] [形] 無数の, 番号がない

numeral [nyu:mərəl] [名] 数字, 数詞 [形] 数の

numeric [nyu:meərik] [形] 数の, 数字で表示された

numerical [nyu:meərikəl] [形] 数の, 数字で表示された

numerous [nyu:mərəs] [形] 非常に多くの, 無数の

nun [nʌn] [名] 修道女

nuptial [nʌpʃəl] [名] 結婚式 [形] 結婚の, 婚礼の

nurse [nə:rs] [名] 看護師, 乳母 [動] 看護する

nursery [nə:rsəri] [名] 保育園

nursery rhyme [nə:rsəri raim] [名] 童謡, 子守歌

nursery school [nə:rsəri sku:l] [名] 保育園

nursing [nə:rsiŋ] [名] 育児

nursing home [nə:rsiŋ houm] [名] 療養院

nurture [nə:rtʃər] [名] 養育 [動] 育てる

nut [nʌt] [名] 堅果, ナッツ

nutrient [nyu:triənt] [名] 栄養分 [形] 栄養分を運ぶ

nutrition [nyu:triʃən] [名] 栄養, 栄養摂取, 栄養物

nutritious [nyu:triʃəs] [形] 栄養になる, 滋養分の多い

nylon [nailan] [名] ナイロン

nymph [nimf] [名] 妖精, ニンフ

O

o [ou] [感] オー!, あんな!

oak [ouk] [名] オーク [形] オークの

oaken [oukən] [形] オークの木の

Oakland [oukland] [地] オークランド (米国の都市)

oar [ɔ:r] [名] 櫓 [動] 櫓をこぐ

oasis [oueisəs] [名] オアシス, 憩いの場

oat [out] [名] オート麦

oath [ouθ] [名] 宣誓, 誓い

oatmeal [outmi:l] [名] オートミール

obdurate [abdərət] [形] 頑固な

obedience [oubi:diəns] [名] 頑固な

obedient [oubi:diənt] [形] 服従する

obediently [oubi:diəntli] [副] 従順に

obeisance [oubeisəns] [名] 敬礼, おじぎ

obese [oubi:s] [形] 過度に肥満な

obey [oubei] [動] 服従する, 従う

obfuscate [abfʌskeit] [動] 混乱させる

obituary [əbitʃueri] [名] 死亡記事

object [abdʒikt] [名] 物体, 目的, 目的語

object [əbdʒekt] [動] 反対する

objection [əbdʒekʃən] [名] 反対, 異議

objectionable [əbdʒekʃənəbl] [形] 異議のある

objective [əbdʒektiv] [名] 目的, 目標 [形] 客観的な

obligate [abləgeit] [動] 義務を負わせる

obligation [abləgeiʃən] [名] 義務, 責任

obligatory [əbligətɔ:ri] [形] 義務的な, 強制的な

oblige [əblaidʒ] [動] 義務を負わせる

obliging [əblaidʒiŋ] [形] 親切な, 勤勉な

oblique [oubli:k] [形] 斜めの, 婉曲な

obliterate [əblitəreit] [動] 抹消(除去, 削除)する

oblivion [əbliviən] [名] 忘却, 健忘

oblivious [əbliviəs] [形] よく忘れてしまう, 不注意な, 愚かな

oblong [ablɔ:ŋ] [名] 長方形 [形] 長方形の

obnoxious [əbnakʃəs] [形] 不快な, 憎らしい

obnoxiously [əbnakʃəsli] [副] 不快に

obscene [absi:n] [形] みだらな, 不快な

obscenity [absenəti] [名] わいせつ

obscure [abskyuər] [形] 暗い [動] 暗くする

obscurity [abskyuərəti] [名] 闇, あいまいさ, 無名の人

obsequious [əbsi:kwiəs] [形] 追従的な

obsequiously [əbsi:kwiəsli] [副] 卑屈に

observance [əbzə:rvəns] [名] 遵守, 宗教儀式, 敬意

observant [əbzə:rvənt] [形] 注意深い, 遵守する

observation [abzə:rveiʃən] [名] 観察, 観察力

observatory [əbzə:rvətɔ:ri] [名] 観測所, 天文台

observe [əbzə:rv] [動] 観察する, 遵守する

observer [əbzə:rvər] [名] 観察者, 遵守者

obsess [əbses] [動] 取りつく, 付きまとう

obsession [əbseʃən] [名] 強迫観念, 妄想

obsolete [absəli:t] [形] 昔ながらの, 廃棄された [動] 衰退する

obstacle [abstikəl] [名] 障害, 障害物

obstinacy [abstənəsi] [名] 頑固さ, 強情, 執拗

obstinate [abstənət] [形] 頑固な, しつこい

obstruct [əbstrʌkt] [動] ふさぐ, 妨害する, さえぎる

obstruction [əbstrʌkʃən] [名] 妨害, 邪魔, 障害物

obtain [əbtein] [動] 得る, 獲得する

obtrusive [əbtru:siv] [形] 押しつけがましい, 出しゃばりの

obtuse [əbtu:s] [形] 鈍感な, 愚かな

obviate [abvieit] [動] 予防する, 除去する

obvious [abviəs] [形] 明らかな

obviously [abviəsli] [副] 明らかに

occasion [əkeiʒən] [名] 場合, 機会, 特別な行事, 理由

occasional [əkeiʒənəl] [形] 時々の, 臨時の

occasionally [əkeiʒənəli] [副] たまに

Occident [aksədənt] [名] 西洋, 西半球, 西

Occidental [aksədentl] [名] 西洋人 [形] 西洋の, 西側の

occult [əkʌlt] [形] 神秘的な, 不思議な

occupancy [akyəpənsi] [名] 占有, 占有期間, 占拠

occupant [akyəpənt] [名] 占有者, 居住者

occupation [akyəpeiʃən] [名] 職業, 占有, 占領

occupational [akyəpeiʃənəl] [形] 職業の, 職業上の

occupy [akyəpai] [動] 占める, 占領する

occur [əkə:r] [動] 起る, 生じる, 心に浮ぶ

occurrence [əkə:rəns] [名] 事件, 発生

ocean [ouʃən] [名] 大洋

Oceania [ouʃiæniə] [地] オセアニア州, 大洋州

o'clock [əklak] [副] ~時

octave [aktiv] [名] オクターブ, 8度の音程

October [aktoubər] [名] 10月

octopus [aktəpəs] [名] タコ

oculist [akyəlist] [名] 眼科医

odd [ad] [形] 奇数の, ~余りの, 奇妙な

oddity [adəti] [名] 風変わり, 奇異

oddly [adli] [副] 妙に, 異常に

odds [adz] [名] 不平等, 勝算

ode [oud] [名] オード, 頌詩

odious [oudiəs] [形] 憎い, 嫌い, 不快な

odor [oudər] [名] におい

odyssey [adəsi] [名] 長期間の彷徨, 長い放浪

Oedipus [edəpəs] [人] オイディプス (ギリシャ神話)

of [ʌv] [前] ~の, ~のために, ~に属する

off [ɔːf] [副] 離れて, 外れて

offence [əfens] [名] offense (違反, 違法)

offend [əfend] [動] 怒らせる, 違反する

offender [əfendər] [名] 犯罪者, 違反者

offense [əfens] [名] 違反, 違法

offensive [əfensiv] [名] 攻撃 [形] 不快な

offer [ɔːfər] [動] 提供する [名] 提案, 提供

offering [ɔːfəriŋ] [名] 献金, 貢献

offhand [ɔːfhænd] [形] 即席の [副] 即座に

office [ɔːfəs] [名] 事務室, 役所

office hours [ɔːfəs auərz] [名] 営業時間, 執務時間

officer [ɔːfəsər] [名] 公務員, 将校, 警官

official [əfiʃəl] [形] 公式の, 公認の [名] 公務員

officially [əfiʃəli] [副] 公式に

officious [əfiʃəs] [形] おせっかい好きな

offseason [ɔːfsiːzən] [名] 季節外れ [形] 季節外れの

offset [ɔːfset] [名] 相殺するもの, 埋め合せ, 最初

offspring [ɔːfspriŋ] [名] 子孫

oft [ɔːft] [副] often

often [ɔːfən] [副] 頻繁に

oh [ou] [感] おお, あ

Ohio [ouhaiou] [地] オハイオ (米国の州)

oil [ɔil] [名] 油, 石油

oil painting [ɔil peintiŋ] [名] 油絵, 油絵画法

oily [ɔili] [形] 油性の, 油まみれの

ointment [ɔintmənt] [名] 軟膏

OK [oukei] [副] よろしい [形] 素晴らしい [名] 承認

okay [oukei] [名] OK

Oklahoma [oukləhoumə] [地] オクラホマ (米国の州)

old [ould] [形] 年とった, 古い

olden [ouldən] [形] 古い [動] 年をとる

old-fashioned [ould fæʃənd] [形] 旧式な, 流行遅れの

Old Testament [ould testəmənt] [名] 旧約聖書

old-time [ould taim] [形] 昔の, 昔ながらの

Old World [ould wəːrld] [名] 旧世界, ヨーロッパ

olfactory [alfæktəri] [形] 嗅覚の

oligarchy [aləgaːrki] [名] 寡頭政治

olive [aliv] [名] オリーブ

Olympic Games [əlimpik geimz] [名] オリンピック競技大会

Olympus [oulimpəs] [地] オリンポス山 (ギリシャ北)

Oman [oumæn] [地] オマーン (中東諸国)

omega [oumeigə] [名] オメガ, 最後

omelet [amlət] [名] オムレツ

omen [oumən] [名] 前兆 [動] 前兆となる

ominous [amənəs] [形] 不吉な

ominously [amənəsli] [副] 不吉にも

omission [oumiʃən] [名] 省略, 脱落, 手ぬかり, 怠慢

omit [oumit] [動] 見落とす, 怠ける

omnibus [amnibəs] [名] 相乗り馬車, 廉価版作品集

omniscient [amniʃənt] [形] すべてを知っている, 全知の

on [ɔːn] [前] ~の上に, ~にかかって, ~に沿って

once [wʌns] [副] 一度, 以前に

one [wʌn] [形] 一人の, 一つの, ある

onerous [anərəs] [形] 負担になる, 面倒な

one's [wʌnz] [代] one の 所有格

oneself [wənself] [代] 自身, 自ら

one-way [wən wei] [形] 一方通行の, 片道の, 一方的な

ongoing [ɔːngouiŋ] [名] 前進, 進行 [形] 進行中の

onion [ʌnyən] [名] 玉ねぎ

on-line [ɔːn lain] [形] オンラインの

only [ounli] [形] 唯一の [副] ただ, やっと

onset [ɔːnset] [名] 着手, 開始,, 襲撃

Ontario [ɔːnteəriou] [地] オンタリオ (カナダの州)

onto [ɔːntuː] [前] ~の上に

onus [ounəs] [名] 負担, 責任, 義務

onward [ɔːnwəːrd] [副] 今後

ooze [uːz] [名] 滲出 [動] にじみ出る

opal [oupəl] [名] オパール, たんぱく石

opaque [oupeik] [形] 不透明な, 不伝導性の, 光沢のない

opaquely [oupeikli] [副] 不透明に

OPEC [oupek] [名] 石油輸出国機構

open [oupən] [動] 開く, 開始する [形] 開いた

open air [oupən eər] [形] 屋外の

opening [oupəniŋ] [名] 穴, 開始, 開放, 欠員

openly [oupənli] [副] 公然と

opera [aprə] [名] 歌劇, オペラ

operate [apəreit] [動] 作動する, 手術をする

operating [apəreitiŋ] [形] 運営上の, 手術の

operation [apəreiʃən] [名] 作動, 操作, 手術

operational [apəreiʃənəl] [形] 組織上の, 作戦上の

operative [apərətiv] [形] 活動する, 作用する

operator [apəreitər] [名] 技師, 電話交換員, 手術者

ophthalmology [afθælmalədʒi] [名] 眼科学

opinion [əpinyən] [名] 意見

opinionated [əpinyəneitəd] [形] 頑固な, 独善の

opium [oupiəm] [名] アヘン

opponent [əpounənt] [名] 相手, 対抗者 [形] 反対する
opportune [apərtyu:n] [形] 時宜を得た
opportunity [apərtyu:nəti] [名] 機会, 好機
oppose [əpouz] [動] 反対する, 抵抗する
opposed [əpouzd] [形] 反対の
opposite [apəzət] [形] 反対の, 向かいの
opposition [apəziʃən] [名] 反対, 抵抗, 野党
oppress [əpres] [動] 圧迫する, 抑圧する
oppression [əpreʃən] [名] 圧迫, 抑圧
oppressive [əpresiv] [形] 過酷な, 重苦しい
opprobrious [əproubriəs] [形] 非難する, 侮辱的な
opt [apt] [動] 選ぶ, 選択する
optic [aptik] [名] 目 [形] 目の, 視力の
optical [aptikəl] [形] 光学の, 視力の
optically [aptikəli] [副] 視覚的に
optician [aptiʃən] [名] 眼鏡屋
optics [aptiks] [名] 光学
optimism [aptəmizm] [名] 楽天主義, 楽観
optimist [aptəmist] [名] 楽天家, 楽天主義者
optimistic [aptəmistik] [形] 楽天的な, 楽天主義の
optimum [aptəməm] [名] 最適条件 [形] 最適の, 最善の
option [apʃən] [名] 選択権, オプション
optional [apʃənəl] [名] 選択科目 [形] 任意の
optionally [apʃənəli] [副] 勝手に, 任意に
optometrist [aptamətrist] [名] 検眼士
opulent [apyələnt] [形] 富裕な, 豊富な
or [ɔ:r] [接] あるいは, または
oracle [ɔ:rəkəl] [名] 神託, 聖書
oral [ɔ:rəl] [名] 口述試験 [形] 口頭の, 口の
orally [ɔ:rəli] [副] 口頭で
orange [ɔ:rindʒ] [名] オレンジ [形] オレンジの
oration [əreiʃən] [名] 正式の演説, 式辞, 話法
orator [ɔ:rətər] [名] 演説家, 雄弁家
oratory [ɔ:rətɔ:ri] [名] 雄弁, 雄弁術
orb [ɔ:rb] [名] 天体, 球, 眼球, 軌道
orbit [ɔ:rbət] [名] 軌道 [動] 軌道に進入する
orchard [ɔ:rtʃə:rd] [名] 果樹園
orchestra [ɔ:rkəstrə] [名] 管弦楽団, オーケストラ
orchestral [ɔ:rkestrəl] [形] 管弦楽の, オーケストラの
orchid [ɔ:rkəd] [名] 蘭, 淡紫色 [形] 薄紫色の
ordain [ɔ:rdein] [動] 任命する, 聖職を与える
ordeal [ɔ:rdi:l] [名] 試練, 神の審判
order [ɔ:rdər] [動] 命令する [名] 命令, 順序
orderly [ɔ:rdərli] [形] 整頓された [副] 順序よく
ordinance [ɔ:rdənəns] [名] 規則, 法令
ordinarily [ɔ:rdəneərəli] [副] 普通, 通常
ordinary [ɔ:rdəneri] [形] 普通の, 通常の
ore [ɔ:r] [名] 鉱石
Oregon [ɔ:rigən] [地] オレゴン (米国の州)
organ [ɔ:rgən] [名] オルガン, 器官
organic [ɔ:rgænik] [形] 有機の, 無公害の, 有機的な
organism [ɔ:rgənizm] [名] 有機体, 生物
organist [ɔ:rgənist] [名] オルガン奏者
organization [ɔ:rgənəzeiʃən] [名] 組織, 団体
organize [ɔ:rgənaiz] [動] 組織する, 体系化する
organized [ɔ:rgənaizd] [形] 整理された, 組織化された
organizer [ɔ:rgənaizər] [名] 組織者, 創設者, 整理する道具
orgasm [ɔ:rgæzm] [名] オーガズム, 性的興奮の最高潮
orgy [ɔ:rdʒi] [名] 酒宴
orient [ɔ:rient] [動] 適応させる
Orient [ɔ:rient] [名] 東洋
Oriental [ɔ:rientl] [形] 東洋の [名] 東洋人
orientation [ɔ:rienteiʃən] [名] 新しい環境への適応, 新入生案内
orifice [ɔ:rəfəs] [名] 入り口, 穴
origin [ɔ:rədʒən] [名] 起源, 源泉
original [əridʒənəl] [形] 最初の [名] 原物, 原形
originality [əridʒənæləti] [名] 独創性, 創意
originally [əridʒənəli] [副] 元は, 最初は, 独創的に
originate [əridʒəneit] [動] 始める, 生じる
origination [əridʒəneiʃən] [名] 始まり, 創作, 発明
Orion [əralən] [人] オリオン (ギリシャ神話)
ornament [ɔ:rnəmənt] [名] 装飾, 装飾品 [動] 飾る
ornamental [ɔ:rnəmentl] [名] 装飾品 [形] 装飾用の
ornate [ɔ:rneit] [形] 飾った, 華やかな, 精巧な
ornithologist [ɔ:rnəθalədʒist] [名] 鳥類学者
ornithology [ɔ:rnəθalədʒi] [名] 鳥類学 (学問)
orphan [ɔ:rfən] [名] 孤児 [形] 孤児の
orphanage [ɔ:rfənidʒ] [名] 孤児院, 孤児
orthodox [ɔ:rθədaks] [形] 正統の, 定説の, 伝統的な
Osaka [ousaka] [地] 大阪 (日本の都市)
oscillate [asəleit] [動] 振動する, 動揺する
Oslo [azlou] [地] オスロ (ノルウェーの首都)
osmosis [azmousəs] [名] 漸進的な吸収
ostensible [astensəbl] [形] 表面上の, 外観だけの, 明らかな
ostensibly [astensəbli] [副] 表面的に, 表面上は
ostentation [astənteiʃən] [名] 誇示, 見せびらかし, 虚飾
ostentatious [astənteiʃəs] [形] 見せびらかしの
ostracize [astrəsaiz] [動] 排斥する, 追放する
ostrich [astritʃ] [名] ダチョウ, 現実逃避的な人
other [ʌðər] [形] 他の [代] 他の物, 他人

otherwise [ʌðərwaiz] [副] もしそうでなければ
Ottawa [**a**təwə] [地] オタワ (カナダの首都)
otter [**a**tər] [名] カワウソ (動物)
ouch [autʃ] [感] 痛い!
ought to [**ɔ:** tu:] [助] ～しなければならない [名] 必需品
ounce [auns] [名] オンス, 極少量
our [auər] [代] 私達の
ours [auərz] [代] 私達の物
our**selves** [auər**selvz**] [代] 私達自身
oust [aust] [動] 追出す, (財産を)奪う
out [aut] [副] 外に, 外へ [名] 外部
outbreak [**aut**breik] [名] 勃発, 暴動
outburst [**aut**bə:rst] [名] 噴出, 爆発
outcast [**aut**kæst] [名] 追放者 [形] 捨てられた
outcome [**aut**kəm] [名] 結果
outcry [**aut**krai] [名] 叫び, 悲鳴 [動] さけぶ
out**dat**ed [aut**deit**əd] [形] 昔ながらの, 時代に取り残された
outdoor [**aut**dɔ:r] [形] 戸外の, 屋外の
out**doors** [aut**dɔ:rz**] [形] 屋外の [副] 屋外で
outer [**aut**ər] [形] 外の, 外部の
outer **space** [**aut**ər **speis**] [名] 大気圏外の宇宙
outfield [**aut**fi:ld] [名] 外野 (野球), 外野手, 遠隔地
outfit [**aut**fit] [名] 装備, 支度 [動] 支度をする
outgoing [**aut**gouiŋ] [名] 費用 [形] 出ていく, 外向的な
out**grow** [out**grou**] [動] 早く成長する, 飛び出す
outgrowth [**aut**grouθ] [名] 結果, 副産物, 成長
outing [**aut**iŋ] [名] 遠足, 行楽
out**land**ish [aut**lænd**iʃ] [形] 異国風の, 風変わりな
outlaw [**aut**lɔ:] [名] 無法者 [動] 禁止する
outlay [**aut**lei] [名] 支出 [動] 支出する
outlet [**aut**let] [名] 排出口, 販売店
outline [**aut**lain] [名] 輪郭, 概要 [動] 輪郭を描く
out**live** [aut**liv**] [動] より長く生きる, 生き残る
outlook [**aut**luk] [名] 眺望, 展望, 予測
out-of-date [**aut** əv **deit**] [形] 時代遅れの, 旧式の
outpatient [**aut**peiʃənt] [名] 外来患者
output [**aut**put] [名] 生産, 生産物
outrage [**aut**reidʒ] [名] 違反, 暴行
out**ra**geous [aut**reid**ʒəs] [形] 道理に反する, 乱暴な
out**ra**geously [aut**reid**ʒəsli] [副] 乱暴に
outright [**aut**rait] [形] 率直な, 明白な [副] 直ちに, 率直に
out**run** [aut**rʌn**] [動] 追い越す, 上回る
outset [**aut**set] [名] 最初, 発端
outside [**aut**said] [名] 外側, 外部 [形] 外部の
out**si**der [aut**sai**dər] [名] 外部の人, 門外漢, 下品な人
outskirts [**aut**skə:rts] [名] 周辺, 都市外れ, 郊外
out**smart** [aut**sma:rt**] [動] だます, 負かす
out**spo**ken [aut**spou**kən] [形] 遠慮のない, 率直な
out**spo**kenly [aut**spou**kənli] [副] 遠慮なく, 率直に
out**stand**ing [aut**stænd**iŋ] [形] 著しい, 未解決の, 未払いの
out**stand**ingly [aut**stænd**iŋli] [副] 著しく
out**stretched** [aut**stretʃt**] [形] 広げた, 伸ばした
outward [**aut**wə:rd] [形] 外に向かった, 外部の, 外観の
outwardly [**aut**wə:rdli] [副] 外に, 外見上
oval [**ou**vəl] [名] 楕円体, 楕円形 [形] 楕円形の
ovary [**ou**vəri] [名] 卵巣
o**va**tion [ou**vei**ʃən] [名] 喝采
oven [ʌvən] [名] 釜, オーブン
over [**ou**vər] [前] ～の上に, ～の上の [形] 過度の
over**all** [ouvər**ɔ:l**] [形] 総合的な [副] 総合的に
overalls [**ou**vərɔ:lz] [名] 作業ズボン
over**bear**ing [ouvər**beər**iŋ] [形] 横柄な
over**bear**ingly [ouvər**beər**iŋli] [副] 横柄に
overboard [**ou**vərbɔ:rd] [副] 船外に
over**came** [ouvər**keim**] [動] overcome (克服する) の過去形
overcast [**ou**vərkæst] [形] 曇った, 陰鬱な [動] 雲でおおう
overcoat [**ou**vərkout] [名] 外套
over**come** [ouvər**kʌm**] [動] 克服する, 乗り越える
over**come** [ouvər**kʌm**] [動] overcome (克服する) の過去分詞形
over**crowd** [ouvər**kraud**] [動] 詰めすぎる, 混雑する
over**did** [ouvər**did**] [動] overdo(やりすぎる)の過去形
over**do** [ouvər**du:**] [動] やりすぎる, 誇張する
over**done** [ouvər**dʌn**] [動] overdo(やりすぎる)の過去分詞形
overdose [**ou**vərdous] [名] 過剰服用
over**due** [ouvər**dyu:**] [形] 遅延された, 期限が過ぎた
over**eat** [ouvər**i:t**] [動] 過食する
overflow [**ou**vərflou] [名] 氾濫 [動] あふれる
overhang [**ou**vərhæŋ] [名] 張出し [動] 上にさしかかる
over**haul** [ouvər**hɔ:l**] [名] 徹底した調査 [動] 徹底的に調査する
overhead [**ou**vərhed] [副] 頭の上に [名] 間接費
over**hear** [ouvər**hiər**] [動] ふと耳にする, 立聞きする
over**hung** [ouvər**hʌŋ**] [動] overhang(上にさしかかる)の過去·過去分詞形
overland [**ou**vərlænd] [形] 陸路の [副] 陸路で
over**lap** [ouvər**læp**] [名] 重複 [動] 重ねる, 重複する
over**load** [ouvər**loud**] [名] 過重荷 [動] 荷を積みすぎる
over**look** [ouvər**luk**] [名] 眺めのいい所 [動] 見下ろす
over**night** [ouvər**nait**] [形] 一夜の [副] 夜通し
overpass [**ou**vərpæs] [名] 高架道路(鉄道) [動] 越す
over**pow**er [ouvər**pau**ər] [動] 圧倒する, 感動させる

overran [ouvəræn] [動] overrun(氾濫する)の過去形

override [ouvəraid] [動] 無効にする, 圧倒する

overrule [ouvəru:l] [動] 無効にする, 棄却する

overrun [ouvərʌn] [名] 氾濫, 超過 [動] 氾濫する

overrun [ouvərʌn] [動] overrun(氾濫する)の過去分詞形

oversaw [ouvərsɔ:] [動] oversee(監督する)の過去形

overseas [ouvərsi:z] [名] 海外 [形] 海外の [副] 海外に

oversee [ouvərsi:] [動] 監督する, 取り締まる

overseen [ouvərsi:n] [動] oversee(監督する)の過去分詞形

overshadow [ouvərʃædou] [動] ～に影を投げかける, 暗くする

overshoe [ouvərʃu:] [名] オーバーシューズ

oversight [ouvərsait] [名] 見過ごし, 手落ち, 過失

oversleep [ouvərsli:p] [動] 朝寝坊する

overspread [ouvərspred] [動] おおう, 一面に広がる

overt [ouvə:rt] [形] 公然の, 明らかな

overtake [ouvərteik] [動] 追い越す, 挽回する

overtaken [ouvərteikən] [動] overtake (追い越す) の過去分詞形

overtax [ouvərtæks] [動] 重課税する

overthrew [ouvərθru:] [動] overthrow (倒す) の過去形

overthrow [ouvərθrou] [名] 転覆 [動] 倒す

overthrown [ouvərθroun] [動] overthrow (倒す) の過去分詞形

overtime [ouvərtaim] [名] 時間外勤務 [形] 超過勤務の

overtook [ouvərtuk] [動] overtake (追い越す) の過去形

overture [ouvərtʃər] [名] 提案, 序曲 [動] 提案する

overturn [ouvərtə:rn] [名] 転覆 [動] 倒す

overweight [ouvərweit] [名] 重量超過 [形] 重量超過の

overwhelm [ouvərwelm] [動] 圧倒する

overwhelming [ouvərwelmiŋ] [形] 圧倒的な

overwork [ouvərwə:rk] [名] 過労, 残業

owe [ou] [動] 借りがある

owing [ouiŋ] [形] 借りている, ～に起因する

owl [aul] [名] フクロウ

own [oun] [形] 自分の

owner [ounər] [名] 所有者, 家主

ownership [ounərʃip] [名] 所有, 所有権

ox [aks] [名] 水素

oxen [aksən] [名] ox(雄牛)の複数形

Oxford [aksfərd] [地] オックスフォード (イギリスの都市)

oxide [aksaid] [名] 酸化物 (化学)

oxidize [aksədaiz] [動] さびつかせる, さびる

oxygen [aksidʒən] [名] 酸素

oxymoron [aksimɔ:ran] [名] 矛盾語法

oyster [ɔistər] [名] カキ

ozone layer [ouzoun leiər] [名] オゾン層

P

pace [peis] [名] 一歩, 歩く速度, ペース
pacific [pəsifik] [形] 平和な, 穏やかな
pacifier [pæsəfaiər] [名] 和解者, ゴム製のおしゃぶり
pacifist [pæsəfist] [名] 平和主義者, 反戦論者
pacify [pæsəfai] [動] なだめる, 静める
pack [pæk] [名] 包み, 背嚢 [動] 荷物をまとめる
package [pækidʒ] [名] 包み, 包装 [形] 一括の
packed [pækt] [形] 満員の, 固く圧縮された
packer [pækər] [名] 缶詰業者, 包装機械
packet [pækət] [名] 手紙の束, 小包
packing [pækiŋ] [名] 荷造り, 包装用品
pact [pækt] [名] 約束, 契約, 協定
pad [pæd] [名] 下敷き, パッド [動] 詰める
paddle [pædl] [名] 櫂
padlock [pædlak] [名] なんきん錠
pagan [peigən] [名] 異教徒 [形] 異教徒の
page [peidʒ] [名] ページ [動] ページをつける
pageant [pædʒənt] [名] 華やかな行事 (ページェント), 野外劇
pagoda [pəgoudə] [名] 塔, パゴダ
paid [peid] [形] 有給の, 雇用された, 支給された
paid [peid] [動] pay (支払う) の過去·過去分詞形
pail [peil] [名] 手桶, バケツ
pain [pein] [名] 痛み, 苦しみ [動] 苦しめる
painful [peinfl] [形] 痛い, 辛い, 厳しい
painkiller [peinkilər] [名] 鎮痛剤
painless [peinləs] [形] 無痛の, 痛みのない
painstaking [peinzteikiŋ] [形] 念入りな, 骨を折る
paint [peint] [名] ペンキ [動] ペンキを塗る
paintbrush [peintbrəʃ] [名] 絵筆
painter [peintər] [名] ペイントボール, 画家
painting [peintiŋ] [名] 絵, 彩色
pair [peər] [名] 一組 [動] 対を成す
pajamas [pədʒaməz] [名] 寝巻き, パジャマ
Pakistan [pakistan] [地] パキスタン
pal [pæl] [名] サークル, 仲良し
palace [pæləs] [名] 宮殿, 王宮
palatable [pælətəbl] [形] 味が良い, 気分が良い
palate [pælət] [名] 口蓋, 味覚
palatial [pəleiʃəl] [形] 宮殿の, 豪華な
pale [peil] [形] 青白い [動] 青白くなる
Palestine [pæləstain] [地] パレスチナ (古代イスラエル国土)
palette [pælət] [名] パレット
pall [pɔ:l] [名] 棺のおおい布 [動] うんざりする
palliate [pælieit] [動] 和らげる
pallor [pælər] [名] 青白さ
palm [pa:m] [名] 手のひら
palmer [pa:mər] [名] 聖地巡礼者, 巡礼
palpable [pælpəbl] [形] 明白な, 手で触れそうな
palpitation [pælpəteiʃən] [名] 動悸, 胸騒ぎ
paltry [pɔ:ltri] [形] わずかな, くだらない
pamper [pæmpər] [動] だいじにしすぎる
pamphlet [pæmflət] [名] パンフレット, 小冊子
pan [pæn] [名] 平たい鍋
panacea [pænəsi:ə] [名] 万能薬
Panama [pænəma] [地] パナマ (中南米諸国)
pancake [pænkeik] [名] パンケーキ, 水平落下
panda [pændə] [名] パンダ (動物)
pandemic [pændemik] [形] 広範囲に広がった
Pandora [pændɔ:rə] [人] パンドラ (ギリシャ神話)
pane [pein] [名] 窓ガラス
panegyric [pænədʒirik] [名] 賛辞
panel [pænl] [名] 羽目板, パネル, 討論者団
pang [pæŋ] [名] 激痛, 苦痛
panic [pænik] [名] 恐れ [形] 当惑される
panic-stricken [pænik strikən] [形] 非常に慌てた
panorama [pænəræmə] [名] 全景, パノラマ
pansy [pænzi] [名] パンジー
pant [pænt] [名] あえぎ [動] あえぐ, 息を切らす
pantaloons [pæntəlu:nz] [名] パンタロン
panther [pænθər] [名] アメリカ ライオン (ヒョウ)
pantomime [pæntəmaim] [名] 無言劇 [動] 身ぶりで表現する
pantry [pæntri] [名] 食料貯蔵室
pants [pænts] [名] ズボン, パンツ
pantyhose [pæntihouz] [名] パンティストッキング
papa [papə] [名] パパ
papal [peipəl] [形] 教皇の
paper [peipər] [名] 紙, 壁紙, 新聞
paperback [peipərbæk] [名] ペーパーバックの廉価本, ペーパーバック
paper clip [peipər klip] [名] 紙ばさみ, クリップ
paperweight [peipərweit] [名] 文鎮
papyrus [pəpairəs] [名] パピルス (製紙原料の植物)
par [pa:r] [名] 等価, 同等, 平均
parable [pærəbl] [名] 寓話, 宗教的な比喩
parachute [pærəʃu:t] [名] 落下傘 [動] 落下傘で降下する
parade [pəreid] [名] 閲兵, 行列 [動] 閲兵する
paradigm [pærədaim] [名] 模範, パラダイム

paradise [pærədais] [名] 天国, 楽園
paradox [pærədaks] [名] 逆説
paradoxical [pærədaksikəl] [形] 逆説的な, 矛盾した
paragon [pærəgan] [名] 模範, 典型 [動] 比較する
paragraph [pærəgræf] [名] 節, 段落 [動] 節に分ける
Paraguay [pærəgwai] [地] パラグアイ (南米諸国)
parallel [pærəlel] [形] 平行の [名] 平行線
paralysis [pəræləsəs] [名] 麻痺
paralyze [pærəlaiz] [動] 麻痺させる, 麻痺する
paramedic [pærəmedik] [名] 準医療従事者
paramedical [pærəmedikəl] [形] 準医療活動の
parameter [pəræmətər] [名] パラメータ, 媒介変数
paramount [pærəmaunt] [形] 最高権力の, 最も重要な
paranoia [pærənɔiə] [名] 偏執症, 被害妄想
paranoid [pærənɔid] [名] 偏執症患者
paranormal [pærənɔ:rməl] [形] 超自然的な, 不思議な
parapet [pærəpət] [名] 胸壁, 欄干
paraphernalia [pærəfəneiliyə] [名] 所持品, 装備, 備品
paraphrase [pærəfreiz] [名] パラフレーズ, 換言すること
paraplegic [pærəpli:dʒik] [名] 対麻痺の患者 [形] 対麻痺の
parasite [pærəsait] [名] 寄生虫, 寄生動物, 寄食者
parasol [pærəsɔ:l] [名] 傘, パラソル
parcel [pa:rsəl] [名] パッケージ, 小包
parcel post [pa:rsəl poust] [名] 小包郵便
parch [pa:rtʃ] [動] からからに乾かす, 焦がす
parchment [pa:rtʃmənt] [名] 羊皮紙, 証書
pardon [pa:rdn] [動] 許す [名] 許し
pare [peər] [動] 皮をむく, 切取る
parent [peərənt] [名] 片親
parentage [peərəntidʒ] [名] 生まれ, 家門, 血統
parental [pərentl] [形] 親の, 親にふさわしい, 根源の
parentheses [pərenθəsi:z] [名] parenthesis(括弧)の複数
parenthesis [pərenθəsəs] [名] 括弧, 挿入口
parents [peərənts] [名] 親
Paris [pærəs] [地] パリ
parish [peəriʃ] [名] 小教区
Parisian [pəriʒən] [名] パリの人々 [形] パリの
parity [peərəti] [名] 同等, 同格, 一致
park [pa:rk] [名] 公園 [動] 駐車する
parking [pa:rkiŋ] [名] 駐車 [形] 駐車の, 駐車中の
parking lot [pa:rkiŋ lat] [名] 駐車場
parking meter [pa:rkiŋ mi:tər] [名] 駐車料金徴収機
parley [pa:rli] [名] 和平交渉 [動] 和平交渉をする
parliament [pa:rləmənt] [名] 議会, 国会
parliamentary [pa:rləmentəri] [形] 議会の, 慎重な
parlor [pa:rlər] [名] 客室, 居間
parochial school [pəroukiəl sku:l] [名] 教区学校
parody [peərədi] [名] 風刺的詩文
parole [pəroul] [名] 仮釈放
paroxysm [pærəksizm] [名] 感情の爆発, 発作
parrot [peərət] [名] オウム
parsimonious [pa:rsəmounyəs] [形] けちな
parsley [pa:rsli] [名] パセリ (植物)
parson [pa:rsn] [名] 教区牧師
part [pa:rt] [名] 一部, 部品 [動] 分ける
partake [pa:rteik] [動] 参与する, 食事を一緒にする
partial [pa:rʃəl] [形] 部分的な, 不公平な
partially [pa:rʃəli] [副] 部分的に, 不公平に
participant [pa:rtisəpənt] [名] 参加者 [形] 参加する, 関与する
participate [pa:rtisəpeit] [動] 参加する, 関与する
participation [pa:rtisəpeiʃən] [名] 参加, 関与
participial [pa:rtəsipiəl] [形] 分詞の
participle [pa:rtəsipəl] [名] 分詞
particle [pa:rtikəl] [名] 微粒子, 極少量
particular [pə:rtikyələr] [形] 特別な, 特定の
particularly [pə:rtikyələrli] [副] 特に, 詳しく
parting [pa:rtiŋ] [名] 分割, 別れ [形] 別れの
partisan [pa:rtəzən] [名] 仲間
partition [pa:rtiʃən] [名] 分割, 間仕切り [動] 分割する
partly [pa:rtli] [副] 部分的に
partner [pa:rtnər] [名] パートナー, 配偶者, 相手
partnership [pa:rtnərʃip] [名] 共同経営, 協力
partridge [pa:rtridʒ] [名] ヤマウズラ
part-time [pa:rt taim] [形] 時間制の [副] 時間制に
party [pa:rti] [名] 会合, パーティー, 政党, 一行
pass [pæs] [動] 過ぎる [名] 通行, 通過, 合格
passable [pæsəbl] [形] 通過できる, 通用する
passage [pæsidʒ] [名] 通路, 通行, 通過, 経過
passageway [pæsidʒwei] [名] 通路, 廊下
passenger [pæsəndʒər] [名] 乗客
passer-by [pæsər bai] [名] 通行人
passing [pæsiŋ] [形] 通行する, 通過する
passion [pæʃən] [名] 情熱, 熱愛
passionate [pæʃənət] [形] 情熱的な
passionately [pæʃənətli] [副] 熱心に, 熱烈に
passive [pæsiv] [形] 消極的な, 受動的な
passively [pæsivli] [副] 受動的に
passport [pæspɔ:rt] [名] 旅券, パスポート
password [pæswə:rd] [名] 合いことば, パスワード
past [pæst] [名] 過去 [形] 過去の

pasta [**pas**tə] [名] パスタ, パスタ料理
paste [peist] [名] 糊, 練り粉 [動] 糊で貼る
pas**tel** [pæs**tel**] [名] 輝きをなくした柔らかな色合い
pastime [**pæs**taim] [名] 気分転換, 娯楽
pastor [**pæs**tər] [名] 主任牧師
pastoral [**pæs**tərəl] [名] 田園詩 [形] 田園生活の
past participle [**pæst** pa:rtəsipəl] [名] 過去分詞形
past perfect [**pæst** pə:rfikt] [名] 過去完了
pastry [**pei**stri] [名] ねり粉
past tense [**pæst** tens] [名] 過去時制
pasture [**pæs**tʃər] [名] 牧場, 牧草地 [動] 放牧する
pat [pæt] [名] 軽くたたくこと
patch [pætʃ] [名] 布切れ, 膏薬
patent [**pæ**tnt] [名] 特許 [形] 特許の
pa**ter**nal [pə**tə:r**nəl] [形] 父の, 父方の
pa**ter**nity [pə**tə:r**nəti] [名] 父性, 父系
path [pæθ] [名] 道, 歩道, 行路
pa**the**tic [pə**θe**tik] [形] 気の毒な, 感動的な
patho**lo**gical [pæθə**la**dʒikəl] [形] 病理学の, 病気による, 病的な
pa**tho**logist [pə**θa**lədʒist] [名] 病理学者
pa**tho**logy [pə**θa**lədʒi] [名] 病理学 (学問), 病理
pathos [**pei**θas] [名] 悲哀, 悲感, パトス
pathway [**pæθ**wei] [名] 通路
patience [**pei**ʃəns] [名] 忍耐, こらえ性
patient [**pei**ʃənt] [形] 忍耐強い [名] 患者
patiently [**pei**ʃəntli] [副] 辛抱強く, ゆっくり
patina [**pæ**tənə] [名] 緑青, 古色
patio [**pæ**tiou] [名] 中庭, テラス
patriarch [**pei**tria:rk] [名] 大主教
pa**tri**cian [pə**tri**ʃən] [名] 貴族
patrimony [**pæ**trəmouni] [名] 世襲財産, 遺産
patriot [**pei**triət] [名] 愛国者
patri**o**tic [peitri**a**tik] [形] 愛国的な
patriotism [**pei**triətizm] [名] 愛国心
pa**trol** [pə**troul**] [名] 巡回, 巡視隊 [動] 巡回する
patron [**pei**trən] [名] 保護者, 後援者
patronage [**pei**trənidʒ] [名] 後援, 得意先
patronize [**pei**trənaiz] [動] 顧客となる, 後援(サポート)する
patter [**pæ**tər] [動] ぱたぱた音を立てる
pattern [**pæ**tərn] [名] 模範, 見本, 原型, 図案
patty [**pæ**ti] [名] 小さなパイ
paucity [**pɔ:**səti] [名] 少数, 不足
Paul [pɔ:l] [人] パウロ (聖書の人物)
paunch [pɔ:ntʃ] [名] 腹, 太鼓腹
pauper [**pɔ:**pər] [名] 貧困者, 生活困難者, 貧民
pause [pɔ:z] [名] 休止, 中断 [動] 中断する
pave [peiv] [動] (道路を) 舗装する
pavement [**peiv**mənt] [名] 舗装道路
pa**vil**ion [pə**vil**yən] [名] 大テント, 展示館
paw [pɔ:] [名] (獣の) 足
pawn [pɔ:n] [名] 質, 抵当物 [動] 質入れする
pawnbroker [**pɔ:n**broukər] [名] 質屋の主人
pawnshop [**pɔ:n**ʃap] [名] 質屋
pay [pei] [動] 支払う [名] 支払い, 給料
payable [**pei**əbl] [形] 支払い可能な, 支払うべき
paycheck [**pei**tʃek] [名] 給与
payday [**pei**dei] [名] 給料日, 支払日
pay**ee** [pei**i:**] [名] 受取人
payment [**pei**mənt] [名] 支払い, 支払い金額, 返済
pay phone [**pei** foun] [名] 公衆電話
payroll [**pei**roul] [名] 給料支払い名簿
pea [pi:] [名] エンドウ豆
peace [pi:s] [名] 平和, 安心, 平静
peaceable [**pi:s**əbl] [形] 平和な, 穏やかな
peaceful [**pi:s**fl] [形] 平和な, 穏やかな
peach [pi:tʃ] [名] 桃
peacock [**pi:**kak] [名] クジャク
peak [pi:k] [名] 絶頂, 頂上
peal [pi:l] [名] 響き [動] 響く
peanut [**pi:**nət] [名] ピーナッツ [形] わずかな
peanut butter [**pi:**nət bətər] [名] ピーナッツバター
pear [peər] [名] 梨
pearl [pə:rl] [名] 真珠
peasant [**pe**zənt] [名] 農夫, 民
pebble [**pe**bəl] [名] 小石, 砂利
pe**can** [pə**kan**] [名] ピーカン (実)
pecca**dil**lo [pekə**di**lou] [名] 軽い犯罪
peck [pek] [動] (くちばしで) つつく
pecu**li**ar [pi**kyu:**lyər] [名] 変な, 独特な, 固有の
peculi**a**rity [pikyu:li**æ**rəti] [名] 特異な性質, 特異性
pecu**li**arly [pi**kyu:**lyərli] [副] 奇妙に, 珍しく
pedagogy [**pe**dəgoudʒi] [名] 教育学 (学問), 教授法, 教育
pedal [**pe**dl] [名] ペダル, 足場 [動] ペダルを踏む
pe**dan**tic [pi**dæn**tik] [形] 博識ぶる
peddle [**pe**dl] [動] 行商する, うわさを広める
peddler [**pe**dlər] [名] 行商人
pedestal [**pe**dəstl] [名] 基台, 基礎, 台
pe**des**trian [pə**des**triən] [名] 歩行者
pedia**tri**cian [pi:diə**tri**ʃən] [名] 小児科医
pedi**a**trics [pi:di:**æ**triks] [名] 小児科

pedigree [pedəgri] [名] 家系, 血統, 系譜
pedlar [pedlər] [名] peddler (行商人)
peek [pi:k] [名] のぞき [動] のぞく
peel [pi:l] [名] 皮 [動] 皮をむく
peep [pi:p] [名] のぞき [動] のぞく
peer [piər] [名] 同僚 [動] 匹敵する
peerless [piərləs] [形] 類を見ない
peg [peg] [名] くさび, 杭 [動] 杭を打つ
pejorative [pidʒɔ:rətiv] [名] 軽蔑語 [形] 軽蔑的な
pejoratively [pidʒɔ:rətivli] [副] 軽蔑的に
Peking [pi:kiŋ] [地] Beijing, 北京
pelican [pelikən] [名] ペリカン (鳥)
pellet [pelət] [名] 小粒, 小さな錠剤
pelt [pelt] [名] 投げつけること [動] 投げつける, 浴びせる
pelvis [pelvəs] [名] 骨盤
pen [pen] [名] ペン
penal [pi:nəl] [形] 刑罰の, 刑法の
penalty [penəlti] [名] 刑罰, 罰金
penance [penəns] [名] 悔悛, 告解, 贖罪 [動] 贖罪させる
pence [pens] [名] penny の複数
penchant [pentʃənt] [名] 強い好み
pencil [pensəl] [名] 鉛筆
pendant [pendənt] [名] ペンダント, 垂らした飾り
pending [pendiŋ] [前] ~するまで [形] 未定の, 懸案の
pendulum [pendʒələm] [名] 時計の振り子
penetrate [penətreit] [動] 貫く, 浸透する
penetrating [penətreitiŋ] [形] 浸透する, 洞察力がある
penetration [penətreiʃən] [名] 貫通, 浸透, 洞察
penguin [pengwən] [名] ペンギン (鳥)
penicillin [penəsilən] [名] ペニシリン
peninsula [pəninsələ] [名] 半島
penis [pi:nəs] [名] 陰茎, 男根, ペニス
penitent [penətənt] [名] 懺悔者 [形] 後悔する, 悔悛する
penknife [pennaif] [名] ポケットナイフ
pennant [penənt] [名] 細長い三角旗, 優勝旗
penniless [peniləs] [形] 非常に貧しい
Pennsylvania [pensəlveinyə] [地] ペンシルバニア (米国の州)
penny [peni] [名] ペニー (1 セント硬貨)
pen pal [pen pæl] [名] ペンパル
pension [penʃən] [名] 年金
pensive [pensiv] [形] 瞑想にふけた
pentagon [pentəgan] [名] 五角形, アメリカ国防省
penthouse [penthaus] [名] 屋上家屋, 最上階の高級住宅
pent-up [pent ʌp] [形] 抑制された, 抑圧された
people [pi:pəl] [名] 人々, 国民
pep [pep] [名] 元気, 気力
pepper [pepər] [名] コショウ
peppermint [pepərmint] [名] ペパーミント, 西洋ハッカ
per [pə:r] [前] ~によって, ~ごとに
perambulator [pə:ræmbyəleitər] [名] 乳母車, 走行距離計, 巡回者
perceive [pə:rsi:v] [動] 知覚する, 感知する
percent [pə:rsent] [名] パーセント
percentage [pə:rsentidʒ] [名] パーセント, 比率
perceptible [pə:rseptəbl] [形] 知覚できる
perception [pə:rsepʃən] [名] 知覚, 理解
perceptive [pə:rseptiv] [形] 知覚力がある, 知覚する
perch [pə:rtʃ] [名] (鳥の) 止まり木, 高い地位
percolate [pə:rkəleit] [動] 濾過する, しみ出る
percussion [pə:rkʌʃən] [名] 衝突, 振動, 打診
peregrination [perəgrəneiʃən] [名] 放浪, 遠征
peremptory [pəremptɔ:ri] [形] 独断的な
perennial [pərenial] [名] 多年生植物 [形] 多年生の
perfect [pə:rfekt] [動] 完成する
perfect [pə:rfikt] [形] 完璧な, 完全な
perfection [pə:rfekʃən] [名] 完璧, 完全
perfectly [pə:rfiktli] [副] 完全に
perfidy [pə:rfədi] [名] 裏切り, 不誠実
perforate [pə:rfəreit] [動] 穴を開ける, 貫通する
perforation [pərfəreiʃən] [名] 穴, 貫通
perform [pərfɔ:rm] [動] 実行する, 公演する, 演奏する
performance [pərfɔ:rməns] [名] 実行, 公演, 演奏
performer [pərfɔ:rmər] [名] 行為者, 演技者, 演奏者
perfume [pərfyu:m] [名] 香水
perfunctory [pərfʌŋktəri] [形] 形式的な, 誠意のない
perhaps [pərhæps] [副] おそらく
peril [peərəl] [名] 危険, 危害, 危難
perilous [peərələs] [形] 危険な
perilously [peərələsli] [副] 危険に
period [piəriəd] [名] 期間, 時代, 終止符
periodic [piəriadik] [形] 周期的な, 定期的な, 間欠的な
periodical [piəriadikəl] [名] 定期刊行物 [形] 定期刊行物の
periodically [piəriadikəli] [副] 定期的に
peripatetic [perəpətetik] [形] 歩き回る, 巡回する
peripheral [pərifərəl] [形] 周りの, 外面の, 末梢神経の
periphery [pərifəri] [名] 周囲, 円周, 末梢
perish [peəriʃ] [動] 滅びる, 死ぬ
perishable [peəriʃəbl] [形] 腐敗しやすい
perjury [pə:rdʒəri] [名] 偽証, 偽証罪, 虚偽
perky [pə:rki] [形] 生意気な, 元気のいい
perm [pə:rm] [名] パーマ [動] パーマをかける

permanent [**pə:r**mənənt] [形] 永久の, 不変の

permanently [**pə:r**mənəntli] [副] 永久的に

permeate [**pə:r**mieit] [動] 入り込む, 浸透する

per**mis**sible [pə:r**mi**səbl] [形] 許可された, 許される

per**mis**sion [pə:r**mi**ʃən] [名] 許可

permit [**pə:r**mit] [名] 認可, 許可, 許可証

per**mit** [pə:r**mit**] [動] 許す, 許可する

per**ni**cious [pər**ni**ʃəs] [形] 有害な, 致命的な

per**ni**ciously [pər**ni**ʃəsli] [副] 致命的に

perpen**di**cular [pərpən**di**kyələr] [名] 垂直線, 急傾斜 [形] 垂直の

perpen**di**cularly [pərpən**di**kyələrli] [副] 垂直に

perpetrate [**pə:r**pətreit] [動] 悪いことをする, 犯す

perpetrator [**pə:r**pətreitər] [名] 加害者, 犯罪者

per**pe**tual [pə:r**pet**ʃuəl] [形] 永久の, 永続する, 途切れない

per**pe**tuate [pə:r**pet**ʃueit] [動] 永続させる

per**plex** [pə:r**pleks**] [動] 当惑させる

per**plexed** [pə:r**plekst**] [形] 当惑した, 途方に暮れた

per**plex**ity [pə:r**pleks**əti] [名] 当惑, 困惑

perquisite [**pə:r**kwəzət] [名] 職務についてくる特権, 副収入

persecute [**pə:r**sikyu:t] [動] 迫害する, 虐待する

perse**cu**tion [pə:rsi**kyu:**ʃən] [名] 迫害, 虐待

perse**ver**ance [pə:rsə**viər**ənce] [名] 忍耐, こらえ性

perse**vere** [pə:rsə**viər**] [動] 最後までやりこなす

Persia [**pə:r**ʒə] [地] ペルシャ (現在のイラン)

Persian [**pə:r**ʒən] [名] ペルシャ人 [形] ペルシャの

per**si**mmon [pə:r**si**mən] [名] 柿, 柿の木 (植物)

per**sist** [pə:r**sist**] [動] 固執 (主張, 持続) する

per**sis**tence [pə:r**sis**təns] [名] 固執, 忍耐力, 持続

per**sis**tent [pə:r**sis**tənt] [形] 固執する, 不屈の, 持続する

person [**pə:r**sən] [名] 人, 人物

personage [**pə:r**sənidʒ] [名] 著名人, 登場人物

personal [**pə:r**sənəl] [形] 個人の, 個人的な, 私的な

perso**nal**ity [pə:rsə**næ**ləti] [名] 個性, 性格, 人格

personally [**pə:r**sənəli] [副] 自ら, 個人的には

personifi**ca**tion [pə:rsanəfə**kei**ʃən] [名] 擬人化, 化身

per**so**nify [pə:r**sa**nəfai] [動] 擬人化する, 具現する

person**nel** [pə:rsə**nel**] [名] 人員, 人事課

per**spec**tive [pə:r**spek**tiv] [名] 透視図法, 透視, 遠近, 展望

perspi**ra**tion [pə:rspə**rei**ʃən] [名] 発汗, 汗, 努力

per**spire** [pə:r**spaiər**] [動] 汗を流す

per**suade** [pə:r**sweid**] [動] 説得する

per**sua**sion [pə:r**sweiʒ**ən] [名] 説得, 説得力, 宗派

per**sua**sive [pə:r**swei**siv] [名] 誘引, 動機 [形] 説得力がある

per**tain** [pə:r**tein**] [動] 属する, 関係する

pertinent [**pə:r**tənənt] [形] 適切な, 関係がある

per**turb** [pə:r**tə:rb**] [動] ろうばいさせる, 不安にする

Peru [pə**ru:**] [地] ペルー

per**u**sal [pə**ru:**zəl] [名] 読書, 精読, 精密検査

per**use** [pə**ru:z**] [動] 精読(通読)する

per**vade** [pə:r**veid**] [動] 全体に広がる, 充満する

per**verse** [pə:r**və:rs**] [形] 意地悪な, 誤った

per**vert** [pə:r**və:rt**] [名] 背教者 [動] それる

per**ver**ted [pə:r**və:r**təd] [形] 変態の, 堕落した, 誤用された

pessimism [**pe**səmizm] [名] 悲観主義, ペシミジュム

pessimistic [**pe**səmistik] [形] 悲観的な

pessi**mis**tic [pesə**mis**tik] [形] 悲観的な

pest [pest] [名] 有害物, 害虫, 疫病, ペスト

pester [**pes**tər] [動] 苦しめる, 悩ます

pesticide [**pes**təsaid] [名] 殺虫剤

pestilence [**pes**tələns] [名] ペスト, 伝染病

pet [pet] [名] ペット [動] かわいがる

petal [**pe**tl] [名] 花びら

Peter [**pi:**tər] [人] ペテロ (聖書の人物)

pe**ti**tion [pə**ti**ʃən] [名] 請願, 嘆願 [動] 請願する

petrify [**pe**trəfai] [動] 石化させる, 固まる

petrol [**pe**trəl] [名] ガソリン

pe**tro**leum [pə**trou**liəm] [名] 石油

petticoat [**pe**tikout] [名] ペチコート (女性の下着)

petty [**pe**ti] [形] つまらない, 偏狭な

petulant [**pe**tʃələnt] [形] いらいらする, 怒りっぽい

pew [pyu:] [名] 教会のベンチ型座席

phantasm [**fæn**tæzm] [名] お化け, 幽霊, 幻影

phantom [**fæn**təm] [名] 幽霊, 幻影 [形] 幻影の

pharmacist [**fa:r**məsist] [名] 薬剤師

pharmacy [**fa:r**məsi] [名] 調剤術, 薬局

phase [feiz] [名] 段階, 局面, 面

pheasant [**fe**zənt] [名] キジ (鳥)

phe**no**mena [fi**na**mənə] [名] phenomenon(現象)の複数形

phe**no**menon [fi**na**mənan] [名] 現象

Phila**del**phia [filə**del**fiə] [地] フィラデルフィア(米国の都市)

phi**lan**thropist [fi**læn**θrəpist] [名] 博愛主義者, 慈善家

phi**lan**thropy [fi**læn**θrəpi] [名] 博愛, 慈善

philhar**mo**nic [filha:r**ma**nik] [名] 交響楽団 [形] 交響楽団の

Philip [**fi**ləp] [人] フィリップ (男の名前)

Philip**pines** [filə**pi:nz**] [地] フィリピン

philistine [**fi**ləsti:n] [名] ピリスタン人, 実利主義者

phi**lo**sopher [fi**la**səfər] [名] 哲学者, 賢人

philo**so**phic [filə**sa**fik] [形] 哲学の, 理性的な

philo**so**phical [filə**sa**fikəl] [形] 哲学の, 理性的な

phi**lo**sophy [fi**la**səfi] [名] 哲学

phlegm [flem] [名] 痰, 無気力
phlegm**atic** [flegm**æ**tik] [形] 簡単に興奮しない
phobia [**fou**biə] [名] 恐怖症
phoenix [**fi:**niks] [名] 不死鳥 (エジプト神話)
phone [foun] [名] 電話, 電話機 [動] 電話をかける
phone book [**foun** buk] [名] 電話帳
phone booth [**foun** bu:θ] [名] 公衆電話ボックス
pho**ne**tic [fə**ne**tik] [形] 音声の, 音声学の, 発音どおりの
pho**ne**tical [fə**ne**tikəl] [形] 音声の, 発音どおりの
pho**ne**tically [fə**ne**tikəli] [副] 発音どおりに
pho**ne**tics [fə**ne**tiks] [名] 音声学 (学問)
phonograph [**fou**nəgræf] [名] 蓄音機, レコードプレーヤー
phony [**fou**ni] [名] にせ物 [形] にせの, 偽造の
phosphate [**fas**feit] [名] リン酸(燐酸)
phos**pho**ric [fas**fɔ:**rik] [形] リン(燐)の, 燐を含有した
phosphorus [**fas**fərəs] [名] リン(燐)
photo [**fou**tou] [名] 写真
photocopy [**fou**təkapi] [名] 写真のコピー [動] 写真をコピーする
photo**ge**nic [foutə**dʒe**nik] [形] 写真がよく受ける
photograph [**fou**təgræf] [名] 写真
pho**to**grapher [fə**ta**grəfər] [名] 写真家, カメラマン
photo**gra**phic [foutə**græ**fik] [形] 写真の, 写真のような
pho**to**graphy [fə**ta**grəfi] [名] 写真術, 写真撮影
phrase [freiz] [名] 句 [動] 表現する
physic [**fi**zik] [名] 下剤 [動] 下剤を使う
physical [**fi**zikəl] [形] 肉体の, 物質の
physically [**fi**zikəli] [副] 肉体的に, 物理的に
phy**si**cian [fi**zi**ʃən] [名] 医師, 内科医
physicist [**fi**zəsist] [名] 物理学者
physics [**fi**ziks] [名] 物理学
physio**lo**gic [fiziə**la**dʒik] [形] 生理学上の, 生理的な
physi**o**logy [fizi**a**lədʒi] [名] 生理学 (学問), 生理現象
phy**sique** [fi**zi:k**] [名] 体格
pi**a**nist [pi**æ**nist] [名] ピアニスト, ピアノ奏者
pi**a**no [pi**æ**nou] [名] ピアノ
Pi**ca**sso [pi**ka**sou] [人] ピカソ (スペインの画家)
pick [pik] [動] 取る [名] 選択, つつく道具
picket [**pik**ət] [名] 先端が尖った杭 [動] 杭をめぐらす
picking [**pik**iŋ] [名] 選択, 選別, 採取, 万引き
pickle [**pik**əl] [名] 野菜を漬けた物, ピクルス [動] 漬ける
pickpocket [**pik**pakət] [名] スリ
pickup [**pik**əp] [名] ピックアップ (小型トラック), 向上
picnic [**pik**nik] [名] ピクニック, 遠足
pic**to**rial [pik**tɔ:**riəl] [名] 画報 [形] 絵の, 絵のような
picture [**pik**tʃər] [名] 絵, 写真, 映画 [動] 描く
pictu**resque** [piktʃə**resk**] [形] 絵のような, 美しい
pie [pai] [名] パイ
piece [pi:s] [名] 切れ, 一部, 作品
pier [piər] [名] 埠頭, 橋脚
pierce [piərs] [動] 貫通する, 穴を開ける
piercing [**piər**siŋ] [形] 貫く, 鋭い
piety [**pai**əti] [名] 敬虔, 孝心, 忠誠
pig [pig] [名] 豚
pigeon [**pi**dʒən] [名] 鳩
piglet [**pig**lət] [名] 子豚 (動物)
pigment [**pig**mənt] [名] 絵の具, 色素 [動] 着色する
pigpen [**pig**pen] [名] pigsty (豚小屋)
pigtails [**pig**teilz] [名] おさげ髪, 弁髪
pike [paik] [名] やり [動] やりで突く
pile [pail] [名] 堆積, 山 [動] 積重ねる
pilgrim [**pil**grəm] [名] 巡礼者
pilgrimage [**pil**grəmidʒ] [名] 聖地巡礼 [動] 聖地巡礼をする
pill [pil] [名] 丸薬, 経口避妊薬
pillar [**pil**ər] [名] 柱
pillow [**pil**ou] [名] 枕
pillowcase [**pil**oukeis] [名] 枕カバー
pilot [**pai**lət] [名] 操縦士, パイロット [動] 操る
pimp [pimp] [名] 売春ブローカー, 売春斡旋業者
pimple [**pim**pəl] [名] にきび
pin [pin] [名] ピン [動] ピンでさす
pincers [**pin**sərz] [名] ペンチ, くぎ抜き
pinch [pintʃ] [名] つねること, 一つまみ [動] つねる
pine [pain] [名] 松 [動] 慕う
pineapple [**pain**æpəl] [名] パイナップル
ping-pong [**piŋ** pɔŋ] [名] 卓球
pink [piŋk] [名] 桜色, ピンク
pinnacle [**pin**ikəl] [名] 高い山頂, 絶頂
pint [paint] [名] パイント (0.473 リットル)
pio**neer** [paiə**niər**] [名] 開拓者, 先駆者 [動] 切り開く
pious [**pai**əs] [形] 信心深い, 敬虔な
pipe [paip] [名] パイプ, 管, 管楽器
pipeline [**paip**lain] [名] 輸送管, 経路
piping [**pai**piŋ] [名] 管, 笛の音
piracy [**pai**rəsi] [名] 海賊行為, 著作権侵害
pirate [**pai**rət] [名] 海賊, 盗作者, 剽窃者
pistil [**pis**tl] [名] 雌ずい (植物)
pistol [**pis**tl] [名] ピストル, 拳銃
piston [**pis**tən] [名] ピストン (機械)
pit [pit] [名] 穴 [動] 穴を掘る
pitch [pitʃ] [名] 投げること [動] 投げる

pitcher [pitʃər] [名] 投手, 水差し
pitching [pitʃiŋ] [名] 投球, ピッチング, 石舗装
piteous [pitiəs] [形] 哀れな, 痛ましい
pitfall [pitfɔ:l] [名] 落とし穴, 罠, 策略
pith [piθ] [名] 草木の髄, 真髄, 物事の核心
pitiful [pitifl] [形] 哀れな, みじめな
pitiless [pitiləs] [形] 無情な, 無慈悲な
pittance [pitəns] [名] 少ない給与, 少量
Pittsburgh [pitsbə:rg] [地] ピッツバーグ (米国の都市)
pity [piti] [名] 同情 [動] 気の毒に思う
pivot [pivət] [名] ピボット, 枢軸, 中枢
pivotal [pivətl] [形] 重大な, 中枢の
pizza [pi:tsə] [名] ピザ
placard [plækə:rd] [名] プラカード, 看板, 張り紙
placate [pleikeit] [動] なだめる, 懐柔する
place [pleis] [名] 場所, 地位 [動] 置く
placebo [pləsi:bou] [名] 偽薬
placement [pleismənt] [名] 配置, 職業紹介, クラス編成
placid [plæsəd] [形] 落ち着いた, 静かな
plagiarism [pleidʒərizm] [名] 剽窃, 盗用
plagiarize [pleidʒəraiz] [動] 剽窃する, 盗用する
plague [pleig] [名] 伝染病 [動] 苦しめる
plaid [plæd] [名] 格子縞の布地
plain [plein] [形] 明らかな, 平坦な [名] 平地
plainly [pleinli] [副] 明らかに, 地味に
plaintiff [pleintəf] [名] 原告, 告訴人
plaintive [pleintiv] [形] 可憐な
plaintively [pleintivli] [副] 可憐に
plait [pleit] [名] ひだ [動] ひだをつける
plan [plæn] [名] 計画, 設計図 [動] 計画する
plane [plein] [名] 平面, 飛行機, 水準 (知識)
planet [plænət] [名] 惑星
planetarium [plænəteəriəm] [名] 天象儀, プラネタリウム
planetary [plænəteri] [形] 惑星の, 地球上の, 放浪する
plank [plæŋk] [名] 板 [動] 板を当てる
plankton [plæŋktən] [名] プランクトン
planner [plænər] [名] 計画者, 立案者, 設計者
plant [plænt] [名] 植物, 工場, 設備 [動] 植える
plantation [plænteiʃən] [名] 栽培地, 農園
planter [plæntər] [名] 種まき機, 栽培者
plaque [plæk] [名] 装飾額縁, 斑点
plasma [plæzmə] [名] 血漿, 原形質, プラズマ
plaster [plæstər] [名] しっくい [動] しっくいを塗る
plastic [plæstik] [名] プラスチック
plate [pleit] [名] 皿, 銀食器, 金属板, 義歯
plateau [plætou] [名] 高原
platform [plætfɔ:rm] [名] 壇, プラットフォーム
platinum [plætənəm] [名] 白金
platitude [plætətyu:d] [名] 平凡, 単調, 陳腐
Plato [pleitou] [人] プラトン (ギリシャの哲学者)
platonic [plətanik] [形] 純粋に精神的な
platter [plætər] [名] 大皿
plausible [plɔ:zəbl] [形] もっともらしい
plausibly [plɔ:zəbli] [副] もっともらしく
play [plei] [動] 遊ぶ, 演奏する [名] 遊び
playboy [pleibɔi] [名] 道楽者, 閑良, プレイボーイ
player [pleiər] [名] 選手, 音楽家, 演技者
playful [pleifl] [形] 遊び好きな, 冗談の
playground [pleigraund] [名] 運動場
playmate [pleimeit] [名] 遊び友達
plaything [pleiθiŋ] [名] おもちゃ, なぐさみもの
playwright [pleirait] [名] 劇作家, 脚本家
plaza [plæzə] [名] 商店街
plea [pli:] [名] 言い訳, 口実, 抗弁
plead [pli:d] [動] 弁護する, 嘆願する
pleasant [pleznt] [形] 楽しい, 愉快な, 優しい
pleasantly [plezntli] [副] 楽しく, 優しく
please [pli:z] [動] 喜ばせる, どうぞ
pleased [pli:zd] [形] 喜ぶ, 満足した
pleasing [pli:ziŋ] [形] 楽しい, 好感がもてる
pleasure [pleʒər] [名] 喜び, 満足
pleat [pli:t] [名] ひだ [動] ひだをつける
plebeian [plibi:ən] [名] 古代ローマの) 平民 [形] 平民の
pledge [pledʒ] [名] 誓約, 保証 [動] 誓う
plenary [plenəri] [形] 十分な, 完全な, 全体の
plenteous [plentiəs] [形] 豊富な
plentiful [plentifl] [形] 豊富な
plenty [plenti] [名] 沢山, 豊富
plethora [pleθərə] [名] 過剰, 赤血球過多症
pliable [plaiəbl] [形] しなやかな, 柔軟な, 従順な
pliers [plaiərz] [名] プライヤー, はさみペンチ
plight [plait] [名] 苦境, 窮地
plod [plad] [動] 重い足取りで歩く
plot [plat] [名] 陰謀, あらすじ
plow [plau] [名] すき, 耕作 [動] すきで耕す
pluck [plʌk] [名] 勇気 [動] 取る, 引っ張る
plug [plʌg] [名] 栓, プラグ [動] 栓をする
plum [plʌm] [名] スモモ, プラム
plumage [plu:midʒ] [名] 羽, 華やかな衣装
plumb [plʌm] [名] おもり [形] 垂直な [副] 垂直に

plumber [plʌmər] [名] 配管工

plumbing [plʌmiŋ] [名] 配管類, 配管工事

plume [plu:m] [名] 羽 [動] 羽で飾る

plummet [plʌmət] [動] 垂直に落ちる

plump [plʌmp] [形] 膨らんだ, 豊満な [動] 膨らむ

plunder [plʌndər] [名] 略奪 [動] 奪う

plunge [plʌndʒ] [名] 飛び込み, 急落 [動] 飛び込む

plural [pluərəl] [形] 複数の [名] 複数

pluralism [pluərəlizm] [名] 多元主義

plus [plʌs] [前] ～を加えて [形] プラスの

plush [plʌʃ] [形] 贅沢な

Pluto [plu:tou] [名] 冥王星 [人] プルート (ギリシャ神話)

plutonium [plu:touniəm] [名] プルトニウム (化学)

ply [plai] [名] しわ [動] 熱心に働く

Plymouth [pliməθ] [地] プリマス (イギリスの都市)

plywood [plaiwud] [名] 合板, ベニヤ板

p.m. [pi: em] [名] 午後

pneumonia [nyumounyə] [名] 肺炎

poach [poutʃ] [動] 侵入する, 侵害する

P.O. box [pi ou baks] [名] Post Office box (私書箱)

pocket [pakət] [名] ポケット [動] ポケットに入れる

pocketbook [pakətbuk] [名] 財布, ポケット型の本, 手帳

pocketknife [pakətnaif] [名] ポケットナイフ

pod [pad] [名] (大豆などの)さや, (蚕の)まゆ

podium [poudiəm] [名] 指揮台, 演壇, 低壁

poem [pouəm] [名] 詩

poet [pouət] [名] 詩人

poetic [pouetik] [形] 詩の, 詩的な, 詩人の

poetry [pouətri] [名] 詩, 詩集

poignant [pɔinyənt] [形] 胸にしみる, 痛烈な

poignantly [pɔinyəntli] [副] 痛烈に, 厳しく

point [pɔint] [名] 尖った先端, 点, スコア, 要点

point-blank [pɔint blæŋk] [形] ターゲットを狙った, 単刀直入の

pointed [pɔintəd] [形] 先の尖った

pointedly [pɔintədli] [副] 当てつけるように

pointer [pɔintər] [名] 指示する人, 指示棒

pointless [pɔintləs] [形] 無意味な, 鈍い, 効果がない

point of view [pɔint əv vyu:] [名] 観点, 見解

poise [pɔiz] [動] 均衡が取れるようにする [名] 均衡

poison [pɔizn] [名] 毒, 弊害 [動] 毒殺する

poisoning [pɔizniŋ] [名] 毒殺, 中毒

poisonous [pɔizənəs] [形] 有毒な, 有害な, 悪意に満ちた

poisonously [pɔizənəsli] [副] 有害に

poke [pouk] [名] 突くこと [動] 突く

poker [poukər] [名] 突く物, ポーカー

Poland [poulənd] [地] ポーランド

polar [poulər] [形] 極地の

polar bear [poulər beər] [名] 北極グマ (動物), シロクマ

polarize [pouləraiz] [動] 分裂する

pole [poul] [名] 極, 極地

polemic [pəlemik] [名] 論争, 反論

police [pəli:s] [名] 警察

policeman [pəli:smən] [名] 警察官

police officer [pəli:s ɔ:fəsər] [名] 警察官

police station [pəli:s steiʃən] [名] 警察署

policewoman [pəli:swumən] [名] 婦人警官, 婦警

policy [paləsi] [名] 政策, 方針, 保険証券

polio [pouliou] [名] 小児麻痺

Polish [pouliʃ] [名] ポーランド語 [形] ポーランドの

polish [paliʃ] [名] 光沢 [動] 磨く, 推敲する

polished [paliʃt] [形] 滑らかにされた, 光沢のある

polite [pəlait] [形] 丁寧な, 洗練された, 優雅な

politely [pəlaitli] [副] 丁寧に, 優雅に

politeness [pəlaitnəs] [名] 丁寧, 礼儀正しさ

politic [palətik] [形] 賢明な, 思慮深い, 良識がある

political [pəlitikəl] [形] 政治の, 政治的な

politician [palətiʃən] [名] 政治家

politics [palətiks] [名] 政治, 政治学, 策略

poll [poul] [名] 投票 [動] 投票する

pollen [palən] [名] 花粉

pollute [pəlu:t] [動] 汚す, 堕落させる

pollution [pəlu:ʃən] [名] 汚染, 公害

polo [poulou] [名] ポロ (競技)

Polynesia [paləni:ʒə] [地] ポリネシア (オセアニアの一区域)

pomade [pomeid] [名] ポマード, 髪油

pomp [pamp] [名] 華麗, 壮観

pompous [pampəs] [形] 自慢している, 華やかな, 誇張された

pompously [pampəsli] [副] 得意気に

pond [pand] [名] 池, 沼

ponder [pandər] [動] 深く考える, 熟考する

ponderous [pandərəs] [形] 重い, 重苦しい

pontificate [pantifikət] [動] 独断的に話す

pony [pouni] [名] ポニー, 小形の馬

ponytail [pouniteil] [名] ポニーテール (髪型)

pool [pu:l] [名] 水たまり, プール, 共同計算

poor [puər] [形] 貧しい, みすぼらしい, かわいそうな

poorly [puərli] [副] 貧しく, 貧弱に, 下手に

pop [pap] [名] 大衆音楽 [動] いきなり現れる

popcorn [papkɔ:rn] [名] ポップコーン

pope [poup] [名] ローマ教皇

poplar [**pa**plər] [名] ポプラ (植物)

poppy [**pa**pi] [名] ケシ (植物)

populace [**pa**pyələs] [名] 庶民, 民衆

popular [**pa**pyələr] [形] 人気のある, 大衆の

popu**la**rity [papyə**læ**rəti] [名] 人気, 大衆性, 流行

popularly [**pa**pyələrli] [副] 一般的に, 一般投票で

populate [**pa**pyəleit] [動] 居住する

popu**la**tion [papyə**lei**ʃən] [名] 人口

populous [**pa**pyələs] [形] 人口が多い, 混み合っている

porcelain [**pɔːr**sələn] [名] 磁器

porch [pɔːrtʃ] [名] 玄関

pore [pɔːr] [名] 小さな穴, 毛穴, 気孔

pork [pɔːrk] [名] 豚肉

por**no**graphy [pɔːr**na**grəfi] [名] 好色文化, ポルノ

porous [**pɔːr**əs] [形] 透過できる, 吸収する

porpoise [**pɔːr**pəs] [名] イルカ (動物)

porridge [**pɔːr**idʒ] [名] 粥

port [pɔːrt] [名] 港

portable [**pɔːr**təbl] [形] 携帯用の [名] 携帯用機器

portal [**pɔːr**tl] [名] 入り口, 玄関

portent [**pɔːr**tent] [名] 兆候, 前兆

porter [**pɔːr**tər] [名] 運搬人

port**fo**lio [pɔːrt**fou**liou] [名] 書類入れ, 資産構成

porthole [**pɔːrt**houl] [名] 丸窓, 船の舷窓

portion [**pɔːr**ʃən] [名] 一部, 分け前 [動] 分ける, 分配する

Portland [**pɔːrt**lənd] [地] ポートランド (米国の都市)

portly [**pɔːrt**li] [形] 太った, 堂々とした

portrait [**pɔːr**trət] [名] 肖像画

por**tray** [pɔːr**trei**] [動] 肖像を描く, 風景を描写する

Portugal [**pɔːr**tʃəgəl] [地] ポルトガル

Portu**guese** [pɔːrtʃə**giːz**] [名] ポルトガル人(語)

pose [pouz] [名] 姿勢 [動] 姿勢をとる

po**si**tion [pə**zi**ʃən] [名] 位置, 場所, 地位, 立場

positive [**pa**zətiv] [形] 肯定的な, 断定的な

positively [**pa**zətivli] [副] 明確に, 肯定的に [感] もちろん

pos**sess** [pə**zes**] [動] 所有する, 持つ

pos**sessed** [pə**zest**] [形] 取りつかれた, 落ち着いた, 冷静な

pos**ses**sion [pə**ze**ʃən] [名] 所有, 所有物

pos**ses**sive [pə**zes**iv] [名] 所有格 [形] 所有の

pos**ses**sor [pə**zes**ər] [名] 所有者, 占有者

possi**bi**lity [pasə**bi**ləti] [名] 可能性

possible [**pa**səbl] [形] 可能な [名] 可能なこと

possibly [**pa**səbli] [副] 多分, できる限り

post [poust] [名] 柱, 地位, 郵便

post card [**poust** kaːrd] [名] 郵便はがき

postage [**pous**tidʒ] [名] 郵便料金

postage stamp [**pous**tidʒ stæmp] [名] 切手

postal [**pous**tl] [形] 郵便の

postal code [**pous**tl koud] [名] 郵便番号

poster [**pous**tər] [名] ポスター [動] ポスターをはる

pos**te**rior [pas**tiə**riər] [名] 身体の後部 [形] 後ろの

pos**te**rity [pas**teə**rəti] [名] 子孫, 後世

posthumous [**pas**tʃəməs] [形] 死後の

posthumously [**pas**tʃəməsli] [副] 死後に, 遺作として

postman [**poust**mən] [名] 郵便配達人

postmark [**poust**maːrk] [名] 消印, スタンプ [動] 消印を押す

postmaster [**poust**mæstər] [名] 郵便局長

post office [**poust** ɔːfəs] [名] 郵便局

post**pone** [poust**poun**] [動] 延期する

postscript [**poust**skript] [名] (手紙の)追伸, あと書き

postulate [**pas**tʃəleit] [名] 自明の理

posture [**pas**tʃər] [名] 姿勢, 状況, 心構え

post**war** [poust**wɔːr**] [形] 戦後の

pot [pat] [名] 小さな甕, 壺

potable [**pou**təbl] [形] 飲むに適した

po**tas**sium [pə**tæ**siəm] [名] ポタシウム (化学)

po**ta**to [pə**tei**tou] [名] ジャガイモ

po**ta**to chip [pə**tei**tou tʃip] [名] ポテトチップス

potent [**pou**tənt] [形] 強力な, 納得させる

potentate [**pou**tənteit] [名] 有力者, 支配者

po**ten**tial [pə**ten**ʃəl] [形] 潜在的な [名] 潜在力

potenti**a**lity [pətenʃi**æ**ləti] [名] 潜在力, 可能性

Po**to**mac [pə**tou**mək] [地] 米国の川

potter [**pa**tər] [名] 陶工, 陶芸家

pottery [**pa**təri] [名] 陶器, 陶器類

pouch [pautʃ] [名] 小袋 [動] ポケットに入れる

poultry [**poul**tri] [名] 家禽, 食用飼育鳥類

pounce [pauns] [名] 急襲 [動] 急に襲う

pound [paund] [名] ポンド(453.6g), イギリスの通貨単位

pour [pɔːr] [動] 注ぐ, こぼす, 降り注ぐ, 流れる

pout [paut] [動] 口を突き出す

poverty [**pa**vərti] [名] 窮乏, 貧困

powder [**pau**dər] [名] 粉, 粉末 [動] 製粉する

power [**pau**ər] [名] 力, 能力, 電力, 権力

power plant [**pau**ər plænt] [名] 発電所, 発電装置

powerful [**pau**ərfl] [形] 強い, 強力な

powerless [**pau**ərləs] [形] 無力な, 権力がない

practicable [**præk**tikəbl] [形] 実行可能な, 実用的な

practical [**præk**tikəl] [形] 実際の, 実際的な, 実用的な

practical **joke** [præktikəl **dʒouk**] [名] いたずら

practically [præktikəli] [副] 実際に, 事実上

practice [præktəs] [動] 実行する [名] 実行, 業務

practitioner [præktiʃənər] [名] 開業医, 開業弁護士

pragmatic [prægmætik] [形] 実用主義の, 実際的な

pragmatism [prægmətizm] [名] 実用主義

pragmatist [prægmətist] [名] 実用主義者

Prague [preig] [地] プラハ (チェコの首都)

prairie [preəri] [名] 大草原

praise [preiz] [動] 褒める [名] 賞賛, 崇拝

prance [præns] [動] 意気揚々と歩く

prank [præŋk] [名] いたずら, 冗談

prattle [prætl] [動] ぺちゃくちゃしゃべる

pray [prei] [動] 祈る, 祈願する

prayer [preər] [名] 祈り

prayer [preiər] [名] 祈る人, 嘆願者

preach [pri:tʃ] [名] 説教 [動] 説教する

preacher [pri:tʃər] [名] 説教者, 牧師

preaching [pri:tʃiŋ] [名] 説教

preamble [pri:æmbəl] [名] 序論, 前置き, 序文, 前文

precarious [prikeəriəs] [形] 不安定な, 危険な

precariously [prikeəriəsli] [副] 不安定に, 危険に

precaution [prikɔ:ʃən] [名] 注意, 警戒, 予防策

precede [prisi:d] [動] 先行する, 先立つ

precedence [presədəns] [名] 先行, 上位, 優先権

precedent [presədənt] [名] 先例 [形] 前の, 先行する

preceding [prisi:diŋ] [形] 以前の, 前の

precept [pri:sept] [名] 教え, 指示, 教訓

precinct [pri:siŋkt] [名] 行政区域, 管区, 選挙区, 境界

precious [preʃəs] [形] 高価な, 貴重な

preciously [preʃəsli] [副] (値段が) 高く

precipice [presəpəs] [名] 崖, 危機

precipitate [prisipəteit] [動] 催促する, 水蒸気を凝結させる

precipitation [prisipəteiʃən] [名] 投下, 促進, 降雨, 降雪

precipitous [prisipətəs] [形] 急な, 崖の

precise [prisais] [形] 精密な, 正確な

precisely [prisaisli] [副] 精密に, 間違いなく

precision [prisiʒən] [名] 正確, 精密, 精密さ

preclude [priklu:d] [動] 妨害する, 妨げる

precocious [prikouʃəs] [形] 早熟の, 発育が早い

precursor [prikə:rsər] [名] 先駆者

predatory [predətɔ:ri] [形] 略奪する

predecessor [predəsesər] [名] 前任者, 前のもの

predetermine [pri:ditə:rmən] [動] あらかじめ決める, 予定する

predicament [pridikəmənt] [名] 苦境, 窮地

predicate [predəkeit] [動] 断言する, 断定する

predicate [predikət] [名] 述部, 述語

predicative [predəkeitiv] [名] 述詞 [形] 叙述的な

predict [pridikt] [動] 予言する, 予報する

prediction [pridikʃən] [名] 予言, 予報

predilection [predəlekʃən] [名] 偏愛

predispose [pri:dispouz] [動] なりやすくする

predisposition [pri:dispəziʃən] [名] 傾向, 性質

predominance [pridamənəns] [名] 卓越, 優勢

predominant [pridamənənt] [形] 優れた, 優勢な, 主な

predominantly [pridamənəntli] [副] 見事に, 優勢に

predominate [pridaməneit] [動] 優勢である

preeminent [pri:emənənt] [形] 卓越した, 抜群の, 顕著な

preeminently [pri:emənəntli] [副] 卓越に

preempt [pri:empt] [動] 先買権によって獲得する

preface [prefəs] [名] 序文, 巻頭言 [動] 序文を書く

prefecture [pri:fektʃər] [名] 県

prefer [prifə:r] [動] ~の方を好む

preferable [prefərəbl] [形] より良い, より望ましい

preferably [prefərəbli] [副] むしろ, 楽しんで

preference [prefərəns] [名] ひいき, 選り好み

prefix [pri:fiks] [名] 接頭辞

pregnancy [pregnənsi] [名] 妊娠, 充満

pregnant [pregnənt] [形] 妊娠した, 満ちた, 豊かな

prehistoric [pri:histɔ:rik] [形] 有史以前の, 先史時代の

prejudice [predʒədəs] [名] 偏見, 先入観

prejudiced [predʒədəst] [形] 偏見のある, 不公平な

prelate [prelət] [名] 高位聖職者

preliminary [priliməneri] [形] 予備の [名] 準備, 予備行為

prelude [prelyu:d] [名] 序幕, 前奏曲

premature [pri:mətyuər] [形] 時期尚早の, 早急な, あまりにも早い

premeditate [pri:medəteit] [動] 事前に考える, 事前に計画する

premeditated [pri:medəteitəd] [形] 事前に計画された

premier [primiər] [名] 首相, 総理大臣 [形] 最初の

premise [preməs] [名] 前提, 不動産

premises [preməsiz] [名] 財産, 不動産, 邸宅

premium [pri:miəm] [名] 賞, プレミアム, 保険料

premonition [pri:məniʃən] [名] 事前の警告, 予告

preoccupation [pri:akyəpeiʃən] [名] 先取, 没頭, 関心事

preoccupied [pri:akyəpaid] [形] 先取りした, 没頭した

preoccupy [pri:akyəpai] [動] 先取りする, 没頭する

prepaid [pri:peid] [形] 前払いの

preparation [prepəreiʃən] [名] 準備

preparatory [pripeərətɔ:ri] [形] 予備の, 進学準備の, 前置きの

prepare [pripeər] [動] 準備する, 備える

prepared [pripeərd] [形] 準備されている, 覚悟している

prepay [pri:pei] [動] 前払いする
preponderance [pripandərəns] [名] 優勢, 優越
preponderant [pripandərənt] [形] 優れた, 優勢な, 主な
preponderate [pripandəreit] [動] 優勢である
preposition [prepəziʃən] [名] 前置詞
prepossess [pri:pəzes] [動] 先入観を持つようにする
preposterous [pripastrəs] [形] とんでもない, 非常識な
prerogative [priragətiv] [名] 特権, 特典 [形] 特権の
presage [presidʒ] [動] 前兆となる
Presbyterian [prezbətiəriən] [名] 長老教会 [形] 長老教会の
prescribe [priskraib] [動] 規定する, 指示する, 処方する
prescription [priskripʃən] [名] 処方, 処方箋, 時効
presence [prezns] [名] 存在, 出席
present [preznt] [名] 贈り物 [形] 今の, 贈り物
present [prizent] [動] 贈る, 贈呈(提出, 紹介)する
presentation [prezntei ʃən] [名] 提出, 贈呈, 紹介
present-day [preznt dei] [形] 現代の
presentiment [prizentəmənt] [名] 悪い予感
presently [prezntli] [副] すぐに, 今
preservation [prezərveiʃən] [名] 保存, 保護
preservative [prizə:rvətiv] [名] 防腐剤
preserve [prizə:rv] [動] 保存する [名] びん (かん) 詰
preside [prizaid] [動] 司会を務める, 管掌する
presidency [prezədənsi] [名] 大統領の地位
president [prezədənt] [名] 大統領, 社長, 総長
presidential [prezədenʃəl] [形] 大統領の
press [pres] [動] 押す [名] 押し, 報道機関
pressing [presiŋ] [形] 緊急な, 切迫した
pressure [preʃər] [名] 圧力, 圧縮 [動] 圧力を加える
prestige [presti:ʒ] [名] 名声, 威信
prestigious [prestidʒəs] [形] 名声がある
presumably [prizu:məbli] [副] おそらく
presume [prizu:m] [動] 推定する, 仮定する
presumption [prizʌmpʃən] [名] 推定, 仮定
presumptuous [prizʌmptʃuəs] [形] ずうずうしい, 生意気な
presuppose [pri:səpouz] [動] あらかじめ推定する, 前提とする
pretend [pritend] [動] ふりをする, だます
pretense [pritens] [名] 見せかけ, 偽装, 口実, 虚勢
pretension [pritenʃən] [名] 要求, 要求する権利, 自負
pretentious [pritenʃəs] [形] 自負した, 横柄な
pretext [pri:tekst] [名] 口実, 言い訳
prettify [pritəfai] [動] きれいにする
prettily [pritəli] [副] かわいらしく, きれいに
pretty [priti] [形] きれいな, 素敵な [副] かなり
pretzel [pretsəl] [名] プレッツエル (ビスケット)
prevail [priveil] [動] 優勢である, 広く普及する
prevailing [priveiliŋ] [形] 優勢な, 広く普及している
prevalence [prevələns] [名] 普及, 流行, 優勢
prevalent [prevələnt] [形] 普及した, 広く行われている
prevaricate [priværəkeit] [動] 言いまぎらす, ごまかす
prevent [privent] [動] 防ぐ, 予防する
prevention [privenʃən] [名] 防止, 予防
preventive [priventiv] [名] 予防法 [形] 予防の
preview [pri:vyu:] [名] 予備調査, 試演 [動] 試演を見る
previous [pri:viəs] [形] 前の, 以前の
previously [pri:viəsli] [副] 前には, 事前に
prewar [pri:wɔ:r] [形] 戦前の
prey [prei] [名] 餌 [動] 捕って食う
price [prais] [名] 価格, 値段, 対価 [動] 値段をつける
priceless [praisləs] [形] 非常に貴重な, 金では買えない
price list [prais list] [名] 定価表
price tag [prais tæg] [名] 値札, 正札
prick [prik] [名] 刺すこと, 鋭い痛み [動] 刺す
pride [praid] [名] 誇り, 自尊心
priest [pri:st] [名] 聖職者, 牧師
prim [prim] [形] 堅苦しい
primal [praiməl] [形] 最初の, 最も重要な
primarily [praimeərəli] [副] 主に, 最初に, 本来
primary [praimeəri] [形] 第一位の, 最初の, 初等の
primary school [praimeəri sku:l] [名] 小学校
prime [praim] [形] 最重要な [名] 全盛期 , 最初
prime minister [praim minəstər] [名] 国務総理, 首相
primer [primər] [名] 入門書, 案内書
primitive [primətiv] [形] 原始の, 原始的な, 野蛮の
primrose [primrouz] [名] サクラソウ (花), 淡黄色
prince [prins] [名] 王子
princely [prinsli] [形] 君主のような, 気高い, 華やかな
princess [prinses] [名] 姫
principal [prinsəpəl] [名] 校長, 元金 [形] 主要な
principle [prinsəpəl] [名] 原理, 原則
print [print] [動] 印刷する [名] 印刷
printer [printər] [名] プリンター, 印刷機, 印刷屋
printing [printiŋ] [名] 印刷, 印刷術
prior [praiər] [形] 前の [副] ~より前に
priority [praiɔ:rəti] [名] 優先, 優先権
prism [prizm] [名] プリズム, 分光
prison [prizn] [名] 監獄, 刑務所
prisoner [priznər] [名] 囚人, 捕虜
pristine [pristi:n] [形] 元の, 純粋な
privacy [praivəsi] [名] 隠居, 隠遁, 私生活, 秘密

private [praivət] [形] 私的な, 個人的な [名] 兵士
privation [praiveiʃən] [名] 貧困, 欠乏
privilege [privəlidʒ] [名] 特権, 特典
privileged [privəlidʒd] [形] 特権がある
privy [privi] [名] 屋外便所 [形] ひそかに関与する
prize [praiz] [名] 商品, 景品
pro [prou] [名] 賛成者, 専門家 [副] 賛成して
probability [prabəbiləti] [名] 見込み, 確率
probable [prabəbl] [形] ありそうな
probably [prabəbli] [副] おそらく
probation [proubeiʃən] [名] 審査, 修習期間, 執行猶予
probe [proub] [名] 試験, 試み [動] 厳密に調査する
problem [prabləm] [名] 問題 [形] 問題の
problematic [prabləmætik] [形] 問題の, 疑問の
procedure [prəsi:dʒər] [名] 順序, 手続き
proceed [prousi:d] [動] 進む, 続く
proceedings [prousi:diŋz] [名] 議事録, 訴訟手続き
proceeds [prousi:dz] [名] 結果, 収益
process [prases] [名] 進行, 過程 [動] 処理する
procession [prəseʃən] [名] 行進, 行列
proclaim [prəkleim] [動] 宣言する, 公布する
proclamation [prakləmeiʃən] [名] 宣言, 公布, 声明書
procrastinate [prəkræstəneit] [動] ぐずぐずする, 引き延ばす
procrastination [prəkræstəneiʃən] [名] 遅延, 延期,ぐずぐずする癖
procreate [proukrieit] [動] 子を産む
proctor [praktər] [名] 学生監, 試験監督, 代理人
procure [prəkyuər] [動] 獲得する, 調達する
procurement [prəkyuərmənt] [名] 取得, 調達, 達成
prod [prad] [動] 突く, 突き刺す
prodigal [pradigəl] [名] 浪費者 [形] 浪費する, 放蕩な
prodigious [prədidʒəs] [形] 莫大な, 驚くべき
prodigy [pradədʒi] [名] 天才, 神童, 驚異
produce [prədyu:s] [動] 産出 (生産, 製作) する
producer [prədyu:sər] [名] 生産者, 製作者
product [pradəkt] [名] 産物, 生産品
production [prədʌkʃən] [名] 生産, 生産量, 作品
productive [prədʌktiv] [形] 生産的な, 肥沃な
productivity [proudəktivəti] [名] 生産性, 生産力
profane [proufein] [形] 不敬な [動] 冒涜する
profanity [proufænəti] [名] 不敬, 冒涜
profess [prəfes] [動] 公言する, 宣言する
profession [prəfeʃən] [名] 職業, 公言
professional [prəfeʃənəl] [形] 職業の, 専門の [名] 専門家
professionalism [prəfeʃənəlizm] [名] 専門家気質, 専門技術
professionally [prəfeʃənəli] [副] 専門的に, 職業上

professor [prəfesər] [名] 教授
proffer [prafər] [名] 提供, 贈呈 [動] 提供する
proficiency [prəfiʃənsi] [名] 熟練, たん能
proficient [prəfiʃənt] [名] 達人 [形] 熟練した
proficiently [prəfiʃəntli] [副] 上手に
profile [proufail] [名] 輪郭, 側面図, 人物紹介
profit [prafət] [名] 利益 [動] ~の利益になる
profitable [prafətəbl] [形] 有利な, 利益が多い
profligate [prafligət] [形] 過度に浪費する
profound [prəfaund] [形] 深い, 深奥な [名] 深淵
profoundly [prəfaundli] [副] 深く, 切に
profuse [prəfyu:s] [形] 惜しまない, 豊かな
profusion [prəfyu:ʒən] [名] 豊富, 贅沢, 浪費
progeny [pradʒəni] [名] 子, 子孫, 後継者
prognosis [pragnousəs] [名] 病気の経過, 予言
program [prougræm] [名] プログラム [動] 計画する
programmer [prougræmər] [名] プロ製作者, プログラマー
progress [pragres] [名] 前進, 進歩
progress [prəgres] [動] 前進する, 進歩する
progression [prəgreʃən] [名] 前進, 進行, 進歩
progressive [prəgresiv] [形] 前進する, 進歩的な
progressively [prəgresivli] [副] 進歩的に
prohibit [prouhibət] [動] 禁止する
prohibition [prouəbiʃən] [名] 禁止
project [prədʒekt] [動] 考案する, 投射する
project [pradʒekt] [名] 計画, 計画事業
projectile [prədʒektl] [名] 発射物, 投射物
projection [prədʒekʃən] [名] 発射, 投射, 突出, 投影, 推定
projector [prədʒektər] [名] 企画者, 投射機, 放射器, 映写機
proletarian [proulətearian] [名] プロレタリア [形] 労働者階級の
proletariat [proulətearìət] [名] プロレタリア (労働者) 階級
proliferate [prəlifəreit] [動] 増殖する
prolific [prəlifik] [形] 多産の, 多作の, 肥沃な
prologue [proulɔ:g] [名] 序幕, 序文, 序言 [動] 序言を語る
prolong [prəlɔ:ŋ] [動] 延長する, 延期する
promenade [praməneid] [名] 散歩, 散歩道 [動] 散歩する
prominence [pramənəns] [名] 突出, 隆起, 卓越
prominent [pramənənt] [形] 顕著な, 著名な
promiscuous [prəmiskyuəs] [形] 乱雑な, 無差別な
promiscuously [prəmiskyuəsli] [副] 乱れて, 乱雑に
promise [praməs] [動] 約束する [名] 約束, 有望性
promising [praməsiŋ] [形] 有望な
promote [prəmout] [動] 促進させる, 昇進させる
promoter [prəmoutər] [名] 発起人, 提唱者, 促進者, 促進物
promotion [prəmouʃən] [名] 促進, 昇進, 進級

prompt [prampt] [形] 迅速な [動] 刺激する
promptly [**prampt**li] [副] 速やかに, その場で
promulgate [**pra**məlgeit] [動] 宣言する, 宣布する
prone [proun] [形] しやすい, うつ向きの, 下り坂の
prong [prɔ:ŋ] [名] 尖った先端 [動] 刺す
pronoun [**prou**naun] [名] 代名詞
pro**nounce** [prə**nauns**] [動] 発音する, 宣言する
pro**nounced** [prə**naunst**] [形] はっきりした, 顕著な
pro**nounce**ment [prə**nauns**mənt] [名] 公告, 宣言, 判決
pronunci**ation** [prənənsi**eiʃ**ən] [名] 発音
proof [pru:f] [名] 証明, 証拠
proofread [**pru:f**ri:d] [動] 校正する
proofreader [**pru:f**ri:dər] [名] 校正係
prop [prap] [名] 支え, 支柱 [動] 支える
propa**gan**da [prapə**gæn**də] [名] 宣伝
propa**gan**dize [prapə**gæn**daiz] [動] 宣伝する, 布教する
propagate [**pra**pəgeit] [動] 繁殖する, 普及する
propa**ga**tion [prapə**gei**ʃən] [名] 繁殖, 宣伝, 普及
pro**pel** [prə**pel**] [動] 推進する, 促す
pro**pel**ler [prə**pel**ər] [名] プロペラ, 推進機
pro**pen**sity [prə**pen**səti] [名] 傾向, 性向
proper [**pra**pər] [形] 適当な, 正しい, 固有の
properly [**pra**pərli] [副] 当然, まっすぐに, 適当に
property [**pra**pəti] [名] 財産, 所有物, 所有権
prophecy [**pra**fəsi] [名] 予言
prophesy [**pra**fəsai] [動] 予言する
prophet [**pra**fət] [名] 予言者
pro**phe**tic [prə**fe**tik] [形] 予言の, 予言的な
pro**pi**tious [prə**piʃ**əs] [形] 都合のよい, きげんのよい
pro**po**nent [prə**pou**nənt] [名] 提案者, 発議者
pro**por**tion [prə**pɔ:r**ʃən] [名] 比率, 均衡, 分け前
pro**por**tional [prə**pɔ:r**ʃənəl] [名] 比例数 [形] バランスのとれた, 比例する
pro**por**tionate [prə**pɔ:r**ʃənət] [形] 釣合った [動] つり合わせる
pro**po**sal [prə**pou**zəl] [名] 提案, 求婚, プロポーズ
pro**pose** [prə**pouz**] [動] 提案する, 求婚する
propo**si**tion [prapə**zi**ʃən] [名] 提案, 陳述
pro**pound** [prə**paund**] [動] 発表する, 提案する
pro**pri**etary [prə**prai**əteri] [形] 独占的な, 所有の
pro**pri**etor [prə**prai**ətər] [名] 所有者, 経営者
pro**pri**ety [prə**prai**əti] [名] 礼儀, 妥当
pro**sa**ic [pro**zei**ik] [形] 平凡な, 散文の
pro**scribe** [prou**skraib**] [動] 禁止する, 排斥する
prose [prouz] [名] 散文 [形] 散文の
prosecute [**pra**səkyu:t] [動] 起訴する, 告訴する, 遂行する
prose**cu**tion [prasi**kyu:**ʃən] [名] 起訴, 告訴, 告発
prosecutor [**pra**səkyu:tər] [名] 起訴者, 告発者, 検事
proselytize [**pra**sələtaiz] [動] 改宗する, 転向する
prospect [**pra**spekt] [名] 展望, 可能性 [動] 踏査する
pro**spec**tive [prə**spek**tiv] [形] 将来の, 有望な
prosper [**pras**pər] [動] 繁栄する
pros**per**ity [pras**peə**rəti] [名] 繁栄
prosperous [**pras**pərəs] [形] 繁栄する, 富裕な
prosperously [**pras**pərəsli] [副] 繁栄して, 順調に
prostate [**pras**teit] [名] 前立腺 [形] 前立腺の
prostitute [**pras**tətyu:t] [名] 売春婦 [動] 売春する
prosti**tu**tion [prastə**tyu:**ʃən] [名] 売春, 堕落
prostrate [**pras**treit] [動] ひれ伏す [形] 倒れた
pros**tra**tion [pras**trei**ʃən] [名] 身を伏せること, 屈服
pro**ta**gonist [prou**tæ**gənist] [名] 主役, 主人公, 主唱者
pro**tect** [prə**tekt**] [動] 保護する, 防ぐ
pro**tec**tion [prə**tek**ʃən] [名] 保護, 後援
pro**tec**tionism [prə**tek**ʃənizm] [名] 保護貿易主義
pro**tec**tionist [prə**tek**ʃənist] [名] 保護貿易主義者
pro**tec**tive [prə**tek**tiv] [形] 保護する
pro**tec**tor [prə**tek**tər] [名] 保護者, 保護装置
protégé [**prou**təʒei] [名] 被保護者
protein [**prou**ti:n] [名] 蛋白質
pro**test** [prou**test**] [動] 抗議する
protest [**prou**test] [名] 抗議
Protestant [**pra**təstənt] [形] プロテスタントの, 新教の
protocol [**prou**təkɔ:l] [名] 外交儀礼, 議定書
pro**tract** [prou**trækt**] [動] 延長する
pro**trac**tion [pro**træk**ʃən] [名] 延長, 長引かすこと
pro**trude** [prou**tru:d**] [動] 突き出る
pro**tu**berance [prou**tyu:**bərəns] [名] 突出, 隆起
proud [praud] [形] 自慢にする, 高慢な
proudly [**praud**li] [副] 誇らしげに, 得意気に
prove [pru:v] [動] 証明する, 立証する
proved [pru:vd] [動] prove (証明する) の過去形
proven [**pru:**vən] [動] prove (証明する) の過去分詞形
proverb [**pra**və:rb] [名] ことわざ, 格言
pro**ver**bial [prə**və:r**biəl] [形] ことわざの, ことわざで表現された
pro**vide** [prə**vaid**] [動] 与える, 供給する, 規定する
pro**vi**ded [prə**vai**dəd] [接] ~を条件に [形] 用意された, 予備の
providence [**pra**vədəns] [名] 摂理, 先見の明
provident [**pra**vədənt] [形] 先見の明の, 質素な
province [**pra**vəns] [名] 地方, 州, 省
pro**vin**cial [prə**vin**ʃəl] [形] 州の, 地方の, 視野が狭い
pro**vi**sion [prə**vi**ʒən] [名] 予備, 準備, 供給, 条項
pro**vi**sional [prə**vi**ʒənəl] [形] 一時的な, 暫定的な, 臨時の

provocation [pravəkeiʃən] [名] 挑発, 刺激, 怒り

provocative [prəvakətiv] [名] 刺激物 [形] 挑発する

provoke [prəvouk] [動] 挑発する, 扇動する

prow [prau] [名] 船首, 機首

prowess [prauəs] [名] 勇気, 偉業

prowl [praul] [名] 徘徊 [動] 徘徊する

proximity [praksiməti] [名] 近接

proxy [praksi] [名] 代理権, 代理人, 代理委任状

prudence [pru:dəns] [名] 思慮, 分別, 倹約

prudent [pru:dənt] [形] 分別のある, 慎重な

prune [pru:n] [名] 干したプラム [動] 刈込む

prurient [pruəriənt] [形] 色欲をそそる

pry [prai] [動] 掘る, せんさくする, のぞく

psalm [sa:m] [名] 賛美歌, 詩篇

pseudonym [su:dənim] [名] 仮名, 匿名, 筆名

psyche [saiki] [名] 魂, 精神

psychiatrist [saikaiətrist] [名] 精神医学者

psychiatry [saikaiətri] [名] 精神医学 (学問)

psychoanalysis [saikouənæləsəs] [名] 精神分析学 (学問)

psychoanalyst [saikouænəlist] [名] 精神分析学者

psychoanalyze [saikouænəlaiz] [動] 精神分析する

psychological [saikəladʒikəl] [形] 心理的な, 心理学的な

psychologically [saikəladʒikəli] [副] 心理的に

psychologist [saikalədʒist] [名] 心理学者

psychology [saikalədʒi] [名] 心理学, 心理

puberty [pyu:bərti] [名] 思春期, 青春期

pubic [pyu:bik] [形] 陰部の

public [pʌblik] [名] 大衆 [形] 公共の, 公開の

publication [pəbləkeiʃən] [名] 発表, 出版

publicity [pəblisəti] [名] 周知, 公表, 宣伝

publicize [pʌbləsaiz] [動] 公表する, 発表する

public opinion [pəblik əpinyən] [名] 世論

public relations [pəblik rileiʃənz] [名] 広報, 渉外

public school [pəblik sku:l] [名] 公立小学校・中学校

public utility [pəblik yu:tiləti] [名] 公共事業

publish [pʌbliʃ] [動] 発表 (公表, 出版) する

publisher [pʌbliʃər] [名] 出版者, 発行者

pudding [pudiŋ] [名] プリン

puff [pʌf] [名] ぷっと吹くこと [動] ぷっと吹く

pug [pʌg] [名] パグ (犬)

pull [pul] [動] 引く, 破る [名] 引くこと

pulley [puli] [名] 滑車

pulp [pʌlp] [名] パルプ (製紙)

pulpit [pulpit] [名] 説教壇, 説教

pulsate [pʌlseit] [動] 脈打つ, 鼓動する

pulse [pʌls] [名] 脈拍, 鼓動 [動] 脈打つ

pumice [pʌməs] [名] 軽石 [動] 軽石でみがく

pummel [pʌməl] [動] 拳で乱打する

pump [pʌmp] [名] ポンプ, 揚水器

pumpkin [pʌmpkən] [名] カボチャ

pun [pʌn] [名] だじゃれ [動] しゃれを言う

punch [pʌntʃ] [名] 穴を開ける器具 [動] 穴を開ける

punctilious [pʌŋktiliəs] [形] 几帳面な

punctual [pʌŋktʃuəl] [形] 時間(期限)を厳守する

punctuate [pʌŋktʃueit] [動] 句読点をつける, 強調する

punctuation [pəŋktʃueiʃən] [名] 句読点をつけること, 句読点

puncture [pʌŋktʃər] [名] 刺すこと [動] 穴を開ける

pundit [pʌndət] [名] 専門家, 権威者

pungent [pʌndʒənt] [形] 辛辣な

pungently [pʌndʒəntli] [副] 辛らつに

punish [pʌniʃ] [動] 罰する, 戒める

punishment [pʌniʃmənt] [名] 罰, 刑罰

punitive [pyu:nətiv] [形] 刑罰の, 懲罰の, 報復の

puny [pyu:ni] [形] 微弱な, ちっぽけな

pup [pʌp] [名] 子犬 [動] 子を産む

pupil [pyu:pəl] [名] 生徒, 学生

puppet [pʌpət] [名] 操り人形, 人の手先, 傀儡

puppeteer [pəpətiər] [名] 操り人形師

puppy [pʌpi] [名] 子犬

purblind [pə:rblaind] [形] 半盲の, 愚鈍な

purchase [pə:rtʃəs] [名] 購入, 購入品 [動] 買う

purchaser [pə:rtʃəsər] [名] 買い手, 購買者

pure [pyuər] [形] 純粋な, 純潔な

purely [pyuərli] [副] 純粋に, 清らかに

purge [pə:rdʒ] [名] 浄化, 追放 [動] 浄化する

purification [pyərəfəkeiʃən] [名] 浄化

purify [pyuərəfai] [動] 浄化する

puritan [pyuərətən] [名] 清教徒, ピューリタン

puritanical [pyuərətænikəl] [形] 清教徒的な, 非常に厳しい

purity [pyuərəti] [名] 清潔, 純度, 清廉

purple [pə:rpəl] [形] 紫の [名] 紫色, 紫

purported [pə:rpɔ:rtəd] [形] 噂になった, 主張する

purpose [pə:rpəs] [名] 目的, 意図 [動] 意図する

purposely [pə:rpəsli] [副] 故意に, わざと

purr [pə:r] [動] のどを鳴らす

purse [pə:rs] [名] 財布, ハンドバッグ

pursuant [pərsu:ənt] [形] ~に従う [副] ~に応じて

pursue [pərsu:] [動] 後を追う, 追求する

pursuer [pərsu:ər] [名] 追跡者, 追求者

pursuit [pərsu:t] [名] 追跡, 追求

pus [pʌs] [名] 膿

Pusan [pu:san] [地] 釜山 (韓国の都市)

push [puʃ] [動] 押す [名] 押すこと, 圧迫

pussy [pusi] [名] 小猫ちゃん (動物)

put [put] [動] 置く, 向ける

putative [pyu:tətiv] [形] 推定上の, うわさされている

puzzle [pʌzəl] [名] 謎 [動] 当惑させる

puzzling [pʌzliŋ] [形] 困惑させる, 混乱させる

Pygmy [pigmi] [名] 小人族 (ギリシャ神話)

pyramid [pirəmid] [名] ピラミッド, 金字塔

Q

Qatar [**ka**tər] [地] カタール (中東諸国)
quack [kwæk] [名] にせ医者
qua**dru**ple [kwa**dru:**pəl] [名] 4 倍数 [形] 4 倍の [動] 4 倍になる
quail [kweil] [名] ウズラ
quaint [kweint] [形] 奇妙な, 珍しい
quake [kweik] [名] 震え [動] 震える
Quaker [**kwei**kər] [名] クエーカー教 (イギリス)
qualifi**ca**tion [kwaləfə**kei**ʃən] [名] 資格, 免許証, 条件
qualified [**kwa**ləfaid] [形] 資格のある, 適任の, 限られた
qualify [**kwa**ləfai] [動] 資格を与える
qualitative [**kwa**ləteitiv] [形] 質的な
quality [**kwa**ləti] [名] 質, 品質, 性質, 特色
qualm [kwam] [名] 良心の呵責, 心配
quandary [**kwan**dri] [名] 当惑, 困惑, 窮地
quantitative [**kwan**təteitiv] [形] 量的な
quantity [**kwan**təti] [名] 量, 数量, 多量
quarantine [**kwɔ:r**ənti:n] [名] 隔離, 交通遮断 [動] 隔離する
quarrel [**kwɔ:r**əl] [名] 戦い, 口論
quarrelsome [**kwɔ:r**əlsəm] [形] 戦い(口論)が好きな
quarry [**kwɔ:r**i] [名] 採石場 [動] 採石する
quart [kwɔ:rt] [名] クォート (1/4 gallon)
quarter [**kwɔ:r**tər] [名] 四分の一
quarterly [**kwɔ:r**tərli] [形] 年四回の [副] 季節ごとに [名] 季刊誌
quar**tet** [kwɔ:r**tet**] [名] 4 人組, 4 つ組, 4 重唱
quartz [kwɔ:rts] [名] 石英, 水晶
quasi [**kwei**zai] [形] 近い,類似した [副] ほぼ
quaver [**kwei**vər] [動] 声が震える
quay [ki:] [名] 埠頭, 波止場
queasy [**kwi:**zi] [形] 気に障る, むかつく
Que**bec** [kwə**bek**] [地] ケベック (カナダの州)
queen [kwi:n] [名] 女王
queer [kwiər] [形] 変な, 怪しい, 気持ちが悪い
queerly [**kwiə**rli] [副] 珍しく, 奇妙に
quell [kwel] [動] 鎮圧する, しずめる
quench [kwentʃ] [動] 火を消す, 渇きを癒す
querulous [**kwe**rələs] [形] 不満の多い
query [**kwiə**ri] [名] 質問, 疑い [動] 質問する, 疑う
quest [kwest] [名] 探索, 探究
question [**kwes**tʃən] [名] 質問, 問題
questionable [**kwes**tʃənəbl] [形] 疑わしい, 怪しい
questionnaire [**kwes**tʃəneər] [名] 質問書, アンケート
queue [kyu:] [名] 列 [動] 列を作る
quibble [**kwi**bəl] [名] 言いのがれ, 言い訳 [動] ごまかす,はぐらかす

quick [kwik] [形] 速い, 即刻的な, 賢い
quicken [**kwi**kən] [動] 早める, 早くなる
quickly [**kwik**li] [副] 迅速に
qui**e**scent [kwai**e**snt] [形] 停止した, 休憩中の
quiet [**kwai**ət] [形] 静かな, 穏やかな
quietly [**kwai**ətli] [副] 静かに, ひっそりと
quill [kwil] [名] 大羽根, つまようじ
quilt [kwilt] [名] 掛けぶとん, キルト [動] 刺し子に縫い合わす
quilted [**kwil**təd] [形] キルト風の
quintes**sen**tial [kwintə**sen**ʃəl] [形] 典型的な
quin**tet** [kwin**tet**] [名] 5 重奏曲, 5 重奏団
quit [kwit] [動] やめる, 去る
quite [kwait] [副] 完全に, 非常に
quiver [**kwi**vər] [名] 震え, 振動 [動] 震える
quix**o**tic [kwik**sa**tik] [形] 理想主義的な
quiz [kwiz] [名] クイズ, 簡単なテスト
quizzical [**kwi**zikəl] [形] 奇妙な, からかうような
quota [**kwou**tə] [名] 分け前, 割り当て, 持ち分
quo**ta**tion [kwou**tei**ʃən] [名] 引用, 引用句
quote [kwout] [動] 引用する, 見積る
quo**ti**dian [kwou**ti**diən] [形] 毎日の, 平凡な

R

rabbit [**ræ**bət] [名] 飼いウサギ

rabble [**ræ**bəl] [名] 烏合の衆

rabies [**rei**bi:z] [名] 狂犬病

race [reis] [名] 競走, 人種 [動] 競走する

racetrack [**rei**stræk] [名] 競馬場, 競走路

Rachel [**rei**tʃəl] [人] レイチェル (女の名前)

racial [**rei**ʃəl] [形] 人種(民族)の, 人種差別的な

racially [**rei**ʃəli] [副] 人種的に, 人種上

racing [**rei**siŋ] [名] 競走, 競馬 [形] 競走用の, 競走の

racism [**rei**sizm] [名] 人種差別

racist [**rei**sist] [名] 民族主義者, 人種差別主義者

rack [ræk] [名] 棚, 帽子掛け [動] 棚にかける

racket [**ræ**kət] [名] ラケット, 騒ぎ

radar [**rei**da:r] [名] レーダー, 電波探知機

radial [**rei**diəl] [名] 放射部 [形] 放射状の, 輻射の

radiance [**rei**diəns] [名] 輝き

radiant [**rei**diənt] [形] 光る, 明るい

radiate [**rei**dieit] [動] (光, 熱を)発する, 輻射する

radiation [reidi**ei**ʃən] [名] 輻射, 放射, 放射線

radiator [**rei**dieitər] [名] 放熱器, ラジエーター, 冷却器

radical [**ræ**dikəl] [形] 過激な, 根本的な [名] 過激派

radically [**ræ**dikəli] [副] 根本的に, 急進的に

radio [**rei**diou] [名] ラジオ, 無線通信

radioactive [reidiou**æk**tiv] [形] 放射能の

radish [**ræ**diʃ] [名] ダイコン (植物)

radium [**rei**diəm] [名] ラジウム

radius [**rei**diəs] [名] 半径, 活動範囲

raft [ræft] [名] いかだ [動] いかだで運ぶ

rafter [**ræf**tər] [名] いかだ乗り

rag [ræg] [名] ぼろきれ

rage [reidʒ] [名] 激怒 [動] 激怒する

ragged [**ræ**gəd] [形] ぼろの, 荒い

raid [reid] [名] 襲撃, 現場急襲 [動] 急襲する

rail [reil] [名] 手すり, レール, 線路

railing [**rei**liŋ] [名] レール, 手すり, 悪口 [形] 悪口の

railroad [**rei**lroud] [名] 鉄道, 線路

railroad station [**rei**lroud steiʃən] [名] 鉄道駅

railway [**rei**lwei] [名] 鉄道

rain [rein] [名] 雨 [動] 雨が降る

rainbow [**rein**bou] [名] 虹

raincoat [**rein**kout] [名] 雨着

raindrop [**rein**drap] [名] 雨粒

rainfall [**rein**fɔ:l] [名] 降雨, 降雨量

rain forest [**rein** fɔ:rəst] [名] 熱帯雨林

rainy [**rei**ni] [形] 雨の, 雨天の

raise [reiz] [動] 上げる, 募金する [名] 昇給

raised [reizd] [形] 高くした, 持ち上がった, 浮き出しの

raisin [**rei**zn] [名] 干しブドウ

rake [reik] [名] 熊手

rally [**ræ**li] [名] 集会 [動] 糾合する, 集まる

ram [ræm] [名] 雄ヒツジ [動] 激突する

ramble [**ræm**bəl] [名] 散歩 [動] 散歩する

ramification [ræməfə**kei**ʃən] [名] 分岐, 分派

ramp [ræmp] [名] 高速道路進入路, 傾斜路

rampage [**ræm**peidʒ] [名] 乱暴な行為 [動] 狂乱する

rampant [**ræm**pənt] [形] 猛烈な, 激怒した, 蔓延する

rampart [**ræm**pa:rt] [名] 城壁 [動] 城壁で防護する

ramshackle [**ræm**ʃækəl] [形] がたがたの, 倒れそうな

ran [ræn] [動] run (走る) の過去形

ranch [ræntʃ] [名] 大牧場 [動] 牧場を経営する

rancid [**ræn**səd] [形] いやなにおいのする

rancor [**ræŋ**kər] [名] 怨恨, 憎しみ

random [**ræn**dəm] [形] 無作為の, 手当たり次第の

randomly [**ræn**dəmli] [副] 任意に

rang [ræŋ] [動] ring (鐘が鳴る) の過去形

range [reindʒ] [名] 列, 山脈, 範囲 [動] 配置する

ranger [**rein**dʒər] [名] 放浪者, パトロール隊員, 遊撃隊員

rank [ræŋk] [名] 列, 地位 [動] 整列させる

ransack [**ræn**sæk] [動] くまなく捜す, 略奪する

ransom [**ræn**səm] [名] 身代金, 賠償金

rant [rænt] [名] 大言壮語 [動] 大声で言う, 大言壮語する

rap [ræp] [名] こつんとたたくこと [動] こつんとたたく

rapacious [rə**pei**ʃəs] [形] 貪欲な

rape [reip] [名] 強姦, 暴行 [動] 強姦する

rapid [**ræ**pəd] [形] 迅速な [名] 急流, 高速列車

rapidity [rə**pi**dəti] [名] 急速, 敏捷

rapidly [**ræ**pədli] [副] 迅速に

rapport [ræ**pɔ:r**] [名] 親密な関係, ラポール

rapt [ræpt] [形] 没頭している, うっとりした

rapture [**ræp**tʃər] [名] 歓喜, 大喜び

rare [reər] [形] 珍しい, 珍奇な, 生煮えの

rarefied [**reə**rəfaid] [形] えり抜きの

rarely [**reə**rli] [副] まれに

rascal [**ræs**kəl] [名] 悪党, 不良

rash [ræʃ] [形] 向う見ずの [名] 発疹

raspberry [**ræz**beri] [名] ラズベリー, 暗い赤紫色

rat [ræt] [名] ネズミ

rate [reit] [名] 率, 比率, 速度, 料金

rather [ræðər] [副] むしろ

ratification [rætəfəkeiʃən] [名] 批准, 承認

ratify [rætəfai] [動] (条約を)批准(承認)する

ratio [reiʃou] [名] 率, 比率

ratiocination [rætiousəneiʃən] [名] 論理的な推論

ration [ræʃən] [名] (食料の)配給 [動] 配給する

rational [ræʃənəl] [形] 理性的な

rationale [ræʃənæl] [名] 理論的解釈, 理論的根拠

rationalize [ræʃənəlaiz] [動] 合理化する

rattle [rætl] [名] ガタガタする音

rattlesnake [rætlsneik] [名] ガラガラヘビ (動物)

raucous [rɔ:kəs] 形] しわがれ声の, 耳ざわりな

ravage [rævidʒ] [名] 破壊行為 [動] 破壊する

rave [reiv] [動] 激怒する, わめき立てる

raven [reivən] [名] 大形のカラス (鳥), 略奪

ravine [rəvi:n] [名] 渓谷, 谷間

ravish [ræviʃ] [動] うっとりさせる, 強姦する

raw [rɔ:] [形] 生の, 加工していない

ray [rei] [名] 光線, 光

rayon [reian] [名] レーヨン (人造絹糸)

raze [reiz] [動] 壊す, 倒す

razor [reizər] [名] 剃刀, 電気かみそり

razor blade [reizər bleid] [名] かみそりの刃

razor-edge [reizər edʒ] [名] かみそりの刃, 危機

reach [ri:tʃ] [動] 到着する, 着く

react [ri:ækt] [動] 反応する, 反対する

reaction [ri:ækʃən] [名] 反応, 反作用

reactionary [ri:ækʃəneri] [名] 反動主義者 [形] 反作用の

reactivity [ri:æktivəti] [名] 反作用, 反応, 反動

reactor [ri:æktər] [名] 反応装置, 反発的な人

read [ri:d] [動] 読む

reader [ri:dər] [名] 読者

readily [redəli] [副] 喜んで, 簡単に

readiness [redinəs] [名] 準備性, 迅速

reading [ri:diŋ] [名] 読書

ready [redi] [形] 準備ができた [動] 準備する

readymade [redimeid] [名] 既製品 [形] 既製品の

real [ri:l] [形] 真実の, 本物の, 現実の

real estate [ri:l əsteit] [名] 不動産

realism [ri:əlizm] [名] 現実主義, 事実主義, リアリズム

realist [ri:əlist] [名] 現実主義者, 事実主義者

realistic [ri:əlistik] [形] 現実的な, 実際的な

reality [ri:æləti] [名] 現実, 事実

realization [ri:ələzeiʃən] [名] 実現, 現実化

realize [ri:əlaiz] [動] 実現する, 現実化する

really [ri:li] [副] 全く, 本当に

realm [relm] [名] 王国, 分野

realtor [ri:ltər] [名] 不動産業者

reap [ri:p] [動] 収穫する

reappear [ri:əpiər] [動] 再出現する, 再発する

rear [riər] [名] 後, 背後, 尻 [動] 飼う

rearrange [ri:əreindʒ] [動] 再整理する, 配列を変える

reason [ri:zn] [名] 理由, 理性 [動] 推論する

reasonable [ri:znəbl] [形] 合理的な, 適当な

reasonably [ri:znəbli] [副] 合理的に, 適切に

reasoning [ri:zniŋ] [名] 推論, 論拠

reassure [ri:əʃuər] [動] 安心させる, 再保証する

rebate [ri:beit] [名] 割引, 払い戻し, リベート

rebel [rebəl] [名] 反逆者 [形] 謀反する

rebel [ribel] [動] 反抗する

rebellion [ribelyən] [名] 反乱, 反抗

rebellious [ribelyəs] [形] 反抗的な, 扱いにくい

rebelliously [ribelyəsli] [副] 反抗的に

rebirth [ri:bə:rθ] [名] 再生, 復活

rebound [ri:baund] [名] 反響 [動] もとへ戻る, 反響させる

rebuff [ribʌf] [名] 拒絶 [動] 拒む

rebuild [ri:bild] [動] 再建する, 改築する

rebuilt [ri:bilt] [動] rebuild(再建する)の過去・過去分詞形

rebuke [ribyu:k] [名] 非難, 叱責 [動] 叱る

rebut [ribʌt] [動] 反駁する

recalcitrant [rikælsətrənt] [名] 強情者 [形] 反抗的な

recall [rikɔ:l] [名] 召喚, 回想 [動] 思い出す

recant [rikænt] [動] 正式に撤回する

recapitulate [ri:kəpitʃəleit] [動] 要約する

recapture [ri:kæptʃər] [名] 奪還 [動] 取り戻す, 思い出す

recede [risi:d] [動] 退く, 遠くなる, 収縮する

receipt [risi:t] [名] 受領, 領収証

receive [risi:v] [動] 受ける, 受理する

receiver [risi:vər] [名] 受領人, 受信機, 受話器

recent [ri:snt] [形] 最近の

recently [ri:sntli] [副] 最近

receptacle [riseptikəl] [名] 容器, 電気コンセント

reception [risepʃən] [名] 収容, 応接, 披露宴

receptionist [risepʃənist] [名] 受付係, 応接係

recess [ri:ses] [名] 休み, 休息

recession [riseʃən] [名] 景気後退, 不景気

recidivism [risidəvizm] [名] 常習的な違法行為

recipe [resəpi:] [名] 調理法, 処方, 秘訣

recipient [risipiənt] [名] 受取人, 容器

reciprocal [risiprəkəl] [形] 相互の, 互恵的な

reciprocally [risiprəkəli] [副] 相互に

recital [risaitl] [名] 独奏会, 演奏会, 暗誦

recitation [resəteiʃən] [名] 暗唱

recite [risait] [動] 暗誦する

reckless [rekləs] [形] 無謀な, 性急な

recklessly [rekləsli] [副] 分別なく

reckon [rekən] [動] 見なす, 計算する

reckoning [rekəniŋ] [名] 計算, 応報

reclaim [rikleim] [名] 埋め立て, 改心 [動] 埋め立てる

recline [riklain] [動] もたれる, 頼る, 横になる

recluse [riklu:s] [名] 隠遁者 [形] 隠遁した

reclusive [riklu:siv] [形] 隠遁者のような

recognition [rekəgniʃən] [名] 認識, 承認, 面識

recognize [rekəgnaiz] [動] 見分ける, 認める, 挨拶する

recoil [ri:kɔil] [名] 後退, はね返り

recoil [ri:kɔil] [動] 後退する, はね返る

recollect [rekəlekt] [動] 回想する

recollection [rekəlekʃən] [名] 回想

recommend [rekəmend] [動] 推薦する

recommendation [rekəməndeiʃən] [名] 推薦, 推薦状

recompense [rekəmpens] [名] 報い, 報償 [動] 報いる

reconcile [rekənsail] [動] 和解させる, 調和させる

reconciliation [rekənsilieiʃən] [名] 和解, 調和

reconnaissance [rikanəzəns] [名] 視察, 偵察

reconnoiter [ri:kənɔitər] [動] 偵察する, 踏査する

reconsider [ri:kənsidər] [動] 再考する

reconstruct [ri:kənstrʌkt] [動] 再建する, 改造する

reconstruction [ri:kənstrʌkʃən] [名] 再建, 改造

record [rekərd] [名] 記録, レコード (音盤)

record [rikɔ:rd] [動] 記録 (登録, 録音, 録画) する

recorder [rikɔ:rdər] [名] 記録者, 録音機

recording [rikɔ:rdiŋ] [名] 記録, 録音 [形] 記録する

record player [rekərd pleiər] [名] レコードプレーヤー, 蓄音機

recount [ri:kaunt] [名] 再計算, 数え直し

recount [rikaunt] [動] 詳しく話す, 列挙する

recoup [riku:p] [動] 損失を回復する

recourse [ri:kɔ:rs] [名] 頼ること, 償還請求

recover [rikʌvər] [動] 取り戻す, 回復する, 復旧される

re-cover [ri:kʌvər] [動] 再び覆う

recovery [rikʌvəri] [名] 回復, 復旧

recreate [rekrieit] [動] 気晴らしさせる

recreate [ri:krieit] [動] 改造する

recreation [rekrieiʃən] [名] 気分転換, 娯楽, 休養

recrimination [rikriməneiʃən] [名] 非難し返すこと, 法律反訴

recruit [rikru:t] [動] 新会員(新入社員)を募集する

rectangle [rektæŋgəl] [名] 長方形

rectangular [rektæŋgyələr] [形] 長方形の, 直角の

rectify [rektəfai] [動] 改正する, 修正する

rector [rektər] [名] 教区牧師, 修道院長

rectum [rektəm] [名] 直腸

recuperate [rikyu:pəreit] [動] 健康を取り戻す

recur [rikə:r] [動] 再発する, 再び浮かぶ

recycle [ri:saikəl] [動] 再生利用する

red [red] [形] 赤い, 赤色の [名] 赤, 赤字

Red Cross [red krɔ:s] [名] 赤十字

redden [redn] [動] 赤くする, 顔を赤らめる

reddish [rediʃ] [形] 赤みを帯びた

redeem [ridi:m] [動] 買い戻す, 回復する, 償還する

redemption [ridempʃən] [名] 買い戻し, 償還, 贖罪(救済)

red-handed [red hændəd] [形] 現行犯の

red-hot [red hat] [形] 熱烈な, 非常に興奮した

redolent [redələnt] [形] 香りがよい

redouble [ri:dʌbəl] [動] 倍加する, 強化する

redress [ridres] [名] 矯正, 是正 [動] 直す, 是正する

red tape [red teip] [名] 官庁の形式主義, 非能率

reduce [ridyu:s] [動] 減らす, 縮小する, 下げる

reduction [ridʌkʃən] [名] 減少, 縮小, 節減

redundancy [ridʌndənsi] [名] 余分, 無駄話

redundant [ridʌndənt] [形] 冗長な, 余分の

reed [ri:d] [名] アシ, (楽器の) 舌

reef [ri:f] [名] 岩礁

reek [ri:k] [名] 蒸気 [動] 蒸気を出す

reel [ri:l] [名] 糸巻, リール [動] 糸車に巻く

reelect [ri:əlekt] [動] 再選する

reenter [ri:entər] [動] 再び記入する, 再び入る

reestablish [ri:istæbliʃ] [動] 再建する, 復興する, 回復する

refer [rifə:r] [動] 参照する, ~のせいにする

referee [refəri:] [名] 審判 [動] 審判する

reference [refərəns] [名] 参照, 照会, 身元照会先

reference book [refərəns buk] [名] 参考書

referendum [refərendəm] [名] 国民投票

refill [ri:fil] [動] 再び満たす, 補充する

refill [ri:fil] [名] 補充用の物

refine [rifain] [動] 精製する, 精錬する

refined [rifaind] [形] 精製した, 精錬された, 洗練された

refinement [rifainmənt] [名] 精製, 精錬, 洗練

refinery [rifainəri] [名] 精製所, 精錬所

reflect [riflekt] [動] 反射 (反映, 反省) する

151

reflection [rifekʃən] [名] 反射, 反映, 反省
reflective [riflektiv] [形] 反射する, 考えが深い
reflector [riflektər] [名] 反射する物, 反射鏡, 反映する物
reflex [ri:fleks] [名] 反射, 反射作用 [形] 反射的な
re-form [ri:fɔ:rm] [動] 作り直す, 再編成する
reform [rifɔ:rm] [動] 改革 (改良, 改心) する
reformation [refə:rmeiʃən] [名] 改革, 改良
reformatory [rifɔ:rmətɔ:ri] [名] 感化院, 少年院
reformer [rifɔ:rmər] [名] 改革家, 改正論者
refractory [rifræktəri] [形] 難治の
refrain [rifrein] [動] やめる, 慎む [名] 繰り返し, リフレイン
refresh [rifreʃ] [動] 清新にする, 元気づける
refreshing [rifreʃiŋ] [形] 爽快にする, 元気づける
refreshments [rifreʃmənts] [名] 食べ物, 茶菓
refrigerate [rifridʒəreit] [動] 冷やす, 冷蔵する, 冷凍する
refrigerator [rifridʒəreitər] [名] 冷蔵庫
refuge [refyu:dʒ] [名] 避難, 避難所
refugee [refyudʒi:] [名] 避難者, 亡命者
refund [ri:fənd] [名] 払い戻し, 返済金, 弁償
refund [rifʌnd] [動] 返す, 払い戻す
refusal [rifyu:zəl] [名] 拒絶, 拒否
refuse [rifyu:z] [動] 拒む, 断る
refute [rifyu:t] [動] 反論する, 反駁する
regain [rigein] [動] 取り戻す
regal [ri:gəl] [形] 王の, 王にふさわしい
regard [riga:rd] [名] 尊敬, 注目 [動] 尊敬する
regarding [riga:rdiŋ] [前] ~について
regardless [riga:rdləs] [形] 関係なく, 無関心な
regards [riga:rdz] [名] 伝言, 挨拶
regatta [riga:tə] [名] レガッタ, ボートレース
regenerate [ridʒenəreit] [形] 再生した, 刷新された [動] 再生させる
reggae [regei] [名] レゲエ (ロック音楽)
regime [reiʒi:m] [名] 政府, 政権
regimen [redʒəmən] [名] 摂生, たゆまぬきびしい訓練
regiment [redʒəmənt] [名] 連隊 (軍隊) [動] 統制する
region [ri:dʒən] [名] 地域, 地区
regional [ri:dʒənəl] [形] 地域の, 地方の
register [redʒəstər] [動] 登録する [名] 登録
registered [redʒəstərd] [形] 登録した, 登記を済ませた
registrar [redʒəstrar] [名] 記録係, 大学の学籍簿係
registration [redʒəstreiʃən] [名] 登録, 登記
registry [redʒəstri] [名] 登記所, 登録簿
regret [rigret] [動] 後悔する [名] 遺憾, 後悔
regretful [rigretfl] [形] 後悔する
regrettable [rigretəbl] [形] 遺憾な
regular [regyələr] [形] 規則的な, 定期的な [名] 常連
regularity [regyəlærəti] [名] 規則正しさ
regularly [regyələrli] [副] 規則正しく, 定期的に
regulate [regyəleit] [動] 規定 (統制, 調整) する
regulation [regyəleiʃən] [名] 規則, 統制, 調節
rehabilitate [ri:həbiləteit] [動] 健康を元の状態に回復させる
rehabilitation [ri:həbiləteiʃən] [名] 社会復帰,リヘビリーテーション
rehearsal [rihə:rsəl] [名] 試演, 予行演習, リハーサル
rehearse [rihə:rs] [動] 稽古する, 練習する
reign [rein] [名] 治世, 統治 [動] 君臨する
reimburse [ri:imbə:rs] [動] 弁償する, 賠償する, 返済する
reimbursement [ri:imbə:rsmənt] [名] 弁償, 賠償, 返済
rein [rein] [名] 手綱, 統制手段
reinforce [ri:ənfɔ:rs] [動] 補強する, 強化する
reinforcements [ri:ənfɔ:rsmənts] [名] 援軍, 増援隊, 補強
reiterate [ri:itəreit] [動] 繰り返す
reject [ridʒekt] [動] 拒む
rejection [ridʒekʃən] [名] 拒絶, 排除
rejoice [ridʒɔis] [動] 喜ぶ
rejoicing [ridʒɔisiŋ] [名] 喜び, 歓喜 [形] 喜ぶ
rejuvenate [ridʒu:vəneit] [動] 若返らせる, 元気を回復する
relapse [rilæps] [動] 戻って行く, 再発する
relate [rileit] [動] 関係させる, 関係する
related [rileitəd] [形] 関係のある, 血縁の
relation [rileiʃən] [名] 関係, 関連, 親族関係
relations [rileiʃənz] [名] 国際関係, 人間関係
relationship [rileiʃənʃip] [名] 親族関係, 縁故関係
relative [relətiv] [形] 比較上の, 相対的な [名] 親戚
relatively [relətivli] [副] 比較的, 相対的に
relax [rilæks] [動] 遅らせる, 緩める
relaxation [ri:lækseiʃən] [名] 気分転換, 弛緩, 緩和
relaxed [rilækst] [形] くつろいだ, 緊張を解いた
relay [ri:lei] [名] 交替 [動] 交替させる
release [rili:s] [動] 解放する [名] 解放, 開封
relegate [reləgeit] [動] 追いやる, 左遷する, 移管する
relent [rilent] [動] 気持ちを和らげる, 同情的になる
relentless [rilentləs] [形] 無情の
relevant [reləvənt] [形] 関連した, 適切な
relevantly [reləvəntli] [副] 適切に
reliable [rilaiəbl] [形] 頼もしい, 確実な
reliably [rilaiəbli] [副] 信頼できるように
reliance [rilaiəns] [名] 信頼, 信用, 依存
relic [relik] [名] 遺跡, 遺物, 遺品, 救助物資
relief [rili:f] [名] 軽減, 救援, 救助物資, 交替
relieve [rili:v] [動] 軽減する, 安堵させる

religion [rilidʒən] [名] 宗教
religious [rilidʒəs] [形] 宗教の, 宗教的な
religiously [rilidʒəsli] [副] 信心深く, 良心的に
relinquish [riliŋkwiʃ] [動] 放棄する, 譲渡する, 断念する
relish [reliʃ] [名] 味, 興味 [動] 楽しむ
relive [ri:liv] [動] 生き返る, 再び体験する
reluctance [rilʌktəns] [名] 気が進まないこと, 不本意
reluctant [rilʌktənt] [形] 気の進まない
reluctantly [rilʌktəntli] [副] 仕方なく
rely [rilai] [動] 頼る, 信頼する
remain [rimein] [名] 残り, 生存者 [動] 残る
remainder [rimeindər] [名] 残り, 残余
remains [rimeinz] [名] 残り, 残存者, 遺族, 遺物
remark [rima:rk] [名] 注目, 注意 [動] 注目する
remarkable [rima:rkəbl] [形] 注目すべき, 顕著な
remarkably [rima:rkəbli] [副] 著しく
remedy [remədi] [名] 治療, 矯正 [動] 治療する
remember [rimembər] [動] 考え出す, 覚えている
remembrance [rimembrəns] [名] 記憶, 回想, 記念
remind [rimaind] [動] 思い出す
reminder [rimaindər] [名] 思い出させるもの, 遺品
reminiscence [remənisns] [名] 追憶, 記憶, 回顧録
reminiscent [remənisnt] [形] 思い出させる, 思い出の
remiss [rimis] [形] 怠慢な, 無責任な, 不注意な
remission [rimiʃən] [名] 赦免, 許し
remit [rimit] [動] 送金する, 軽減する
remittance [rimitns] [名] 送金
remnant [remnənt] [名] 残り, 跡
remonstrate [rimanstreit] [動] 抗議する, 異議を申し立てる
remorse [rimɔ:rs] [名] 後悔, 良心の呵責
remote [rimout] [形] 遠い, 遠いところの [副] 遠く離れて
remote control [rimout kəntroul] [名] リモコン, 遠隔制御装置
removal [rimu:vəl] [名] 移動, 除去
remove [rimu:v] [動] 移す, 取り除く
removed [rimu:vd] [形] 隔たった, 削除された
remunerate [rimyu:nəreit] [動] 報う, 報酬を与える
remuneration [rimyu:nəreiʃən] [名] 報い, 報酬, 補償
Renaissance [renəsans] [名] 文芸復興, ルネサンス
rend [rend] [動] 裂く, 割る
render [rendər] [動] ~にする, 報いる
rendezvous [randivu:] [名] 会合の約束(場所)
rendition [rendiʃən] [名] 翻訳, 演出, 描写
renegade [renigeid] [名] 離党者, 裏切り者
renew [rinyu:] [動] 新しくする, 更新する
renewal [rinyu:əl] [名] 更新, 再開
renounce [rinauns] [動] 放棄する, 断念する, 否認する
renovate [renəveit] [動] 修繕する, 刷新する
renovation [renəveiʃən] [名] 修理, 改革
renown [rinaun] [名] 名声
renowned [rinaund] [形] 名声のある
rent [rent] [動] 借りる, 賃貸する [名] 家賃
rental [rentəl] [名] 家賃, 賃貸アパート [形] 家賃の
reopen [ri:oupən] [動] 再開する
reorganization [ri:ɔ:rgənəzeiʃən] [名] 再編成, 改編
reorganize [ri:ɔ:rgənaiz] [動] 再編成する, 改編する
repaid [ri:peid] [動] repay (返済する) の過去·過去分詞形
repair [ripeər] [名] 修理, 修繕 [動] 修理する
reparation [repəreiʃən] [名] 賠償, 補償, 賠償金
repartee [repə:rti:] [名] 当意即妙の応答
repay [ri:pei] [動] 返済する, 報いる
repayment [ri:peimənt] [名] 返済, 補償
repeal [ripi:l] [名] 取り消し, 廃止 [動] 取り消す
repeat [ripi:t] [名] 繰り返し, 再放送 [動] 繰り返す
repeated [ripi:təd] [形] 繰り返された
repeatedly [ripi:tədli] [副] 繰り返して
repel [ripel] [動] 撃退する, 防ぐ
repellent [ripelənt] [名] 防虫剤 [形] 不快な, 撃退する
repent [ripent] [動] 後悔する, 悔い改める
repentance [ripentəns] [名] 後悔, 悔い改め
repercussion [ri:pərkʌʃən] [名] 反響, 反撃, 反動
repetition [repətiʃən] [名] 繰り返し, 反復
replace [ripleis] [動] もとに戻す, 代わる
replacement [ripleismənt] [名] 返し, 代替, 交換
replay [ri:plei] [名] 再試合 [動] 再試合する, 再演する
replenish [ripleniʃ] [動] 再び満たす, 補充する
replete [ripli:t] [形] いっぱいの, 充満した
replica [replikə] [名] 複製品, 写し
replicate [repləkeit] [動] 再現する, 複製する
reply [riplai] [動] 答える [名] 答え
report [ripɔ:rt] [名] 報告書 [動] 報告(申告)する
report card [ripɔ:rt ka:rd] [名] 成績(生活) 通知書
reporter [ripɔ:rtər] [名] 報告者, 報道記者
repose [ripouz] [名] 休息, 睡眠 [動] 寝かせる, 休む
repository [ripazətɔ:ri] [名] 保存容器, 倉庫
reprehensible [reprihensəbl] [形] 非難されるべき
represent [reprizent] [動] 示す, 代表する
representation [reprizenteiʃən] [名] 表示, 描写, 記述, 代表
representative [reprizentətiv] [名] 代表者 [形] 代表的な
repress [ripres] [動] 抑制する, 抑圧する
repressed [riprest] [形] 抑制された, 抑圧された

repression [ripreʃən] [名] 抑制, 抑圧

reprieve [ripri:v] [名] 執行延期 [動] 執行を延期する

reprimand [reprəmænd] [名] 懲戒 [動] 懲戒する

reprint [ri:print] [名] 再版 [動] 再版する

reprisal [ripraizəl] [名] 報復

reproach [riproutʃ] [名] 非難 [動] 非難する

reprobate [reprəbeit] [名] 堕落者

reproduce [ri:prədyu:s] [動] 複製(模造, 再生, 再現)する

reproduction [ri:prədʌkʃən] [名] 複製, 模造, 再生, 再現

reproof [ripru:f] [名] 非難, 叱責

reprove [ripru:v] [動] しかる, 戒める

reptile [reptail] [名] 爬虫類の動物

republic [ripʌblik] [名] 共和国

republican [ripʌblikən] [形] 共和主義の, 共和党の

repudiate [ripyu:dieit] [動] 拒む, 否認する

repugnant [ripʌgnənt] [形] 嫌な, 不快な

repulse [ripʌls] [名] 撃退, 反駁 [動] 撃退する

repulsion [ripʌlʃən] [名] 撃退, 反駁

reputable [repyətəbl] [形] 評判が良い

reputation [repyəteiʃən] [名] 評判, 名声

repute [ripyu:t] [名] 評判 [動] 評価される

reputed [ripyu:təd] [形] 評判が良い

request [rikwest] [名] 要求, 要望 [動] 要請する

require [rikwaiər] [動] 要求する, 必要とする

requirement [rikwaiərmənt] [名] 要求, 必要な物, 資格

requisite [rekwəzət] [名] 必需品, 必須条件 [形] 必須の

requisition [rekwəziʃən] [名] 要求, 要求書

reread [ri:ri:d] [動] 再読する

rescind [risind] [動] 廃止する, 廃棄する

rescue [reskyu] [名] 救助 [動] 救助する

research [risə:rtʃ] [動] 調べる, 研究する

research [ri:sə:rtʃ] [名] 調査, 研究

resemblance [rizembləns] [名] 類似, 類似点

resemble [rizembəl] [動] 似る

resent [rizent] [動] 恨む, 憤慨する

resentful [rizentfl] [形] 怒った

resentment [rizentmənt] [名] 恨み, 憤慨

reservation [rezə:rveiʃən] [名] 予約, 留保された権利, 条件

reserve [rizə:rv] [名] 備蓄, 予備 [動] 備蓄する

reserved [rizə:rvd] [形] 保留された, 予備の, 予約された

reservoir [rezərvwa:r] [名] 貯水池 [動] 貯蔵する

reside [rizaid] [動] 住む, 居住する

residence [rezədəns] [名] 住居, 居住

resident [rezədənt] [名] 居住者 [形] 居住する, 固有の

residential [rezədenʃəl] [形] 住居の, 住宅の

resign [rizain] [動] 辞任する, 諦める

resignation [rezigneiʃən] [名] 辞職, 辞任, 辞表

resigned [rizaind] [形] 従順な, 辞職した

resilience [rizilyəns] [名] 弾性, 弾力

resilient [rizilyənt] [形] 弾力がある, 回復が早い

resin [rezn] [名] 樹脂, 松やに

resist [rizist] [動] 抵抗する, 耐える

resistance [rizistəns] [名] 抵抗, 反抗

resistible [rizistəbl] [形] 抵抗できる

resolute [rezəlu:t] [形] 決然たる, 断固たる

resolution [rezəlu:ʃən] [名] 決意, 解決, 決定

resolve [rizalv] [動] 解決する, 決意する, 溶解する

resolved [rizalvd] [形] 断固たる, 決心した

resonance [rezənəns] [名] 反響, 共鳴

resonant [rezənənt] [形] 反響する, 響く

resort [rizɔ:rt] [名] 保養地, 頼り [動] 頼る

resound [rizaund] [動] 反響する, こだまする

resource [ri:sɔ:rs] [名] 資源, 手段

respect [rispekt] [名] 尊敬, 関心

respectable [rispektəbl] [形] 尊敬すべき, 立派な

respectful [rispektfl] [形] 丁寧な, 敬意を表する

respectfully [rispektfəli] [副] 丁重に

respective [rispektiv] [形] それぞれの

respiration [respəreiʃən] [名] 呼吸, 呼吸作用

respite [respət] [名] 一時的中断, 執行猶予

resplendent [risplendənt] [形] まばゆい

respond [rispand] [動] 応答する, 応じる

response [rispans] [名] 応答, 反応

responsibility [rispansəbiləti] [名] 責任

responsible [rispansəbl] [形] 責任ある, 信頼できる

responsibly [rispansəbli] [副] 責任を持って

responsive [rispansiv] [形] 応答する, 敏感な

responsively [rispansivli] [副] 応答して

rest [rest] [名] 休憩, 残り

restaurant [restrənt] [名] 飲食店, レストラン

restful [restfl] [形] 平安な, 静かな

restitution [restətyu:ʃən] [名] 返還, 損害賠償

restless [restləs] [形] 落ち着かない, 安眠できない

restoration [restəreiʃən] [名] 回復, 復旧

restore [ristɔ:r] [動] 取り戻す, 復興する, 復旧する

restrain [ristrein] [動] 抑制する, 制止する

restrained [ristreind] [形] 節度のある, 控えめの

restraint [ristreint] [名] 抑制, 制止, 自制

restrict [ristrik] [動] 制限する

restricted [ristriktəd] [形] 限られた

restriction [ristrikʃən] [名] 制限
restrictive [ristriktiv] [名] 限定詞 (文法) [形] 限定的な
rest room [rest rum] [名] 洗面所
result [rizʌlt] [名] 結果 [動] 結果として起きる
resultant [rizʌltənt] [名] 結果 [形] 結果として生じる
resume [rezəmei] [名] 履歴書
resume [rizu:m] [動] 再開する
resumption [rizʌmpʃən] [名] 再開, 続行, 回復
resurgence [risə:rdʒəns] [名] 復活, 再起
resurrection [rezərekʃən] [名] 復活, 蘇生
resuscitate [risʌsəteit] [動] 蘇生させる, 復活させる
retail [ri:teil] [形] 小売の [動] 小売する
retailer [ri:teilər] [名] 小売業者
retail price [ri:teil prais] [名] 小売価格
retain [ritein] [動] 保有する, 維持する
retake [riteik] [動] 再び取る
retaliate [ritælieit] [名] 報復する, 復讐する
retaliation [ritælieiʃən] [名] 報復, 復讐
retard [rita:rd] [動] 遅らせる
retarded [rita:rdəd] [形] 知能の発達が遅い
reticent [retəsənt] [形] 無口な, 言葉が少ない
retina [retənə] [名] 網膜
retire [ritaiər] [動] 引退する
retired [ritaiərd] [形] 引退した
retirement [ritaiərmənt] [名] 引退, 隠れ家, 後退
retiring [ritaiəriŋ] [形] 引退する, 内気な
retook [ri:tuk] [動] retake(再び取る)の過去形
retort [ritɔ:rt] [名] 報復, 反発 [動] 報復(反発)する
retract [ritrækt] [動] 引っ込む, 収縮する
retreat [ritri:t] [名] 後退, 引退 [動] 後退(引退)する
retrieve [ritri:v] [名] 挽回 [動] 挽回する, 補償する, 訂正する
retroactive [retrouæktiv] [形] 反動的な, 遡及する
retrospect [retrəspekt] [名] 回顧, 反省
return [ritə:rn] [動] 戻っていく [名] 復帰, 返還
reunion [ri:yu:nyən] [名] 再結合, 再会, 同窓会
reunite [ri:yu:nait] [動] 再統合させる, 再会する
revamp [ri:væmp] [動] 校正する, 革新する
reveal [rivi:l] [名] 啓示, 暴露 [動] 現す
revealing [rivi:liŋ] [形] 意味深長な, 肌を露出させる
revel [revəl] [名] 酒宴 [動] 酒宴をする
revelation [revəleiʃən] [名] 暴露, 摘発, 啓示
revelry [revəlri] [名] お祭り騒ぎ, 歓楽
revenge [rivendʒ] [名] 復讐, 仕返し [動] 復讐する, 仕返しする
revenue [revənyu:] [名] 収入, 歳入
reverberate [rivə:rbəreit] [動] 反響する, 鳴り響く
revere [riviər] [動] 崇敬する
reverence [revərəns] [名] 崇拝, 尊敬
reverend [revərənd] [形] 尊い, 聖なる
reverie [revəri] [名] 空想, 幻想, 幻想曲
reverse [rivə:rs] [形] 反対の [名] 逆 [動] 裏返す
revert [rivə:rt] [動] 復帰する, 戻る
review [rivyu:] [動] 検討する [名] 検討, 復習
revile [rivail] [動] 悪口する, 誹謗する
revise [rivaiz] [名] 修正, 改定 [動] 修正する, 改定する
revision [riviʒən] [名] 改訂, 改訂版
revival [rivaivəl] [名] 蘇生, 再生, 復興, 復活
revive [rivaiv] [動] 蘇生させる, 復活させる
revoke [rivouk] [動] 取り消す, 廃棄する
revolt [rivoult] [名] 反乱, 反抗 [動] 反抗する
revolting [rivoultiŋ] [形] 反乱する, 反抗する
revolution [revəlu:ʃən] [名] 革命, 変革
revolutionary [revəlu:ʃəneri] [形] 革命的な [名] 革命家
revolutionize [revəlu:ʃənaiz] [動] 根本的に変える
revolve [rivalv] [動] 回転する
revolver [rivalvər] [名] 連発拳銃, 回転するもの
revolving [rivalviŋ] [形] 循環する, 回転式の
revulsion [rivʌlʃən] [名] 極度の嫌悪感, 反感
reward [riwɔ:rd] [動] 報いる [名] 報酬, 報い
rewrite [ri:rait] [動] 書き直す
rewritten [ri:ritn] [動] rewrite (書き直す) の過去分詞形
rewrote [ri:rout] [動] rewrite (書き直す) の過去形
rhapsodize [ræpsədaiz] [動] 熱狂的に語る
rhapsody [ræpsədi] [名] 叙事詩, 狂想曲
rhetoric [retərik] [名] 修辞法, 演説法, 雄弁
rheumatism [ru:mətizm] [名] リウマチ
Rhine [rain] [地] ライン川 (ドイツの川)
rhinoceros [rainasərəs] [名] サイ (動物)
Rhode Island [roud ailənd] [地] ロードアイランド (米国の州)
rhyme [raim] [名] 韻文 [動] 作詩する
rhythm [riðəm] [名] 律動, リズム
rhythmic [riðmik] [形] リズミカルな, 律動的な, 周期的な
rib [rib] [名] 肋骨, あばら骨, カルビ
ribald [ribəld] [形] 品のない, 野卑な
ribbon [ribən] [名] リボン, 帯
rice [rais] [名] 米
rich [ritʃ] [形] 金持ちの, 多くの
Richard [ritʃərd] [人] リチャード (男の名前)
riches [ritʃəz] [名] 富, 財産
richly [ritʃli] [副] 豊富に
richness [ritʃnəs] [名] 豊かさ, 潤沢, 肥沃

rid [rid] [動] 取り除く, 救助する
ridden [**ri**dn] [動] ride (乗る) の過去分詞形
riddle [**ri**dl] [名] 謎 [動] なぞを掛ける
ride [raid] [動] 乗る, 乗馬する [名] 乗車, 乗馬
rider [**rai**dər] [名] 乗る人, 騎手
ridge [ridʒ] [名] 山の背, 分水線
ridicule [**ri**dəkyu:l] [名] あざ笑い, 嘲笑 [動] 嘲笑する
ri**di**culous [ri**di**kyələs] [形] おかしな, ばかげた
ri**di**culously [ri**di**kyələsli] [副] ばかげて
riding [**rai**diŋ] [名] 乗り, 乗車, 乗馬, 乗馬用の
rife [raif] [形] 流行している, 広がっている
rifle [**rai**fəl] [名] 小銃
rift [rift] [名] 切れ目, 断層
rig [rig] [名] 装備, 掘削装置
right [rait] [形] 正しい [名] 権利, 正しい状態, 右側
right **an**gle [rait **æ**ŋgəl] [名] 直角
righteous [**rai**tʃəs] [形] 正しい, 正直な, 正当な
rightful [**rait**fl] [形] 正統の, 当然の, 正当な
right-hand [**rait** hænd] [形] 右の, 右利きの
right-**han**ded [rait **hæn**dəd] [形] 右利きの
rightly [**rait**li] [副] 正確に, 正しく, 適当な
rigid [**ri**dʒəd] [形] 固い, 厳しい
rigor [**ri**gər] [名] 厳格さ, 過酷さ
rigorous [**ri**gərəs] [形] 厳格な, 過酷な
rigorously [**ri**gərəsli] [副] 厳格に
rile [rail] [動] 怒らせる, かき回して濁す
rill [ril] [名] 小川
rim [rim] [名] 縁, へり
rind [raind] [名] 皮
ring [riŋ] [名] 輪, 指輪, 電話の音 [動] 鐘が鳴る
ringed [riŋd] [形] 指輪をはめた, 輪のある
rink [riŋk] [名] スケート場
rinse [rins] [名] すすぐこと [動] すすぐ
Rio de Janeiro [**ri:**ou dei ʒə**neə**rou] [地] リオデジャネイロ
riot [**rai**ət] [名] 暴動 [動] 暴動を起こす
rip [rip] [動] 割る, 破る [名] 引裂き
ripe [raip] [形] 熟した, 機会が熟した
ripen [**rai**pən] [動] 実る
ripple [**ri**pəl] [名] 波紋 [動] 波紋を起こす
rise [raiz] [動] 立ち上がる, 上がる [名] 上昇
risen [**ri**zn] [動] rise (立ち上がる) の過去分詞形
rising [**rai**ziŋ] [形] 上がる, 騰貴する, 昇進する
risk [risk] [名] 危険 [動] 脅かす
risky [**ris**ki] [形] 冒険的な, 大胆な, 危険な
rite [rait] [名] 儀式, 典礼, 慣例
ritual [**ri**tʃuəl] [名] 儀式, 典礼 [形] 儀式の, 慣例の
rival [**rai**vəl] [名] ライバル [動] 競争する
rivalry [**rai**vəlri] [名] 競争
river [**ri**vər] [名] 江
riverside [**ri**vərsaid] [名] 川沿い [形] 川沿いの
rivet [**ri**vət] [名] リベット, びょう [動] びょうで留める
rivulet [**ri**vyələt] [名] 小川
roach [routʃ] [名] ゴキブリ (虫)
road [roud] [名] 道, 道路, 通路
road show [**roud** ʃou] [名] 巡回公演, 特別上映
roadside [**roud**said] [名] 炉辺, 道端 [形] 炉辺の
roadway [**roud**wei] [名] 道路, 車道
roam [roum] [動] ぶらつく, さまよう
roar [rɔ:r] [名] 叫び声, 轟音 [動] 大きく叫ぶ
roaring [**rɔ:r**iŋ] [名] ほえること [形] ほえる
roast [roust] [動] 焼く, 煮る [名] 焼肉
rob [rab] [動] 奪う, 略奪する
robber [**ra**bər] [名] 強盗
robbery [**ra**bəri] [名] 強盗 (行為)
robe [roub] [名] 衣服, 長くてゆったりした外着
robin [**ra**bən] [名] シマゴマ
Robinson [**ra**bənsən] [人] ロビンソン (男の名前)
robot [**rou**bət] [名] ロボット, 自動装置
ro**bust** [rou**bʌst**] [形] 健康な, 確固たる, 力のいる
rock [rak] [名] 岩 [動] 揺り動かす
rocker [**ra**kər] [名] 揺りかご
rocket [**ra**kət] [名] ロケット
rocking chair [**ra**kiŋ tʃeər] [名] 揺りいす, ロッキングチェア
rocky [**ra**ki] [形] 岩石が多い, 岩のような
rod [rad] [名] 棒, 杖
rode [roud] [動] ride (乗る) の過去形
rodeo [**rou**diou] [名] ロデオ (カウボーイたちの競技会)
rogue [roug] [名] 悪漢, いたずらっ子 [動] だます
role [roul] [名] 配役, 役割
roll [roul] [動] 転がる [名] 巻き物, 回転
roller [**rou**lər] [名] ローラー, 円筒状の棒
roller coaster [**rou**lər koustər] [名] ジェットコースター
roller skate [**rou**lər skeit] [名] ローラースケート
rolling [**rou**liŋ] [形] 転がる [名] 転がり, 回転
Roman [**rou**mən] [名] ローマ人 [形] ローマの
Roman **Ca**tholic [roumən **kæ**θlik] [名] ローマカトリック教徒
ro**mance** [rou**mæns**] [名] 恋愛の話, ロマンス
ro**man**tic [rou**mæn**tik] [形] ロマンチックな, 恋愛小説的な
Rome [roum] [地] ローマ
Romeo [**rou**miou] [人] ロミオ (男の名前)

romp [ramp] [動] はしゃぎ回る

roof [ru:f] [名] 屋根

room [rum] [名] 部屋, 場所, 余地

roommate [rummeit] [名] ルームメイト

room service [rum sə:rvəs] [名] ルームサービス

roomy [rumi] [形] 広い

roost [ru:st] [名] ねぐら [動] ねぐらにつく

rooster [ru:stər] [名] オンドリ (鳥)

root [ru:t] [名] 根, 源 [動] 根を下ろす

rooted [ru:təd] [形] 根づいた, 根強い

rope [roup] [名] ロープ, ひも [動] ロープで縛る

rosary [rouzəri] [名] ロザリオ (祈りに使う念珠)

rose [rouz] [名] バラ

rosebud [rouzbəd] [名] バラのつぼみ, 美しい少女

roster [rastər] [名] 勤務表, 当番票

rostrum [rastrəm] [名] 演壇, 講壇

rosy [rouzi] [形] バラ色の

rot [rat] [名] 腐敗 [動] 腐る, 腐敗する

rotary [routəri] [名] ロータリー (交差点), 輪転機

rotate [routeit] [動] 回転する, 循環する, 交代する

rotation [routeiʃən] [名] 回転, 循環, 交代

rotten [ratn] [形] 腐った, 腐敗した

rouge [ru:ʒ] [名] 口紅, ルージュ [動] べにをつける

rough [rʌf] [形] 荒い, 乱暴な, おおよその

roughly [rʌfli] [副] 荒く, 大まかに

roughneck [rʌfnek] [名] 乱暴な人

roulette [ru:let] [名] ルーレット (ギャンブルの一種)

round [raund] [形] 丸い [名] 円 [動] 丸くする

roundabout [raundəbaut] [名] 婉曲な表現 [形] 迂回的な

rounded [raundəd] [形] 丸くされた, 円熟した

round-trip [raund trip] [形] 往復旅行の

roundup [raundəp] [名] 要約, 一斉検挙

rouse [rauz] [動] 起こす, 目覚める [名] 覚醒

rout [raut] [名] 惨敗, 烏合の衆 [動] 完敗させる

route [ru:t] [名] 道路, 道

routine [ru:ti:n] [名] 型にはまった仕事, 日課, 慣例

rove [rouv] [動] 迷う, うろつく

rover [rouvər] [名] 流浪者, 漂流者

row [rou] [名] 列, 行 [動] ボートをこぐ

rowboat [roubout] [名] こぎ船

rowdy [raudi] [名] 乱暴な人

royal [rɔiəl] [形] 王の, 王族の [名] 王族

royal road [rɔiəl roud] [名] 王道, 近道

royalty [rɔiəlti] [名] 王族, 王権, 尊さ, 印税

rub [rʌb] [動] 擦る [名] 摩擦

rubber [rʌbər] [名] ゴム, ゴム製品

rubber band [rəbʌr bænd] [名] ゴムバンド

rubbish [rʌbiʃ] [名] ごみ, 廃棄物, 無駄な仕事

rubble [rʌbəl] [名] 粗石

ruby [ru:bi] [名] ルビー, 真紅

rudder [rʌdər] [名] 船のかじ, 方向舵, 指針

ruddy [rʌdi] [形] 血色が良い, 赤い [動] 赤くなる

rude [ru:d] [形] 無作法な, 荒々しい

rudimentary [ru:dəmentəri] [形] 初歩の, 基本の

rue [ru:] [動] 悔いる, 後悔する

ruffian [rʌfiən] [名] 悪役, 乱暴者

ruffle [rʌfəl] [名] しわ, 波紋 [動] 波が立つ

rug [rʌg] [名] 敷物, じゅうたん

rugby [rʌgbi] [名] ラグビー

rugged [rʌgəd] [形] でこぼこした

ruin [ru:ən] [名] 破滅, 破壊 [動] 破滅する

rule [ru:l] [動] 支配する [名] 規則, 支配

ruler [ru:lər] [名] 統治者, 定規

ruling [ru:liŋ] [形] 支配する, 優勢な [名] 支配, 判決

rum [rʌm] [名] ラム酒, 酒

Rumania [ru:meiniə] [地] ルーマニア

rumble [rʌmbəl] [名] ゴロゴロ音 [動] ゴロゴロ音を立てる

ruminate [ru:məneit] [動] 反芻する, 熟考する

rummage [rʌmidʒ] [動] くまなく捜す, 捜し出す

rumor [ru:mər] [名] うわさ [動] うわさする

rump [rʌmp] [名] 尻

rumpus [rʌmpəs] [名] 騒動, 大騒ぎ

run [rʌn] [動] 走る, 経営する, 立候補する

run [rʌn] [動] run (走る) の過去分詞形

runaway [rʌnəwei] [名] 逃走, 逃亡者 [形] 逃げた

rung [rʌŋ] [動] ring (鐘が鳴る) の過去分詞形

runner [rʌnər] [名] 走る人, レーサー, 競走者

running [rʌniŋ] [形] 走る, 流れる

runny [rʌni] [形] 粘液を分泌する

runway [rʌnwei] [名] 通路, 滑走路

rupture [rʌptʃər] [名] 破裂, 脱腸, 決裂

rural [ruərəl] [形] 田舎の

ruse [ru:s] [名] 策略, 計略

rush [rʌʃ] [動] 突進する [名] 突進, 殺到

rush hour [rʌʃ auər] [名] ラッシュアワー

Russia [rʌʃə] [地] ロシア

Russian [rʌʃən] [形] ロシア人の, ロシア語の

rust [rʌst] [名] 錆 [動] 錆びる

rustic [rʌstik] [形] 田舎の, 素朴な

rustle [rʌsəl] [名] カサカサ音

rustling　[rʌsəliŋ]　[形] かさかさと鳴る

rusty　[rʌsti]　[形] 錆びた

rut　[rʌt]　[名] 車の跡, 溝

ruthless　[ru:θləs]　[形] 無情の, 無慈悲な

rye　[rai]　[名] ライムギ (ウイスキーの原料)

S

Sabbath [**sæ**bəθ] [名] 安息日
saber [**sei**bər] [名] サーベル, 騎兵剣
sable [**sei**bəl] [名] クロテン (動物) [形] 陰気な
sabotage [**sæ**bəta:ʒ] [名] 破壊, 妨害, サボタージュ
saccharine [**sæ**kərən] [形] 甘味の, 甘い
sack [sæk] [名] 袋, 略奪
Sacra**mento** [sækrə**mento**u] [地] サクラメント (米国の都市)
sacred [**sei**krəd] [形] 神聖な, 宗教的な
sacrifice [**sæ**krəfais] [名] 犠牲, いけにえ [動] いけにえとしてささげる
sacri**fi**cial [sækrə**fi**ʃəl] [形] 犠牲の, 犠牲的な
sacrilege [**sæ**krəlidʒ] [名] 神聖冒涜
sacrosanct [**sæ**krousæŋkt] [形] 特に神聖な
sad [sæd] [形] 悲しい
sadden [**sæ**dn] [動] 悲しませる
saddle [**sæ**dl] [名] 鞍 [動] 鞍を置く
sa**dis**tic [sə**dis**tik] [形] サディズムの, 残酷な
sadly [**sæd**li] [副] 悲しげに, 悲しそうに
sadness [**sæd**nəs] [名] 悲しみ, 悲哀
sa**fari** [sə**fa:ri**] [名] 狩猟旅行, サファリ
safe [seif] [名] 金庫 [形] 安全な, 無事に
safeguard [**seif**ga:rd] [名] 保護, 予防手段 [動] 保護する
safely [**seif**li] [副] 安全に
safety [**seif**ti] [名] 安全
safety belt [**seif**ti belt] [名] 安全ベルト, シートベルト
safety pin [**seif**ti pin] [名] 安全ピン
saffron [**sæ**frən] [名] サフラン (植物：薬用, 染色用)
sag [sæg] [名] たるみ, 沈下 [動] たるむ
saga [**sa**gə] [名] 武勇伝
sa**ga**cious [sə**gei**ʃəs] [形] 機敏な, 賢明な
sa**ga**city [sə**gæ**səti] [名] 機敏, 賢明
sage [seidʒ] [名] 賢人 [形] 賢い, 賢明な
said [sed] [動] say (話す) の過去·過去分詞形
sail [seil] [動] 航海する [名] 帆, 航海
sailboat [**seil**bout] [名] 帆船, ヨット
sailing [**sei**liŋ] [名] 航海, 速力, 航海法
sailor [**sei**lər] [名] 船員
saint [seint] [名] 聖人, 聖者
saintly [**seint**li] [形] 聖人のような, 崇高な
sake [seik] [名] ため, 理由
salad [**sæ**ləd] [名] サラダ, 生彩料理
salad dressing [**sæ**ləd dresiŋ] [名] サラダ用ドレッシング
sa**la**mi [sə**la**mi] [名] サラミソーセージ
salary [**sæ**ləri] [名] 給料 [動] 給料を与える
salaryman [**sæ**lərimæn] [名] 給料生活者
sale [seil] [名] 販売, 売上, 激安販売
salesclerk [**seilz**klə:rk] [名] 店員, 販売員
salesman [**seilz**mən] [名] セールスマン
salesperson [**seilz**pərsən] [名] 販売員
sales tax [**seilz** tæks] [名] 売上税, 物品税
saleswoman [**seilz**wumən] [名] 女店員
salient [**sei**lyənt] [形] 突出した, 目立った
sa**li**va [sə**lai**və] [名] つば, 唾液
sallow [**sæ**lou] [形] 青白い [動] 青白くする
sally [**sæ**li] [名] 出撃 [動] 出撃する
salmon [**sæ**mən] [名] サケ
sa**lon** [sə**lan**] [名] 応接室, 美術品展覧会場
sa**loon** [sə**lu:n**] [名] 大ホール, パブ, 客室
salt [sɔ:lt] [名] 塩 [動] 塩をまく
saltshaker [**sɔ:lt**ʃeikər] [名] 塩入れ
salty [**sɔ:l**ti] [形] 塩辛い, 辛辣な
salutary [**sæ**lyəteri] [形] 健康に良い, 治療する
salu**ta**tion [sælyə**tei**ʃən] [名] 挨拶, あいさつの言葉
sa**lute** [sə**lu:t**] [名] 挨拶, 敬礼 [動] 挨拶する
salvage [**sæl**vidʒ] [名] 海難(財産)救助 [動] 救助する
sal**va**tion [sæl**vei**ʃən] [名] 救助, 救済
salve [sæv] [名] 膏薬, 軟膏
Sa**ma**ritan [sə**meə**rətən] [名] サマリア人
same [seim] [形] 同じ, 同一の
sample [**sæm**pəl] [名] 見本, サンプル [動] 試す
sampling [**sæm**pəliŋ] [名] 見本抽出
Samuel [**sam**yuəl] [人] サミュエル (聖書の人物)
San An**to**nio [sæn ən**tou**niou] [地] サンアントニオ (米国の都市)
sana**to**rium [sænə**tɔ:**riəm] [名] 療養所, セノトリオム
sanctify [**sæŋk**təfai] [動] 神聖にする, 正当化する
sancti**mo**nious [sæŋktə**mou**nyəs] [形] 信心ぶる
sanction [**sæŋk**ʃən] [名] 制裁 [動] 制裁する
sanctity [**sæŋk**təti] [名] 高潔さ, 神聖さ, 神聖な義務
sanctuary [**sæŋk**tʃueri] [名] 聖所, 祭壇周辺, 聖域
sand [sænd] [名] 砂
sandal [**sæn**dl] [名] サンダル (靴)
San Di**e**go [sæn di**ei**gou] [地] サンディエゴ (米国の都市)
sandpaper [**sænd**peipər] [名] 紙やすり, サンドペーパー
sandwich [**sænd**witʃ] [名] サンドイッチ
sandy [**sæn**di] [形] 砂の, 砂だらけの
sane [sein] [形] 正気の, 分別ある
San Fran**cis**co [**sæn** frən**sis**kou] [地] サンフランシスコ

sang [sæŋ] [動] sing (歌う) の過去形

sanguine [sæŋgwən] [形] 陽気な, 確信している, 血色が良い

sanitary [sænəteri] [形] 衛生の, 清潔な [名] 公衆便所

sanitation [sænəteiʃən] [名] 公衆衛生, 衛生設備

sanity [sænəti] [名] 正気

San Jose [sæn houzei] [地] サンノゼ (米国の都市)

sank [sæŋk] [動] sink (沈没する) の過去形

Santa Claus [sæntə klɔːz] [人] サンタクロース

sap [sæp] [名] 樹液 [動] 弱化させる

sapphire [sæfaiər] [名] サファイア, 青い光

sarcasm [saːrkæzm] [名] あざけり, 風刺

sarcastic [saːrkæstik] [形] 皮肉な

sarcastical [saːrkæstikəl] [形] 皮肉な, 風刺的な

sardine [saːrdiːn] [名] イワシ (魚)

sardonic [saːrdanik] [形] 嘲笑する, 軽蔑する

sash [sæʃ] [名] 帯, 飾帯, 窓わく, サッシ

Saskatchewan [səskætʃəwən] [地] サスカチュワン (カナダの州)

sat [sæt] [動] sit (座る) の過去・過去分詞形

Satan [seitn] [名] 悪魔, サタン

satanic [sətænik] [形] 悪魔のような, サタンの, 極悪な

satchel [sætʃəl] [名] 小かばん

satellite [sætəlait] [名] 人工衛星

satin [sætn] [名] 繻子, サテン

satire [sætaiər] [名] 諷刺

satirical [sətiərikəl] [形] 風刺の, 皮肉な

satisfaction [sætəsfækʃən] [名] 満足

satisfactorily [sætəsfæktərəli] [形] 申し分のない, 満足のいく

satisfactory [sætəsfæktəri] [形] 満足した

satisfy [sætəsfai] [動] 満足させる, 満たす

satisfying [sætəsfaiiŋ] [形] 満足な, 十分な

saturate [sætʃəreit] [動] 浸す, 没頭する

Saturday [sætərdei] [名] 土曜日

Saturn [sætərn] [名] 土星 [人] サツルヌス (ローマ神話)

sauce [sɔːs] [名] ソース, 合わせ調味料

saucepan [sɔːspæn] [名] (ハンドル付き)鍋

saucer [sɔːsər] [名] 受け皿

saucy [sɔːsi] [形] 生意気な

Saudi Arabia [Saudi əreibiə] [地] サウジアラビア

sauna [sɔːnə] [名] サウナ風呂

sausage [sɔːsidʒ] [名] ソーセージ

savage [sævidʒ] [名] 野蛮人 [形] 野蛮の

savanna [səvænə] [名] 大草原, サバンナ

savant [səvaːnt] [名] 学者, 学識の高い人

save [seiv] [動] 救う, 節約する, 備蓄する

savings [seiviŋz] [名] 貯蓄

savior [seivyər] [名] 救助者, 救世主

savor [seivər] [名] 味, 楽しみ, 独特の味, 特性

savory [seivəri] [形] 味の良い, かおりのよい

saw [sɔː] [名] のこぎり [動] のこぎりで切る

saw [sɔː] [動] see (見る) の過去形

sawdust [sɔːdəst] [名] おがくず

sawmill [sɔːmil] [名] 製材所

sawn [sɔːn] [動] saw(のこぎりで切る)の過去分詞形

Saxon [sæksn] [名] サクソン族, イギリス人

saxophone [sæksəfoun] [名] サクソフォーン (楽器)

say [sei] [動] 話す [名] 言い分, 主張

saying [seiiŋ] [名] 格言, ことわざ

scab [skæb] [名] 傷のかさぶた

scabbard [skæbərd] [名] さや [動] さやに納める

scaffold [skæfəld] [名] 足場, 絞首台

scald [skɔːld] [名] やけど [動] やけどさせる

scale [skeil] [名] 秤, 目盛り, 規模

scallop [skæləp] [名] ホタテガイ

scalp [skælp] [名] 頭皮 [動] 酷評する

scaly [skeili] [形] うろこのある

scamper [skæmpər] [動] 走り回る, 急ぎ旅をする

scan [skæn] [名] 精密検査 [動] 精密検査する

scandal [skændl] [名] 醜聞, スキャンダル

scandalous [skændələs] [形] 不名誉な, 誹謗する

Scandinavia [skændəneiviə] [地] スカンジナビア

Scandinavian [skændəneiviən] [名] スカンジナビア人

scanner [skænər] [名] 精査する人, スキャナ

scant [skænt] [形] 乏しい, 限られた

scanty [skænti] [形] 不足している

scapegoat [skeipgout] [名] 犠牲の羊, 犠牲者

scar [skaːr] [名] 傷, 跡, 傷跡

scarce [skeərs] [形] 足りない, 珍しい

scarcely [skeərsli] [副] ようやく, やっと

scarcity [skeərsəti] [名] 不足, 欠乏, まれなこと

scare [skeər] [動] 脅かす [名] 恐怖

scarecrow [skeərkrou] [名] かかし

scared [skeərd] [形] 恐れる

scarf [skaːrf] [名] スカーフ, えり巻き

scarlet [skaːrlet] [名] 深紅色, マゼンタ [形] 深紅色の

scarlet fever [skaːrlət fiːvər] [名] 猩紅熱

scary [skeəri] [形] 怖い

scathing [skeiðiŋ] [形] 痛烈な, 辛辣な

scatter [skætər] [名] 散布 [動] 追い捨てる, 振りまく

scatterbrained [skætərbreind] [形] 落ち着いていない, 軽率な

scattered [skætərd] [形] ばらまかれた, 散漫な

sce**nar**io [sə**neə**riou] [名] シナリオ, 脚本
scene [si:n] [名] 場面, 光景
scenery [**si:**nəri] [名] 風景, 舞台背景
scenic [**si:**nik] [形] 景色のいい
scent [sent] [名] 匂い, 香り [動] 匂いをかぐ
schedule [**ske**dʒul] [名] 時間表, 予定表 [動] 予定する
scheme [ski:m] [名] 計画, 陰謀 [動] 企てる
schism [sizm] [名] 分離, 分裂, 分派
schizo**phre**nia [skitsə**fri:**niə] [名] 精神 分裂症
scholar [**ska**lər] [名] 学者
scholarly [**ska**lərli] [形] 学者的な, 学究的な, 博識ある
scholarship [**ska**lərʃip] [名] 奨学金, 学問
scho**las**tic [skə**læs**tik] [形] 学校の, 学者風の
school [sku:l] [名] 学校, 学部
schoolboy [**sku:l**bɔi] [名] 男子学生
schoolchildren [**sku:l**tʃildrən] [名] 学童
schoolgirl [**sku:l**gə:rl] [名] 女学生
schoolhouse [**sku:l**haus] [名] 校舎
schoolmaster [**sku:l**mæstər] [名] 男子教師
schoolroom [**sku:l**rum] [名] 教室
schooner [**sku:**nər] [名] スクーナー (帆船)
Schweitzer [**ʃvait**sər] [人] シュバイツァー (ノーベル平和賞受賞)
science [**sai**əns] [名] 科学
science **fic**tion [saiəns **fik**ʃən] [名] 科学小説
scien**ti**fic [saiən**ti**fik] [形] 科学的な
scientist [**sai**əntist] [名] 科学者
scintillate [**sin**təleit] [動] きらきら光る, 才気がひらめく
scissors [**si**zə:rz] [名] はさみ
scoff [skaf] [名] あざ笑い [動] あざ笑う
scold [skould] [動] 叱る
scoop [sku:p] [名] ひしゃく, ひとすくい [動] すくう
scooter [**sku:**tər] [名] 片足スケート, スクーター
scope [skoup] [名] 範囲, 領域
scorch [skɔ:rtʃ] [動] 火であぶる
score [skɔ:r] [名] 得点, 多数, 20 [動] 得点する
scorn [skɔ:rn] [名] 軽蔑 [動] 軽蔑する
scornful [**skɔ:rn**fl] [形] 軽蔑に満ちた
scornfully [**skɔ:rn**fəli] [副] 軽蔑して
scorpion [**skɔ:r**piən] [名] さそり (虫)
Scot [skat] [名] スコットランド人
Scotch [skatʃ] [形] スコットランドの
Scotland [**skat**lənd] [地] スコットランド (イギリスの北部地方)
Scottish [**ska**tiʃ] [形] スコットランドの
scoundrel [**skaun**drəl] [名] 悪党, やくざ [形] 悪党の
scour [skauər] [動] こすって磨く(洗う), 一掃する
scourge [skə:rdʒ] [名] むち, 天罰, 災いの原因
scout [skaut] [名] 偵察, スカウト [動] 偵察する
scowl [skaul] [名] しかめ面 [動] しかめ面をする
scram [skræm] [動] 逃げる
scramble [**skræm**bəl] [名] 這い上がり [動] 這い上がる
scrambled **eggs** [skræmbəld **egz**] [名] スクランブルエッグ (食品)
scrap [skræp] [名] 廃物 [動] 廃棄する
scrapbook [**skræp**buk] [名] スクラップブック
scrape [skreip] [名] 擦ること [動] 擦る
scraper [**skrei**pər] [名] はがす道具, ケチ
scratch [skrætʃ] [名] かくこと, 擦り傷 [動] かく, 引っかく
scrawl [skrɔ:l] [名] 走り書き [動] 走り書きする
scrawny [**skrɔ:**ni] [形] やせこけた
scream [skri:m] [名] 悲鳴 [動] 叫ぶ, 悲鳴を上げる
screech [skri:tʃ] [名] 金切り声 [動] 金切り声をあげる
screen [skri:n] [名] 間仕切り [動] 遮る
screw [skru:] [名] ねじ [動] ねじで締める
screwdriver [**skru:**draivər] [名] ドライバ
scribble [**skri**bəl] [名] 走り書き [動] 走り書きする, 落書きする
script [skript] [名] 手書き, 脚本
scripture [**skript**ʃər] [名] 聖書, 聖典
scroll [skroul] [名] 巻き物, 名簿 [動] ~を巻く
scrub [skrʌb] [動] ゴシゴシ擦って洗い落とす, ゴシゴシ擦る
scruples [**skru:**pəlz] [名] 良心の呵責
scrupulous [**skru:**pyələs] [形] 良心的な, 几帳面な, 慎重な
scrutinize [**skru:**tənaiz] [動] 綿密に検査する
scrutiny [**skru:**təni] [名] 精査
scuffle [**skʌ**fəl] [名] 乱闘 [動] 乱闘する
sculptor [**skʌlp**tər] [名] 彫刻家
sculpture [**skʌlpt**ʃər] [名] 彫刻
scum [skʌm] [名] 浮きあわ, 浮きかす
scurry [**skə:**ri] [名] 急ぐこと [動] 急いで行く
scuttle [**skʌ**tl] [名] 石炭入れ
scythe [saið] [名] 大鎌 [動] 大鎌で刈る
sea [si:] [名] 海
seacoast [**si:**koust] [名] 海岸, 海岸線
seafaring [**si:**feəriŋ] [名] 海上旅行 [形] 海上旅行の
seafood [**si:**fu:d] [名] 海産物
seagull [**si:**gəl] [名] カモメ (鳥)
seal [si:l] [名] 捺印, 封印 [動] 捺印(封印)する
seam [si:m] [名] 結び目 [動] 縫合する
seaman [**si:**mən] [名] 船員
seamless [**si:m**ləs] [形] とぎれのない
seamstress [**si:m**strəs] [名] 女裁縫師
seaport [**si:**pɔ:rt] [名] 港, 港町

search [sə:rtʃ] [名] 捜索, 探索 [動] 捜索する
searching [**sə:rt**ʃiŋ] [形] 捜索する
searchlight [**sə:rtʃ**lait] [名] 探照燈, サーチライト
seashell [**si:**ʃel] [名] 貝
seashore [**si:**ʃɔ:r] [名] 海浜, 海辺
seasick [**si:**sik] [形] 船酔いの
seaside [**si:**said] [形] 海辺の
season [**si:**zən] [名] 季節, シーズン [動] 味付けする
seasonable [**si:**zənəbl] [形] 季節の, 時に適切な
seasonal [**si:**zənəl] [形] 季節の, 季節的な, 周期的な
seasoned [**si:**zənd] [形] 味つけした, 慣れた
seat [si:t] [名] 席, 座席, 議席 [動] 座らせる
seat belt [**si:t** belt] [名] 座席ベルト
Seattle [si:**æ**tl] [地] シアトル (米国の都市)
seaward [**si:**wə:rd] [名] 海側 [形] 海に向けた
seaweed [**si:**wi:d] [名] 海草
se**cede** [si**si:d**] [動] 脱退する
se**clude** [si**klu:d**] [動] 隔離する
se**clu**ded [si**klu:**dəd] [形] 人里離れた, 隠棲した
se**clu**sion [si**klu:**ʒən] [名] 隔離, 隠棲
second [**se**kənd] [形] 二番目の [名] 二番目, 秒
secondary [**se**kənderi] [形] 二類の, 第二位の
secondary school [**se**kənderi sku:l] [名] 中学校 (米国の high school)
second **hand** [sekənd **hænd**] [名] (時計の) 秒針
secondly [**se**kəndli] [副] 二番目に
secrecy [**si:**krəsi] [名] 秘密
secret [**si:**krət] [名] 秘密 [形] 秘密の
secretary [**se**krəteri] [名] 秘書, 大臣
se**crete** [si**kri:t**] [動] 分泌する
se**cre**tion [si**kri:**ʃən] [名] 分泌, 分泌作用, 隠匿
secretive [**se**krətiv] [形] 隠す, 秘密主義の
secretly [**si:**krətli] [副] 秘密で
sect [sekt] [名] 分派, 教派, 派閥
section [**sek**ʃən] [名] 部分, 地域 [動] 分割する
sector [**sek**tər] [名] 区域, 地域, 部門, 分野
secular [**sek**yələr] [名] 非専門家, 俗人 [形] 世俗の
se**cure** [si**kyuər**] [形] 安全な [動] 安全にする
se**cu**rity [si**kyuə**rəti] [名] 安全, 防衛
se**dan** [si**dæn**] [名] セダン型乗用車
se**date** [si**deit**] [形] 静かな, 落ち着いた
sedative [**se**dətiv] [名] 鎮静剤
sedentary [**se**dənteri] [名] 座って働く人 [形] 座っている
sediment [**se**dəmənt] [名] 沈殿物
se**di**tion [sə**di**ʃən] [名] 動乱扇動, 治安妨害
se**duce** [si**dyu:s**] [動] そそのかす, 誘惑する

see [si:] [動] 見る, 伝送する
seed [si:d] [名] 種 [動] 種をまく
seedling [**si:**dliŋ] [名] 苗木
seedy [**si:**di] [形] 種の多い, みすぼらしい
seeing [**si:**iŋ] [名] 見ること
seek [si:k] [動] 探す, 追求する
seem [si:m] [動] ~のように見える, ~のようだ
seeming [**si:**miŋ] [名] 外観 [形] 外観上の
seemingly [**si:**miŋli] [副] 表面上は
seen [si:n] [形] 目に見える
seen [si:n] [動] see (見る) の過去分詞形
seep [si:p] [動] しみ出る, 漏れる
seer [siər] [名] 見る人, 先覚者, 予言者
seesaw [**si:**sɔ:] [名] シーソー (遊び) [動] シーソーに乗る
seethe [si:ð] [動] 煮る, 煮え立つ, 騒然とする
segment [**seg**mənt] [名] 切片, 部分 [動] 割る, 分割する
seg**men**tal [seg**men**tl] [形] 分節の, 部分の
segregate [**se**grigeit] [動] 分離する, 隔離する, 差別する
segregated [**se**grigeitəd] [形] 人種差別がある, 分離された
segre**ga**tion [segri**gei**ʃən] [名] 人種差別, 分離, 隔離
Seine [sein] [地] セーヌ川 (フランスの川)
seismic [**saiz**mik] [形] 地震の
seize [si:z] [動] 捕まえる, 強奪する, 没頭する
seizure [**si:**ʒər] [名] つかむこと, 押収, 発作
seldom [**sel**dəm] [副] なかなか~ない, まれに
se**lect** [sə**lekt**] [形] 選抜された [動] 選択する
se**lec**tion [sə**lek**ʃən] [名] 選択
se**lec**tive [sə**lek**tiv] [形] 選択する, 選択的な
self [self] [名] 自分, 自身
self-**cen**tered [self **sen**tərd] [形] 自己中心の, 利己的な
self-**con**fidence [self **kan**fədəns] [名] 自信
self-**con**fident [self **kan**fədənt] [形] 自信がある, 自分を過信する
self-**con**scious [self **kan**ʃəs] [形] 自分を意識する
self-con**trol** [self kən**troul**] [名] 自制, 克己
self-de**fense** [self di**fens**] [名] 自己防衛, 自衛, 正当防衛
self-de**ni**al [self di**nai**əl] [名] 克己, 禁欲
self-**dis**cipline [self **dis**əplən] [名] 自己鍛錬
self-em**ployed** [self im**plɔid**] [形] 自営の
self-es**teem** [self is**ti:m**] [名] 自尊, 自負心
self-**e**vident [self **e**vədənt] [形] 自明の
self-in**dul**gent [self in**dʌl**dʒənt] [形] かって気ままな, 放縦な
selfish [**sel**fiʃ] [形] 利己的な
self-**made** [self **meid**] [形] 独力で立身した, 自製の
self-**pi**ty [self **pi**ti] [名] 自己憐憫
self-**por**trait [self **pɔ:r**trət] [名] 自画像

self-preser**va**tion [self prezə:r**vei**ʃən] [名] 自己保存, 自己防衛
self-re**spect** [self ri**spekt**] [名] 自尊
self-**righ**teous [self **rai**tʃəs] [形] 独善的な
self-**sac**rifice [self **sæk**rəfais] [名] 自己犠牲, 献身
self-satis**fac**tion [self sætəs**fæk**ʃən] [名] 自己満足
self-**ser**vice [self **sə:r**vəs] [名] セルフサービス
self-**taught** [self **tɔ:t**] [形] 独学の
sell [sel] [動] 売る, 売れる
seller [**se**lər] [名] 販売員, 売れる物
selling [**se**liŋ] [名] 販売 [形] 販売の, よく売れる
se**man**tics [si**mæn**tiks] [名] 意味論
semblance [**sem**bləns] [名] 外観, 外形, 類似
semen [**si:**mən] [名] 精液
se**mes**ter [sə**mes**tər] [名] 大学의 学期
semi [**se**mi] [前] 半分, 2回
semicircle [**se**misə:rkəl] [名] 半円
semicolon [**se**mikoulən] [名] セミコロン (;)
semi**fi**nal [semi**fai**nəl] [名] 準決勝 [形] 準決勝の
semi**month**ly [semi**mʌnθ**li] [名] 月2回の刊行物 [形] 月2回の
seminal [**se**mənəl] [形] 精液の, 種子の, 生殖の
seminar [**se**məna:r] [名] セミナー, 演習
seminary [**se**məneri] [名] 神学校
senate [**se**nət] [名] 上院
senator [**se**nətər] [名] 上院議員
send [send] [動] 送る
sender [**sen**dər] [名] 発送人, 発信器
send-off [**send** ɔ:f] [名] 見送り, 送別
Sene**gal** [seni**gɔ:l**] [地] セネガル (西アフリカ諸国)
senile [**si:**nail] [名] 高齢者 [形] 高齢の
senior [**si:**nyər] [名] 年長者, 上司, 先輩
senior **ci**tizen [si:nyər **si**təzən] [名] 老人
sen**io**rity [si:**nyɔ:r**əti] [名] 年上, 年長, 先任
sen**sa**tion [sen**sei**ʃən] [名] 感覚, 心
sen**sa**tional [sen**sei**ʃənəl] [形] 驚かせる, まぶしい
sense [sens] [名] 感覚, 意識 [動] 感じる
senseless [**sens**ləs] [形] 無意識の, 愚かな, 無意味な
sensi**bi**lity [sensə**bi**ləti] [名] 感覚, 敏感さ, 感受性, 感度
sensible [**sen**səbl] [形] 分別のある, 賢明な
sensibly [**sen**səbli] [副] 著しく, かなり, 分別よく
sensitive [**sen**sətiv] [形] 敏感な, 繊細な
sensi**ti**vity [sensə**ti**vəti] [名] 敏感, 感受性, 感度
sensory [**sen**sə:ri] [形] 感覚の
sensual [**sen**ʃuəl] [形] 肉体的, みだらな, 感覚の
sensuous [**sen**ʃuəs] [形] 感覚的な, 審美的な
sent [sent] [動] send (送る) の過去·過去分詞形
sentence [**sen**təns] [名] 文章, 判決 [動] 判決を下す
sen**ten**tious [senten**ʃ**əs] [形] 説教口調の, 独善的な
sentient [**sen**ʃənt] [形] 感覚のある
sentiment [**sen**təmənt] [名] 感情, 所感
senti**men**tal [sentə**men**tl] [形] 感情的な, 感傷的な, 多感な
sentinel [**sen**tənəl] [名] 見張り, 番人 [動] 監視する
sentry [**sen**tri] [名] 歩哨, 見張り
Seoul [soul] [地] ソウル
separate [**se**pərət] [形] 割れた, 分離された
separate [**se**pəreit] [動] 分離する, 別居する, 別れる
sepa**ra**tion [sepə**rei**ʃən] [名] 分離, 別居, 別れ
Sep**tem**ber [sep**tem**bər] [名] 9月
sepulcher [**se**pəlkər] [名] 墓 [動] 埋葬する
sequel [**si:**kwəl] [名] 続編, 後編, 経過
sequence [**si:**kwəns] [名] 続編, 後編, 経過
se**ques**ter [si**kwes**tər] [動] 隠遁する, 押収する
Serbia [**sə:r**biə] [地] セルビア (東ヨーロッパ諸国)
sere**nade** [serə**neid**] [名] 小夜曲, セレナーデ
seren**di**pity [serən**di**pəti] [名] 偶然に得た幸運
se**rene** [sə**ri:n**] [形] 静かな
se**re**nity [si**re**nəti] [名] 静けさ, 落ち着き
serge [sə:rdʒ] [名] サージ, セル (洋服地)
sergeant [**sa:r**dʒənt] [名] 下士官
serial [**siə**riəl] [名] 続き物 [形] 連続の, 連続物の
series [**siə**ri:z] [名] シリーズ, 連続, 一連
serious [**siə**riəs] [形] 真剣な, 深刻な, 重大な
seriously [**siə**riəsli] [副] 真剣に, 深刻に
sermon [**sə:r**mən] [名] 説教
serpent [**sə:r**pənt] [名] ヘビ
serpentine [**sə:r**pənti:n] [形] 曲がりくねった
serum [**siə**rəm] [名] 血清, 腸液
servant [**sə:r**vənt] [名] 召使い, 従業員
serve [sə:rv] [動] 仕える, 助けになる
server [**sə:r**vər] [名] 奉仕する人, サーバー, 盆, 皿
service [**sə:r**vəs] [名] 奉仕, ケア, サービス, 職務
serviceable [**sə:r**vəsəbl] [形] 有用な, 役に立つ, 実用的な
servile [**sə:r**vəl] [形] 奴隷の, 卑賤な, 盲従的な
servitude [**sə:r**vətyu:d] [名] 奴隷状態, 隷属, 懲役
sesame [**se**səmi] [名] ゴマ
session [**se**ʃən] [名] 開会中, 会期, 講座
set [set] [名] セット [形] 固定された [動] 置く
setback [**set**bæk] [名] 妨害, 逆行, 退化
setter [**se**tər] [名] set する人, 扇動者
setting [**se**tiŋ] [名] 置くこと, 舞台装置, 環境
settle [**se**tl] [動] 安定(定着)させる, 解決する

settled [**se**tld] [形] 確定した, 固定した, 清算済みの

settlement [**se**tlmənt] [名] 定着, 解決, 決定

settler [**se**tlər] [名] 定着者, 解決者

setup [**set**əp] [名] 組立て, 装置, 姿勢

seven [**se**vən] [名] 七 [形] 七の

seven**teen** [sevən**ti:n**] [名] 十七 [形] 十七の

seven**teenth** [sevən**ti:nθ**] [名] 第 17 [形] 第 17 の

seventh [**se**vənθ] [名] 第七 [形] 七番目の

seventieth [**se**vəntiəθ] [名] 第 70 [形] 第 70 の

seventy [**se**vənti] [名] 70 [形] 70 の

sever [**se**vər] [動] 断つ, 切断する, 離れる

several [**se**vrəl] [形] いくつかの

se**vere** [sə**viər**] [形] 厳しい, 過酷な

se**vere**ly [sə**viər**li] [副] 厳格に, 厳しく

se**ver**ity [sə**vear**əti] [名] 厳格, 簡素, 苦痛, 重大性

sew [sou] [動] 縫う

sewage [**su:**idʒ] [名] 汚物, 汚水

sewer [**su:**ər] [名] 下水道 [動] 下水を設備する

sewing [**sou**iŋ] [名] 裁縫, ソーイング, 針仕事

sewing machine [**sou**iŋ məʃin] [名] ミシン

sewn [soun] [動] sew(縫う)の過去分詞形

sex [seks] [名] 性, 性別

sexism [**sek**sizm] [名] 男女差別

sexist [**sek**sist] [名] 性差別主義者

sexual [**sek**ʃuəl] [形] 性の, 性的な

sexu**al**ity [sekʃu**æ**ləti] [名] 性別, 性欲, 性的関心

sexually [**sek**ʃuəli] [副] 性的に

sexy [**sek**si] [形] 性的な, 性的魅力のある

shabby [**ʃæ**bi] [形] みすぼらしい, ぼろの

shack [ʃæk] [名] 丸太小屋

shackle [**ʃæ**kəl] [名] 手錠 [動] 手錠をはめる

shade [ʃeid] [名] 日陰 [動] 光をさえぎる

shadow [**ʃæ**dou] [名] 影

shadowy [**ʃæ**doui] [形] 影のような, かすかな, 空虚な

shady [**ʃei**di] [形] 日陰の

shaft [ʃæft] [名] 柄, 取っ手

shaggy [**ʃæ**gi] [形] 毛むくじゃらの, けば立った

shake [ʃeik] [動] 振る, 振り回す

shaken [**ʃei**kən] [動] shake (振る) の過去分詞形

Shakespeare [**ʃeik**spiər] [人] シェイクスピアー (イギリスの作家)

Shake**spear**ean [ʃeik**spiər**iən] [名] シェイクスピア学者

shaky [**ʃei**ki] [形] 揺れる, 不安定な, 弱い

shall [ʃæl] [助] ~だろう, ぜひ~する

shallow [**ʃæ**lou] [形] 浅い

sham [ʃæm] [名] にせもの, カバー, 詐欺師

shambles [**ʃæm**bəlz] [名] 混乱状態

shame [ʃeim] [名] はにかみ, 恥じ [動] 恥をかかせる

shameful [**ʃeim**fl] [形] 恥ずかしい

shameless [**ʃeim**ləs] [形] 破廉恥な, 厚かましい, 淫らな

sham**poo** [ʃæm**pu:**] [名] 髪洗い, シャンプー [動] 髪を洗う

Shang**hai** [ʃæŋ**hai**] [地] 上海

shanty [**ʃæn**ti] [名] 仮小屋

shape [ʃeip] [名] 形体, 形 [動] 形づくる

shapeless [**ʃeip**ləs] [形] 定形のない, 見苦しい

share [ʃeər] [動] 分配(分担)する [名] 分け前, 分担

shareholder [**ʃeər**houldər] [名] 株主

shark [ʃa:rk] [名] サメ

sharp [ʃa:rp] [形] 鋭い, 鮮やかな, 賢い

sharpen [**ʃa:r**pən] [動] 鋭くする

sharpener [**ʃa:r**pənər] [名] 削る人 (物)

sharply [**ʃa:rp**li] [副] 鋭く

shatter [**ʃæ**tər] [動] 粉々に砕く

shave [ʃeiv] [動] ひげをそる

shaver [**ʃei**vər] [名] カミソリ, シェービングする人

shaving [**ʃei**viŋ] [名] ひげそり

shaving cream [**ʃei**viŋ kri:m] [名] シェービングクリーム

shawl [ʃɔ:l] [名] ショール, 肩掛け

she [ʃi:] [代] 彼女は

sheaf [ʃi:f] [名] 束 [動] 束ねる

shear [ʃiər] [動] 刈る, 切り取る

shears [ʃiərz] [名] 大ばさみ, 剪断機

sheath [ʃi:θ] [名] 刀のさや

she'd [ʃi:d] [短] she had (would) の短縮形

shed [ʃed] [名] 小屋 [動] 流す

sheep [ʃi:p] [名] 羊

sheer [ʃiər] [形] まったくの, 完全な

sheet [ʃi:t] [名] シート, 紙一枚, 薄い板

shelf [ʃelf] [名] 棚

shell [ʃel] [名] 殻, 貝 [動] 皮をむく

she'll [ʃi:l] [短] she will (shall) の短縮形

shellfish [**ʃelf**iʃ] [名] 貝類, 甲殻類

shelter [**ʃel**tər] [名] 避難所, 隠れ家 [動] 避難する

shelve [ʃelv] [動] ~を棚に乗せる, 保留する

shelves [ʃelvz] [名] shelf(棚)の複数形

shepherd [**ʃe**pərd] [名] 羊飼い

sherbet [**ʃə:r**bət] [名] シャーベット (氷菓の一種)

sheriff [**ʃeər**əf] [名] 保安官

sherry [**ʃeə**ri] [名] シェリー (白ワイン)

she's [ʃi:z] [短] she is (has) の短縮形

shibboleth [**ʃi**bələθ] [名] スローガン

shield [ʃi:ld] [名] 盾, 保護装置 [動] 保護する
shift [ʃift] [名] 変遷, 交替 [動] 移動する
shiftless [**ʃift**ləs] [形] お手上げの, 無能な
shilling [**ʃi**liŋ] [名] シリング (イギリスの通貨単位)
shimmer [**ʃi**mər] [名] かすかな光 [動] かすかに光る
shin [ʃin] [名] 向こうずね, 脛骨
shine [ʃain] [動] 輝く [名] 輝き, 光沢
shingle [**ʃiŋ**gəl] [名] 屋根板 [動] 屋根板でふく
shiny [**ʃai**ni] [形] 輝く, 光る
ship [ʃip] [名] 船 [動] 輸送する
shipbuilding [**ʃip**bildiŋ] [名] 造船, 造船術
shipment [**ʃip**mənt] [名] 船積み, 託送貨物
shipping [**ʃi**piŋ] [名] 船積み, 託送, 海運業
shipwreck [**ʃip**rek] [名] 難破, 難破船 [動] 難破する
shipyard [**ʃip**ya:rd] [名] 造船所
shirk [ʃə:rk] [動] 回避する, なまける
shirt [ʃə:rt] [名] シャツ
shiver [**ʃi**vər] [動] 寒さに震える, 身震いする
shoal [ʃoul] [名] 浅瀬 [形] 浅い
shock [ʃak] [名] 衝撃 [動] 衝撃を与える
shocking [**ʃa**kiŋ] [形] 衝撃的な, お粗末な
shoddy [**ʃa**di] [形] 偽の, 貧弱な
shoe [ʃu:] [名] 履物, 靴
shoehorn [**ʃu:**hɔ:rn] [名] 靴べら
shoelace [**ʃu:**leis] [名] 靴ひも
shoemaker [**ʃu:**meikər] [名] 靴屋
shoe polish [**ʃu:** paliʃ] [名] 靴みがきのクリーム
shoeshine [**ʃu:**ʃain] [名] 靴磨き
shoestring [**ʃu:**striŋ] [名] 靴ひも, 少ない資本
shone [ʃoun] [動] shine (輝く) の過去·過去分詞形
shook [ʃuk] [動] shake (振る) の過去形
shoot [ʃu:t] [名] 射撃, 発射 [動] 発射する
shooting [**ʃu:**tiŋ] [名] 射撃, 発射
shop [ʃap] [名] 店, 商店 [動] 物を買う
shopkeeper [**ʃap**ki:pər] [名] 店主
shoplifting [**ʃap**liftiŋ] [名] 万引き
shopping [**ʃa**piŋ] [名] ショッピング, 買い物
shopping bag [**ʃa**piŋ bæg] [名] carrier bag
shopping mall [**ʃa**piŋ mɔ:l] [名] ショッピングモール, 歩行者専用の商店街
shore [ʃɔ:r] [名] 浜, 海岸
short [ʃɔ:rt] [形] 短い, 不十分な
shortage [**ʃɔ:r**tidʒ] [名] 不足
shortcake [**ʃɔ:rt**keik] [名] ショートケーキ
short-**cir**cuit [ʃɔ:rt **sə:r**kət] [名] 漏電, ショート
shortcoming [**ʃɔ:rt** kəmiŋ] [名] 欠点, 不足, 不作
shortcut [**ʃɔ:rt**kət] [名] 近道
shorten [**ʃɔ:r**tn] [動] 短くする
shortening [**ʃɔ:r**tniŋ] [名] 短縮, ショートニング (製菓用材料)
shorthand [**ʃɔ:rt**hænd] [名] 速記 [形] 速記の
short**han**ded [ʃɔ:rt**hæn**dəd] [形] 人手が足りない
short-lived [**ʃɔ:rt** livd] [形] 短命の, はかない
shortly [**ʃɔ:rt**li] [副] すぐ, 簡単に
shortness [**ʃɔ:rt**nəs] [名] 不足, 簡単, 無愛想さ
shorts [ʃɔ:rts] [名] 半ズボン, 運動パンツ
short-short [**ʃɔ:rt ʃɔ:rt**] [名] 超短編小説
short-sighted [**ʃɔ:rt** saitəd] [形] 近視眼的な, 短見の
short-**tem**pered [ʃɔ:rt **tem**pərd] [形] 性急な
shot [ʃat] [名] 発射
shotgun [**ʃat**gən] [名] 散弾銃 [形] 散弾銃の
should [ʃud] [助] ~しなければならない
shoulder [**ʃoul**dər] [名] 肩 [動] 肩に担う
shoulder bag [**ʃoul**dər bæg] [名] 肩に掛ける型のハンドバッグ, ショルダーバッグ
shouldn't [**ʃu**dnt] [短] should not の短縮形
shout [ʃaut] [動] 叫ぶ [名] 喚声
shove [ʃʌv] [名] 押し [動] 押す
shovel [**ʃʌ**vəl] [名] シャベル [動] シャベルで掘る
show [ʃou] [動] 見せる [名] 展示, 展覧会
showcase [**ʃou**keis] [名] 商品の陳列棚, ショーケース
showdown [**ʃou**daun] [名] 暴露, 公開, 対決
shower [**ʃau**ər] [名] にわか雨 [動] にわか雨が降る
showing [**ʃou**iŋ] [名] 展示, 展覧, 表示, 外観
shown [ʃoun] [動] show (見せる) の過去分詞形
show-off [**ʃou** ɔ:f] [名] 誇示, 自慢, 自慢屋
showroom [**ʃou**rum] [名] 陳列室, ショールーム
showy [**ʃou**i] [形] 贅沢な, 目に見える
shrank [ʃræŋk] [動] shrink(減る)の過去形
shred [ʃred] [名] 断片 [動] 細かく切る
shrew [ʃru:] [名] 小言ひどい女性
shrewd [ʃru:d] [形] 賢い, 鋭い
shriek [ʃri:k] [名] 悲鳴 [動] 悲鳴を上げる
shrill [ʃril] [形] 鋭い
shrimp [ʃrimp] [名] 小さなエビ, 子供
shrine [ʃrain] [名] 小さな聖堂, 祠堂
shrink [ʃriŋk] [名] 収縮 [動] 減る, 退く
shrivel [**ʃri**vəl] [動] しぼむ, すくむ
shroud [ʃraud] [名] 屍衣, 覆い
shrub [ʃrʌb] [名] 灌木, シロップ
shrug [ʃrʌg] [動] 肩をすくめる
shrunk [ʃrʌŋk] [動] shrink(減る)の過去分詞形

shudder [**ʃʌ**dər] [名] 戦慄 [動] 身震いする

shuffle [**ʃʌ**fəl] [動] 足をひきずって歩く, 言い抜ける

shun [ʃʌn] [動] 避ける

shut [ʃʌt] [動] 閉める, 覆う

shutdown [**ʃʌt**daun] [名] 閉鎖, 臨時休業, 操業中断

shutter [**ʃʌ**tər] [名] よろい戸, 雨戸 [動] 雨戸をつける

shuttle [**ʃʌ**tl] [名] 定期往復航空機 (列車, バス)

shy [ʃai] [形] はにかむ

Si**ber**ia [sai**biə**riə] [地] シベリア (ロシアの地域)

siblings [**si**bliŋz] [名] 兄弟, 姉妹

Sicily [**si**səli] [地] シチリア島 (イタリアの島)

sick [sik] [形] 病気の, うんざりして

sicken [**si**kən] [動] 病気になる, むかつく, うんざりさせる

sickle [**si**kəl] [名] 鎌

sickly [**sik**li] [形] 健康が良くない [副] 病的に

sickness [**sik**nəs] [名] 病気

side [said] [形] 側面の [名] 側面, わき腹

sideboard [**said**bɔ:rd] [名] 食器棚, 側面板

sideburns [**said**bə:rnz] [名] 短いもみあげ

sidewalk [**said**wɔ:k] [名] 人道, 歩道

sideways [**said**weiz] [形] 横の, 間接の [副] 横に

siege [si:dʒ] [名] 包囲 [動] 囲む

sieve [siv] [名] ふるい, フィルター [動] ふるいにかける

sift [sift] [動] ふるい分ける, より分ける

sigh [sai] [名] ため息, 嘆き [動] ため息を吐く

sight [sait] [名] 見ること, 視力, 視界

sightseeing [**sait**si:iŋ] [名] 観光 [形] 観光の

sightseer [**sait**si:ər] [名] 観光客

sign [sain] [名] 表, 表示, 信号 [動] 署名する

signal [**sig**nəl] [名] 信号, 兆し [動] 信号を送る

signatory [**sig**nətɔ:ri] [名] 署名者 [形] 署名した

signature [**sig**nətʃər] [名] 署名, テーマ音楽

signboard [**sain**bɔ:rd] [名] 看板, 掲示板

sig**ni**ficance [sig**ni**fikəns] [名] 意味, 重要性

sig**ni**ficant [sig**ni**fikənt] [形] 重要な, 重大な, 意味のある

sig**ni**ficantly [sig**ni**fikəntli] [副] 重大に

signify [**sig**nəfai] [動] 意味する, 前兆を見せる

sign language [**sain** læŋgwidʒ] [名] 身振り, 手話, 手話法

signpost [**sain**poust] [名] ガイド, 道標

silence [**sai**ləns] [名] 沈黙 [動] 沈黙させる

silent [**sai**lənt] [形] 静かな, 沈黙の

silently [**sai**ləntli] [副] 静かに, 黙って

silhou**ette** [silu**et**] [名] 影, シルエットエト

silicon [**si**likən] [名] シリコン, ケイ素 (化学)

silk [silk] [名] 絹糸, 絹

silken [**sil**kən] [形] 絹の, 肌触りが良い

silky [**sil**ki] [形] 絹のような, 光沢のある, 優しい

sill [sil] [名] 土台, 敷居

silly [**si**li] [形] 愚かな [名] バカ

silver [**sil**vər] [名] 銀, 銀貨, 銀器 [形] 銀の

silverware [**sil**vərweər] [名] 銀器, 銀製品

silvery [**sil**vəri] [形] 銀のような, 銀白色の, 澄んだ

similar [**si**mələr] [形] 類似した [名] 類似物

simi**la**rity [simə**læ**rəti] [名] 類似点, 類似物, 相似

similarly [**si**mələrli] [副] 同様に

simile [**si**məli] [名] 直喩

simmer [**si**mər] [動] ぐつぐつ煮える

simple [**sim**pəl] [形] 簡単な, 単純な, 素朴な

sim**pli**city [sim**pli**səti] [名] 簡単, 単純, 素朴

simplified [**sim**pləfaid] [形] 単純化された

simplify [**sim**pləfai] [動] 単純化する, 簡単にする

simply [**sim**pli] [形] 簡単に, 分かりやすく, 素直に

simulate [**sim**yəleit] [動] ふりをする, 模擬実験をする

simu**la**tion [simyə**lei**ʃən] [名] 振りをすること, 偽ること, 模擬実験

simul**ta**neous [saiməl**tei**niəs] [形] 同時に起こる, 同時の

simul**ta**neously [saiməl**tei**niəsli] [副] 同時に

sin [sin] [名] 罪悪 [動] 罪を犯す

Sinai [**sai**nai] [地] シナイ山 (聖書の地名)

since [sins] [接] ~以来, ~のために [副] その後

sin**cere** [sin**siər**] [形] 誠実な

sin**cere**ly [sin**siər**li] [副] 誠実に

sin**ce**rity [sin**seə**rəti] [名] 誠実

sinew [**si**nyu:] [名] 筋肉, 体力, 資金

sinful [**sin**fl] [形] 罪深い, 邪悪な

sing [siŋ] [動] 歌う [名] 歌うこと

Singapore [**siŋ**əpɔ:r] [地] シンガポール

singe [sindʒ] [名] 焦がすこと [動] 焦がす

singer [**siŋ**ər] [名] 歌手

singing [**siŋ**iŋ] [名] 歌うこと, 唱歌 [形] 歌う

single [**siŋ**gəl] [形] 唯一の, 独身の [名] 唯一, 独身

single **file** [**siŋ**gəl **fail**] [名] 一列縦隊 (軍隊)

single-**han**ded [siŋgəl **hæn**dəd] [形] 独立した, 単独の, 片手の

singly [**siŋ**gli] [形] 単独で, 一つずつ, 一人の力で

singular [**siŋ**gyələr] [形] 注目すべき, 奇妙な, 単数の

sinister [**si**nəstər] [形] 不吉な, 邪悪な, 不正直な

sinisterly [**si**nəstərli] [副] 不吉に, 邪悪に

sink [siŋk] [動] 沈没する [名] 台所のシンク

sinner [**si**nər] [名] 罪人, 違反者

sinuous [**si**nyuəs] [形] 曲がりくねった, 遠回しの, 複雑な

sinuously [**si**nyuəsli] [副] 波状に

sinus [**sai**nəs] [名] 湾曲, 穴
sinu**si**tis [sainə**sai**təs] [名] 鼻炎, 静脈洞炎
sip [sip] [名] ひと口 [動] ちびちび飲む
siphon [**sai**fən] [名] サイフォン, 吸収管
sir [sə:r] [名] 貴下, 先生, ~卿
sire [saiər] [名] 陛下, 祖先, 種馬
siren [**sai**rən] [名] 妖婦, 魔女
sirloin [**sə:r**lɔin] [名] サーロイン (牛腰上部の肉)
sissy [**si**si] [名] めめしい少年
sister [**sis**tər] [名] 姉妹, 姉, 妹
sister-in-law [**sis**tərən lɔ:] [名] 義理の姉妹
sit [sit] [動] 座る
site [sait] [名] 位置, 場所
sitter [**si**tər] [名] 座っている人, 着席者
sitting [**si**tiŋ] [名] 座り, 着席 [形] 座っている
sitting room [**si**tiŋ rum] [名] 居間
situate [**si**tʃueit] [動] 置く, 位置を決める
situated [**si**tʃueitəd] [形] ~に位置している, ~に置かれた
situ**a**tion [sitʃu**ei**ʃən] [名] 場所, 立場, 状況
six [siks] [名] 6 [形] 6 の
six**teen** [siks**ti:n**] [名] 16 [形] 16 の
six**teenth** [siks**ti:nθ**] [名] 第 16 [形] 第 16 の
sixth [siksθ] [名] 六番目 [形] 六番目の
sixtieth [**siks**tiəθ] [名] 第 60 [形] 第 60 の
sixty [**siks**ti] [名] 60 [形] 60 の
sizable [**sai**zəbl] [形] 相当な大きさの
size [saiz] [名] 大きさ, 寸法
sizzle [**si**zəl] [動] 焼けるように暑い
sizzling [**si**zəliŋ] [形] 焼けるような, ジュージュー音をたてる
skate [skeit] [名] スケート
skateboard [**skeit**bɔ:rd] [名] スケートボード
skater [**skei**tər] [名] スケートをする人
skating [**skei**tiŋ] [名] スケートで滑ること
skeleton [**ske**lətn] [名] 骨格, 骸骨
skeptic [**skep**tik] [名] 懐疑論者 [形] 懐疑的な
skeptical [**skep**tikəl] [形] 用心深い, 懐疑的な
skeptically [**skep**tikəli] [副] 懐疑的に
skepticism [**skep**təsizm] [名] 疑い, 懐疑, 懐疑主義
sketch [sketʃ] [名] スケッチ, 写生画, 草稿
sketchy [**ske**tʃi] [形] 概略の, 不完全な
skewer [**skyu:**ər] [名] 串, 焼き串
ski [ski:] [名] スキー [動] スキーをする
skid [skid] [名] 滑材 [動] 滑る
skier [**ski:**ər] [名] スキーをする人, スキーヤー
skiing [**ski:**iŋ] [名] スキーで滑ること

skill [skil] [名] 技術, 力量
skilled [skild] [形] 熟練した, 老練な
skillful [**skil**fl] [形] 巧みな
skim [skim] [動] すくい取る
skim **milk** [skim **milk**] [名] スキムミルク, 脱脂乳
skimp [skimp] [動] けちけちする, 節約する
skimpy [**skim**pi] [形] 不十分な, けちけちした
skin [skin] [名] 皮膚, 皮
skinny [**ski**ni] [形] 骨と皮ばかりの, やせこけた
skip [skip] [名] 軽く跳び越すこと, 跳躍 [動] 軽く跳び越す
skipper [**ski**pər] [名] 小型商船(漁船)の船長
skirmish [**skə:r**miʃ] [名] 小ぜり合い, 小衝突
skirt [skə:rt] [名] スカート, 先端部分
skittish [**ski**tiʃ] [形] 神経質な, 神経過敏の
skull [skʌl] [名] 頭蓋, 頭
skunk [skʌŋk] [名] スカンク, 嫌な奴
sky [skai] [名] 空, 天国
skylark [**skai**la:rk] [名] ヒバリ [動] 騒ぎたてる
skylight [**skai**lait] [名] 屋根の天窓, 天窓
skyline [**skai**lain] [名] 空を背景にした輪郭
skyrocket [**skai**rakət] [名] 烽火 [動] 急上昇する
skyscraper [**skai**skreipər] [名] 超高層ビル, 摩天楼
slab [slæb] [名] 広い板
slack [slæk] [形] ゆるい, 怠慢な, 遅い
slacken [**slæ**kən] [動] ゆるめる, 不活発にする
slain [slein] [動] slay (殺害する) の過去分詞形
slake [sleik] [動] 満たす, 和らげる
slam [slæm] [動] 戸をバタンとしめる, ドシンと置く
slander [**slæn**dər] [名] 中傷, 誹謗 [動] 中傷する, 誹謗する
slang [slæŋ] [名] 俗語, 隠語 [動] 俗語を使う
slant [slænt] [名] 傾斜, 坂
slap [slæp] [名] 平手打ち
slapstick [**slæp**stik] [名] どたばた喜劇
slash [slæʃ] [動] 深く切りつける, 大幅に削減する
slate [sleit] [名] スレート (屋根用石板)
slaughter [**slɔ:**tər] [名] 虐殺, 屠殺 [動] 屠殺する
slave [sleiv] [名] 奴隷 [動] 奴隷のように働く
slavery [**slei**vəri] [名] 奴隷の身分, 奴隷制度
Slavic [**slæ**vik] [名] スラブ語 [形] スラブ族の
slay [slei] [動] 殺害する, 虐殺する
sleazy [**sli:**zi] [形] 薄い, 安っぽい
sled [sled] [名] そり [動] そりで滑る
sledge [sledʒ] [名] 輸送用そり [動] そりで運ぶ
sleek [sli:k] [形] なめらかな, 口先のうまい
sleep [sli:p] [動] 寝る, 泊まる [名] 眠り, 睡眠

sleeper [**sli:**pər] [名] 眠る人, 冬眠動物
sleeping [**sli:**piŋ] [形] 眠っている [名] 睡眠
sleeping bag [**sli:**piŋ bæg] [名] 寝袋, スリーピングバッグ
sleeping car [**sli:**piŋ ka:r] [名] 寝台車
sleepless [**sli:**pləs] [形] 眠れない, 休まない
sleepy [**sli:**pi] [形] 眠たそうな, 活気がない
sleepyhead [**sli:**pihed] [名] 寝坊
sleet [sli:t] [名] あられ
sleeve [sli:v] [名] 服の袖
sleigh [slei] [名] そり [動] そりで滑る
slender [**slen**dər] [形] ほっそりしている
slept [slept] [動] sleep (寝る) の過去·過去分詞形
slew [slu:] [動] slay (殺害する) の過去形
slice [slais] [名] 薄い切れ [動] 薄く切る
slick [slik] [形] すべすべした, 魅力的な, 巧みな
slid [slid] [動] slide (滑る) の過去·過去分詞形
slide [slaid] [動] 滑る [名] 滑走, スライド
slight [slait] [形] 若干の [名] 軽蔑 [動] 軽蔑する
slightly [**slait**li] [副] 若干, 少し
slim [slim] [形] ほっそりしている, つまらない
slime [slaim] [名] ねば土, 粘液
slimy [**slai**mi] [形] ねばねばした, 卑劣な
sling [sliŋ] [名] 石投げ器 [動] 投げる
slingshot [**sliŋ**ʃat] [名] ゴム銃
slink [sliŋk] [動] こそこそ歩く
slip [slip] [動] 滑る [名] スリップ
slipper [**slip**ər] [名] スリッパ
slippery [**slip**əri] [形] すべすべする, よく滑る
slit [slit] [名] 長い切り口
sliver [**sli**vər] [名] 細長い小片
slob [slab] [名] 泥, まぬけ
slogan [**slou**gən] [名] スローガン, 標語, 宣伝文句
slope [sloup] [名] 坂, 斜面 [動] 傾く
sloppy [**sla**pi] [形] ぐしょぬれの, 粗野な, だらしない
slot [slat] [名] 細長いすき間 [動] 細長いすき間をつける
sloth [slɔ:θ] [名] 怠惰, ナマケモノ (動物)
slot machine [**slat** məʃi:n] [名] 自動販売機(電話機, 賭博機)
slouch [slautʃ] [動] 前にかがめる
Slo**va**kia [slou**va**kiə] [地] スロバキア (東ヨーロッパ諸国)
slovenly [**slʌ**vənli] [形] だらしない, 荒い
slow [slou] [形] 遅い, のろい [動] 速度を落とす
slow **down** [slou **daun**] [名] 減速, 操短罷業
slowly [**slou**li] [副] ゆっくり, ゆっくりと
slow-motion [**slou mou**ʃən] [形] 遅い, スローモーションの
slug [slʌg] [動] のらくら過ごす

sluggish [**slʌ**giʃ] [形] 怠惰な, 元気がない
slum [slʌm] [名] 貧民街, スラム街
slumber [**slʌm**bər] [名] うたた寝 [動] うたた寝をする
slump [slʌmp] [名] スランプ [動] 気力が衰える
slung [slʌŋ] [動] sling(投げる)の過去·過去分詞形
slur [slə:r] [動] 不明瞭に話す
slush [slʌʃ] [名] 溶け始めた雪
sly [slai] [形] 狡猾な, 悪賢い
smack [smæk] [名] 味, 少量 [動] 味がする
small [smɔ:l] [形] 少ない, 小さな
smallpox [**smɔ:l**paks] [名] 天然痘
smart [sma:rt] [形] 素早い, 賢い [名] 痛み
smart aleck [**sma:rt** ælik] [名] 自負心が非常に強い人
smash [smæʃ] [名] 粉砕, 撃破 [動] 粉砕する
smattering [**smæ**təriŋ] [形] 生かじりの
smear [smiər] [名] しみ [動] 塗りつける, 傷つける
smell [smel] [動] 匂いを嗅ぐ [名] 匂い
smelly [**sme**li] [形] 悪臭を放つ
smelt [smelt] [動] 溶解する
smile [smail] [動] 微笑む [名] 微笑み
smiling [**smai**liŋ] [形] にこにこした, 晴れ晴れとした
smirk [smə:rk] [名] 作り笑い [動] 無理やり笑う
smite [smait] [名] 強打 [動] 強打する
smith [smiθ] [名] かじ屋, 金属細工人
smock [smak] [名] ゆったりした下着, 仕事着
smog [smag] [名] スモッグ, 煙霧
smoke [smouk] [名] 煙, タバコ [動] 煙が出る
smoker [**smou**kər] [名] 喫煙者
smoking [**smou**kiŋ] [名] 喫煙 [形] 喫煙する, 煙を出す
smoky [**smou**ki] [形] もくもくと煙の出る, かすんだ
smolder [**smoul**dər] [名] くすぶり [動] くすぶる
smooth [smu:ð] [形] 滑らかな [動] 滑らかにする
smoothly [**smu:ð**li] [副] 滑らかに, 穏やかに
smote [smout] [動] smite (強打する) の過去形
smother [**smʌ**ðər] [動] 窒息させる, 火を消す
smudge [smʌdʒ] [名] しみ [動] しみをつける
smug [smʌg] [形] うぬぼれている, 気取った
smuggle [**smʌ**gəl] [動] 密輸入する, 密輸出する
smuggler [**smʌ**gələr] [名] 密輸業者
snack [snæk] [名] 軽食, おやつ
snack bar [**snæk** ba:r] [名] 簡易食堂
snag [snæg] [名] 隠された木, 不慮の障害
snail [sneil] [名] カタツムリ
snake [sneik] [名] 蛇
snap [snæp] [名] クリック音, 瞬間撮影

snapshot [**snæp**ʃat] [名] スナップ写真, 瞬間撮影の写真
snare [sneər] [名] 罠 [動] 罠でつかむ
snarl [sna:rl] [名] うなり声 [動] うなる
snatch [snætʃ] [名] ひったくり [動] ひったくる
sneak [sni:k] [動] 歩き回る, 密かにする
sneaker [**sni:**kər] [名] こそこそする人, 卑劣な人
sneer [sniər] [名] 嘲笑 [動] 嘲笑する, あざける
sneeze [sni:z] [名] くしゃみ [動] くしゃみをする
snicker [**sni**kər] [名] くすくす笑う [動] くすくす笑う
sniff [snif] [動] 鼻で吸い込む
snip [snip] [動] チョキンと切る
snipe [snaip] [名] 狙撃 [動] 狙撃する
snob [snab] [名] 俗物, 地位·財産崇拝者
snobbish [**sna**biʃ] [形] 俗物の, 地位·財産を崇拝する
snoop [snu:p] [名] うろつく人 [動] うろつく
snooze [snu:z] [名] 居眠り [動] 居眠りする
snore [snɔ:r] [名] いびき [動] いびきをかく
snorkel [**snɔ:r**kəl] [名] スノーケル (潜水用呼吸装置)
snort [snɔ:rt] [名] 鼻を鳴らすこと [動] 鼻を鳴らす
snout [snaut] [名] 口, 蛇口
snow [snou] [名] 雪 [動] 雪が降る
snowball [**snou**bɔ:l] [名] 雪玉 [動] 雪玉を投げる
snowboard [**snou**bɔ:rd] [名] スノーボード
snow-covered [**snou** kəvərd] [形] 雪に覆われた
snowfall [**snou**fɔ:l] [名] 降雪, 積雪量
snowflake [**snou**fleik] [名] 雪片
snowman [**snou**mæn] [名] 雪だるま
snowshoe [**snou**ʃu:] [名] 雪ぐつ [動] 雪ぐつをはいて歩く
snowstorm [**snou**stɔ:rm] [名] 吹雪
snow-white [**snou wait**] [形] 雪のように白い, 純白の
snowy [**snou**i] [形] 雪が多い
snub [snʌb] [名] 軽蔑, 冷遇 [動] 冷遇する
snuff [snʌf] [名] 鼻で吸うこと [動] 鼻で吸う
snug [snʌg] [形] 居心地の良い [動] くつろぐ
so [sou] [副] そのように, そう [接] その結果
soak [souk] [動] 沈む, 染み込む
soaked [soukt] [形] びっしょり濡れた
so-and-so [**sou** ən sou] [名] 誰それ
soap [soup] [名] 石鹸
soap opera [**soup** apərə] [名] 連続メロドラマ
soar [sɔ:r] [名] 飛上 [動] 飛び立つ
sob [sab] [名] すすり泣き [動] すすり泣く
sober [**sou**bər] [形] 酒に酔わない, 謹厳な
so**bri**ety [sou**brai**əti] [名] 酒に酔っていないこと
so-called [**sou kɔ:ld**] [形] いわゆる, いわば

soccer [**sa**kər] [名] サッカー
sociable [**sou**ʃəbl] [形] 社交的な, 親睦の
social [**sou**ʃəl] [形] 社会の, 社会的な, 社交的な
socialism [**sou**ʃəlizm] [名] 社会主義
socialist [**sou**ʃəlist] [名] 社会主義者 [形] 社会主義者の
socialize [**sou**ʃəlaiz] [動] 社会主義化する
social se**cu**rity [**sou**ʃəl si**kyuə**rəti] [名] 社会保障制度
social work [**sou**ʃəl wə:rk] [名] 社会事業
so**ci**ety [sə**sai**əti] [名] 社会, 組織, 集団
soci**o**logy [sousi**a**lədʒi] [名] 社会学 (学問)
sock [sak] [名] 短い靴下
socket [**sa**kət] [名] 電気ソケット, 穴
sod [sad] [名] 芝生 [動] 芝生を敷く
soda [**sou**də] [名] ソーダ, 炭酸飲料
soda water [**sou**də wɔ:tər] [名] ソーダ水
sodium [**sou**diəm] [名] ナトリウム (化学)
sofa [**sou**fə] [名] ソファ, 長いアームチェア
soft [sɔ:ft] [形] 柔らかい, 快適な
soft **drink** [sɔ:ft **driŋk**] [名] (アルコールのない) ソフトドリンク
softball [**sɔ:ft**bɔ:l] [名] ソフトボール
soften [**sɔ:**fən] [動] 柔らかくする
softly [**sɔ:ft**li] [副] 優しく, 静かに
software [**sɔ:ft**weər] [名] ソフトウェア (コンピュータ), 利用技術
soggy [**sa**gi] [形] 水に浸った, じめじめした
soil [sɔil] [名] 土, 土壌
sojourn [**sou**dʒə:rn] [名] 滞留, 滞在 [動] 滞留する, 滞在する
solace [**sa**ləs] [名] 慰め [動] 慰める
solar [**sou**lər] [形] 太陽の
solar system [**sou**lər sistəm] [名] 太陽系
sold [sould] [動] sell (売る) の過去·過去分詞形
solder [**sa**dər] [名] はんだ [動] はんだづけする
soldier [**soul**dʒər] [名] 兵士
sole [soul] [形] 唯一の [名] 足裏, 靴底
solely [**soul**i] [副] 一人で, 唯一の
solemn [**sa**ləm] [形] 真剣な, 重大な
so**lem**nity [sə**lem**nəti] [名] 厳粛, 荘厳, 儀式
so**li**cit [sə**li**sət] [動] 切に望む, 懇請する
so**li**citor [sə**li**sətər] [名] 懇願する人, 選挙運動家
so**li**citous [sə**li**sətəs] [形] 切に望む, 熱望する
solid [**sa**ləd] [形] 固体の, 中身のある, 堅い
soli**da**rity [salə**deə**rəti] [名] 一致団結, 結束, 連帯責任
solidly [**sa**lədli] [副] 堅固に
so**li**loquy [sə**li**ləkwi] [名] 独り言, 独白
solitary [**sa**ləteri] [形] 一人の, 孤独な, 唯一の
solitude [**sa**lətyu:d] [名] 孤独

solo [**sou**lou] [名] 独唱 [形] 独唱の [副] 一人で
soloist [**sou**louist] [名] 独唱者, 独奏者
Solomon [**sa**ləmən] [人] ソロモン (聖書の人物)
soluble [**sal**yəbl] [形] 溶ける, 溶解(解決)できる
so**lu**tion [sə**lu:**ʃən] [名] 解決, 溶解, 溶液
solve [salv] [動] 解決する
solvent [**sal**vənt] [名] 溶剤 [形] 溶かす
So**ma**lia [sou**ma**liə] [地] ソマリア (東アフリカ諸国)
somber [**sam**bər] [形] 薄暗い, 黒ずんだ, 憂うつな
some [sʌm] [形] 多少の, ある
somebody [**sʌm**bədi] [代] ある人 [名] すごい人物
someday [**sʌm**dei] [副] 後日
somehow [**sʌm**hau] [副] 何らかの形で
someone [**sʌm**wən] [代] 誰か
somersault [**sʌ**mə:rsɔ:lt] [名] 宙返り [動] 宙返りをする
something [**sʌm**θiŋ] [代] どんな物
sometime [**sʌm**taim] [副] いつか
sometimes [**sʌm**taimz] [副] たまに, 時には
somewhat [**sʌm**wət] [副] ある程度
somewhere [**sʌm**weər] [副] どこかで
son [sʌn] [名] 息子
so**na**ta [sə**na**tə] [名] ソナタ (音楽)
song [sɔ:ŋ] [名] 歌
songster [**sɔ:ŋ**stər] [名] 歌う人 歌手, 詩人
sonic [**sa**nik] [形] 音の, 音響の, 音速の
son-in-law [**sʌn** in lɔ:] [名] 娘の夫, 養子
sonnet [**sa**nət] [名] ソネット [動] ソネットを書く
so**no**rous [sə**nɔ:**rəs] [形] よく響く, 格調高い
soon [su:n] [副] すぐに, 早く
soot [sut] [名] すす [動] すすでよごす
soothe [su:ð] [動] なだめる, 慰める
soothsayer [**su:θ**seiər] [名] 預言者, 占い師
sooty [**su:**ti] [形] すすの, すすけた
so**phis**ticated [sə**fis**təkeitəd] [形] 洗練された, 世慣れた, 精巧な
sophomore [**sa**fəmɔ:r] [名] (米国大学の) 2 年生
sopho**mor**ic [safə**mɔ:r**ik] [形] 未熟な, 若い
sopo**ri**fic [sapə**ri**fik] [形] 眠い, 退屈な
so**pra**no [sə**præ**nou] [名] ソプラノ (音楽)
sorcerer [**sɔ:r**sə:rər] [名] 魔法使い, 魔術師
sorcery [**sɔ:r**səri] [名] 魔法, 魔術
sordid [**sɔ:r**dəd] [形] 汚い, みじめな
sore [sɔ:r] [名] 傷 [形] 痛い
sorely [**sɔ:r**li] [副] つらく, 激烈に, 非常に
sorrow [**sa:r**ou] [名] 悲しみ [動] 嘆く
sorrowful [**sa:r**oufl] [形] 悲しい, 悲しくさせる

sorry [**sa:r**i, **sɔ:r**i] [形] 哀れな, 残念な, 後悔する
sort [sɔ:rt] [名] 種類, 性質 [動] 分類する
so-so [**sou sou**] [形] まあまあの [副] まあまあ
sought [sɔ:t] [動] seek (探す) の過去·過去分詞形
soul [soul] [名] 魂
sound [saund] [名] 音 [形] 健康な
sound effects [**saund** ifekts] [名] 音響効果
soundly [**sound**li] [副] 健全に, 深く, ひどく
soundtrack [**saund**træk] [名] サウンドトラック
soup [su:p] [名] スープ
sour [sauər] [形] すっぱい, 気分が優れない
source [sɔ:rs] [名] 源, 出所
south [sauθ] [名] 南, 南側 [形] 南の
South Ame**ri**ca [sauθ əm**eər**əkə] [地] 南米
South Caro**li**na [sauθ kærə**lai**nə] [地] サウスカロライナ (米国の州)
South Da**ko**ta [sauθ də**kou**tə] [地] サウスダコタ (米国の州)
south**east** [sauθ**i:st**] [名] 東南, 東南側 [形] 東南の
south**east**ern [sauθ**i:st**ə:rn] [形] 東南の, 東南風の
southern [**sʌ**ðərn] [形] 南側の
South **Pole** [sauθ **poul**] [地] 南極
southward [**sauθ**wə:rd] [名] 南側 [形] 南側の [副] 南に
south**west** [sauθ**west**] [名] 西南 [副] 西南に
south**wes**tern [sauθ**wes**tərn] [名] 西南の
souve**nir** [su:və**niər**] [名] 記念品, 遺品
sovereign [**sa**vərən] [形] 主権の [名] 主権者, 独立国家
sovereignty [**sa**vərənti] [名] 主権, 統治権, 君主の身分
Soviet [**sou**viet] [地] ソビエト (ソ連)
sow [sou] [動] 種をまく
sow [sau] [名] 雌豚
sown [soun] [動] sow (種をまく) の過去分詞形
soy [sɔi] [名] しょうゆ
soy sauce [**sɔi** sɔ:s] [名] しょうゆ
spa [spa:] [名] 温泉, 温泉場
space [speis] [名] 空間, 宇宙 [動] 間隔を置く
spacecraft [**speis**kræft] [名] 宇宙船, spaceship
spaceman [**speis**mæn] [名] 宇宙飛行士, 宇宙人
spaceship [**speis**ʃip] [名] 宇宙船
space shuttle [**speis** ʃətl] [名] 宇宙往復船
space station [**speis** steiʃən] [名] 宇宙ステーション
spacious [**spei**ʃəs] [形] 広大な, 広い
spade [speid] [名] 鋤 [動] 鋤で掘る
spa**ghe**tti [spə**ge**ti] [名] スパゲッティ
Spain [spein] [地] スペイン
span [spæn] [名] 一指尺 [動] 及ぶ
spangle [**spæŋ**gəl] [名] スパンコール, ぴかぴか光る物

Spaniard [**spæn**yərd] [名] スペイン人

Spanish [**spæ**niʃ] [名] スペイン人(語) [形] スペインの

spank [spæŋk] [名] 平手打ち [動] 平手でたたく

spare [speər] [形] 予備の [動] 許す

spare time [**speər** taim] [名] 余暇

spark [spa:rk] [名] 火花, 光彩 [動] 火花が散る

sparkle [**spa:r**kəl] [名] 火花 [動] 火花が散る

sparkling [**spa:r**kəliŋ] [形] 火花を出す, 発泡性の

sparrow [**spæ**rou] [名] スズメ

sparse [spa:rs] [形] 散在する, 頭髪が薄い, 希薄な

Sparta [**spa:r**tə] [地] スパルタ (古代ギリシャの都市)

Spartan [**spa:r**tn] [名] スパルタ人 [形] 厳しい鍛錬を受けた

spasm [spæzm] [名] けいれん, 発作

spat [spæt] [名] 口論 [動] 口論する

spate [speit] [名] 洪水, 連発, 大量

spatial [**spei**ʃəl] [形] 空間の, 場所の, 宇宙の

spatially [**spei**ʃəli] [副] 空間的に

spatter [**spæ**tər] [動] はねかける, まく

spawn [spɔ:n] [名] 卵 [動] 卵を産む

speak [spi:k] [動] 話す, 演説する

speaker [**spi:**kər] [名] 話す人, 演説者, スピーカー

speaking [**spi:**kiŋ] [名] 話すこと, 演説 [形] 話す

spear [spiər] [名] 槍 [動] 槍で刺す

spearmint [**spiər**mint] [名] スペアミント

special [**spe**ʃəl] [形] 特別な, 専門の

specialist [**spe**ʃəlist] [名] 専門家, 専門医

specialize [**spe**ʃəlaiz] [動] 専攻する

specially [**spe**ʃəli] [副] 特別に

specialty [**spe**ʃəlti] [名] 専攻, 専門

species [**spi:**ʃi:z] [名] 種類

spe**cif**ic [spə**si**fik] [形] 特殊な, 独特の

spe**cif**ically [spə**si**fikəli] [副] 明確に, 本質的に

specify [**spe**səfai] [動] 明確に述べる, 明示する

specimen [**spe**səmən] [名] サンプル, 標本

specious [**spi:**ʃəs] [形] 見かけが良い, それらしい

speck [spek] [名] 汚れ, 斑点

speckle [**spe**kəl] [名] 斑点 [動] 斑点をつける

spectacle [**spek**tikəl] [名] 壮観, 光景, メガネ

spec**ta**cular [spek**tæ**kyələr] [形] 壮観な

spectator [**spek**teitər] [名] 観衆

specter [**spek**tər] [名] 幽霊, 鬼

spectral [**spek**trəl] [形] 幽霊の, 鬼のような, スペクトラムの

spectrum [**spek**trəm] [名] スペクトル, 分光

speculate [**spe**kyəleit] [動] 思索する, 推測する, 投機する

specu**la**tion [spekyə**lei**ʃən] [名] 深思熟考, 推測, 投機

speculative [**spe**kyəleitiv] [形] 思索的(理論的, 投機的)である

speculator [**spe**kyəleitər] [名] 思索家, 理論家, 投機家, ダフ屋

sped [sped] [動] speed (急がせる) の過去·過去分詞形

speech [spi:tʃ] [名] 話すこと, 演説, 話す能力

speechless [**spi:tʃ**ləs] [形] 口のきけない, 言いようのない

speed [spi:d] [名] 速度 [動] 急がせる

speed limit [**spi:d** limət] [名] 制限速度

speedboat [**spi:d**bout] [名] 高速ボート

spee**do**meter [spi**da**mətər] [名] 速度計

speedup [**spi:d**əp] [名] 速力(生産) 増加

speedy [**spi:**di] [形] 速い, 迅速な

spell [spel] [動] 綴る [名] 呪文

spellbound [**spel**baund] [形] 魅惑された, 呪文に縛られた

spelling [**spe**liŋ] [名] 綴字法, スペリング

spend [spend] [動] 消費する, 時間を過ごす

spendthrift [**spend**θrift] [名] 浪費家, 放蕩者 [形] 放蕩の

spent [spent] [形] 消費された

spent [spent] [動] spend (消費する) の過去·過去分詞形

sperm [spə:rm] [名] 精液, 精子

spew [spyu:] [動] 吐く

sphere [sfiər] [名] 球, 地球儀

spherical [**sfiə**rikəl] [形] 球形の, 天体の

sphinx [sfiŋks] [名] スフィンクス

spice [spais] [名] 味付け [動] 味付けする

spicy [**spai**si] [形] 味付けをした, 香料が豊富な

spider [**spai**dər] [名] クモ

spiderweb [**spai**dərweb] [名] クモの巣

spigot [**spi**gət] [名] 栓, たるの口, コーク

spike [spaik] [名] 大くぎ, (靴底の)スパイク

spill [spil] [名] こぼし [動] こぼす

spilt [spilt] [動] spill(こぼす)の過去·過去分詞形

spin [spin] [名] 回転, スピン [動] 回転する, 紡績する

spinach [**spi**nitʃ] [名] ほうれん草 (野菜)

spinal cord [**spai**nəl kɔ:rd] [名] 脊髄

spindle [**spin**dl] [名] 紡錘 [動] 細長くなる

spine [spain] [名] 脊椎, 植物のとげ, 山の尾根

spinner [**spi**nər] [名] 紡績工, 紡績機械, 広報要員

spinning [**spi**niŋ] [名] 紡績, 紡績業 [形] 紡績の

spinster [**spin**stər] [名] オールドミス, 未婚女性

spiral [**spai**rəl] [名] 螺旋, 環状線 [形] らせん状の

spire [spaiər] [名] 尖塔 [動] 突き出る

spirit [**spiə**rət] [名] 精神, 心, 魂

spirited [**spiə**rətəd] [形] 元気のよい, 活発な

spiritual [**spiə**ritʃuəl] [形] 魂の, 精神の

spiritualism [**spiə**ritʃuəlizm] [名] 心霊術, 唯心論

spit [spit] [動] つばを吐く [名] 唾

spite [spait] [名] 悪意, 恨み

spiteful [spaitfl] [形] 悪意のある, 意地悪な

splash [splæʃ] [名] はね [動] 水をはね飛ばす

spleen [spli:n] [名] 脾臓, 不機嫌

splendid [splendəd] [形] 華やかな, 素敵な

splendor [splendər] [名] 華麗さ, 壮観

splinter [splintər] [名] 破片 [形] 分離する [動] 割る, 割れる

split [split] [名] 分割, 割れ目 [動] 割る

splurge [splə:rdʒ] [名] 誇示 [動] 誇示する

spoil [spɔil] [名] 略奪品 [動] 台無しにする

spoke [spouk] [名] 車輪のスポーク

spoke [spouk] [動] speak (話す) の過去形

spoken [spoukən] [形] 口で言う, 口語の

spoken [spoukən] [動] speak (話す) の過去分詞形

spokesman [spouksmən] [名] 代弁者

spokesperson [spoukspə:rsən] [名] spokesman (代弁者)

spokeswoman [spoukswumən] [名] spokesman(代弁者)の女性形

sponge [spʌndʒ] [名] スポンジ

spongy [spʌndʒi] [形] 海綿状の, 多孔質の

sponsor [spansər] [名] スポンサー, 後援者 [動] 後援する

spontaneous [spanteiniəs] [形] 自然発生的な, 自発的な, 自然の

spontaneously [spanteiniəsli] [副] 自然発生的に

spoof [spu:f] [名] ちゃかし, 詐欺

spook [spu:k] [名] 幽霊, スパイ

spoon [spu:n] [名] スプーン

spoonful [spu:nfl] [名] 1 さじ 1 杯(の分量)

sporadic [spərædik] [形] 散発的な

sporadical [spərædikəl] [形] 散発的な

spore [spɔ:r] [名] 胞子 [動] 胞子を生ずる

sport [spɔ:rt] [名] スポーツ, 運動 [動] 運動する

sporting [spɔ:rtiŋ] [形] スポーツ用の, 正々堂々とした

sports car [spɔ:rts ka:r] [名] スポーツカー

sportsman [spɔ:rtsmən] [名] 運動家, スポーツマン

sportsmanship [spɔ:rtsmənʃip] [名] 運動家精神, スポーツマンシップ

spot [spat] [名] 染み, 汚点 [動] (染み, 汚点) をつける

spotless [spatləs] [形] 欠点がない, 完璧な

spotlight [spatlait] [名] 世間の注目 [動] 世間の注目を引く

spouse [spaus] [名] 配偶者

spout [spaut] [名] やかんの口, 噴水 [動] 噴出する

sprain [sprein] [名] 捻挫 [動] くじく, 捻挫する

sprang [spræŋ] [動] spring (はねる) の過去形

sprawl [sprɔ:l] [名] 大の字に寝そべること [動] 大の字にする

spray [sprei] [名] 水煙, 噴霧器

spread [spred] [名] 拡大, 広がり [動] 広げる

sprig [sprig] [名] 小枝

sprightly [spraitli] [形] 陽気な, 活気のある [副] 陽気に

spring [spriŋ] [名] 跳躍, 泉, 春

springtime [spriŋtaim] [名] 春, 春季, 青春

sprinkle [spriŋkəl] [動] まく

sprinkler [spriŋkələr] [名] 散水車, スプリンクラー

sprinkling [spriŋkəliŋ] [名] 散布, (雨・雪などの)小降り

sprint [sprint] [名] 短距離競走

sprout [spraut] [名] 若芽 [動] 芽が出る

spruce [spru:s] [形] きちんとした [動] 小ぎれいにする

sprung [sprʌŋ] [動] spring (はねる) の過去分詞形

spry [sprai] [形] 元気のよい, すばしこい

spun [spʌn] [形] 紡いだ

spun [spʌn] [動] spin (回転する) の過去・過去分詞

spur [spə:r] [名] 拍車, 刺激 [動] 拍車をかける

spurious [spyuəriəs] [形] 偽りの, 偽造された

spurn [spə:rn] [名] 蹴飛ばすこと, にべもない拒絶 [動] 蹴飛ばす

spurt [spə:rt] [名] 噴出, 爆発 [動] 噴出する

sputter [spʌtər] [動] パチパチ音をたてる

spy [spai] [名] 探偵 [動] ひそかに調べる

squabble [skwabəl] [名] くだらない口論 [動] くだらない口論をする

squad [skwad] [名] 分隊 (軍隊), チーム

squadron [skwadrən] [名] 騎兵大隊, 団体

squalid [skwaləd] [形] きたならしい, 下劣な

squall [skwɔ:l] [名] はやて [動] はやてが吹く

squalor [skwalər] [名] 貧しさ, 不潔さ

squander [skwandər] [動] 浪費する

square [skweər] [名] 正方形, 広場 [形] 正方形の

squarely [skweərli] [副] 正方形に, 正直に

squash [skwaʃ] [名] スカッシュ (飲料) [動] 押しつぶす

squat [skwat] [名] しゃがむこと [動] しゃがむ

squawk [skwɔ:k] [動] (鳥が) ギャーギャー鳴く

squeak [skwi:k] [動] キーキー音をたてる

squeal [skwi:l] [名] 悲鳴 [動] 悲鳴を上げる

squeamish [skwimiʃ] [形] 吐き気のする, 気むずかしい

squeeze [skwi:z] [名] 絞ること [動] 絞り出す

squelch [skweltʃ] [動] 押しつぶす, 鎮圧する

squid [skwid] [名] イカ

squint [skwint] [名] 斜視 [動] 細目で見る

squire [skwaiər] [名] 大地主

squirm [skwə:rm] [名] 身もだえ [動] 身もだえする

squirrel [skwə:rəl] [名] リス

squirt [skwə:rt] [名] 噴出, 注射器 [動] 噴出する

Sri Lanka [sri laŋkə] [地] スリランカ (南アジア諸国)

St. [seint] [名] Saint (聖人) の略字

172

stab [stæb] [動] 刺す [名] 刺し傷
stability [stə**bi**ləti] [名] 安定性
stabili**za**tion [steibələ**zei**ʃən] [名] 安定, 固定
stabilize [**stei**bəlaiz] [動] 安定させる, 固定させる
stable [**stei**bəl] [形] 安定した [名] 馬屋
stack [stæk] [名] 稲むら, 書架 [動] 積み上げる
stadium [**stei**diəm] [名] 陸上競技場, スタジアム
staff [stæf] [名] 職員, 幹部
stag [stæg] [名] 雄 (動物), 男だけの集まり
stage [steidʒ] [名] 舞台, 段階 [動] 上演する
stagecoach [**steidʒ**koutʃ] [名] 駅馬車, 乗合馬車
stagecoachman [**steidʒ**koutʃmən] [名] 駅馬車の御者
stagger [**stæ**gər] [名] よろめき [動] よろける
staggering [**stæ**gəriŋ] [形] つまずく, 躊躇する
stagnant [**stæg**nənt] [形] たまっている, 低迷している
stagnate [**stæg**neit] [動] よどむ, 沈滞する
stag**na**tion [stæg**nei**ʃən] [名] 停止, 沈滞
staid [steid] [形] 静かな, 落ち着いた
stain [stein] [名] 汚れ, あか [動] 汚す
stainless [**stein**ləs] [形] 傷のない [名] ステンレス
staircase [**steər**keis] [名] 階段
stairs [steərz] [名] 階段
stairway [**steər**wei] [名] staircase (階段)
stake [steik] [名] 杭, 賭け [動] 賭ける
stale [steil] [形] 新鮮でない, 陳腐な
stalemate [**steil**meit] [名] 行詰まり
Stalin [**sta**lən] [人] スターリン (旧ソ連の政治家)
stalk [stɔ:k] [名] 茎 [動] こっそり近寄る
stall [stɔ:l] [名] 間仕切り, 畜舎, 露店
stallion [**stæ**lyən] [名] 種馬
stalwart [**stɔ:l**wərt] [名] 丈夫な人 [形] 丈夫な
stamen [**stei**mən] [名] 雄しべ (植物)
stamina [**stæ**mənə] [名] 体力, 精力
stammer [**stæ**mər] [名] 口ごもる人 [動] 口ごもる
stamp [stæmp] [名] はんこ, 切手 [動] 切手をはる
stam**pede** [stæm**pi:d**] [名] どっと逃げ出すこと [動] どっと逃げ出す
stance [stæns] [名] 立っている姿勢, ポーズ
stand [stænd] [動] 立ち上がる [名] 起立, 売店
standard [**stæn**də:rd] [形] 標準の [名] 標準, 基準
standardize [**stæn**də:rdaiz] [動] 標準に合わせる, 統一させる
standby [**stænd**bai] [名] 頼りになる人, スタンバイ
stand-in [**stæn**din] [名] 代役, 代理人, 代用品
standing [**stæn**diŋ] [形] 立っている [名] 立つこと, 地位
standpoint [**stæn**pɔint] [名] 見地, 立場
standstill [**stænd**stil] [名] 停止, 行き詰まり

stank [stæŋk] [動] stink(悪臭を放つ)の過去形
stanza [**stæn**zə] [名] (詩の) 連, 節
staple [**stei**pəl] [名] 主な産物 [動] 固定する
star [sta:r] [名] 星, スター [動] 星のように輝く
starch [sta:rtʃ] [名] 澱粉, のり [動] のりをつける
stardom [**sta:r**dəm] [名] スター界
stare [steər] [名] 凝視 [動] 見据える
starfish [**sta:r**fiʃ] [名] ヒトデ
staring [**steə**riŋ] [形] 見つめる, 特に目立つ
stark [sta:rk] [形] 荒涼とした, 飾り気のない, 硬直した
starlight [**sta:r**lait] [名] 星の光 [形] 星の光の
starry [**sta:r**i] [形] 星が多い, 星の, 輝く
start [sta:rt] [動] 出発する [名] 出発, 始まり
starter [**sta:r**tər] [名] 始める人, 始動機
startle [**sta:r**tl] [動] びっくりする
startling [**sta:r**tliŋ] [形] 驚くべき
star**va**tion [sta:r**vei**ʃən] [名] 飢餓, 餓死
starve [sta:rv] [動] 飢える, 餓死する
state [steit] [動] 陳述する [名] 状態, 州
stately [**steit**li] [形] 堂々たる [副] 堂々と
statement [**steit**mənt] [名] 声明, 声明書, 事業報告書
statesman [**steits**mən] [名] 政治家
static [**stæ**tik] [名] 静電気 [形] 静的な
station [**stei**ʃən] [名] 駅, 放送局, 駐屯地
stationary [**stei**ʃəneri] [名] 動かない物 [形] 静止した
stationery [**stei**ʃəneri] [名] 文房具, 便箋
station wagon [**stei**ʃən wægən] [名] ステーションワゴン
sta**tis**tical [stə**tis**tikəl] [形] 統計の, 統計上の
sta**tis**tics [stə**tis**tiks] [名] 統計, 統計学
statue [**stæ**tʃu] [名] 像
stature [**stæ**tʃər] [名] 身長, 業績
status [**stei**təs] [名] 地位, 身分, 状態
status **quo** [**stei**təs kwou] [名] 現状
status **sym**bol [**stei**təs simbəl] [名] 地位の象徴
statute [**stæ**tʃyu:t] [名] 法規, 法令
staunch [stɔ:ntʃ] [形] 忠実な, 堅固な
stave [steiv] [名] 棒, さお, 段 [動] 外して壊す
stay [stei] [動] 滞在する [名] 滞在
stead [sted] [名] 代わり, 代理, 有用
steadfast [**sted**fæst] [形] 確固たる
steadily [**ste**dəli] [副] しっかりと, 絶えず
steady [**ste**di] [形] しっかりした, 絶え間ない, 落ち着いた
steak [steik] [名] ステーキ
steal [sti:l] [動] 盗む [名] 窃盗
stealing [**sti:**liŋ] [名] 窃盗 [形] 密かに盗む

stealth [stelθ] [名] 隠密, 秘密
stealthy [**stel**θi] [形] こっそりする, 内密の
steam [sti:m] [名] 水蒸気 [動] 蒸気を出す
steamboat [**sti:m**bout] [名] 蒸気船
steam engine [**sti:m** endʒən] [名] 蒸気機関
steamer [**sti:**mər] [名] 蒸気船, 蒸気機関
steamship [**sti:m**ʃip] [名] 蒸気船
steed [sti:d] [名] 乗用馬
steel [sti:l] [名] 鉄鋼 [形] 鉄鋼の
steep [sti:p] [形] 急な [名] 険しい所
steeple [**sti:**pəl] [名] 尖塔
steer [stiər] [動] 操る
steering wheel [**stiə**riŋ wi:l] [名] 自動車のハンドル
stem [stem] [名] 茎, 語幹 [動] 由来する
stench [stentʃ] [名] 悪臭
stencil [**sten**səl] [名] 謄写版原紙, ステンシル
ste**no**grapher [stə**na**grəfər] [名] 速記者
ste**no**graphy [stə**na**grəfi] [名] 速記
step [step] [動] 歩く [名] 歩み, 歩幅, 段階
stepbrother [**step**brəðər] [名] 腹違いの兄弟
step-by-**step** [step bai **step**] [形] 段階的な, 漸進的な
stepfather [**step**faðər] [名] 継父, 義父
stepladder [**step**lædər] [名] 足場はしご
stepmother [**step**məðər] [名] 継母, 義母
steppe [step] [名] 大草原
stepson [**step**sən] [名] 男の継子
stereo [**steə**riou] [名] 立体音響再生装置, ステレオ
stereotype [**steə**riətaip] [名] 固定観念, 典型, ステレオタイプ
sterile [**steər**əl] [形] 不毛の, 不妊の 殺菌した
sterilize [**steər**əlaiz] [動] 不毛にする, 断種する
sterling [**stə:r**liŋ] [名] イギリス通貨, 純銀 [形] 純銀の
stern [stə:rn] [形] 厳格な [名] 船尾
stethoscope [**ste**θəskoup] [名] 聴診器 [動] 聴診する
stew [styu:] [名] シチュー [動] 蒸す
steward [**styu:**ə:rd] [名] スチュワード, 事務長
stewardess [**styu:**ərdəs] [名] 女性乗務員
stick [stik] [名] 棒, こん棒 [動] 刺す
sticker [**sti**kər] [名] ステッカー, 突く人
stickler [**stik**lər] [名] やかまし屋
sticky [**sti**ki] [形] べたつく
stiff [stif] [形] 固い, 硬直した [副] 固く
stiffen [**stif**ən] [動] 硬化する, 強化する, 固める
stiffly [**stif**li] [副] 堅く, カチカチに
stifle [**stai**fəl] [動] 息苦しくなる, 抑圧する
stigma [**stig**mə] [名] 汚名, 不名誉, 紅斑
stigmatize **stig**mətaiz] [動] 焼印を押す
stile [stail] [名] 踏み段, 回転木戸
still [stil] [形] 静かな [動] 鎮静させる
stillborn [**stil**bɔ:rn] [形] 死産の, 流産の, 成功しなかった
stillness [**stil**nəs] [名] 静けさ, 静寂
stilted [**stil**təd] [形] 竹馬に乗った, 誇張された
stilts [stilts] [名] 竹馬
stimulant [**sti**myələnt] [名] 刺激物
stimulate [**sti**myəleit] [動] 刺激する
stimu**la**tion [stimyə**lei**ʃən] [名] 刺激, 興奮
stimulus [**sti**myələs] [名] 刺激, 刺激物
sting [stiŋ] [名] 刺すこと [動] 刺す
stingy [**stin**dʒi] [形] けちな, 不足している
stink [stiŋk] [名] 悪臭 [動] 悪臭を放つ
stinking [**stiŋ**kiŋ] [形] 悪臭を放つ
stint [stint] [動] 制限する, 節約する
stipend [**stai**pend] [名] 給料, 手当
stipulate [**sti**pyəleit] [動] 明記する, 規定する
stir [stə:r] [名] かき混ぜ [動] かき混ぜる
stirring [**stə:r**iŋ] [形] 感動させる, 刺激する, 活発な
stirrup [**stə:r**əp] [名] あぶみ
stitch [stitʃ] [名] 一針 [動] 縫う
stock [stak] [名] 在庫, 蓄積, 株式 [動] 仕入れる
stockade [**sta**keid] [名] 防御さく, くいの防御柵
stockbroker [**stak**broukər] [名] 証券ブローカー
stock exchange [**stak** ikstʃeindʒ] [名] 証券取引所
stockholder [**stak**houldər] [名] 株主
Stockholm [**stak**houlm] [地] ストックホルム (スウェーデンの首都)
stocking [**sta**kiŋ] [名] 長い靴下, ストッキング
stock market [**stak** ma:rkət] [名] 証券市場, 証券取引所
stockpile [**stak**pail] [名] 備蓄物 [動] 備蓄する
stocky [**sta**ki] [形] がっちりした, がんじょうな
stoic [**stou**ik] [形] 表面上無関心な
stole [stoul] [動] steal (盗む) の過去形
stolen [**stou**lən] [形] 盗まれた
stolid [**sta**ləd] [形] 鈍感な, 無神経の
stomach [**stʌ**mək] [名] 胃
stomachache [**stʌ**məkeik] [名] 胃痛, 腹痛
stone [stoun] [名] 石, 宝石 [動] 石を投げる
stoned [stound] [形] 種を抜いた
stony [**stou**ni] [形] 石の多い, 堅い
stood [stud] [動] stand (立ち上がる) の過去·過去分詞形
stooge [stu:dʒ] [名] 相手役, 代役, 補佐
stool [stu:l] [名] 腰掛け
stoop [stu:p] [名] 屈むこと [動] 屈める

stop [stap] [動] 止める [名] 止めること, 停止

stoplight [staplait] [名] 停止信号, 赤信号

stopover [stapouvər] [名] 途中下車

stoppage [stapidʒ] [名] 停止, 支払い停止

stopper [stapər] [名] 止めるもの, 栓

stopwatch [stapwatʃ] [名] ストップウオッチ

storage [stɔːridʒ] [名] 倉庫

store [stɔːr] [名] 店, 備蓄 [動] 蓄える

storekeeper [stɔːrkiːpər] [名] 店主

storeroom [stɔːrrum] [名] 貯蔵室

stork [stɔːrk] [名] コウノトリ

storm [stɔːrm] [名] 嵐 [動] 嵐が吹く

stormy [stɔːrmi] [形] 嵐の

story [stɔːri] [名] 話, ストーリー, 層

storyteller [stɔːritelər] [名] 話し家, 小説家

stout [staut] [形] 太った, 剛健な

stove [stouv] [名] 暖炉, ストーブ, 調理用オーブン

stowaway [stouəwei] [名] 密航者

straggle [strægəl] [動] それる, はぐれる

straight [streit] [形] まっすぐな, 率直な [副] まっすぐに

straighten [streitn] [動] まっすぐにする, 整とんする

straightforward [streit fɔːrwəːrd] [形] まっすぐに向かう [副] まっすぐに

straightway [streitwei] [副] 直ちに

strain [strein] [名] 引張り, 緊張

strained [streind] [形] ぴんと張った, 緊張した

strait [streit] [名] 海峡, 難局

strand [strænd] [名] ふもと [動] 座礁させる, 座礁する

strange [streindʒ] [形] 奇妙な, 見知らぬ

strangely [streindʒli] [副] 奇妙に

stranger [streindʒər] [名] 見知らぬ人, 門外漢

strangle [strængəl] [動] 窒息させる, 抑制する, 抑圧する

strap [stræp] [名] 革帯, つりひも

strapped [stræpt] [形] 金がない

stratagem [strætədʒəm] [名] 戦略, 計略, 策略

strategic [strətiːdʒik] [形] 戦略的な, 戦略上重要な

strategy [strætədʒi] [名] 戦略, 陰謀, 策略

stratum [streitəm] [名] 地層, 層, 社会階層

straw [strɔː] [名] わら, 麦わら

strawberry [strɔːberi] [名] イチゴ

straw-hat [strɔː hæt] [名] 麦わら帽子

stray [strei] [動] 道に迷う [名] 放浪者

streak [striːk] [名] 縞 [動] 縞柄を入れる

stream [striːm] [名] 小川, 流れ [動] 流れる

streamer [striːmər] [名] 流れること

streamline [striːmlain] [名] 流線型 [動] 浪費をなくす

street [striːt] [名] 街路, 通り, 車道

streetcar [striːtkaːr] [名] 市内電車

streetlight [striːtlait] [名] 街灯

strength [streŋθ] [名] 力, 能力, 勢力

strengthen [streŋθən] [動] 強化する, 増強する

strenuous [strenyuəs] [形] 奮闘的な, 精力的な, 激しい

stress [stres] [名] 強調 [動] 強調する

stressful [stresfl] [形] ストレスが多い

stretch [stretʃ] [動] 広げる [名] 伸張, 期間

stretcher [stretʃər] [名] 担架, 伸張具

strew [struː] [動] まき散らす, ばらまいておおう

stricken [strikən] [形] 当たった

strict [strikt] [形] 厳格な, 厳密な

strictly [striktli] [副] 厳格に, 厳密に

stricture [striktʃər] [名] 拘束, 制限

stridden [stridn] [動] stride (大股に歩く) の過去分詞形

stride [straid] [動] 大股に歩く

strident [straidnt] [形] 耳ざわりな, 執拗な

strife [straif] [名] 紛争

strike [straik] [動] 打つ [名] 打撃, 同盟ストライキ

strike-out [straik aut] [名] 三振

striking [straikiŋ] [形] 打撃の, 目立つ

string [striŋ] [名] ひも, 弦楽器 [動] ひもをつける

stringent [strindʒənt] [形] 厳格な, 緊迫した

strip [strip] [動] むく, 略奪する

stripe [straip] [名] 縞柄 [動] 縞柄を入れる

striped [straipt] [形] 縞模様のある

strive [straiv] [動] 努力する, 奮闘する

striven [strivən] [動] strive (努力する) の過去分詞形

strode [stroud] [動] stride (大股に歩く) の過去形

stroke [strouk] [名] 打つこと, 脳卒中

stroll [stroul] [名] 散歩 [動] 散歩する

stroller [stroulər] [名] 散歩する人, 乳母車

strong [strɔːŋ] [形] 強い, 健康な, 丈夫な

stronghold [strɔːŋhould] [名] 要塞, 本拠地, 拠点

strongly [strɔːŋli] [副] 強く, 丈夫に, 猛烈に

strove [strouv] [動] strive (努力する) の過去形

struck [strʌk] [形] 罷業中の

struck [strʌk] [動] strike (打つ) の過去·過去分詞形

structural [strʌktʃərəl] [形] 構造的な, 組織上の

structure [strʌktʃər] [名] 構造, 構造物

struggle [strʌgəl] [名] 闘争, 身もだえ [動] 争う

strung [strʌŋ] [動] string (ひもをつける) の過去·過去分詞形

strut [strʌt] [名] 気取った歩きぶり [動] 気どって歩く

stub [stʌb] [名] 切株, 使い残り (鉛筆などの)

175

stubble [**stʌ**bəl] [名] (麦などの)刈り株
stubborn [**stʌ**bə:rn] [形] 頑固な
stubby [**stʌ**bi] [形] 切り株のような, 短くて太い
stuck [stʌk] [動] stick (刺す) の過去·過去分詞形
stud [stʌd] [名] 間柱 [動] 間柱をつける
student [**styu:**dnt] [名] 学生
studied [**stʌ**did] [形] 意図的な, 熟考された, 研究された
studio [**styu:**diou] [名] 作業室, 画室, 写真撮影所
studious [**styu:**diəs] [形] 学問好きの, 熱心な, 注意深い
study [**stʌ**di] [動] 勉強する [名] 勉強, 書斎
stuff [stʌf] [名] 材料, 物 [動] 詰める
stuffing [**stʌ**fiŋ] [名] 詰め物
stuffy [**stʌ**fi] [形] 息詰まる, 息苦しい, 退屈な
stumble [**stʌm**bəl] [動] よろめく, 口ごもる
stump [stʌmp] [名] 切り株
stun [stʌn] [名] 気絶させること [動] 気絶させる
stung [stʌŋ] [動] sting (刺す) の過去·過去分詞形
stunk [stʌŋk] [動] stink(悪臭を放つ)の過去·過去分詞形
stunning [**stʌ**niŋ] [形] 驚かせる, かっこいい
stunt [stʌnt] [名] 曲芸, 妙技 [動] 曲芸をする
stupefy [**styu:**pəfai] [動] 麻痺させる, びっくり仰天させる
stu**pen**dous [styu:**pen**dəs] [形] 驚くべき, 巨大な
stupid [**styu:**pəd] [名] 間抜け, 馬鹿 [形] 愚かな
stu**pi**dity [styu:**pi**dəti] [名] 無知, 愚かさ, 愚かな行動
stupidly [**styu:**pədli] [副] 愚かにも
stupor [**styu:**pər] [名] 麻痺, 無感覚
sturdy [**stə:r**di] [形] 丈夫な, 堅固な
stutter [**stʌ**tər] [名] どもること [動] どもる
sty [stai] [名] 豚舎
style [stail] [名] 特定の種類, 方式, 様式
stylish [**stai**liʃ] [形] 流行に合った, 優雅な
stylist [**stai**list] [名] 名門家, デザイナー
stymie [**stai**mi] [動] 妨害する, じゃまする
sub**con**scious [səb**kan**tʃəs] [名] 潜在意識 [形] 潜在意識の
subdivision [**sʌb**diviʒən] [名] 細分, 一部分
sub**due** [səb**dyu:**] [動] 征服する, 鎮圧する
sub**dued** [səb**dyu:d**] [形] 征服された, 抑制された
subject [**sʌb**dʒikt] [名] 主題, 家来 [形] 服従する
sub**jec**tion [səb**dʒek**ʃən] [名] 征服, 服従
sub**jec**tive [səb**dʒek**tiv] [名] 主観, 主格 [形] 主観的な
subjugate [**sʌb**dʒigeit] [動] 征服する, 服従させる
sub**junc**tive [səb**dʒʌŋk**tiv] [名] 仮定法
sub**lime** [sə**blaim**] [名] 崇高な物 [形] 崇高な
sub**li**minal [sə**bli**mənəl] [形] 潜在意識の
submarine [**sʌb**mərin] [名] 潜水艦 [形] 海中の
sub**merge** [səb**mə:rdʒ**] [動] 潜る
sub**mis**sion [səb**mi**ʃən] [名] 降伏, 服従, 従順
sub**mis**sive [səb**mi**siv] [形] 服従する, 従順な
sub**mit** [səb**mit**] [動] 服従させる, 提出する
sub**or**dinate [səb**ɔ:r**dənət] [名] 部下 [形] 下位の, 服従する
sub**poe**na [səb**pi:**nə] [名] 召喚状 [動] 召喚する
sub**scribe** [səb**skraib**] [動] 寄付する, 購読する, 署名する
sub**scri**ber [səb**skrai**bər] [名] 定期購読者, 応募者, 署名者
sub**scrip**tion [səb**skrip**ʃən] [名] 寄付, 予約購読
subsequent [**sʌb**sikwənt] [形] 後の, 直後の
subsequently [**sʌb**sikwəntli] [副] 後, その結果として
sub**ser**vient [səb**sə:r**viənt] [形] 服従する, 従属する
sub**side** [səb**said**] [動] 沈下する, 静まる
sub**si**diary [səb**si**dieri] [形] 補助の, 補助的な 補助金の
subsidize [**sʌb**sədaiz] [動] 補助金を支給する
subsidy [**sʌb**sədi] [名] 補助金, 補償金
sub**sist** [səb**sist**] [動] 生きてゆく, 養う
sub**sis**tence [səb**sis**təns] [名] 生計, 生計費
substance [**sʌb**stəns] [名] 物質, 要旨
sub**stan**tial [səb**stæn**tʃəl] [形] かなりの, 現実的な, 丈夫な
sub**stan**tially [səb**stæn**tʃəli] [副] 十分に, 実際に
sub**stan**tiate [səb**stæn**tʃieit] [動] 実証する, 具体化する
substantive [**sʌb**stæntiv] [形] 実体がある, 現実の
substitute [**sʌb**stətu:t] [名] 代理人, 代用品 [動] 代用する
substi**tu**tion [səbstə**tyu:**ʃən] [名] 代用, 交替, 交換
subterfuge [**sʌb**tərfyu:dʒ] [名] 口実, 言い訳
subtitle [**sʌb**taitl] [名] サブタイトル, 副題
subtle [**sʌ**tl] [形] 巧みな
subtlety [**sʌ**tlti] [名] 薄さ, 微妙, 鋭敏
sub**tract** [səb**trækt**] [動] 引く, 控除する
sub**trac**tion [səb**træk**ʃən] [名] 引くこと, 控除, 引き算
suburb [**sʌ**bə:rb] [名] 郊外, 近郊
su**bur**ban [sə**bə:r**bən] [名] 郊外居住者 [形] 郊外の
sub**ver**sive [səb**və:r**siv] [形] 堕落させる, 転覆させる
sub**vert** [səb**və:rt**] [動] 転覆する, ひっくり返る
subway [**sʌb**wei] [名] 地下鉄
suc**ceed** [sək**si:d**] [動] 成功する, 繁栄する, 受け継ぐ
suc**cee**ding [sək**si:**diŋ] [形] 続く, 次の
suc**cess** [sək**ses**] [名] 成功
suc**cess**ful [sək**ses**fl] [形] 成功した
suc**cess**fully [sək**ses**fəli] [副] 成功的に
suc**ces**sion [sək**se**ʃən] [名] 連続, 継承
suc**ces**sive [sək**se**ʃiv] [形] 連続する
suc**ces**sor [sək**se**sər] [名] 後継者
suc**cinct** [sək**siŋkt**] [形] 簡単な, 簡単明瞭な

succulent [sʌkyələnt] [形] 汁気の多い, 興味深い

succumb [səkʌm] [動] 屈服する, (病気で)倒れる

such [sʌtʃ] [形] そうした, このような

suck [sʌk] [動] なめる

sucker [sʌkər] [名] 吸う人, 乳児

suckle [sʌkəl] [動] 乳を飲ませる, 養う

suction [sʌkʃən] [名] 吸うこと, 吸引, 吸入管

Sudan [su:dæn] [地] スーダン (北アフリカ諸国)

sudden [sʌdn] [形] 突然の [名] 不時, 突然

suddenly [sʌdnli] [副] 突然

sue [su:] [動] 告訴する, 嘆願する

suede [sweid] [名] スエード革

suffer [sʌfər] [動] 苦痛を受ける, 苦しむ

sufferer [sʌfərər] [名] 苦しむ人々, 患者, 受難者

suffering [sʌfəriŋ] [名] 労苦, 受難 [形] 苦しんでいる

suffice [səfais] [動] 満足させる, 十分である

sufficient [səfiʃənt] [形] 十分な

sufficiently [səfiʃəntli] [副] 十分に

suffix [sʌfiks] [名] 接尾辞, 付加物

suffocate [sʌfəkeit] [動] 窒息させる, 窒息する

suffocation [səfəkeiʃən] [名] 窒息

suffrage [sʌfridʒ] [名] 投票権, 参政権, 投票

suffuse [səfyu:z] [動] おおう, いっぱいにする

sugar [ʃugər] [名] 砂糖 [動] 砂糖を入れる

sugary [ʃugəri] [形] 甘い

suggest [sədʒest] [動] 暗示(示唆, 提議)する

suggestion [sədʒestʃən] [名] 暗示, 示唆, 提議

suggestive [sədʒestiv] [形] 暗示する, 示唆する, 連想させる

suicide [su:əsaid] [名] 自殺 [動] 自殺する

suit [su:t] [名] スーツ [動] 適応させる

suitable [su:təbl] [形] 適当な, 適格の

suitcase [su:tkeis] [名] スーツケース

suite [swi:t] [名] 一そろい, 一組(家具など), 続き部屋, スイートルーム

suitor [su:tər] [名] 求婚者, 原告, 起訴者, 嘆願者

sulfur [sʌlfər] [名] 硫黄 [形] 硫黄の

sulfuric [səlfyuərik] [形] 硫黄の

sulk [sʌlk] [名] すねること [動] すねる

sulky [sʌlki] [形] 不機嫌な, 鈍い, 陰うつな

sullen [sʌlən] [形] 不きげんな, 陰気な

sultan [sʌltn] [名] サルタン, イスラム教国の君主

sultry [sʌltri] [形] 蒸し暑い, 激情的な

sum [sʌm] [名] 合計, 要約 [動] 合計する

summarize [sʌməraiz] [動] 要約する

summary [sʌməri] [名] 要約 [形] 要約された

summer [sʌmər] [名] 夏 [動] 夏を過ごす

summer camp [sʌmər kæmp] [名] サマーキャンプ

summer school [sʌmər sku:l] [名] サマースクール

summertime [sʌmərtaim] [名] 夏, 夏期

summit [sʌmət] [名] 頂上, 頂点

summon [sʌmən] [動] 召喚する, 出頭させる

summons [sʌmənz] [名] 召喚, 出頭命令, 召喚状

sumptuous [sʌmptʃuəs] [形] 贅沢な, 華麗な

sun [sʌn] [名] 太陽 [動] 日に当たる

sunbathe [sʌnbeið] [動] 日光浴をする

sunbeam [sʌnbi:m] [名] 太陽の光

sunburn [sʌnbə:rn] [名] 日焼け [動] 日焼けする

sundae [sʌndei] [名] サンデー (アイスクリーム)

Sunday [sʌndei] [名] 日曜日

sundial [sʌndaiəl] [名] 日時計

sundown [sʌndaun] [名] 日没

sundries [sʌndri:z] [名] ガラクタ, 雑費

sundry [sʌndri] [形] 雑多な, 種々の

sunflower [sʌnflauər] [名] ひまわり (花)

sung [sʌŋ] [動] sing (歌う) の過去分詞形

sunglasses [sʌnglæsiz] [名] サングラス

sunk [sʌŋk] [形] 苦しい

sunken [sʌŋkən] [形] 沈没した

sunlight [sʌnlait] [名] 日光

sunny [sʌni] [形] 日当りのよい, 太陽の

sunny-side up [səni said ʌp] [形] 目玉焼きの

sunrise [sʌnraiz] [名] 日の出

sunroof [sʌnru:f] [名] サンルーフ (車)

sunscreen [sʌnskri:n] [名] サンスクリーン (クリーム)

sunset [sʌnset] [名] 日没

sunshine [sʌnʃain] [名] 日光, 日差し

sunstroke [sʌnstrouk] [名] 日射病

suntan [sʌntæn] [名] 日焼け

sup [sʌp] [動] 夕食をとる

super [su:pər] [形] 特等品の [名] 監督, 特等品

superb [supə:rb] [形] 素晴らしい, 優れた

supercilious [su:pərsiliəs] [形] ごう慢な

superficial [su:pə:rfiʃəl] [形] 表面的な, 表面上の

superficially [su:pə:rfiʃəli] [副] 外面的に

superfluous [su:pə:rfluəs] [形] 余分の, 不要な

superintend [su:pərintend] [動] 監督する, 指示する

superintendent [su:pərintendənt] [名] 監督, 管理者 [形] 監督する

superior [supiəriər] [名] 上官 [形] ~より優れた

superiority [supiəriɔ:rəti] [名] 優位, 優越, 卓越, 優秀

superiorly [supiəriərli] [副] 優勢に

superlative [supə:rlətiv] [形] 最上の [名] 最上級

supermarket [su:pərma:rkət] [名] スーパーマーケット
supernatural [su:pərnætʃərəl] [形] 超自然の, 不可思議な,神秘的な
superpower [su:pərpauər] [名] 超強国
supersede [su:pərisi:d] [動] 取って代わる, 更迭する, 廃止させる
supersonic [su:pərsanik] [名] 超音速 [形] 超音速の, 超音波の
superstition [su:pərstiʃən] [名] 迷信
superstitious [su:pərstiʃəs] [形] 迷信の, 迷信にとらわれた
supervise [su:pərvaiz] [動] 監督する, 指導する
supervision [su:pərviʒən] [名] 監督, 管理, 指揮
supervisor [su:pərvaizər] [名] 監督, 管理者
supper [sʌpər] [名] 夕食
supple [sʌpəl] [形] しなやかな, 従順な
supplement [sʌpləmənt] [名] 追加物, 補充物
supplement [sʌpləment] [動] 補う
supplementary [səpləmentəri] [名] 補足 [形] 補足の, 追加の
suppliant [sʌpliənt] [名] 嘆願者, 懇願者 [形] 嘆願する
supplicate [sʌpləkeit] [動] 嘆願する, 懇願する, 哀願する
supplication [səpləkeiʃən] [名] 嘆願, 懇願, 哀願
supplies [səplaiz] [名] 供給品, 補給品, 在庫品
supply [səplai] [名] 供給 [動] 供給する
support [səpɔ:rt] [動] 支持する [名] 支持, 扶養
supporter [səpɔ:rtər] [名] 支持者, 後援者
suppose [səpouz] [動] 仮定する
supposed [səpouzd] [形] 仮定の, 推定上の
supposition [səpəziʃən] [名] 想像, 推測, 仮定, 仮説
suppress [səpres] [動] 抑圧 (鎮圧, 禁止) する
suppression [səpreʃən] [名] 抑圧, 抑制, 削除
supremacy [səpreməsi] [名] 最高, 主権, 至上権
supreme [səpri:m] [形] 最高の, 最上の
sure [ʃuər] [形] 確実な [副] 確かに
surely [ʃuərli] [副] 確実に, 確かに
surety [ʃuərti] [名] 保証, 担保, 抵当, 保証人
surf [sə:rf] [名] 押し寄せる波 [動] 波に乗る
surface [sə:rfəs] [名] 表面, 外観
surfboard [sə:rfbɔ:rd] [名] 波乗り板, サーフボード
surfeit [sə:rfət] [名] 過食, 飲みすぎ [動] 過食する
surfing [sə:rfiŋ] [名] 波乗り, サーフィン
surge [sə:rdʒ] [動] 電圧が急に高くなる
surgeon [sə:rdʒən] [名] 外科医
surgery [sə:rdʒəri] [名] 手術, 外科, 手術室
surgical [sə:rdʒikəl] [形] 外科の, 外科手術用の
surly [sə:rli] [形] 無愛想な, 荒れ模様の (天気)
surmise [sərmaiz] [名] 推測, 推量 [動] 推し測る
surmount [sərmaunt] [動] 乗り越える, ~の上にある
surname [sə:rneim] [名] 姓, あだ名 [動] ニックネームをつける
surpass [sərpæs] [動] 凌ぐ
surplus [sə:rpləs] [名] 余剰物, 剰余金
surprise [sərpraiz] [動] 驚かす [名] 意外のこと
surprising [sərpraiziŋ] [形] 驚くべき
surprisingly [sərpraiziŋli] [副] 意外に
surreal [səri:əl] [形] 超現実的な
surrealism [səri:əlizm] [名] 超現実主義
surrender [sərendər] [名] 降伏 [動] 降伏する
surreptitious [sərəptiʃəs] [形] 内密の, 秘密の
surrogate [sə:rəgət] [名] 代理人, 代行者 [動] 代理をする
surround [səraund] [動] 取り囲む
surroundings [səraundiŋz] [名] 周りの状況
surveillance [sərveiləns] [名] 監視, 監督
survey [sə:rvei] [名] 外観, 展望
survey [sərvei] [動] 概観する, 展望する
surveyor [sərveiər] [名] 測量技師, 調査官, 監督官
survival [sərvaivəl] [名] 生存, 存続, 生存者
survive [sərvaiv] [動] ~より長く生きる, 生存する
survivor [sərvaivər] [名] 生存者, 遺族
Susan [su:zən] [人] スーザン (女の名前)
susceptible [səseptəbl] [形] 影響を受けやすい, 許容する
sushi [su:ʃi] [名] 寿司 (日本料理)
suspect [səspekt] [動] 疑う
suspect [sʌspekt] [名] 容疑者 [形] 怪しい
suspend [səspend] [動] つるす, 保留する
suspenders [səspendərz] [名] ズボンつり
suspense [səspens] [名] 心配, 未解決, 一時的な停止
suspension [səspenʃən] [名] つるすこと, 未決, 一時的中止
suspicion [səspiʃən] [名] 疑い, 疑惑
suspicious [səspiʃəs] [形] 疑い深い, 疑わしい
sustain [səstein] [動] 支える, 耐える
sustenance [sʌstənəns] [名] 食物, 生計, 維持
Suzy [su:zi] [人] スージー (女の名前)
swab [swab] [名] 綿棒
swagger [swægər] [名] 威張って歩くこと [動] 威張って歩く
swallow [swalou] [名] 飲み込み, ツバメ [動] 飲み込む
swam [swæm] [動] swim (泳ぐ) の過去形
swamp [swamp] [名] 沼
swan [swan] [名] 白鳥
swanky [swaŋki] [形] 誇る, 華麗な
swap [swap] [名] 物々交換 [動] 物々交換する
swarm [swɔ:rm] [名] 蜂の群れ, 群衆 [動] 群がる
swarthy [swɔ:rði] [形] (皮膚が)浅黒い
swat [swat] [名] ぴしゃりと打つこと [動] ぴしゃりと打つ
sway [swei] [名] 動揺 [動] 揺れる

swear [sweər] [動] 誓う, 誓約する
sweat [swet] [名] 汗 [動] 汗をかく
sweater [**swe**tər] [名] セーター, 汗をかく人, 発汗剤
Swede [swi:d] [名] スウェーデン人
Sweden [**swi:**dn] [地] スウェーデン
Swedish [**swi:**diʃ] [名] スウェーデン人 [形] スウェーデンの
sweep [swi:p] [名] 掃除 [動] はたく, 掃除する
sweeping [**swi:**piŋ] [名] 掃除, 一掃 [形] 一掃する
sweet [swi:t] [形] 甘い [名] 甘い物, キャンデー
sweeten [**swi:**tn] [動] 甘くする, なだめる
sweetener [**swi:**tnər] [名] 甘味料
sweetheart [**swi:t**ha:rt] [名] 恋人 [動] 恋愛する
sweetly [**swi:t**li] [副] 楽しく, 甘く
sweetness [**swi:t**nəs] [名] 甘味, 甘さ
sweet potato [**swi:t** pəteitou] [名] さつまいも
swell [swel] [名] 膨張, 腫れ上がること [動] 膨張する
swelling [**swel**iŋ] [名] ふくらむこと, 膨張, 腫れ物, こぶ
swelter [**swel**tər] [名] 暑苦しさ [動] 暑さにうだる
swept [swept] [動] sweep (はたく) の過去·過去分詞形
swerve [swə:rv] [名] それること [動] それる
swift [swift] [形] 素早い [副] 素早く
swiftly [**swift**li] [副] いち早く
swim [swim] [動] 泳ぐ [名] 水泳
swimmer [**swi**mər] [名] スイマー
swimming [**swi**miŋ] [名] 泳ぎ, 水泳 [形] 水泳用の
swimming pool [**swi**miŋ pu:l] [名] 水泳場, プール
swimsuit [**swim**su:t] [名] 水着
swindle [**swin**dl] [名] 詐欺 [動] だます, 詐取する
swine [swain] [名] 豚 (動物), 卑劣な男
swing [swiŋ] [名] 振動, 動揺, ブランコ [動] 振る
swinging [**swiŋ**iŋ] [形] 揺れる, 軽快な
swipe [swaip] [名] 強打 [動] 強打する
swirl [swə:rl] [名] 渦巻き [動] 渦を巻く
swish [swiʃ] [名] むちの音 [動] むちで打つ
Swiss [swis] [名] スイス人 [形] スイスの
switch [switʃ] [名] 切り替え, スイッチ [動] 転換する
switchboard [**switʃ**bɔ:rd] [名] 配電盤, 電話交換機
Switzerland [**swit**sərlənd] [地] スイス
swivel [**swi**vəl] [名] 回転ジョイント [動] 回転させる
swollen [**swou**lən] [形] 腫れ上がった
swoon [swu:n] [名] 気絶 [動] 気絶する
swoop [swu:p] [名] 急降下, 急襲 [動] 急降下する
sword [swɔ:rd] [名] 剣, 刀, 武力
swore [swɔ:r] [動] swear (誓う) の過去形
sworn [swɔ:rn] [形] 誓った, 宣誓した
sworn [swɔ:rn] [動] swear (誓う) の過去分詞形
swum [swʌm] [動] swim (泳ぐ) の過去分詞形
swung [swʌŋ] [動] swing (振る) の過去·過去分詞形
sycamore [**si**kəmɔ:r] [名] プラタナス (植物)
sycophant [**si**kəfənt] [名] おべっか使い
Sydney [**sid**ni] [地] シドニー (オーストラリアの都市)
syllable [**si**ləbəl] [名] 音節
syllabus [**si**ləbəs] [名] 摘要, 要綱
symbol [**sim**bəl] [名] 象徴, 記号
sym**bo**lic [sim**ba**lik] [形] 象徴の, 象徴的な, 象徴する
symbolism [**sim**bəlizm] [名] 象徴主義, 象徴的な表現
symbolize [**sim**bəlaiz] [動] 象徴する, 記号で表す
sym**me**trical [si**me**trikəl] [形] バランスのとれた, 対称的な
symmetry [**si**mətri] [名] 対称, 調和
sympa**the**tic [simpə**θe**tik] [形] 同情的な
sympathize [**sim**pəθaiz] [動] 同情する
sympathy [**sim**pəθi] [名] 同情
symphony [**sim**fəni] [名] 交響曲, シンフォニー, 交響楽団
sym**po**sium [sim**pou**ziəm] [名] 討論会, 座談会, シンポジウム
symptom [**simp**təm] [名] 兆候, 症状
synagogue [**si**nəgag] [名] ユダヤ教会堂, シナゴーグ
synchronize [**siŋ**krənaiz] [動] 同時に起きる
syndicate [**sin**dəkeit] [名] シンジケート, 企業(銀行) 連合
syndrome [**sin**droum] [名] 症候群
synonym [**si**nənim] [名] 同義語, 別名
sy**nop**sis [si**nap**səs] [名] 概要, 概観
syntax [**sin**tæks] [名] 構文論, 文章論
synthesis [**sin**θəsəs] [名] 統合, 合成, 合成物
synthesize [**sin**θəsaiz] [動] 統合する, 合成する
syn**the**tic [sin**θe**tik] [形] 総合的な, 合成の
syphilis [**si**fələs] [名] 梅毒
Syria [**si**riə] [地] シリア (中東諸国)
sy**ringe** [sə**rindʒ**] [名] 注射器, 洗浄機 [動] 注射する
syrup [**sə:**rəp] [名] シロップ, 糖みつ
system [**sis**təm] [名] システム, 制度, 体系
syste**ma**tic [sistə**mæ**tik] [形] 体系的な
sys**te**mic [sis**te**mik] [形] 全体に広がった, 全身の

T

tab [tæb] [名] ふだ, ラベル
tabernacle [tæbərnækəl] [名] 仮の住まい
table [teibəl] [名] テーブル, 食卓
tablecloth [teibəlklɔ:θ] [名] テーブルクロス
tablespoon [teibəlspu:n] [名] テーブルスプーン
tablespoonful [teibəlspu:nful] [名] テーブルスプーンいっぱいの分量
tablet [tæblət] [名] 銘板, タブレット, ノートパッド
table tennis [teibəl tenəs] [名] 卓球
tabloid [tæblɔid] [名] タブロイド版新聞, 要約
taboo [təbu:] [名] 禁忌 [形] 禁忌の [動] 禁忌する
tacit [tæsət] [形] 無言の, 沈黙の, 暗黙の
taciturn [tæsətə:rn] [形] 無口な, 口が重い
tack [tæk] [名] 鋲, 仮縫い
tackle [tækəl] [名] タックル [動] 飛び掛かる
tact [tækt] [名] 機転
tactful [tæktfl] [形] 機転のきく
tactical [tæktikəl] [形] 戦術の
tactics [tæktiks] [名] 戦術, 策略
tadpole [tædpoul] [名] オタマジャクシ
Taegu [tægu] [地] 大邱 (韓国の都市)
tag [tæg] [名] つけ札, 荷札, 定価札 [動] つけ札(荷札, 定価札)をつける
Tahiti [təhi:ti] [地] タヒチ (南太平洋の島)
tail [teil] [名] しっぽ [動] ~に尾をつける, 尾行する
tailor [teilər] [名] 洋服店 [動] 洋服を縫う
taint [teint] [名] 汚れ, 不名誉, 弊害, 気味
Taipei [taipei] [地] 台北 (台湾の首都)
Taiwan [taiwa:n] [地] 台湾
take [teik] [動] 握る, つかむ
taken [teikən] [動] take (握る) の過去分詞形
takeoff [teikɔ:f] [名] 跳躍, 出発 離陸
takeout [teikaut] [名] 持ち帰り用の料理
taking [teikiŋ] [名] 取得, 捕獲 [形] 人を引きつける
tale [teil] [名] 話
talent [tælənt] [名] 才能, 芸能人
talented [tæləntəd] [形] 才能のある
talk [tɔ:k] [動] 話す [名] 話, 会談
talkative [tɔ:kətiv] [形] おしゃべりな
talker [tɔ:kər] [名] 話す人, おしゃべり屋さん
talkie [tɔ:ki] [名] 発声映画
talking [tɔ:kiŋ] [名] 会話, 雑談 [形] 物を言う
tall [tɔ:l] [形] 背が高い
tallow [tælou] [名] 獣脂 [動] 獣脂を塗る
tame [teim] [形] 飼いならされた [動] 飼いならす
Tampa [tæmpə] [地] タンパー (米国の都市)
tamper [tæmpər] [動] 干渉する, 買収する
tampon [tæmpan] [名] 止血栓, タンポン
tan [tæn] [動] 日焼けする
tangential [tændʒenʃəl] [形] ほとんど無関係な
tangerine [tændʒəri:n] [名] みかん (果物)
tangible [tændʒəbl] [名] 有形資産 [形] 有形の, 明らかな
tangle [tæŋgəl] [名] もつれ, 紛糾 [動] もつれさせる
tangled [tæŋgəld] [形] もつれた
tank [tæŋk] [名] タンク, 貯水池
tanker [tæŋkər] [名] 油槽船, タンカー
tantamount [tæntəmaunt] [形] 同等の, 同じ
Tanzania [tænzəni:ə] [地] タンザニア (東アフリカ諸国)
tap [tæp] [動] 軽くたたく
tap-dance [tæp dæns] [動] タップダンスを踊る
tape [teip] [名] テープ [動] 録音する
taper [teipər] [動] 次第に細くなる, 次第に減る
tape recorder [teip rikɔ:rdər] [名] 録音機, テープレコーダー
tapestry [tæpəstri] [名] つづれ織
tar [ta:r] [名] タール [動] タールを塗る
tardy [ta:rdi] [形] 遅い, のろい, 遅れた
target [ta:rgət] [名] 標的, 到達目標
tariff [tærəf] [名] 関税 [動] 関税を課する
tarnish [ta:rniʃ] [動] 曇らす, 変色する
tart [ta:rt] [形] 酸っぱい, 辛辣な
task [tæsk] [名] 課業 [動] 仕事を課する
tassel [tæsəl] [名] タッセル, 飾りふさ [動] タッセルをつける
taste [teist] [動] 味を見る [名] 味覚, 趣味
tasty [teisti] [形] おいしい, 風味のある
tatter [tætər] [名] ぼろきれ, ぼろ
tattered [tætərd] [形] ぼろきれの, ぼろを着た
tattoo [tætu:] [名] 入れ墨 [動] 入れ墨する
taught [tɔ:t] [動] teach (教える) の過去·過去分詞形
taunt [tɔ:nt] [名] 嘲笑 [動] 嘲笑する
taut [tɔ:t] [形] 整備された, 緊張した
tautological [tɔ:təladʒikəl] [形] 類語反復の
tavern [tævərn] [名] 居酒屋
tawny [tɔ:ni] [名] 黄褐色 [形] 黄褐色の
tax [tæks] [名] 税金 [動] 課税する
taxation [tækseiʃən] [名] 課税
taxi [tæksi] [名] タクシー [動] タクシーで行く
taxpayer [tækspeiər] [名] 納税者
tea [ti:] [名] お茶 [動] お茶を飲む

tea bag [**ti:** bæg] [名] ティーバッグ
teach [ti:tʃ] [動] 教える
teacher [**ti:**tʃər] [名] 先生, 教師
teaching [**ti:**tʃiŋ] [名] 教育, 教職
teacup [**ti:**kəp] [名] 茶わん
team [ti:m] [名] チーム
teamwork [**ti:m**wə:rk] [名] 共同作業, チームワーク
teapot [**ti:**pat] [名] 茶びん, ティーポット
tear [tiər] [名] 涙 [動] 涙を流す
tear [teər] [動] 破る [名] 破ること
tearful [**tiər**fl] [形] 涙もろい, 悲しい
tease [ti:z] [名] いじめ [動] 苦しめる, からかう
teaspoon [**ti:**spu:n] [名] ティースプーン
technic [**tek**nik] [名] 工学 (学問), 科学技術
technical [**tek**nikəl] [形] 技術的な, 技術上の
technically [**tek**nikəli] [副] 技術的に, 専門的に
tech**ni**cian [tek**ni**ʃən] [名] 専門家, 技術者
tech**nique** [tek**ni:k**] [名] 技術, テクニック
techno**lo**gic [teknə**la**dʒik] [形] 技術的な, 技術上の
tech**no**logy [tek**na**lədʒi] [名] 技術, テクノロジー
teddy bear [**te**di beər] [名] クマのぬいぐるみ
tedious [**ti:**diəs] [名] 退屈な
tedium [**ti:**diəm] [名] 退屈, 倦怠, 単調
teem [ti:m] [動] 満ちている, たくさんある
teenage [**ti:**neidʒ] [形] 10 代の
teenager [**ti:**neidʒər] [名] 十代の人
teens [ti:nz] [名] 十代
teeth [ti:θ] [名] tooth (歯) の複数形
Teh**ran** [tehə**ræn**] [地] テヘラン (イランの首都)
telecast [**te**likæst] [名] テレビ放送
telecommuni**ca**tions [telikəmyunə**kei**ʃənz] [名] 遠隔通信
telegram [**te**ləgræm] [名] 電報, 電信
telegraph [**te**ləgræf] [名] 電報, 電信
te**le**graphy [tə**le**grəfi] [名] 電信, 電信術
telephone [**te**ləfoun] [名] 電話 [動] 電話をかける
telescope [**te**ləskoup] [名] 望遠鏡
teletype [**te**lətaip] [名] テレタイプ通信
televise [**te**ləvaiz] [動] テレビで放送する
television [**te**ləviʒən] [名] テレビ
tell [tel] [動] 話す, 知らせる
teller [**te**lər] [名] 語り手, 金銭出納係
te**mer**ity [tə**meə**rəti] [名] 無謀, 無鉄砲
temper [**tem**pər] [名] 性質, 気分 [動] 軽減する
temperament [**tem**pərəmənt] [名] 性質
tempera**men**tal [tempərə**men**tl] [形] 興奮しやすい, 気まぐれな
temperance [**tem**pərəns] [名] 自制, 節制
temperate [**tem**pərət] [形] 節度ある, 節酒の, 穏やかな
temperature [**tem**pərətʃər] [形] 温度, 体温
tempest [**tem**pəst] [名] 嵐, 大騒ぎ
tem**pes**tuous [tem**pes**tʃuəs] [形] 大あらしの, 騒々しい
template [**tem**plət] [名] 母型, 原型
temple [**tem**pəl] [名] 神殿, 教会堂, 寺
tempo [**tem**pou] [名] 速度, テンポ
temporal [**tem**pərəl] [形] 世俗の,一時的な
temporarily [**tem**pərerəli] [副] 一時的に
temporary [**tem**pəreri] [形] 臨時の [名] その場逃れ
temporize [**tem**pəraiz] [動] 巧みに時間かせぎをする
tempt [tempt] [動] 誘う, 誘惑する
temp**ta**tion [temp**tei**ʃən] [名] 誘惑
ten [ten] [名] 十 [形] 十の
tenable [**te**nəbl] [形] 根拠が確実な
te**na**cious [tə**nei**ʃəs] [形] ねばり強い, 強靭な
te**na**city [tə**næ**səti] [名] 固執, 頑固, 粘り強さ
tenant [**te**nənt] [名] 土地の借り手, テナント
tend [tend] [動] ~の傾向がある, 世話する
tendency [**ten**dənsi] [名] 傾向, 性向
tender [**ten**dər] [形] 柔らかい [動] 提出する
tender-**hear**ted [**ten**dər **ha:r**təd] [形] 気立ての優しい
tenderly [**ten**dərli] [副] 柔らかく, 優しく
tenderness [**ten**dərnəs] [名] 柔らかさ, 優しさ
tendon [**ten**dən] [名] 腱, 鉄筋
tenement [**te**nəmənt] [名] 家屋, アパート, 貸家
tenet [**te**nət] [名] 教義, 信条
Tennes**see** [tenə**si:**] [地] テネシー (米国の州)
tennis [**te**nəs] [名] テニス, 庭球
tenor [**te**nər] [名] 大意, テナー (音楽)
tense [tens] [形] 張り詰めた, 緊張した [名] 時制
tension [**ten**ʃən] [名] 緊張, 不安
tent [tent] [名] テント [動] テントを張る
tentacle [**ten**tikəl] [名] 触手, 触覚
tentative [**ten**tətiv] [名] 試案, 仮説 [形] 試験的な
tenth [tenθ] [名] 十番目 [形] 十番目の
tenuous [**ten**yuəs] [形] 薄い, 細い, 希薄な, 貧弱な
tenure [**ten**yər] [名] 保有, 保有期間
tepid [**te**pəd] [形] ぬるま湯, 熱意がない
term [tə:rm] [名] 用語, 期間, 学期
terminal [**tə:r**mənəl] [名] ターミナル [形] 終点の, 末期の
terminate [**tə:r**məneit] [形] 有限の [動] 終える
termi**na**tion [tə:rmə**nei**ʃən] [名] 終了, 結末
termi**no**logy [tə:rmə**na**lədʒi] [名] 専門用語

terminus [**tə:r**mənəs] [名] 終わり, 末端, 終点, 目的地
termite [**tə:r**mait] [名] シロアリ (虫)
terms [tə:rmz] [名] 言葉遣い, 条件
terrace [**teə**rəs] [名] テラス, 階段状の庭
ter**rain** [tə**rein**] [名] 地形, 地勢, 地帯
ter**res**trial [tə**res**triəl] [名] 地球の生物 [形] 地球上の
terrible [**teə**rəbl] [形] 恐ろしい, 巨大な, 途方も無い
terribly [**teə**rəbli] [副] 恐ろしく, 非常に
terrier [**teə**riər] [名] テリア (犬), 土地台帳
ter**ri**fic [tə**ri**fik] [形] 大変な, すごい, 素晴らしい
terrify [**teə**rəfai] [動] 怖がらせる, 驚かす
terri**tor**ial [terə**tɔ:ri**əl] [形] 領土の, 土地の, 準州の
territory [**teə**rətɔ:ri] [名] 領土, 領域, 準州
terror [**teə**rər] [名] 恐怖
terrorism [**teə**rərizm] [名] テロリズム
terrorist [**teə**rərist] [名] 暴力主義者, テロリスト
terrorize [**teə**rəraiz] [動] 脅かす, テロの手段を使う
terse [tə:rs] [形] 簡潔な, 簡明な
test [test] [名] 試験, テスト [動] 試す
testament [**tes**təmənt] [名] 聖書, 遺言, 遺書
testicle [**tes**tikəl] [名] 睾丸
testify [**tes**təfai] [動] 証言する, 証明する
testimony [**tes**təmouni] [名] 証言, 証明, 証拠
test tube [**test** tyu:b] [名] 試験管
tether [**te**ðər] [名] つなぎ綱, 限界
Texas [**tek**səs] [地] テキサス (米国の州)
text [tekst] [名] 原稿, 本文
textbook [**tekst**buk] [名] 教科書, テキスト
textile [**teks**tail] [名] 織物, 繊維 [形] 紡績された, 織物の
texture [**teks**tʃər] [名] 織物, 布, 組織, 気質
Thailand [**tai**lænd] [地] タイ
Thames [temz] [地] テムズ川 (イギリスの川)
than [ðæn] [接] ~より
thank [θæŋk] [動] 感謝する
thankful [**θæŋk**fl] [形] 感謝している
thankless [**θæŋk**ləs] [形] 感謝しない, 恩知らず
thanks [θæŋks] [名] 感謝, 謝意
thanks**gi**ving [θæŋks**gi**viŋ] [名] 感謝, 謝恩, 感謝祭
that [ðæt] [代] あれ, それ
thatch [θætʃ] [名] 屋根ふき材料, わらぶき屋根
that's [ðæts] [短] that is の短縮形
thaw [θɔ:] [動] 溶ける, 緩和する [名] 雪解け
the [ðʌ] [冠] この, あの, その
theater [**θi:**ətər] [名] 劇場, 舞台
the**a**trical [θi**æ**trikəl] [名] 演劇 [形] 演劇の, 劇場の

thee [ði:] [代] 君を, 君に
theft [θeft] [名] 盗み
their [ðeər] [代] 彼らの, 彼女達の, それらの
theirs [ðeərz] [代] 彼らの物, 彼女達の物
them [ðem] [代] それらを, 彼女達を, それらを
theme [θi:m] [名] 主題, 論題, 作文, 論文
them**selves** [ðem**selvz**] [代] 彼ら自身, 彼女達自身
then [ðen] [副] その時, その頃
thence [ðens] [副] そこで, その後
theo**lo**gical [θia**la**dʒikəl] [形] 神学の, 神学的な
theo**lo**gy [θi**a**lədʒi] [名] 神学 (学問)
theo**re**tic [θi:ə**re**tik] [形] 理論上の, 理論の
theo**re**tical [θiə**re**tikəl] [形] 理論上の
theory [**θi**əri] [名] 理論, 学説
thera**peu**tic [θerə**pyu:**tik] [形] 治療上の, 治療法の
therapy [**θeə**rəpi] [名] 治療, 療法
there [ðeər] [副] そこに, あそこに
there**af**ter [ðeər**æf**tər] [副] その後
there**by** [ðeər**bai**] [副] それによって
therefore [**ðeər**fɔ:r] [副] その結果, 従って
there**in** [ðeər**in**] [副] その中に, その点で
there'll [ðeərl] [短] there will の短縮形
there**of** [ðeər**ʌv**] [副] それについて, そのような理由から
there's [ðeərz] [短] there is の短縮形
thereupon [**ðeə**rəpan] [副] すると, すぐに, その結果
there**with** [ðeər**wiθ**] [副] それとともに, さらに
thermal [**θə:r**məl] [名] 温暖気流 [形] 熱の, 熱い
ther**mo**meter [θə:r**ma**mətər] [名] 温度計
thermos [**θə:r**məs] [名] 魔法瓶
thermostat [**θə:r**məstæt] [名] 自動温度調節装置, サーモスタット
the**saur**us [θi**sɔ:r**əs] [名] 類義語(反意語) 辞書
these [ði:z] [代] これら [形] これらの
thesis [**θi:**səs] [名] 学位(卒業) 論文
they [ðei] [代] 彼ら, 彼女ら, それら
they'd [ðeid] [短] they would (had) の短縮形
they'll [ðeil] [短] they will (shall) の短縮形
they're [ðeər] [短] they are の短縮形
they've [ðeiv] [短] they have の短縮形
thick [θik] [形] 厚い, 太い
thicken [**θi**kən] [動] 厚くする, 濃くする
thicket [**θi**kət] [名] 茂み, 雑木林
thickly [**θik**li] [副] 厚く, 濃く, はっきりしないように
thickness [**θik**nəs] [名] 厚い(太い)こと, 厚さ, 濃度
thief [θi:f] [名] 泥棒
thieves [θi:vz] [名] thief(どろぼう)の複数形

thigh [θai] [名] もも, 大腿
thin [θin] [形] 薄い, 細い, 乾いた
thine [ðain] [代] 君の物
thing [θiŋ] [名] 物体, 物
things [θiŋz] [名] 風物, 文物, 事情, 状況
think [θiŋk] [動] 考える
thinker [**θiŋ**kər] [名] 考える人, 思索家
thinking [**θiŋ**kiŋ] [名] 思索 [形] 考える, 理性的な
thinly [**θin**li] [副] 薄く, 細く, 弱く
third [θə:rd] [名] 三番目 [形] 三番目の
thirdly [**θə:rd**li] [副] 三番目に
third-**rate** [θə:rd **reit**] [形] 三等の, 非常に劣った
thirst [θə:rst] [名] 渇き, 渇望 [動] のどが渇く
thirsty [**θə:rs**ti] [形] のどの渇いた, 渇望する
thir**teen** [θə:**rti:n**] [名] 13 [形] 13 の
thir**teenth** [θə:**rti:nθ**] [名] 第 13 [形] 第 13 の
thirtieth [**θə:r**tiəθ] [名] 第 30 [形] 第 30 の
thirty [**θə:r**ti] [名] 30 [形] 30 の
this [ðis] [代] これ, 今 [形] ここにある
thistle [**θis**əl] [名] アザミ (植物)
thither [**θi**ðər] [形] 向こうの [副] 向こうに
Thomas [**ta**məs] [人] トーマス (男の名前)
thorn [θɔ:rn] [名] 植物のとげ
thorny [**θɔ:r**ni] [形] とげの多い, 苦しい
thorough [**θə:r**ou] [形] 完全な, 徹底した
thoroughbred [**θə:r**oubred] [名] 純血の動物 [形] 純血の
thoroughfare [**θə:r**oufeər] [名] 街路, 道路, 通行, 水路
thoroughly [**θə:r**ouli] [副] 完全に, 徹底的に
those [ðouz] [代] それら [形] それらの
thou [ðau] [代] 君, 貴方
though [ðou] [接] ~にもかかわらず, ~だが
thought [θɔ:t] [名] 考え, 見解, 意図, 思想
thought [θɔ:t] [動] think (考える) の過去·過去分詞形
thoughtful [**θɔ:t**fl] [形] 思慮深い, 思いやりのある
thoughtfully [**θɔ:t**fəli] [副] 考え深く, 思慮深く
thoughtless [**θɔ:t**ləs] [形] 軽率な, 思いやりのない, 愚かな
thousand [**θau**zənd] [名] 千 [形] 千の
thousandth [**θau**zənθ] [名] 千番目 [形] 千番目の
thrall [θrɔ:l] [名] 奴隷
thrash [θræʃ] [動] 敗北させる, 脱穀する
thread [θred] [名] 糸, 脈絡 [動] 糸を通す
threadbare [**θred**beər] [形] 古い, 貧弱な, 陳腐な
threat [θret] [名] 威嚇, 脅迫
threaten [**θre**tn] [動] 脅かす, 脅迫する
threatening [**θre**tniŋ] [形] 脅かす, 険悪な (天気)
three [θri:] [名] 三 [形] 三の
three-dimensional [**θri:** dimenʃənəl] [形] 3 次元の, 立体感のある
threescore [**θri:**skɔ:r] [形] 60 の
threshold [**θreʃ**hould] [名] 敷居, 出発点
threw [θru:] [動] throw (投げる) の過去形
thrice [θrais] [副] 三度, 三回
thrift [θrift] [名] 倹約, 節約
thrifty [**θrif**ti] [形] 節約する, 繁栄する
thrill [θril] [名] ぞっとする感じ, スリル
thrilling [**θri**liŋ] [形] 身の毛がよだつ, 体を震わせする
thrive [θraiv] [動] 繁盛する, 繁栄する
thriven [**θri**vən] [動] thrive(繁盛する)の過去分詞形
throat [θrout] [名] のど
throb [θrab] [名] 動悸, 鼓動 [動] 鼓動する
throne [θroun] [名] 王座, 王位
throng [θrɔ:ŋ] [名] 群衆, 人波
throttle [**θra**tl] [名] スロットル, 絞り [動] 窒息させる
through [θru:] [前] ~を通して, ~を過ぎて
through**out** [θru:**aut**] [前] いたる所に [副] 全部
throve [θrouv] [動] thrive(繁盛する)の過去形
throw [θrou] [動] 投げる [名] 投げ
throwaway [**θrou**əwei] [名] 宣伝ビラ, パンフレット
thrown [θroun] [動] throw (投げる) の過去分詞形
throw-off [**θrou** ɔ:f] [名] 開始, 出発
thrush [θrʌʃ] [名] ツグミ (鳥)
thrust [θrʌst] [名] 刺し [動] 刺す
thud [θʌd] [名] どさっという音 [動] どさっと落ちる
thug [θʌg] [名] 殺し屋, 悪漢
thumb [θʌm] [名] 親指
thumbtack [**θʌm**tæk] [名] 画びょう [動] 画びょうで留める
thump [θʌmp] [名] 強い打撃 [動] 殴る
thunder [**θʌn**dər] [名] 雷 [動] 雷が鳴る
thunderbolt [**θʌn**dərboult] [名] 雷電, 落雷
thunderous [**θʌn**dərəs] [形] 雷の, 雷のような
thunderstorm [**θʌn**dərstɔ:rm] [名] 激しい雷雨
Thursday [**θə:rz**dei] [名] 木曜日
thus [ðʌs] [副] このように, それで
thwart [θwɔ:rt] [動] 反対する, 妨害する [形] 横の
thy [ðai] [代] 貴方の, 君の
thy**self** [ðai**self**] [代] 君自身
Ti**bet** [ti**bet**] [地] チベット (中国の自治区)
tic [tik] [名] けいれん
tick [tik] [名] カチカチ音
ticket [**ti**kət] [名] 切符, 入場券, 乗車券
ticket office [**ti**kət ɔ:fəs] [名] 切符売り場

tickle [**ti**kəl] [動] くすぐる
ticklish [**tik**liʃ] [形] くすぐったい, 扱いにくい
tic-tac-**toe** [tik tæk **tou**] [名] 三目並べ (遊び)
tidal [**tai**dl] [形] 潮の, 干満のある
tidal wave [**tai**dl weiv] [名] 津波, 潮波
tide [taid] [名] 潮, 潮流
tidings [**tai**diŋz] [名] 便り, 消息
tidy [**tai**di] [形] 整頓された [動] 整える
tie [tai] [動] 結ぶ [名] 結び目, ネクタイ
tier [tiər] [名] 層 [動] 段々に積み重ねる
tie-up [**tai** əp] [名] 不通, 交通途絶, 企業の提携
tiger [**tai**gər] [名] (雄の) 虎
tight [tait] [形] 堅い, ぴったり合った, ぎっしり詰まった
tighten [**tai**tn] [動] しっかり締める
tightly [**tait**li] [副] しっかり, 正確に, きちんと
tile [tail] [名] タイル [動] タイルを張る
till [til] [前] ~まで [動] 耕作する, 耕す
tilt [tilt] [名] 傾斜 [動] 傾ける
timber [**tim**bər] [名] 材木, 森林
time [taim] [名] 時, 時間, 期間
timely [**taim**li] [形] 時宜を得た, 適時の [副] ちょうどよく
time off [**taim** ɔ:f] [名] 仕事を休んだ時間
timer [**tai**mər] [名] タイマー, 時速計
timetable [**taim**teibl] [名] 時刻表, 予定表
time zone [**taim** zoun] [名] 標準時間帯
timid [**ti**məd] [形] 臆病な, 小心な
timing [**tai**miŋ] [名] タイミング, 機会をつかむこと
timorous [**ti**mərəs] [形] 怖がる, 簡単に驚く
Timothy [**ti**məθi] [人] ティモシー (男の名前)
tin [tin] [名] 錫, 錫器
tinge [tindʒ] [名] 色合い [動] 薄く色をつける
tingle [**tiŋ**gəl] [名] ひりひり痛むこと [動] ひりひり痛む
tinker [**tiŋ**kər] [名] いかけ屋 [動] いかけ屋をする
tinkle [**tiŋ**kəl] [動] ちりんちりん鳴らす
tint [tint] [名] 色合い, 色彩 [動] 色合いをつける
tiny [**tai**ni] [形] ささやかな, 非常に小さい
tip [tip] [名] 端, 頂上 [動] 傾ける
tiptoe [**tip**tou] [名] つま先 [動] つま先で歩く
tirade [**tai**reid] [名] 長い熱弁
tire [taiər] [動] 疲れさせる, 疲れる
tired [taiərd] [形] 疲れた, うんざりした
tireless [**taiər**ləs] [形] 疲れない, 不断の
tiresome [**taiər**səm] [形] 退屈な, うんざりさせる, 面倒な
tissue [**ti**ʃu:] [名] 組織, 薄い織物
Titan [**tai**tn] [人] タイタン (ギリシャ神話)
tithe [taið] [名] 十分の一税 (教会), 十分の一
titillate [**ti**təleit] [動] 興奮させる, 刺激する
title [**tai**tl] [名] 表題, 肩書き, 権利
titular [**ti**tʃələr] [形] 名目上の
to [tu:] [前] ~へ, ~に, ~まで
toad [toud] [名] ヒキガエル
toast [toust] [名] トースト, 乾杯
toaster [**tous**tər] [名] パンを焼く道具, トースター
to**ba**cco [tə**bæ**kou] [名] タバコ
to**day** [tə**dei**] [名] 今日, 現在 [副] 今日, 現在
to-**do** [tə **du:**] [名] 騒ぎ, 騒動
toe [tou] [名] 足の指
TOEFL [**tou**fəl] [名] TOEFL (英語学力テスト)
toenail [**tou**neil] [名] 足指のつめ, 斜めに打ち込んだくぎ
toffee [**tɔ:**fi] [名] タフィ (キャンディ)
to**ge**ther [tə**ge**ðər] [副] 一緒に, 一緒にして
toil [tɔil] [名] 苦労 [動] 尽くす
toilet [**tɔi**lət] [名] 便器, トイレ
toilet paper [**tɔi**lət peipər] [名] トイレットペーパー
token [**tou**kən] [名] 象徴, 記念品, 乗車用コイン
Tokyo [**tou**kiou] [地] 東京
told [tould] [動] tell (話す) の過去·過去分詞形
tolerable [**ta**lərəbl] [形] 耐えられる, かなりの
tolerance [**ta**lərəns] [名] 寛容, 寛大, 耐性
tolerant [**ta**lərənt] [形] 寛容する, 寛大な, 耐性がある
tolerate [**ta**ləreit] [動] 容認する, 黙認する
toll [toul] [名] 鐘の音, 通行料金 [動] 打つ
tollgate [**toul**geit] [名] 通行料金徴収所
to**ma**to [tə**mei**tou] [名] トマト
tomb [tu:m] [名] 墓
tomboy [**tam**bɔi] [名] おてんば
tombstone [**tu:m**stoun] [名] 墓石, 墓碑
to**mor**row [tə**ma:**rou] [名] 明日, 未来
ton [tʌn] [名] トン (重量), 多量, 多数
tone [toun] [名] 音, 音質, 語調, 抑揚
tongs [tɔ:ŋz] [名] 物をはさむ道具, 火ばし
tongue [tʌŋ] [名] 舌, 言語
tonic [**ta**nik] [名] 強壮剤 [形] 元気づける
tonic water [**ta**nik wɔ:tər] [名] トニックウォーター
to**night** [tə**nait**] [名] 今夜 [副] 今夜に
tonnage [**tʌ**nidʒ] [名] 容積トン数, 総トン数
tonsil [**tan**səl] [名] 扁桃, 扁桃腺
too [tu:] [副] しかも, また, あまりにも~
took [tuk] [動] take (握る) の過去形
tool [tu:l] [名] 道具

tooth [tu:θ] [名] 歯

toothache [tu:θeik] [名] 歯痛

toothbrush [tu:θbrəʃ] [名] 歯ブラシ

toothpaste [tu:θpeist] [名] 歯磨き

toothpick [tu:θpik] [名] つまようじ

top [tap] [名] 頂上 [形] 最高の

topic [tapik] [名] 主題, 話題

topical [tapikəl] [形] 話題の, 題目の, 原則的な

topping [tapiŋ] [名] 上部, 頂上 [形] そびえ立つ

topple [tapəl] [動] 揺れる, 倒れる

topsy-turvy [tapsi tə:rvi] [名] 転倒 [形] 逆さまの

torch [tɔ:rtʃ] [名] 松明, 携帯用石油灯

tore [tɔ:r] [動] tear (破る) の過去形

torment [tɔ:rmənt] [名] 苦痛, 拷問 [動] 拷問する

torn [tɔ:rn] [動] tear (破る) の過去分詞形

tornado [tɔ:rneidou] [名] たつ巻, トルネード

Toronto [tərantou] [地] トロント (カナダの都市)

torpedo [tɔ:rpi:dou] [名] 魚雷 [動] 魚雷で破壊する

torpor [tɔ:rpər] [名] 怠惰, 無気力

torrent [tɔ:rənt] [名] 急流, にわか雨

torrid [tɔ:rəd] [形] 熱烈な, 焼けつくような

torso [tɔ:rsou] [名] 胴, 胴体

tortoise [tɔ:rtəs] [名] 亀 (淡水, 陸地の)

tortuous [tɔ:rtʃuəs] [形] 曲がりくねった, ゆがんだ

torture [tɔ:rtʃər] [名] 拷問, 苦痛 [動] 拷問する

Tory [tɔ:ri] [名] トリー党員 (イギリス), 保守党員

toss [tɔ:s] [名] 投げ上げること [動] 投げ上げる

total [toutl] [名] 総計, 総額 [形] 全体の

totally [toutəli] [副] すべて, 全部, 完全に

tote [tout] [動] 背負う, 運ぶ

totem [toutəm] [名] トーテム

touch [tʌtʃ] [動] 触る [名] 接触, 触感

touching [tʌtʃiŋ] [形] 感動的な

touchingly [tʌtʃiŋli] [副] かわいそうに

touchstone [tʌtʃstoun] [名] 標準, 試金石

touchy [tʌtʃi] [形] 短気な, 神経質な

tough [tʌf] [形] 頑丈な, 強靭な, たくましい, 強情な

toughen [tʌfən] [動] 強じんにする, 困難にする

tour [tuər] [名] 旅行 [動] 旅行する

tourism [tuərizm] [名] 観光, 観光旅行

tourist [tuərist] [名] 観光客

tournament [tuərnəmənt] [名] 試合, トーナメント

tout [taut] [動] 押し売りする, しつこく勧誘する

tow [tou] [動] 綱で引く

toward [tɔ:rd] [前] ~の方に, ~に向かって

towel [tauəl] [名] タオル, 手ぬぐい

tower [tauər] [名] 塔

towering [tauəriŋ] [形] そびえ立つ, 非常に高い, 激烈な

town [taun] [名] 町

town hall [taun hɔ:l] [名] 町役場

township [taunʃip] [名] 郡区

townsman [taunzmən] [名] 町内の人

toxic [taksik] [形] 有毒な, 毒性の, 中毒の

toxin [taksən] [名] 毒素

toy [tɔi] [名] おもちゃ [動] いたずらする

trace [treis] [名] 跡, 痕跡 [動] 追跡する

tracing [treisiŋ] [名] 追跡, 捜索, 透写

track [træk] [名] 鉄道線路, 軌道 [動] 追跡する

track and field [træk ənd fi:ld] [名] 陸上競技

tract [trækt] [名] 広い地面

tractor [træktər] [名] トラクター, 牽引車

trade [treid] [名] 商業, 貿易, 取引, 交換, 職業

trademark [treidma:rk] [名] 商標, 登録商標

trader [treidər] [名] 商人, 貿易業者

tradesman [treidzmən] [名] 小売商, 匠人

trade union [treid yu:nyən] [名] 労働組合

trading [treidiŋ] [形] 商売の, 貿易の

tradition [trədiʃən] [名] 伝統

traditional [trədiʃənəl] [形] 伝統的な, 伝来の

traditionally [trədiʃənəli] [副] 伝統的に

traffic [træfik] [名] 交通, 交通量

traffic jam [træfik dʒæm] [名] 交通渋滞

traffic lights [træfik laits] [名] 交通信号灯

tragedy [trædʒədi] [名] 悲劇, 悲劇的な事件

tragic [trædʒik] [形] 悲劇の, 悲劇的な

trail [treil] [名] 跡, 小道 [動] 追跡する

trailer [treilər] [名] 追跡者, トレーラー

train [trein] [名] 列車, 行列 [動] 訓練する

trainee [treini:] [名] 訓練を受ける人

trainer [treinər] [名] 訓練者, 練習用具

training [treiniŋ] [名] 訓練, 練習

trait [treit] [名] 特性, 特徴

traitor [treitər] [名] 裏切り者, 反逆者

tram [træm] [名] 路面電車

tramcar [træmka:r] [名] 路面電車

tramp [træmp] [名] 足音, 徒歩旅行

trample [træmpəl] [動] 踏みにじる

trance [træns] [名] 昏睡(催眠)状態, 恍惚感

tranquil [træŋkwəl] [形] 静かな, 穏やかな

tranquility [træŋkwiləti] [名] 静けさ, 平安

tranquilizer [træŋkwəlaizər] [名] 鎮静剤
transact [trænzækt] [動] 取引する, 業務を行う
transaction [trænzækʃən] [名] 業務処理, 取引, 売買
transcend [trænsend] [動] 超える, 凌ぐ
transcribe [trænskraib] [動] 複写する, 筆記する, 録音する
transcript [trænskript] [名] 写し, 謄本, 成績証明書
transcription [trænskripʃən] [名] 複写, 筆写, 謄写
transfer [trænsfə:r] [名] 移動, 振替 [動] 移す
transfix [trænsfiks] [動] 立ちすくませる
transform [trænsfɔ:rm] [動] 変える, 変換する
transformation [trænsfə:rmeiʃən] [名] 変形, 変化
transgress [trænsgres] [動] 違反する, 制限を超える
transient [trænʃənt] [名] 一時的なもの [形] はかない, 一時の
transistor [trænzistər] [名] トランジスタ
transit [trænzət] [名] 通過, 通行, 輸送
transition [trænziʃən] [名] 変遷, 変化, 推移
transitive [trænzətiv] [名] 他動詞
translate [trænsleit] [動] 翻訳する, 解釈する
translation [trænsleiʃən] [名] 翻訳, 解釈
translator [trænsleitər] [名] 翻訳家, 翻訳機
transmission [trænsmiʃən] [名] 伝達, 変速機, 伝送
transmit [trænsmit] [動] 伝達する, 伝送する
transmitter [trænsmitər] [名] 伝達者, 伝達装置, 送信機
transparency [trænspeərənsi] [名] 透明, 透明性
transparent [trænspeərənt] [形] 透明な
transpire [trænspaiər] [動] 排出する
transplant [trænsplænt] [名] 移植 [動] 移植する
transport [trænspɔ:rt] [名] 輸送 [動] 輸送する
transportation [trænspɔ:rteiʃən] [名] 輸送, 交通手段
transverse [trænsvə:rs] [名] 横断物 [形] 横断の, 横切る
trap [træp] [名] 罠 [動] 罠にかかるようにする
trapper [træpər] [名] わなを仕掛ける人, わな猟師
trash [træʃ] [名] ごみ [動] ゴミを捨てる
trash can [træʃ kən] [名] ゴミ箱
trauma [trɔ:mə] [名] 外傷, 心の傷
travail [trəveil] [名] 労苦, 苦労, 苦痛 [動] 苦労する
travel [trævəl] [名] 旅行 [動] 旅行する, 移動する
travel agent [trævəl eidʒənt] [名] 旅行案内業者
traveler [trævələr] [名] 旅行者
traveler's check [trævələrz tʃek] [名] 旅行者小切手
traveling [trævəliŋ] [名] 旅行 [形] 旅行の
traverse [trævərs] [名] 横断 [動] 横切る
travesty [trævəsti] [名] 変装, 戯作
tray [trei] [名] 盆, 書類整理箱
treacherous [tretʃərəs] [形] 裏切る, 反逆する
treachery [tretʃəri] [名] 裏切り, 反逆
tread [tred] [名] 踏むこと, 歩き [動] 踏む
treason [tri:zn] [名] 反逆, 反逆罪
treasure [treʒər] [名] 宝 [動] 大切にする
treasurer [treʒərər] [名] 会計(出納) 担当者
treasury [treʒəri] [名] 国庫, 財務省
treat [tri:t] [名] もてなし [動] 扱う
treatise [tri:təs] [名] 論文, 報告書
treatment [tri:tmənt] [名] 処遇, 処置, 治療
treaty [tri:ti] [名] 条約
treble [trebəl] [名] 最高音部 [形] 高音の, 3 倍の
tree [tri:] [名] 木
treetop [tri:tap] [名] 木の頂
trek [trek] [名] つらい旅 [動] つらい旅をする
tremble [trembəl] [名] 震え, 戦慄 [動] 震える
trembling [trembəliŋ] [名] 震え, 身震い [形] 震える, 身震いする
tremendous [trimendəs] [形] 莫大な, 巨大な
tremor [tremər] [名] 震え, 身震い, 振動
tremulous [tremyələs] [形] 震える, 身震いする, 臆病な
trench [trentʃ] [名] 塹壕
trenchant [trentʃənt] [形] 鋭い, 辛らつな, 徹底した
trend [trend] [名] 傾向, 趨勢, 流行
trepidation [trepədeiʃən] [名] 恐怖, 不安
trespass [trespəs] [名] 不法侵入 [動] 不法侵入する
trespasser [trespəsər] [名] 家宅侵入者
trial [traiəl] [名] 裁判, 試験, 試練
triangle [traiæŋgəl] [名] 三角形, 三角定規
triangular [traiæŋgyələr] [形] 三角の, 三角形の
tribal [traibəl] [形] 種族の, 部族の
tribe [traib] [名] 種族, 部族
tribulation [tribyəleiʃən] [名] 苦難, 苦悩
tribunal [traibyu:nəl] [名] 法廷, 裁判所
tributary [tribyəteri] [名] (川の) 支流 [形] 支流の
tribute [tribyu:t] [名] 贈り物, 贈呈物, 賛辞
trick [trik] [名] 計策, 術策
trickery [trikəri] [名] ごまかし, 詐欺
trickle [trikəl] [名] したたり [動] したたり落ちる
tricky [triki] [形] 狡猾な, 扱いにくい
tricycle [traisikəl] [名] 三輪車
tried [traid] [形] 試験を経た, 確実な
trifle [traifəl] [名] 些細なこと, 小銭
trifling [traifliŋ] [形] つまらない, 役に立たない
trigger [trigər] [名] 引き金, 誘因 [動] 誘発する
trill [tril] [動] 声を震わせて歌う
trillion [trilyən] [名] 兆

trim [trim] [名] 整頓, 整備 [動] 整える
trimmings [trimiŋz] [名] 名整え, 手入れ, 装飾
Trinity [trinəti] [名] 三位一体 (キリスト教)
trio [tri:ou] [名] 3 重奏, 3 人組, トリオ
trip [trip] [名] 小旅行, 踏み外し
triple [tripəl] [名] 三倍数 [形] 三重の, 三倍の
triplets [tripləts] [名] 三つ子
tripod [traipad] [名] 三脚
trite [trait] [形] 陳腐な, ありふれた
triumph [traiəmf] [名] 勝利, 大成功
triumphal [traiʌmfəl] [形] 勝利の, 改善の
triumphant [traiʌmfənt] [形] 勝利を得た, 意気揚々の
triumphantly [traiʌmfəntli] [副] 意気揚々と
triumvirate [traiʌmvərət] [名] 三頭政治
trivial [triviəl] [形] つまらない, 些細な
triviality [triviæləti] [名] つまらないもの, つまらないこと, 平凡
trod [trad] [動] tread(踏む)の過去形
trodden [tradn] [動] tread(踏む)の過去分詞形
Trojan [troudʒən] [名] 勇者 [形] トロイの
trolley car [trali ka:r] [名] 市内電車
troops [tru:ps] [名] 軍隊
trophy [troufi] [名] 競技入賞トロフィー, 戦利品
tropical [trapikəl] [形] 熱帯地方の
tropics [trapiks] [名] 熱帯地方
trot [trat] [名] 馬の速歩
trouble [trʌbəl] [名] 心配の種 [動] 苦しめる
troubled [trʌbəld] [形] 困った, 当惑した
troublemaker [trʌbəlmeikər] [名] もんちゃくを起こす人
troublesome [trʌbəlsəm] [形] 頭の痛い, 面倒な
trough [trɔ:f] [名] 水入れ, 溝
trounce [trauns] [動] 罰する
trousers [trauzərz] [名] 洋服のズボン
trout [traut] [名] マス
Troy [trɔi] [地] トロイ (古代小アジアの都市)
truant [tru:ənt] [名] 無断欠席者 [形] 無断欠席の
truce [tru:s] [名] 停戦, 停戦協定
truck [trʌk] [名] トラック, 貨物自動車
truck driver [trʌk draivər] [名] トラックの運転手
trudge [trʌdʒ] [動] 重い足取りで歩く
true [tru:] [形] 真の, 真実の [名] 真実
truly [tru:li] [副] 真に, まじめに
trump [trʌmp] [名] (トランプの) 切り札
trumpet [trʌmpət] [名] ラッパ, トランペット
trundle [trʌndl] [名] 小車輪 [動] 転がす
trunk [trʌŋk] [名] 木の幹, 車のトランク
trunks [trʌŋks] [名] 男性用水泳パンツ
trust [trʌst] [名] 信用, 信頼 [動] 信頼する
trustworthy [trʌstwə:rði] [形] 信頼できる
trusty [trʌsti] [名] 信頼できる人
truth [tru:θ] [名] 真実, 真理
truthful [tru:θfl] [形] 正直な, 真実の
try [trai] [動] 試みる [名] 試み, 努力
trying [traiiŋ] [形] 耐えがたい, 面倒な
tryst [trist] [名] 密会
T-shirt [ti: ʃə:rt] [名] T シャツ
tub [tʌb] [名] 桶, 水桶, 浴槽
tube [tyu:b] [名] 管, 筒, チューブ, 管楽器
tuberculosis [tyubə:rkyəlousəs] [名] 結核
tuck [tʌk] [名] 縫揚げ [動] 詰め込む
Tuesday [tyu:zdei] [名] 火曜日
tuft [tʌft] [名] 束, 小さな丘
tug [tʌg] [動] 強く引き寄せる
tugboat [tʌgbout] [名] 引き船, タグボート
tug-of-war [tʌg əv wɔ:r] [名] 綱引き, 主導権争い
tuition [tyu:iʃən] [名] 授業料
tulip [tyu:ləp] [名] チューリップ
tumble [tʌmbəl] [名] 転倒, とんぼ返り [動] 寝転ぶ
tumbler [tʌmblər] [名] 大カップ, タンブラー, 曲芸師
tummy [tʌmi] [名] おなか (stomach)
tumor [tyu:mər] [名] 腫瘍, 腫れ
tumult [tyu:məlt] [名] 大騒動, 暴動
tumultuous [tyu:mʌltʃuəs] [形] 騒々しい, ひどく興奮した
tuna [tyu:nə] [名] マグロ (魚)
tune [tyu:n] [名] 曲, 曲調 [動] 楽器を調律する
tune-up [tyu:n əp] [名] エンジンの調整, チューンアップ
Tunisia [tyu:ni:ʒə] [地] チュニジア (北アフリカ諸国)
tunnel [tʌnl] [名] トンネル
turban [tə:rbən] [名] ターバン, 頭に巻くスカーフ状の長い布
turbid [tə:rbəd] [形] 不明な
turbine [tə:rbən] [名] タービン (原動機)
turbulent [tə:rbyələnt] [形] 荒れ狂う, 騒然とした
turf [tə:rf] [名] 芝生 [動] 芝生を植える
Turk [tə:rk] [名] トルコ人
Turkey [tə:rki] [地] トルコ
turkey [tə:rki] [名] 七面鳥
Turkish [tə:rkiʃ] [名] トルコ語 [形] トルコの, トルコ人の
turmoil [tə:rmɔil] [名] 混乱, 動揺, 騒ぎ
turn [tə:rn] [動] 回転させる [名] 回転, 転換
turning [tə:rniŋ] [名] 回転, 変化, 角, 岐路
turning point [tə:rniŋ pɔint] [名] 転換点, 転機, 危機

turnip [tə:rnəp] [名] カブ (植物)

turnout [tə:rnaut] [名] 出席者, 生産高, 出勤

turnover [tə:rnouvər] [名] 転覆, 転換

turnpike [tə:rnpaik] [名] 有料高速道路

turn signal [tə:rn signəl] [名] 方向指示器

turntable [tə:rnteibl] [名] ターンテーブル, 回転皿

turpentine [tə:rpəntain] [名] テレビン油 (松脂)

turpitude [tə:rpətyu:d] [名] 卑劣, 下劣

turquoise [tə:rkwɔiz] [名] トルコ玉, 青緑色

turret [tə:rət] [名] 小さな塔, 回転砲塔

turtle [tə:rtl] [名] 海亀

tusk [tʌsk] [名] きば [動] きばで突く

tussle [tʌsəl] [名] ひどい激闘, 乱闘 [動] 激闘する

tutelage [tyu:təlidʒ] [名] 後見, 保護, 監督

tutor [tyu:tər] [名] 家庭教師 [動] 個人指導する

tuxedo [təksi:dou] [名] タキシード, 男性用略式礼服

twang [twæŋ] [名] 弦の音, 鼻声

tweed [twi:d] [名] ツイード (織物)

tweezers [twi:zərz] [名] 毛抜き, ピンセット

twelfth [twelfθ] [名] 第12 [形] 第12の

twelve [twelv] [名] 12 [形] 12の

twentieth [twentiəθ] [名] 第20 [形] 第20の

twenty [twenti] [名] 20 [形] 20の

twice [twais] [副] 二回, 二倍に

twig [twig] [名] 小枝

twilight [twailait] [名] 夕暮れ [動] かすかに照らす

twin [twin] [名] 双子

twin bed [twin bed] [名] ツインベッド

twine [twain] [名] ひも [動] よる, 絡み合う

twinge [twindʒ] [名] うずき, 呵責

twinkle [twiŋkəl] [名] きらめき, 閃光 [動] きらめく

twinkling [twiŋkliŋ] [名] きらめき [形] 輝く

twirl [twə:rl] [名] 急回転, 渦巻き [動] 急回転する

twist [twist] [名] ひとより, 回転 [動] よる, よじる

twitch [twitʃ] [名] ぐいと引くこと [動] ぐいと引く

twitter [twitər] [名] さえずり [動] さえずる

two [tu:] [名] 二 [形] 二の

two-fold [tu: fould] [形] 2倍の, 二重の [副] 2倍に

two-pence [tu: pens] [名] 2ペンス (銀貨), 少し

tycoon [taiku:n] [名] 大君, 実業界巨頭

tying [taiiŋ] [名] 結ぶこと, 縛ること [形] 結ぶ

type [taip] [名] 型, タイプ, 典型

typewrite [taiprait] [動] タイプライターで打つ

typewriter [taipraitər] [名] タイプライター

typewriting [taipraitiŋ] [名] タイプライターを打つ

typewritten [taipritn] [形] タイプライターで打った

typhoid [taifɔid] [名] 腸チフス [形] 腸チフスの

typhoon [taifu:n] [名] 台風

typical [tipikəl] [形] 典型的な

typically [tipikəli] [副] 典型的に

typing [taipiŋ] [名] タイプライター打ち

typist [taipist] [名] タイピスト

tyrannical [tirænikəl] [形] 暴君的な, 残酷な

tyranny [tirəni] [名] 暴政, 暴悪

tyrant [tairənt] [名] 暴君

U

ubiquitous [yu:bikwətəs] [形] いたるところに存在している

udder [ʌdər] [名] (牛の)乳房, 乳腺

UFO [yu: ef ou] [名] 未確認飛行物体

Uganda [u:gændə] [地] ウガンダ (中央アフリカ諸国)

ugly [ʌgli] [形] 醜い, 不細工な, 邪悪な

Ukraine [yu:krein] [地] ウクライナ (東ヨーロッパ諸国)

ulcer [ʌlsər] [名] 潰瘍, 病弊

ultimate [ʌltəmət] [形] 最後の, 究極的な, 根本的な

ultimately [ʌltəmətli] [副] 最後に, 究極的に

ultimatum [əltəmeitəm] [名] 最後通牒, 最終的な結論

ultimo [ʌltəmou] [形] 先月の

ultra [ʌltrə] [名] 急進論者 [形] 極端的な, 過激な

ultraviolet [əltrəvaiələt] [名] 紫外線 [形] 紫外線の

umbrella [əmbrelə] [名] 傘

umpire [ʌmpaiər] [名] 審判

unabashed [ənəbæʃt] [形] 厚かましい

unable [əneibl] [形] ～することができない

unabridged [ənəbridʒd] [名] 大辞典 [形] 省略していない

unacceptable [ənəkseptəbl] [形] 受け入れられない

unaccountable [ənəkauntəbl] [形] 説明できない, 責任がない

unaccustomed [ənəkʌstəmd] [形] 慣れていない

unanimous [yu:nænəməs] [形] 一致した, 満場一致の

unanimously [yu:nænəməsli] [副] 満場一致で

unapproachable [ənəproutʃəbl] [形] 接近(到達)できない

unarmed [əna:rmd] [形] 武装していない, 素手の

unattainable [ənəteinəbl] [形] 達成できない, 得られない

unattractive [ənətræktiv] [形] 魅力のない, 興味のない

unavoidable [ənəvɔidəbl] [形] 避けられない

unaware [ənəweər] [形] 分からない, 気づいていない

unbalanced [ənbælənst] [形] バランスを失った, 不安定な

unbearable [ənbeərəbl] [形] 耐えられない

unbelievable [ənbili:vəbl] [形] 信じられない

unbroken [ənbroukən] [形] 壊れていない, 破れていない

uncanny [ənkæni] [形] ものすごい, 不思議な

uncertain [ənsə:rtn] [形] 不確実な

uncertainty [ənsə:rtnti] [名] 不安定, 不確実性, 疑い

unchanged [əntʃeindʒd] [形] 不変の

uncivilized [ənsivəlaizd] [形] 未開の, 野蛮な

uncle [ʌŋkəl] [名] おじさん

unclean [ənkli:n] [形] 不潔な, 不正な

unclear [ənkliər] [形] はっきりしない

uncomfortable [ənkʌmfərtəbl] [形] 気持ち悪い, 不快な

uncommitted [ənkəmitəd] [形] 未遂の, 義務に拘束されていない

uncommon [ənkamən] [形] 珍しい, 奇妙な

unconditional [ənkəndiʃənəl] [形] 無条件の, 絶対的な

unconscionable [ənkanʃənəbl] [形] 非良心的な, 破廉恥な

unconscious [ənkantʃəs] [形] 感じない, 意識不明の

unconstitutional [ənkanstətyu:ʃənəl] [形] 違憲の

uncontrollable [ənkəntrouləbl] [形] 制御できない, 手に負えない

uncooked [ənkukt] [形] 料理してない

uncountable [ənkauntəbl] [形] 数えきれない

uncouth [ənku:θ] [形] ぶざまな, 粗野な, 無礼な

uncover [ənkʌvər] [動] 暴露する, 蓋を開ける

unctuous [ʌŋktʃuəs] [形] 油っこい, 不誠実な

undamaged [əndæmidʒd] [形] 損害を受けてない, きずがない

undaunted [əndɔ:ntəd] [形] 不屈の, 勇敢な

undecided [əndisaidəd] [形] 未決定の, 決断力がない

undeniable [əndinaiəbl] [形] 否定できない, 明白な

under [ʌndər] [前] ～の下に, ～より劣る

underbrush [ʌndərbrʌʃ] [名] 茂み

undercover [ʌndərkəvər] [形] 秘密に行う, 内密の

undercut [ʌndərkət] [動] 下を切り取る, より安く売る

underdeveloped [əndərdiveləpt] [形] 低開発の, 発育が不十分な

underdog [ʌndərdɔ:g] [名] 闘犬で負けた犬, 敗北者

underdone [əndərdʌn] [形] 生煮えの, 生焼けの

underestimate [əndərestəmeit] [名] 過小評価 [動] 過小評価する

undergo [əndərgou] [動] 耐える, 経験する

undergone [əndərgɔ:n] [動] undergo (耐える) の過去分詞形

undergraduate [əndərgrædʒuət] [名] 大学生 [形] 大学生の

underground [ʌndərgraund] [名] 地下, 地下組織 [形] 地下の

underhanded [əndərhændəd] [形] 不正な, 陰険な

underline [əndərlain] [動] 下線を引く, 強調する

underlying [əndərlaiŋ] [形] 下にある, 根本的な

undermine [əndərmain] [動] 基礎を危うくする

underneath [əndərni:θ] [名] 下 [前] ～の下に [副] 下に

underpaid [əndərpeid] [形] 薄給の

underpants [ʌndərpænts] [名] ズボン下, パンツ

underpass [ʌndərpæs] [名] 地下道

underpay [əndərpei] [動] 不十分な賃金を与える

underpinning [ʌndərpiniŋ] [名] 土台, 基礎

underprivileged [əndərprivəlidʒd] [形] 恩恵を受けていない

underrate [əndərreit] [動] 見くびる

underscore [əndərskɔ:r] [動] 下線を引く, 強調する

undersea [əndərsi:] [形] 海底の

undershirt [ʌndərʃə:rt] [名] 下着

understaffed [əndərstæft] [形] 人員不足の

189

understand [əndərstænd] [動] 理解する
understandable [əndərstændəbl] [形] 理解できる
understanding [əndərstændiŋ] [名] 理解, 理解力, 知性
understate [əndərsteit] [動] 控えめに述べる
understatement [əndərsteitmənt] [名] 控えめに言うこと
understood [əndərstud] [形] 了承された
understood [əndərstud] [動] understand (理解する) の過去·過去分詞形
undertake [əndərteik] [動] 引き受ける, 保証する
undertaken [əndərteikən] [動] undertake (引き受ける) の過去分詞形
undertaker [əndərteikər] [名] 葬儀屋, 引き受け人
undertaking [əndərteikiŋ] [名] 事業, 引き受け, 約束
undertook [əndərtuk] [動] undertake (引き受ける) の過去形
undervalue [əndərvælyu:] [動] 過小評価する
underwater [əndərwɔ:tər] [形] 水中の [形] 水中で
underwear [ʌndərweər] [名] 下着, 下着類
underwent [əndərwent] [動] undergo(耐える)の過去形
underworld [ʌndərwə:rld] [名] 下層社会, 暗黒街, 地獄
underwrite [əndərrait] [動] 引き受ける, 署名する
undesirable [əndizairəbl] [形] 望ましくない
undid [əndid] [動] undo (原状に戻す) の過去形
undisturbed [əndistə:rbd] [形] じゃまされない, 平穏な
undo [əndu:] [動] 原状に戻す
undone [əndʌn] [形] なされない, 未完成の
undone [əndʌn] [動] undo(原状に戻す)の過去分詞形
undoubted [əndautəd] [形] 疑う余地がない
undoubtedly [əndautədli] [副] 疑いもなく, 間違いなく
undress [əndres] [動] 衣服を脱がせる, 暴露する
undressed [əndrest] [形] 服を脱いだ
undue [əndyu:] [形] 過度の, 不当な, 期限の来ない
unduly [əndyu:li] [副] 過度に, 不当に
unearned [ənə:rnd] [形] 労せずして得た, 不当な
unearth [ənə:rθ] [動] 発掘する, 暴露する
uneasily [əni:zəli] [副] 不安に, ぎこちなく
uneasiness [əni:zinəs] [名] 不安, 心配
uneasy [əni:zi] [形] 不安な, 気にかかる
unemployed [ənimplɔid] [形] 失業した, 使われない
unemployment [ənimplɔimənt] [名] 失業
unequal [əni:kwəl] [形] 不公平な, 等しくない
unequaled [əni:kwəld] [形] 比べものにならない, 無敵の
UNESCO [yu:neskou] [名] ユネスコ
uneven [əni:vən] [形] でこぼこした, 不規則な
unexpected [ənikspektəd] [形] 予期しない, 突然の
unexpectedly [ənikspektədli] [副] 意外に, 突然
unfair [ənfeər] [形] 不公平な, 不正な
unfaithful [ənfeiθfl] [形] 不誠実な, 不正直な
unfamiliar [ənfəmilyər] [形] 慣れていない, 不慣れな
unfashionable [ənfæʃənəbl] [形] 流行していない
unfavorable [ənfeivərəbl] [形] 好ましくない, 不利な
unfinished [ənfiniʃt] [形] 未完成の, 洗練されてない
unfit [ənfit] [形] ふさわしくない, 不適当な
unfold [ənfould] [動] 広げる, 現わす
unforeseen [ənfə:rsi:n] [形] 予期しない, 意外の
unforgettable [ənfə:rgetəbl] [形] 忘れない
unforgivable [ənfə:rgivəbl] [形] 許せない
unfortunate [ənfɔ:rtʃənət] [形] 不運な, 悔しい
unfortunately [ənfɔ:rtʃənətli] [副] 不運なことに
unfriendly [ənfrendli] [形] 不親切な [副] 不親切に
unfurnished [ənfə:rniʃt] [形] 家具を備えていない
ungrateful [əngreitfl] [形] 恩知らずの
unhappily [ənhæpəli] [副] 不幸にも, あいにく
unhappy [ənhæpi] [形] 不幸な
unharmed [ənha:rmd] [形] 無傷の, 無事な
unhealthy [ənhelθi] [形] 健康でない, 非衛生的な
uniform [yu:nəfɔ:rm] [形] 一様の [名] 制服
uniformity [yu:nəfɔ:rməti] [名] 同一性, 同質性, 均一性
unify [yu:nəfai] [動] 統一する
unilateral [yu:nəlætərəl] [形] 一方的な
unimportant [ənimpɔ:rtənt] [形] 重要でない, ささいな
unintelligible [ənintelədʒəbl] [形] 理解できない, 難解な
unintentional [ənintenʃənəl] [形] 故意ではない
uninteresting [ənintərəstiŋ] [形] 興味がない, つまらない
uninvited [əninvaitəd] [形] 招かれていない
union [yu:nyən] [名] 結合, 合同, 労働組合
unique [yuni:k] [形] 唯一の [名] 唯一の物
unisex [yu:nəseks] [名] ユニセックス [形] 男女共通の
unison [yu:nəsən] [名] 一致, 調和, 同音
unit [yu:nət] [名] 単位, 一人
unite [yunait] [動] 一つにする, 協同する
united [yunaitəd] [形] 連合した, 連携した, 協力した
United Kingdom [yunaitəd kiŋdəm] [地] イギリス
United Nations [yunaitəd neiʃənz] [名] 国連, 国際連合
United States [yunaitəd steits] [地] アメリカ合衆国
unity [yu:nəti] [名] 単一性, 統一
universal [yu:nəvə:rsəl] [形] 普遍的な, 宇宙の
universally [yu:nəvə:rsəli] [副] 普遍的に, 一般的に
universe [yu:nəvə:rs] [名] 宇宙, 全世界
university [yu:nəvə:rsəti] [名] 総合大学
unjust [əndʒʌst] [形] 正しくない, 不当な
unkempt [ənkempt] [形] くしを入れてない, だらしのない
unkind [ənkaind] [形] 不親切な, 冷酷な

unkindly [ənkaindli] [副] 不親切に
unknown [ənnoun] [形] 知られていない, 未知の
unlawful [ənlɔ:fl] [形] 不法の, 違法の
unleaded [ənledəd] [形] 無鉛の
unleash [ənli:ʃ] [動] 革ひもを解く, 解放する
unless [ənles] [接] もし~でなければ
unlighted [ənlaitəd] [形] 明かりのついていない
unlike [ənlaik] [形] 似ていない, 他の
unlikely [ənlaikli] [形] ありそうもない
unlimited [ənlimətəd] [形] 無制限の
unload [ənloud] [動] 荷を降ろす
unlock [ənlak] [動] 錠を開ける, 開ける
unlucky [ənlʌki] [形] 不運な
unmarried [ənmeərid] [形] 未婚の
unmask [ənmæsk] [動] 仮面をはぐ, 正体をあばく
unmistakable [ənmisteikəbl] [形] 間違いない, 明白な
unmoved [ənmu:vd] [形] しっかりした, 平然とした
unnatural [ənnætʃurəl] [形] 不自然な, 不思議な
unnecessarily [ənnesəserəli] [副] 不要に, 無駄に
unnecessary [ənnesəseri] [形] 不要な
unnoticed [ənnoutist] [形] 注意を引かない
unoccupied [ənakyəpaid] [形] 空いている
unofficial [ənəfiʃəl] [形] 非公式の, 非公認の
unpack [ənpæk] [動] 中身を出す, 荷を降ろす
unpaid [ənpeid] [形] 未納の, 無給の
unparalleled [ənpærəleld] [形] 類を見ない
unpleasant [ənpleznt] [形] 不快な
unplug [ənplug] [動] 栓を抜く
unpopular [ənpapyələr] [形] 人気がない, 評価が良くない
unprecedented [ənpresədentəd] [形] 前例のない, 未曾有の
unpredictable [ənpridiktəbl] [形] 預言できない
unprepared [ənpripeərd] [形] 準備がない, 即席の
unpretentious [ənpritentʃəs] [形] 気取らない, 控えめな
unproductive [ənprədʌktiv] [形] 非生産的な, 効果がない
unprofessional [ənprəfeʃənəl] [形] 職業倫理に反する
unprofitable [ənprafətəbl] [形] 採算が合わない, 無駄な
unpublished [ənpʌbliʃt] [形] 公表されてない, 隠れた
unqualified [ənkwaləfaid] [形] 資格がない, 不適格の
unquestionable [ənkwestʃənəbl] [形] 疑いの余地がない
unravel [ənrævəl] [動] 糸を解く, 解明する
unreal [ənri:l] [形] 実在しない, 幻想的な
unrealistic [ənriəlistik] [形] 非現実的な
unreasonable [ənri:znəbl] [形] 不合理な, 非理性的な
unrelated [ənrileitəd] [形] 関係のない, 親族でない
unreliable [ənrilaiəbl] [形] 信頼できない
unremitting [ənrimitiŋ] [形] 中断のない, 絶え間ない
unrequited [ənrikwaitəd] [形] 報酬のない, やりがいがない
unrest [ənrest] [名] 心配, 不安
unrivaled [ənraivəld] [形] 競争相手がいない, 無敵の
unroll [ənroul] [動] 巻いた物を開く, 広げる
unruly [ənru:li] [形] 規則に従わない
unsafe [ənseif] [形] 危険な, 不安な
unsatisfactory [ənsætəsfæktəri] [形] 不満足な
unscientific [ənsaiəntifik] [形] 非科学的な
unscrew [ənskru:] [動] ネジを抜く
unscrupulous [ənskru:pyələs] [形] 厚かましい, 非良心的な
unseen [ənsi:n] [形] まだ見たことのない, 未知の
unselfish [ənselfiʃ] [形] 利己的でない, 利他的な
unsettled [ənsetld] [形] 未払いの, 未解決の
unskilled [ənskild] [形] 熟練されてない, 未熟な
unspeakable [ənspi:kəbl] [形] 形容し難い, すごく悪い
unstable [ənsteibəl] [形] 不安定な, 変りやすい
unsteady [ənstedi] [形] 不安定な, 不規則な
unsuccessful [ənsəksesfl] [形] 失敗した, 不運な
unsuitable [ənsu:təbl] [形] 不適当な
unsure [ənʃuər] [形] 不安な, はっきりしない
untie [əntai] [動] ほどく, 自由にする
until [əntil] [接] ~するまで, まで
untimely [əntaimli] [形] 時期尚早な, 時期に合わない
unto [ʌntu] [前] ~に, ~へ, ~まで
untold [əntould] [形] 語られていない, 明かされていない
untouched [əntʌtʃt] [形] 手つかずの, 言及されない
untrue [əntru:] [形] 虚偽の, 誠実でない
unused [ənyu:zd] [形] 使わない, 慣れていない
unusual [ənyu:ʒuəl] [形] 正常でない, 異例の
unusually [ənyu:ʒuəli] [副] 常になく, 格別に
unvoiced [ənvɔist] [形] 無声音の, 無音の
unwelcome [ənwelkəm] [形] 歓迎されない
unwholesome [ənhoulsəm] [形] 不健全な, 健康に良くない
unwilling [ənwiliŋ] [形] 気が進まない
unwind [ənwaind] [動] 解く, 緊張をほぐす
unwise [ənwaiz] [形] 愚かな, 分別がない
unwitting [ənwitiŋ] [形] 意識していない, 無意識のうちの
unworthy [ənwə:rði] [形] 価値のない
unwrap [ənræp] [動] 包装を解く
unzip [ənzip] [動] ジッパーを開く, ジッパーが開かれる
up [ʌp] [副] 上へ [前] ~の上に [名] 上昇
upbringing [ʌpbriŋiŋ] [名] 養育, しつけ
upcoming [ʌpkəmiŋ] [形] やって来る
update [əpdeit] [名] 更新, 最新の情報 [動] 更新する

upgrade [ʌpgreid] [名] 向上 [動] 向上させる
upheaval [əphi:vəl] [名] 持ち上がること, 激変
upheld [əpheld] [動] uphold(持ち上げる)の過去·過去分詞形
uphill [əphil] [名] 上り坂 [形] 上り坂の
uphold [əphould] [動] 持ち上げる, 支持する
upholstery [əphoulstri] [名] 室内装飾品, 室内装飾業
upkeep [ʌpki:p] [名] 維持, 維持費
upland [ʌplənd] [名] 高地, 高地帯 [形] 高地帯の
uplift [əplift] [名] 持ち上げること [動] 持ち上げる
upon [əpɔ:n] [前] on
upper [ʌpər] [形] より上にある, 上位の
upper case [əpər keis] [名] 大文字活字ケース
upper class [əpər klæs] [名] 上流社会(階級)
uppermost [ʌpərmoust] [形] 最高の, 最優位の [副] 最高に
upright [ʌprait] [形] 垂直の, 正直な, 正しい
uprising [ʌpraiziŋ] [名] 起床, 起立, 反乱, 上り坂
uproar [ʌprɔ:r] [名] 大騒動, 騒ぎ, 騒音
uproot [əpru:t] [動] 根絶させる, 絶滅させる
upset [əpset] [名] 転覆 [動] 覆す
upside [ʌpsaid] [名] 上部, 上側
upside-down [əpsaid daun] [形] 逆になった, 混乱した
upstairs [ʌpsteərz] [名] 二階 [副] 二階に
up-to-date [ʌp tə deit] [形] 最新の
upward [ʌpwə:rd] [形] 上を向けた [副] 上向きに
uranium [yureiniəm] [名] ウラニウム (化学)
urban [ə:rbən] [形] 都市の, 都市に住む
urbane [ə:rbein] [形] バランスのとれた, 洗練された
urchin [ə:rtʃən] [名] いたずらっ子, わんぱく小僧
urge [ə:rdʒ] [名] 衝動 [動] 催促する, 強要する
urgency [ə:rdʒənsi] [名] 緊急な事, 緊急
urgent [ə:rdʒənt] [形] 緊急の
urinal [yuərənl] [名] 小便用便器, 尿瓶
urinate [yuərəneit] [動] 放尿する
urine [yuərən] [名] 尿, 小便
urn [ə:rn] [名] つぼ, かめ
Uruguay [uərəgwai] [地] ウルグアイ (南米諸国)
us [ʌs] [代] 私達を, 私達に
U.S. [yu: es] [地] United States
usage [yu:sidʒ] [名] 習慣, 慣用語, 用語
use [yu:z] [動] 使う, 使用する, 利用する
use [yu:s] [名] 使用, 使用法, 使用目的
used [yu:zd] [形] ~に慣れて, 使用された, 中古の
useful [yu:sfl] [形] 有益な, 便利な
useless [yu:sləs] [形] 無益な
user [yu:zər] [名] 使用者, ユーザー
usher [ʌʃər] [名] 座席案内係 [動] 案内する
usual [yu:ʒuəl] [形] 普段の [名] いつもの事
usually [yu:ʒuəli] [副] 普通は, 普段は
usurp [yu:sə:rp] [動] 奪う, 強奪する
usury [yu:ʒəri] [名] 高利貸し
Utah [yu:ta] [地] ユタ (米国の州)
utensil [yu:tensəl] [名] 台所道具
uterus [yu:tərəs] [名] 子宮
utilitarian [yutilətearian] [形] 実用的な
utility [yu:tiləti] [名] 利便性, 実用性, 公益事業
utilize [yu:təlaiz] [動] 利用する
utmost [ʌtmoust] [名] 最大限, 最善 [形] 極度の
utopia [yutoupiə] [名] ユートピア, 理想郷
utopian [yutoupiən] [形] ユートピアの, 理想郷の
utter [ʌtər] [動] 話す [形] 全くの, 完全な
utterance [ʌtərəns] [名] 発言, 発声, 言葉遣い, 表現力
utterly [ʌtərli] [副] 全く, 全然
uttermost [ʌtərmoust] [名] 最大限 [形] 最大限の
U-turn [yu: tə:rn] [名] U ターン [動] U ターンをする
Uzbekistan [uzbekistæn] [地] ウズベキスタン (中央アジア諸国)

V

vacancy [**vei**kənsi] [名] すき間, 空席, 空白, 欠員
vacant [**vei**kənt] [形] 空虚な, 空の, 空席の
vacate [**vei**keit] [動] 空ける, 去る, 取り消す
va**ca**tion [vei**kei**ʃən] [名] 休暇, 休み
vaccinate [**væk**səneit] [動] 予防接種をする
vacci**na**tion [væksə**nei**ʃən] [名] ワクチン(予防)接種, 種痘
vac**cine** [væk**si:n**] [名] ワクチン
vacillate [**væ**səleit] [動] ためらう, 揺れる
vacuous [**væ**kyuəs] [形] 内容がない
vacuum [**væ**kyu:m] [名] 真空
vacuum cleaner [**væ**kyu:m kli:nər] [名] 真空掃除機
vagabond [**væ**gəband] [名] 放浪者 [動] 放浪する
vagary [**vei**gəri] [名] 気まぐれ, 風変りな考え
va**gi**na [və**dʒai**nə] [名] 膣
vagrant [**vei**grənt] [名] 放浪者 [形] 放浪する, 変りやすい
vague [veig] [形] あいまいな, はっきりしない
vaguely [**veig**li] [副] 漠然と, あいまいに
vain [vein] [形] 空虚な, 役に立たない, むなしい
vainly [**vein**li] [副] 無駄に, 効果なく
vale [veil] [名] 谷間, 谷, 現世
valentine [**væ**ləntain] [名] バレンタインデーに送る贈り物
Valentine's day [**væ**ləntainz dei] [名] バレンタインデー
valet [**væ**lət] [名] 従者, ボーイ
valiant [**væl**yənt] [形] 勇敢な
valid [**væ**ləd] [形] 妥当な, 有効な
va**li**dity [və**li**dəti] [名] 妥当性, 正当性, 有効性
valley [**væ**li] [名] 谷, 谷間
valor [**væ**lər] [名] 勇気, 勇敢
valuable [**væl**yəbl] [形] 貴重な, 価値のある
valuables [**væl**yəblz] [名] 貴重品
valu**a**tion [vælyu**ei**ʃən] [名] 評価, 評価額
value [**væl**yu] [名] 価値, 価格 [動] 評価する
valueless [**væl**yuləs] [形] 無価値な, つまらない
values [**væl**yuz] [名] 価値 (社会的な, 倫理的な)
valve [vælv] [名] バルブ
vampire [**væm**paiər] [名] 吸血鬼, 搾取者
van [væn] [名] 小型トラック, バン
Van**cou**ver [væn**ku:**vər] [地] バンクーバー (カナダの都市)
vandal [**væn**dl] [名] 芸術･文化の 破壊者 [形] 野蛮の
vandalism [**væn**dəlizm] [名] 芸術･文化の破壊, 蛮行
vandalize [**væn**dəlaiz] [動] 芸術･文化を破壊する
vane [vein] [名] 風向計
vanguard [**væn**ga:rd] [名] 前衛, 先駆, 先導
va**nil**la [və**nil**ə] [名] バニラ
vanish [**væ**niʃ] [動] 消える
vanity [**væ**nəti] [名] 虚栄心, 虚飾, 虚無
vanquish [**væŋ**kwiʃ] [動] 征服する, 勝つ
vantage [**væn**tidʒ] [名] 有利, 優越
vapid [**væ**pəd] [形] 活気のない, 退屈な
vapor [**vei**pər] [名] 蒸気 [動] 蒸発する
variable [**veə**riəbl] [名] 変数 [形] 可変的な, 変数の
variance [**veə**riəns] [名] 変化, 変動, 差, 分散
variant [**veə**riənt] [名] 変化, 変形 [形] 異なる
vari**a**tion [veri**ei**ʃən] [名] 変形, 変化
varied [**veə**rid] [形] 色とりどりの, 変化した
va**ri**ety [və**rai**əti] [名] 多様性, 変化, 多種多様な物
various [**veə**riəs] [形] いろいろの
varnish [**va:r**niʃ] [名] ニース [動] ニースを塗る
vary [**veə**ri] [動] 変える, 多様にする
vase [veis] [名] 瓶, 甕
vassal [**væ**səl] [名] 家臣, 部下, 従者
vast [væst] [形] 広大な, 莫大な
Vatican [**væ**tikən] [地] バチカン宮殿, 教皇庁
vaudeville [**vɔ:d**vəl] [名] 寄席演芸, 軽喜劇
vaude**vil**lian [vɔ:d**vil**yən] [名] 大衆芸能人 [形] 大衆芸能の
vault [vɔ:lt] [名] 丸い天井, 地下倉庫
vaulted [**vɔ:l**təd] [形] アーチ形の, 丸天井の
VC**R** [vi: si: **a:r**] [名] video cassette recorder
veal [vi:l] [名] 子牛の肉
veer [viər] [名] 方向転換 [動] 方向がかわる
vegetable [**ve**dʒətəbl] [名] 野菜 [形] 野菜の
vege**ta**rian [vedʒə**teə**riən] [名] 菜食主義者 [形] 菜食の
vege**ta**tion [vedʒə**tei**ʃən] [名] 植物の生長
vehemence [**vi:**əməns] [名] 熱心, 熱情, 熱意
vehement [**vi:**əmənt] [形] 熱情的な, 猛烈な
vehicle [**vi:**əkəl] [名] 車, 乗物, 媒介物
veil [veil] [名] ベール, おおい
vein [vein] [名] 静脈
ve**lo**city [və**la**səti] [名] 名速力, 速度
velvet [**vel**vət] [名] ベルベット
velvety [**vel**vəti] [形] ビロードのような, 滑らかで柔らかい
venal [**vi:**nəl] [形] 腐敗した
vending machine [**ven**diŋ məʃi:n] [名] 自動販売機
ve**neer** [və**niər**] [名] 見かけ
venerable [**ve**nərəbl] [形] 尊敬すべき, 由緒ある
venerate [**ve**nəreit] [動] 深く尊敬する, あがめる

venereal [vəniəriəl] [形] 性交の, 性病の
Venetian [vəni:ʃən] [名] ベニス人 [形] ベニス風の
Venezuela [venəzweilə] [地] ベネズエラ
vengeance [vendʒəns] [名] 復讐
Venice [venəs] [地] ベニス (イタリアの都市)
venison [venəsən] [名] 鹿肉
venom [venəm] [名] 毒液, 毒, 恨み
vent [vent] [名] 通風孔, 通気孔, 排気孔
ventilate [ventəleit] [動] 換気する
ventilation [ventəleiʃən] [名] 換気, 通風
ventilator [ventəleitər] [名] 換気装置
venture [ventʃər] [名] 冒険, 投機
Venus [vi:nəs] [人] ビーナス (ローマ神話)
veracity [vəræsəti] [名] 真実性, 真相, 正確性
veranda [vərændə] [名] ベランダ
verb [və:rb] [名] 動詞
verbal [və:rbəl] [形] 言葉の, 口頭の, 動詞の
verbally [və:rbəli] [副] 言葉で, 口頭で
verbose [və:rbous] [形] 言葉が多い
verdant [və:rdənt] [形] 葉が茂った, 未熟な
verdict [və:rdikt] [名] 評決, 判決, 決定
verge [və:rdʒ] [名] 端 [動] 隣接する
verify [veərəfai] [動] 立証(確証, 確認)する
verisimilitude [verəsəmilətu:d] [名] 本当らしさ
veritable [veərətəbl] [形] 真の, 真実の
verity [veərəti] [名] 真実性, 本当のこと
vernacular [və:rnækyələr] [名] 自国語, 方言 [形] 自国語の
Versailles [və:rsai] [地] ベルサイユ (フランスの都市)
versatile [və:rsətl] [形] 多芸多才の, 気まぐれな
verse [və:rs] [名] 詩, 詩の一行
versed [və:rst] [形] 精通した, 熟知した
version [və:rʒən] [名] 訳書, 変形, ~版
versus [və:rsəs] [前] ~対, ~と対比して
vertical [və:rtikəl] [形] 垂直の, 縦の
very [veəri] [副] とても, すごく
vessel [vesəl] [名] 船舶, 容器, 血管
vest [vest] [名] チョッキ [動] 与える
vestige [vestidʒ] [名] 痕跡, 跡, 遺跡
veteran [vetərən] [名] 老練な, 退役軍人
veterinarian [vetərəneəriən] [名] 獣医
veto [vi:tou] [名] 拒否権, 禁止 [動] 拒む
vex [veks] [動] いらいらさせる
vexation [vekseiʃən] [名] いらだたしさ, 苦痛, 悩みの種
via [vi:ə] [前] ~を経て, ~を経由して
viable [vaiəbl] [形] 生活力がある, 鮮やかな
viaduct [vaiədəkt] [名] 陸橋, 高架橋
vibrate [vaibreit] [動] 揺れる, 振動する
vibration [vaibreiʃən] [名] 振動, 動揺, 不安定
vicar [vikər] [名] 教区牧師, 代理
vicarious [vaikeəriəs] [形] 代理の, 代理する
vice [vais] [名] 悪徳, 悪行, 欠点
vice-president [vais prezədənt] [名] 副大統領, 副会長, 副社長
vice versa [vais və:rsə] [副] 逆に, 反対に
vicinity [vəsinəti] [名] 近く, 付近
vicious [viʃəs] [形] 不道徳な, 悪意のある
vicissitude [vəsisətyu:d] [名] 変化, 交替, 変遷
victim [viktəm] [名] 犠牲者, 被害者
victor [viktər] [名] 勝利者
Victoria [viktɔ:riə] [人] ビクトリア (女の名前)
Victorian [viktɔ:riən] [形] ビクトリア女王の, ビクトリア風の
victorious [viktɔ:riəs] [形] 勝利を得た, 勝った
victory [viktəri] [名] 勝利
victual [vitl] [名] 食糧 [動] 食糧を供給する
video [vidiou] [名] 映像, ビデオ [形] 映像の
video cassette [vidiou kəset] [名] ビデオカセット
video game [vidiou geim] [名] ビデオゲーム
videotape [vidiouteip] [名] ビデオテープ
vie [vai] [動] 競う, 争う
Vienna [vienə] [地] ウィーン (オーストリアの首都)
Vietnam [vietnam] [地] ベトナム
view [vyu:] [名] 見ること, 展望, 視界
viewer [vyu:ər] [名] 見物人, 視聴者
viewpoint [vyu:pɔint] [名] 見地, 観点, 見解
vigil [vidʒəl] [名] 不眠, 徹夜, 不寝番
vigilance [vidʒələns] [名] 警戒, 不寝番, 不眠症
vigilant [vidʒələnt] [形] 警戒している, 隙のない
vignette [vinyet] [名] 文芸小品, ビネット
vigor [vigər] [名] 力, 活力
vigorous [vigərəs] [形] 活気に満ちた, 強力な
Viking [vaikiŋ] [名] バイキング, 海賊
vile [vail] [形] すごく悪い, 堕落した, 卑劣な
vilify [viləfai] [動] けなす, 中傷する
villa [vilə] [名] 大邸宅, 別荘
village [vilidʒ] [名] 町
villager [vilidʒər] [名] 村人
villain [vilən] [名] 悪人, 悪党, 悪役
vindicate [vindəkeit] [動] 疑惑を晴らす, 正当化する
vindictive [vindiktiv] [形] 復讐心のある, 報復的な
vine [vain] [名] ブドウの木, つる植物
vinegar [vinigər] [名] 酢

vineyard [**vin**yərd] [名] ブドウ園

vintage [**vin**tidʒ] [名] ワイン, ブドウの収穫, 古典的なもの

vinyl [**vai**nəl] [名] ビニール

violate [**vai**əleit] [動] 破る, 違反する

vio**la**tion [vaiə**lei**ʃən] [名] 違反, 侵害, 冒涜, 妨害

violence [**vai**ələns] [名] 暴力, 暴行

violent [**vai**ələnt] [形] 乱暴な, 暴力的な

violently [**vai**ələntli] [副] 乱暴に, 猛烈に

violet [**vai**ələt] [形] すみれ色の [名] すみれ

vio**lin** [vaiə**lin**] [名] バイオリン (楽器)

vio**lin**ist [vaiə**lin**ist] [名] バイオリン奏者

VI**P** [vi: ai **pi:**] [名] 貴賓

viper [**vai**pər] [名] 毒蛇, 悪意のある人

virgin [**və:r**dʒən] [名] 処女, お嬢さん

Vir**gin**ia [vər**dʒin**yə] [地] バージニア (米国の州)

virtual [**və:rt**ʃuəl] [形] 事実上の, 実質的な, 仮想の

virtual re**al**ity [və:rtʃuəl ri**æ**ləti] [名] 仮想現実

virtue [**və:rt**ʃu:] [名] 徳, 美徳, 長所

virtu**o**so [və:rtʃu**ou**sou] [名] 巨匠, 大家

virtuous [**və:rt**ʃuəs] [形] 徳のある, 公平な, 静寂な

virulent [**vi**rələnt] [形] 有毒な, 有害な

virus [**vai**rəs] [名] ウイルス, 病原体, 害悪

visa [**vi:**zə] [名] 査証, ビザ

viscount [**vai**kaunt] [名] 子爵 (伯爵の長男)

viscous [**vis**kəs] [形] べたつく

visible [**viz**əbl] [形] 目に見える, 明らかな

vision [**vi**ʒən] [名] 視力, 洞察力, ビジョン

visionary [**vi**ʒəneri] [名] 神秘家, 夢想家 [形] 幻の

visit [**viz**ət] [動] 訪問する [名] 訪問

visi**ta**tion [vizə**tei**ʃən] [名] 訪問, 巡回, 視察

visitor [**viz**ətər] [名] 訪問客

vista [**vis**tə] [名] 眺め, 景色

visual [**vi**ʒuəl] [名] 視覚情報 [形] 視覚の

visualize [**vi**ʒuəlaiz] [動] 心に描く

vital [**vai**tl] [形] 生命の, 活気のある, 不可欠な

vi**tal**ity [vai**tæ**ləti] [名] 生命力, 活力, 活気, 元気

vitamin [**vai**təmən] [名] ビタミン

vitiate [**vi**ʃieit] [動] 不純に作る

vitri**ol**ic [vitri**a**lik] [形] 辛辣な, 硫酸のような

vi**va**cious [vi**vei**ʃəs] [形] 活発な, 陽気な

vivid [**vi**vəd] [形] 新鮮な, きびきびした, 鮮やかな

vo**ca**bulary [vou**kæ**byəleri] [名] 語彙, 単語集

vocal [**vou**kəl] [形] 声の, 声楽の

vocalist [**vou**kəlist] [名] 声楽家, 歌手

vocali**za**tion [voukələ**zei**ʃən] [名] 発声, 発声法

vo**ca**tion [vou**kei**ʃən] [名] 職業, 天職, 召命

vo**ca**tional [vou**kei**ʃənəl] [形] 職業の, 職務上の

vo**ci**ferous [vou**si**fərəs] [形] 大声で叫ぶ, 騒々しい

vogue [voug] [名] 流行, 盛行, 人気

voice [vɔis] [名] 音声 [動] 言葉で表現する

voiced [vɔist] [形] 有声音の

voiceless [**vɔis**ləs] [形] 無声の, 無言の, 無声音の

voice mail [**vɔis** meil] [名] 音声郵便, ボイスメール

void [vɔid] [名] 空間, 空虚 [形] 空虚な

volatile [**va**lətl] [形] 揮発性の, 気まぐれな

vol**ca**nic [val**kæ**nik] [形] 火山の, 爆発性の

vol**ca**no [val**kei**nou] [名] 火山

vo**li**tion [vou**li**ʃən] [名] 意志, 決断力

volley [**va**li] [名] 一斉射撃 [動] 一斉射撃する

volleyball [**va**libɔ:l] [名] バレーボール

volt [voult] [名] ボルト (電圧の単位)

volume [**val**yəm] [名] 本, 分量, 音量

vo**lu**minous [və**lu:**mənəs] [形] 多作の, 巻数の多い, 大きな

voluntarily [**va**lənterəli] [副] 自発的に

voluntary [**va**lənteri] [形] 自発的な, 支援された, 志願した

volun**teer** [valən**tiər**] [名] 志願者 [動] 志願する

vo**lup**tuous [vəl**ʌpt**ʃuəs] [形] 官能的な, 肉感的な

vomit [**va**mət] [名] 嘔吐 [動] 吐く, 噴出する

vo**ra**cious [və**rei**ʃəs] [形] がつがつ食う, 貪欲な

vortex [**vɔ:r**teks] [名] 渦, 旋風

vote [vout] [動] 投票する [名] 投票, 投票権

voter [**vou**tər] [名] 有権者

vouch [vautʃ] [動] 保証する, 断言する

vow [vau] [名] 誓約 [動] 誓う

vowel [**vau**əl] [名] 母音

voyage [**vɔi**idʒ] [名] 航海 [動] 航海する, 旅行する

vulgar [**vʌl**gər] [形] 卑しい, 下品な

vul**gar**ity [vəl**gæ**rəti] [名] 下品, 無作法

vulnerable [**vʌl**nərəbl] [形] 傷つきやすい, 脆弱な

vulture [**vʌl**tʃər] [名] ハゲワシ (鳥), 貪欲な人

W

wad [wad] [名] 小塊 [動] 小塊にする, 詰める
wade [weid] [動] (川を) 歩いて渡る
wafer [**wei**fər] [名] ウエハ (お菓子)
waffle [**wa**fəl] [名] ワッフル (お菓子)
waft [waft] [名] 浮動 [動] 浮動する, 漂う
wag [wæg] [動] (しっぽを) 振る
wage [weidʒ] [動] 闘争をする
wager [**wei**dʒər] [名] 賭け, 賭けた金 [動] 賭ける
wages [weidʒiz] [名] 賃金, 給料
wagon [**wæ**gən] [名] ワゴン, 屋台
waif [weif] [名] 浮浪者
wail [weil] [名] 悲嘆 [動] 悲嘆する
waist [weist] [名] 腰
waistcoat [**weist**kout] [名] ベスト
wait [weit] [動] 待つ, 世話をする
waiter [**wei**tər] [名] ウェイター, 給仕
waiting [**wei**tiŋ] [名] 待つこと
waiting list [**wei**tiŋ list] [名] ウエーティングリスト
waiting room [**wei**tiŋ rum] [名] 待合室
waitress [**wei**trəs] [名] ウェイトレス, 女給仕
waive [weiv] [動] 権利を捨てる, 無視する
wake [weik] [動] 目覚める [名] 徹夜
waken [**wei**kən] [動] 目を覚ませる
Wales [weilz] [地] ウェールズ (イギリス)
walk [wɔ:k] [動] 歩く [名] 歩行, 歩道
walker [**wɔ:**kər] [名] 歩行者, 歩行器
walkie-**tal**kie [**wɔ:**ki **tɔ:**ki] [名] 携帯用無線電話機, トランシーバー
walking [**wɔ:**kiŋ] [名] 歩行 [形] 歩行する, 歩行用の
walking stick [**wɔ:**kiŋ stik] [名] 杖
wall [wɔ:l] [名] 壁
wallet [**wa**lət] [名] 財布
wallpaper [**wɔ:l**peipər] [名] 壁紙 [動] 壁紙をはる
Wall Street [**wɔ:l** stri:t] [地] ウォールストリート (金融の中心地)
wall-to-wall [**wɔ:l** tə wɔ:l] [形] 床いっぱいに敷きつめた
walnut [**wɔ:l**nət] [名] クルミの実, クルミ
walrus [**wɔ:l**rəs] [名] 海馬 (動物)
waltz [wɔ:ltz] [名] ワルツ, ワルツ曲 [形] ワルツの
wan [wan] [形] 顔色が悪い, 病弱な
wand [wand] [名] 魔法の杖
wander [**wan**dər] [動] さまよう, さすらう, うねる
wandering [**wan**dəriŋ] [形] 迷う, 曲がりくねった
wane [wein] [名] 衰退 [動] 衰える
want [wɔ:nt] [動] 願う [名] 必要, 不足
want ad [**wɔ:nt** æd] [名] 求人(求職)広告
wanted [**wɔ:n**təd] [形] ~を求める, ~の募集, 指名手配された
wanting [**wɔ:n**tiŋ] [形] ~がない, ~が不足している
wanton [**wɔ:n**tn] [形] 理屈に合わない, 無慈悲な [動] ふざける
war [wɔ:r] [名] 戦争, 戦い
warble [**wɔ:r**bəl] [名] さえずり [動] さえずる
ward [wɔ:rd] [名] 病棟, 被後見人, 保護
warden [**wɔ:r**dn] [名] 管理人, 刑務所長
wardrobe [**wɔ:rd**roub] [名] 固有衣装, 洋服だんす
wardroom [**wɔ:rd**rum] [名] 上級士官室
ware [weər] [形] 注意深い [動] 気をつける
warehouse [**weər**haus] [名] 倉庫, 問屋
warfare [**wɔ:r**feər] [名] 戦争, 交戦
warlike [**wɔ:r**laik] [形] 好戦的な, 戦争の
warm [wɔ:rm] [形] 温かい [動] 温める
warmly [**wɔ:rm**li] [副] 温かく
warmth [wɔ:rmθ] [名] 温かさ, 温情
warn [wɔ:rn] [動] 警告する, 戒める, 忠告する
warning [**wɔ:r**niŋ] [名] 警告, 忠告
warp [wɔ:rp] [名] ゆがみ, ひがみ [動] 曲げる
warrant [**wɔ:r**ənt] [名] 権限, 保証 [動] 保証する
warranty [**wɔ:r**ənti] [名] 保証, アフターサービス保証書
warrior [**wɔ:r**iər] [名] 軍人, 勇士, 闘士
warship [**wɔ:r**ʃip] [名] 軍艦
wart [wɔ:rt] [名] いぼ, こぶ
wary [**weə**ri] [形] 用心深い, 慎重な
was [waz] [動] be 動詞一·三人称単数直説法過去
wash [wɔ:ʃ] [動] 洗う, 洗濯する
washcloth [**wɔ:ʃ**klɔ:θ] [名] バス(洗面)用タオル
washer [**wɔ:**ʃər] [名] 洗濯人, 洗濯機
washing [**wɔ:**ʃiŋ] [名] 洗濯, 洗濯物
washing machine [**wɔ:**ʃiŋ məʃin] [名] 洗濯機
Washington [**wɔ:**ʃiŋtən] [地] ワシントン (米国の州)
wasn't [**wa**znt] [短] was not の短縮形
wasp [wasp] [名] スズメバチ (虫), 気むずかし屋
waste [weist] [動] 浪費する [名] 浪費
wastebasket [**weist**bæskət] [名] ごみ箱
wasted [**weis**təd] [形] 荒廃した, むなしい
wasteful [**weist**fl] [形] 非経済的な, 浪費する
watch [watʃ] [名] 腕時計, 警戒 [動] 警戒する
watchdog [**watʃ**dɔ:g] [名] 警備犬, 番人
watchful [**watʃ**fl] [形] 注意する, 隙のない
watchmaker [**watʃ**meikər] [名] 時計屋, 時計職人

watchman [**watʃ**mən] [名] 警備員
water [**wɔ:**tər] [名] 水, 飲料水 [動] 水を飲ませる
watercolor [**wɔ:**tərkələr] [名] 水彩絵の具, 水彩画
waterfall [**wɔ:**tərfɔ:l] [名] 滝
water fountain [**wɔ:**tər fauntn] [名] 噴水式水飲み所
watermelon [**wɔ:**tərmelən] [名] スイカ (野菜)
water power [**wɔ:**tər pauər] [名] 水力
waterproof [**wɔ:**tərpru:f] [名] 防水材料 [形] 防水の
water supply [**wɔ:**tər səplai] [名] 上水道, 給水施設
waterway [**wɔ:**tərwei] [名] 水路, 航路
watery [**wɔ:**təri] [形] 水のような, 湿気がある
watt [wat] [名] ワット (電力の単位)
wave [weiv] [名] 波
waver [**wei**vər] [名] 動揺 [動] 揺れる, 動揺する
wavy [**wei**vi] [形] 波打っている, 波の多い
wax [wæks] [名] ワックス [動] ワックスを塗る
way [wei] [名] 道, 方向, 方法
wayfarer [**wei**feərər] [名] 徒歩旅行者
wayside [**wei**said] [名] 道端, 路傍 [形] 道端の, 路傍の
wayward [**wei**wə:rd] [形] 勝手な, 気まぐれな
we [wi:] [代] 私達, 我ら
weak [wi:k] [形] 弱い, 衰退した, 愚かな
weaken [**wi:k**ən] [動] 弱化させる, 弱くなる
weakly [**wi:k**li] [形] 虚弱な, 病弱な [副] 弱く
weakness [**wi:k**nəs] [名] 弱さ, 欠点
wealth [welθ] [名] 富, 財産
wealthy [**wel**θi] [形] 豊富な, 裕福な
wean [wi:n] [動] 乳離れさせる, 思いきらせる
weapon [**we**pən] [名] 武器
wear [weər] [動] 着ている [名] 衣服, 着用
wearily [**wiər**əli] [副] 疲れて, 飽きて
weary [**wiər**i] [形] 疲れきった, くたびれた
weasel [**wi:**zəl] [名] イタチ (動物), 狡猾な人
weather [**we**ðər] [名] 天気
weather-beaten [**we**ðər bi:tn] [形] 風雨にさらされた
weathercock [**we**ðərkak] [名] 風向計, 機会主義者
weatherman [**we**ðərmæn] [名] 気象予報官
weave [wi:v] [動] 編む
weaver [**wi:**vər] [名] 編む人, 織工
web [web] [名] 織物, クモの巣
webbed [webd] [形] 水かきをつけた
website [**web**sait] [名] ウェブサイト
wed [wed] [動] 結婚する, 結婚させる
we'd [wi:d] [短] we had (would) の短縮形
wedded [**we**dəd] [形] 結婚した, 結合した
wedding [**we**diŋ] [名] 結婚式
wedding ring [**we**diŋ riŋ] [名] 結婚指輪
wedge [wedʒ] [名] くさび [動] くさびで割る
wedlock [**wed**lak] [名] 結婚状態, 結婚生活
Wednesday [**wenz**dei] [名] 水曜日
wee [wi:] [名] ほんの少しの間 [形] 小さい
weed [wi:d] [名] 雑草 [動] 除草する
week [wi:k] [名] 週, 一週間
weekday [**wi:k**dei] [名] 平日
weekend [**wi:k**end] [名] 週末
weekly [**wi:k**li] [形] 毎週の [副] 毎週 [名] 週刊誌
weep [wi:p] [動] 泣く, 嘆く
weeping [**wi:**piŋ] [形] 涙を流す, にじみ出る
weigh [wei] [動] 秤にかける, 熟考する
weight [weit] [名] 重さ, 重量
weighty [**wei**ti] [形] 重い,重要な, 有力な
weird [wiərd] [形] 怪しい, 奇妙な
welcome [**wel**kəm] [動] 歓迎する [名] 歓迎 [形] 歓迎される
weld [weld] [名] 溶接 [動] 溶接する
welfare [**wel**feər] [名] 福祉, 福利, 生活保護
we'll [wi:l] [短] we will (shall) の短縮形
well [wel] [名] 井戸 [副] よく, 満足のいく
well-**ba**lanced [wel **bæ**lənst] [形] つり合いのとれた, 正気の
well-**be**ing [wel **bi:**iŋ] [名] 福祉, 安寧, 繁栄
well-**bred** [wel **bred**] [形] 教育をよく受けた, 種子が良い
well-**done** [wel **dʌn**] [形] よくできた, 十分に焼けた
well-**dressed** [wel **drest**] [形] 身なりのよい, りっぱな服を着た
well-**foun**ded [wel **faun**dəd] [形] 基礎のしっかりした, 根拠十分な
well-in**formed** [wel in**fɔ:rmd**] [形] 事情に精通した, 博識の
well-**known** [wel **noun**] [形] 有名な, よく知られている
well-**made** [wel **meid**] [形] バランスのとれた, よく作られた
well-**off** [wel **ɔ:f**] [形] うまくいっている, 裕福な
well-**paid** [wel **peid**] [形] 給料のいい
well-to-**do** [wel tə **du:**] [形] 裕福な
Welsh [weltʃ] [名] ウェールズ語 [形] ウェールズの
wend [wend] [動] 向かう, 進む
went [went] [動] go (行く) の過去形
wept [wept] [動] weep (泣く) の過去·過去分詞形
we're [wiər] [短] we are の短縮形
were [wə:r] [動] be 動詞直説法複数の過去形
weren't [**wə:r**nt] [短] were not の短縮形
west [west] [名] 西, 西方, 西部
western [**wes**tə:rn] [形] 西方の, 西向きの
Westminster [**west**minstər] [名] イギリス国会議事堂
westward [**west**wə:rd] [副] 西に [名] 西部 [形] 西向きの

wet [wet] [形] ぬれた, 雨が降る [名] 湿気, 水分
we've [wi:v] [短] we have の短縮形
whale [weil] [名] 鯨
wharf [wɔ:rf] [名] 波止場, 埠頭
what [wat] [代] 何, 何事 [形] 何の
whatever [watevər] [代] ~は何でも [形] 何でも
what's [wats] [短] what is (has) の短縮形
whatsoever [**wat**souevər] [形] whatever(~は何でも)の強調形
wheat [wi:t] [名] 小麦
wheel [wi:l] [名] 車, 車輪 [動] 回転させる
wheelbarrow [**wi:l**bærou] [名] 手押し一輪車
wheelchair [**wi:l**tʃeər] [名] 車椅子
wheeze [wi:z] [動] ぜーぜー息をする
when [wen] [代] いつ [接] ~するとき [副] いつ
whence [wens] [名] 由来 [代] どこ [副] どこで
whenever [wenevər] [接] ~するときはいつも
where [weər] [代] どこ [副] どこに [名] 場所
whereabouts [**weər**əbauts] [名] 所在, 行方, 場所
where**as** [weər**æz**] [接] ~に反して, ~であるため
where**at** [weər**æt**] [副] だから~する, すると
where**by** [weər**bai**] [副] 何で, どのようにして
wherefore [**weər**fɔ:r] [副] 何のために, どんな理由で
where**in** [weər**in**] [副] どこに, どのような点で
where**of** [weər**ʌv**] [副] それについて~するところの
where**on** [weər**ɔ:n**] [副] その上に~する, その上に
where's [weərz] [短] where is (has) の短縮形
whereupon [**weər**əpɔ:n] [副] その上に~する, そこで
wherever [weərevər] [接] どこでも [副] どこにでも
whet [wet] [名] 研磨 [動] (刃物を) 研ぐ
whether [**we**ðər] [接] ~あるかどうか, ~かどうかは
which [witʃ] [代] どちらの人(物) [形] ある
whichever [witʃevər] [代] いずれも
whiff [wif] [名] 一吹き [動] ふっと吹く
while [wail] [接] ~する間に [名] ちょっとの間
whim [wim] [名] 気まぐれ, 一時的気分
whimper [**wim**pər] [名] すすり泣き [動] すすり泣きする
whimsical [**wim**zikəl] [形] 気まぐれな, 即興的な, 妙な
whine [wain] [名] 泣きごと [動] 泣きごとを言う
whip [wip] [名] むち, むち打ち [動] むち打つ
whirl [wə:rl] [名] 回転, 旋回 [動] 旋回する
whirlpool [**wə:rl**pu:l] [名] 渦
whirlwind [**wə:rl**wind] [名] 竜巻き, 旋風
whisk [wisk] [動] 素早く動く
whisker [**wis**kər] [名] もみあげ, (猫の)ひげ
whiskey [**wis**ki] [名] ウイスキー
whisper [**wis**pər] [名] ささやき [動] ささやく
whistle [**wis**əl] [名] 口笛 [動] 口笛を吹く
whit [wit] [名] 少し
white [wait] [形] 白, 青白い, 白人 [名] 白色
white-**col**lar [wait **ka**lər] [形] ホワイトカラーの, サラリーマンの
White House [**wait** haus] [名] ホワイトハウス (米国大統領官邸)
whiten [**wai**tn] [動] 漂白する, 潔白にする
whitewash [**wait**waʃ] [名] 白色塗料, のろ, ごまかし策
whither [**wi**ðər] [副] どこに, どの方向に
whittle [**wit**l] [動] 削る, 削減する
whiz [wiz] [動] ひゅーと鳴る
who [hu:] [代] 誰, 誰ら
who'd [hud] [短] who had (would) の短縮形
whoever [hu:evər] [代] 誰でも
whole [houl] [形] 全部の, すべての
wholehearted [**houl**ha:rtəd] [形] 心からの, 真剣な
wholesale [**houl**seil] [名] 卸売 [形] 卸売の [動] 卸し売りする
wholesaler [**houl**seilər] [名] 問屋, 卸売業者
wholesome [**houl**səm] [形] 健全な, 健康に良い
who'll [hu:l] [短] who will (shall) の短縮形
wholly [**hou**li] [副] 全然, 完全に, 全体的に
whom [hu:m] [代] 誰に, 誰を
whoop [hu:p] [名] 歓声 [動] 歓声を上げる
whore [hɔ:r] [名] 売春婦 [動] 売春行為をする
who's [hu:z] [短] who is (has) の短縮形
whose [hu:z] [代] 誰の, 誰の物
why [wai] [副] なぜ, どうして
wicked [**wik**əd] [形] 悪い, 不道徳な, 意地の悪い
wicker [**wik**ər] [名] 枝編み細工
wide [waid] [形] 幅が広い, 広大な
widely [**waid**li] [副] 広く, 遠く
widen [**wai**dn] [動] 広げる, 広がる
wide-open [**waid** oupən] [形] 完全に開いた
widespread [**waidspred**] [形] 広まった
widow [**wid**ou] [名] やもめ, 未亡人
widower [**wid**ouər] [名] 男やもめ
width [widθ] [名] 幅, 幅広さ
wield [wi:ld] [動] 振るう, 行使する
wife [waif] [名] 妻, 奥さん
wig [wig] [名] かつら [動] かつらをつける
wild [waild] [形] 野性の, 険しい, 野蛮の
wildcat [**waild**kæt] [名] ヤマネコ (動物), 短気者 [形] 無謀な
wilderness [**wil**dərnəs] [名] 荒野, 荒蕪地
wildlife [**waild**laif] [名] 野生生物
wildly [**waild**li] [副] 野生で, 乱暴に

will [wil] [助] ~するつもりだ [名] 意志, 意思

willful [wilfl] [形] 故意の, 頑固な

William [wilyəm] [人] ウィリアム (男の名前)

willing [wiliŋ] [形] 喜んで~する, 自発的な

willingly [wiliŋli] [副] 喜んで, 快く

willow [wilou] [名] 柳

wilt [wilt] [名] (植物の) 青枯れ病 [動] しおれる

win [win] [動] 勝つ, 獲得する [名] 勝利

wince [wins] [名] たじろぎ [動] たじろぐ

wind [wind] [名] 風 [動] 風に当てる

wind [waind] [動] うねる, 絡み付く

winded [windəd] [形] 息が詰まった

windfall [windfɔ:l] [名] 意外なもうけ物

winding [waindiŋ] [名] 巻くこと, 屈曲, カーブ [形] 巻きつく, 屈曲する

windmill [windmil] [名] 風車 [動] 風車のように回る

window [windou] [名] 窓, 窓口

windowpane [windoupein] [名] 窓ガラス

windowsill [windousil] [名] 窓辺

windshield [windʃi:ld] [名] 風防ガラス (車)

windy [windi] [形] 風が強い

wine [wain] [名] 葡萄酒, ワイン

wing [wiŋ] [名] 翼 [動] 翼をつける

winged [wiŋd] [形] 翼のある, 高速の

wink [wiŋk] [名] ウインク [動] 目配せする

winner [winər] [名] 勝者

winning [winiŋ] [名] 勝利, 成功 [形] 決勝の

Winnipeg [winəpeg] [地] ウィニペグ (カナダの都市)

winter [wintər] [名] 冬 [動] 冬を過ごす

wintry [wintri] [形] 冬の, 冷淡な

wipe [waip] [動] 洗う, ふく

wire [waiər] [名] 針金, 電線, 電話線

wireless [waiərləs] [形] 無線の [名] 無線電信

wiry [waiəri] [形] 針金状の, 針金の

Wisconsin [wiskansən] [地] ウィスコンシン (米国の州)

wisdom [wizdəm] [名] 知恵, 賢明さ

wise [waiz] [形] 賢い, 聡明な, 賢明な

wisely [waizli] [副] 賢明に

wish [wiʃ] [動] 願う [名] 願

wishful [wiʃfl] [形] 切望している, 物ほしそうな

wishy-washy [wiʃi waʃi] [形] 色が薄い, 水っぽい, 優柔不断の

wisteria [wistiəriə] [名] 藤 (植物)

wistful [wistfl] [形] 物ほしそうな, 物思いにふける

wit [wit] [名] 機知, 機転, 臨機応変

witch [witʃ] [名] 魔女 [動] 魔法をかける

witchcraft [witʃkræft] [名] 魔法, 魔力

with [wiθ] [前] ~と一緒に, ~と

withdraw [wiðdrɔ:] [動] すくめる, 撤収させる

withdrawal [wiðdrɔ:əl] [名] 撤収, 引き出し, 取り消し, 撤回

withdrawn [wiðdrɔ:n] [形] はにかむ, 退いた

withdrawn [wiðdrɔ:n] [動] withdraw (撤収させる) の過去分詞形

withdrew [wiðdru:] [動] withdraw (撤収させる) の過去形

wither [wiðər] [動] しおれる

withheld [wiθheld] [動] withhold (止める) の過去・過去分詞形

withhold [wiθhould] [動] 止める, 抑制する

within [wiðin] [副] 内部で [名] 内部

without [wiðaut] [前] ~がなく, ~がない

withstand [wiθstænd] [動] 抗拒する

withstood [wiθstud] [動] withstand (抗拒する) の過去・過去分詞形

witness [witnəs] [名] 目撃者, 証人

witticism [witəsizm] [名] 警句, しゃれ

witty [witi] [形] 機知のある, 気のきいた

wives [waivz] [名] wife (妻) の複数形

wizard [wizərd] [名] 魔法使い [形] 魔法の

wizened [wizənd] [形] しなびた, しおれた

wobble [wabəl] [名] 動揺 [動] 動揺する

woe [wou] [名] 悲哀, 苦悩

woeful [woufl] [形] 悲しむべき, 哀れな, 情けない

woke [wouk] [動] wake (目覚める) の過去形

woken [woukən] [動] wake (目覚める) の過去分詞形

wolf [wulf] [名] オオカミ

wolves [wulvz] [名] wolf (オオカミ) の複数形

woman [wumən] [名] 女子, 女性

womanhood [wumənhud] [名] 女性らしさ, 女性

womanly [wumənli] [形] 女性らしい, 成熟した女性らしい

womb [wu:m] [名] 子宮, 内部

women [wimən] [名] woman (女子) の複数形

won [wʌn] [動] win (勝つ) の過去・過去分詞形

wonder [wʌndər] [動] 疑う [名] 驚き, 奇跡

wonderful [wʌndərfl] [形] 驚くべき, 素晴らしい

wondrous [wʌndrəs] [形] 驚くべき, 不思議な

won't [wount] [短] will not の短縮形

wont [wɔ:nt] [名] 習慣 [形] ~に慣れている

woo [wu:] [動] 得ようとする, 求婚する

wood [wud] [名] 木材

woodcut [wudkət] [名] 木版, 木版画

wooded [wudəd] [形] 森のある, 樹木の茂った

wooden [wudn] [形] 木製の

woodland [wudlænd] [名] 森林地帯

woodman [wudmən] [名] 木こり

woodpecker [wudpekər] [名] キツツキ (鳥)

woods [wudz] [名] 森

woodwind [wudwind] [名] 木管楽器 [形] 木管楽器の

woodwork [wudwə:rk] [名] 木工芸品

woody [wudi] [形] 樹木の多い, 木の

wool [wul] [名] 羊毛, 毛織物

woolen [wulən] [形] 毛織物の [名] 毛糸, 毛織物

wooly [wuli] [名] 毛織の衣類 [形] 羊毛の

word [wə:rd] [名] 単語

wordless [wə:rdləs] [形] 言い表せない

word processor [wə:rd prasesər] [名] ワードプロセッサ

wordy [wə:rdi] [形] 言葉の多い, 冗長な

wore [wɔ:r] [動] wear (着ている) の過去形

work [wə:rk] [動] 働く [名] 仕事, 行為

workaholic [wə:rkəhɔ:lik] [名] 働きすぎの人 [形] 働きすぎの

workbook [wə:rkbuk] [名] 練習帳, ワークブック

workday [wə:rkdei] [名] 平日

worker [wə:rkər] [名] 労働者

working [wə:rkiŋ] [名] 仕事, 作用, 操作, 活動

working-class [wə:rkiŋ klæs] [名] 労働者階級 [形] 労働者階級の

workingman [wə:rkiŋmæn] [名] 労働者, 職工

workman [wə:rkmən] [名] 工員, 労働者

workmanship [wə:rkmænʃip] [名] 腕前, 技量

workout [wə:rkaut] [名] 運動, 練習, 練習試合

workshop [wə:rkʃap] [名] 仕事場, 講習会, 研究会

world [wə:rld] [名] 世界, 世の中, 分野

worldly [wə:rldli] [形] 世俗的な [副] 世俗的に

world-wide [wə:rld waid] [形] 世界的な

worm [wə:rm] [名] 虫

worn [wɔ:rn] [形] 古い, 疲れた

worn [wɔ:rn] [動] wear (着ている) の過去分詞形

worn-out [wɔ:rn aut] [形] 擦り切れた, 疲れた

worried [wə:rid] [形] 困った, 心配な

worry [wə:ri] [動] 心配する [名] 心配, 悩み

worse [wə:rs] [形] 一層悪い, 悪化した

worsen [wə:rsn] [動] 悪化させる

worship [wə:rʃəp] [動] 崇拝する [名] 崇拝, 礼拝

worst [wə:rst] [形] 最悪の [名] 最悪

worth [wə:rθ] [形] ～する価値がある [名] 価値

worthless [wə:rθləs] [形] 価値のない, つまらない

worthwhile [wə:rθwail] [形] 時間をかける価値がある

worthy [wə:rði] [形] 価値のある, 素晴らしい

would [wud] [助] ～したりした

would-be [wud bi:] [形] 自称の, ～になろうとする

wouldn't [wudnt] [短] would not の短縮形

would've [wudəv] [短] would have の短縮形

wound [wu:nd] [名] 傷 [動] 傷つける

wound [waund] [動] wind (うねる) の過去・過去分詞形

wounded [wu:ndəd] [形] 負傷した

wove [wouv] [動] weave (編む) の過去形

woven [wouvən] [動] weave(編む)の過去分詞形

wrangle [ræŋgəl] [名] 口論 [動] 口論する

wrap [ræp] [動] 包む, 包装する

wrapper [ræpər] [名] 包装する人, 包装紙

wrath [ræθ] [名] 怒り, 激怒

wrathful [ræθfl] [形] 激怒した

wreak [ri:k] [動] 罰を加える, 恨みを晴らす

wreath [ri:θ] [名] 花輪, 花冠

wreathe [ri:ð] [動] 丸くなる, 飾る

wreck [rek] [名] 残骸, 難破船

wreckage [rekidʒ] [名] 難破, 漂流物

wrench [rentʃ] [名] ねじり, 捻挫 [動] ねじる

wrest [rest] [名] ねじり [動] ねじる

wrestle [resəl] [名] レスリング [動] レスリングをする

wrestler [reslər] [名] レスリング選手

wrestling [resliŋ] [名] レスリング

wretch [retʃ] [名] 哀れな人, 恥知らず

wretched [retʃid] [形] 哀れな, 気の毒な, 下品な

wriggle [rigəl] [名] のたくり [動] のたくる

wring [riŋ] [動] 織る, ひねる

wrinkle [riŋkəl] [名] 肌のしわ [動] しわを寄せる

wrist [rist] [名] 手首

wristwatch [ristwatʃ] [名] 腕時計

write [rait] [動] 文章を書く, 手紙を書く

writer [raitər] [名] 作家, 著者

writhe [raið] [名] 身もだえ [動] 身もだえする

writing [raitiŋ] [名] 執筆, 筆跡, 書類, 著作活動

written [ritn] [形] 書かれた

written [ritn] [動] write (文章を書く) の過去分詞形

wrong [rɔ:ŋ] [形] 悪い, 間違った [名] 不正, 悪

wrote [rout] [動] write (文章を書く) の過去形

wrought [rɔ:t] [形] 努めて作られた, 細工した

wrung [rʌŋ] [動] wring(織る)の過去・過去分詞形

wry [rai] [形] 顔をしかめた [動] ねじる

Wyoming [waioumiŋ] [地] ワイオミング (米国の州)

X

xeno**pho**bia [zenə**fou**biə] [名] 外国人嫌悪症
X-ray [**eks** rei] [名] エックス線
xylophone [**zai**ləfoun] [名] シロフォン (楽器), 木琴

Y

yacht [yat] [名] ヨット [動] ヨットに乗る
Yale [yeil] [名] エール大学 (米国)
yam [yæm] [名] ヤム (植物), サツマイモ
yank [yæŋk] [動] ぐいと引っぱる
Yankee [**yæŋ**ki] [名] アメリカ人
yard [ya:rd] [名] ヤード, 庭
yard sale [**ya:rd** seil] [名] ヤードセール
yarn [ya:rn] [名] 糸, 紡績糸, 冒険談
yawn [yɔ:n] [名] あくび [動] あくびをする
yawning [**yɔ:**niŋ] [形] あくびをしている
ye [yi:] [代] お前達, 貴方達
yea [yei] [副] はい, そうだ [名] 賛成
year [yiər] [名] 年, 年度
yearbook [**yiər**buk] [名] 年鑑, 卒業記念アルバム
yearly [**yiər**li] [形] 年間の, 毎年の [副] 毎年
yearn [yə:rn] [動] 憧れる, 懐かしく思う
yearning [**yə:r**niŋ] [名] 憧れ, 熱望 [形] 憧れの
yeast [yi:st] [名] イースト, 酵母, 刺激
yell [yel] [名] 叫び [動] 叫ぶ
yellow [**ye**lou] [形] 黄色の, 肌の色が黄色い
yellowish [**ye**louiʃ] [形] 黄色っぽい
yelp [yelp] [名] 鋭いほえ声 [動] 鋭く叫ぶ
yen [yen] [名] 円 (日本の通貨単位), 熱望
yeoman [**you**mən] [名] 下士官, 自作農 [形] 自作農の
yes [yes] [副] はい, そうです。
yesterday [**yes**tərdei] [副] 昨日
yet [yet] [副] まだ~ない
Yiddish [**yi**diʃ] [名] イディッシュ語
yield [yi:ld] [名] 収穫 [動] 産む, 譲る
yielding [**yi:l**diŋ] [形] 収穫の多い, 柔軟な, 従順な
yoga [**you**gə] [名] ヨガ
yogurt [**you**gə:rt] [名] ヨーグルト
yoke [youk] [名] 首かせ [動] 首かせをかける
Yoko**ha**ma [youkou**ha**ma] [地] 横浜 (日本の都市)
yolk [youk] [名] 黄身
yonder [**yan**dər] [形] より遠い, あちらの [副] あちらに
you [yu:] [代] 貴方, 貴方達
you'd [yu:d] [短] you had (would) の短縮形
you'll [yu:l] [短] you will (shall) の短縮形
young [yʌŋ] [形] 若い, 幼い, 未熟な
youngster [**yʌŋ**stər] [名] 若者, 子供
your [yuər] [代] 貴方の, 貴方達の
you're [yuər] [短] you are の短縮形
yours [yuərz] [代] 貴方の物, 貴方達の物
your**self** [yuər**self**] [代] 貴方自身, 君自身
your**selves** [yuər**selvz**] [代] yourself の複数形
youth [yu:θ] [名] 若さ, 青春時代, 若者
youthful [**yu:θ**fl] [形] 若い, 青年の, 若者の
you've [yu:v] [短] you have の短縮形
yo-yo [**you** you] [名] ヨーヨー (おもちゃ) [動] ためらう
Yugo**sla**via [yu:gou**sla**viə] [地] ユーゴスラビア
Yukon [**yu:**kan] [地] ユーコン (カナダ北西部の地方)
yuppie [**yʌ**pi] [名] ヤッピー族 (大都市のエリート層)

Z

Zaire　[zaiər]　[地] ザイール (中央アフリカ諸国)

Zambia　[**zæm**biə]　[地] ザンビア (中央アフリカ諸国)

za**ny**　[**zei**ni]　[名] 道化役 [形] ばかげた

zap　[zæp]　[動] 攻撃する, 打ち負かす

zeal　[zi:l]　[名] 熱意, 熱心

zealot　[**ze**lət]　[名] 熱狂者

zealous　[**ze**ləs]　[形] 熱心な, 熱狂的な

zebra　[**zi:**brə]　[名] シマウマ (動物)

zeitgeist　[**tʃait**gaist]　[名] 時代精神, 時代思潮

zenith　[**zi:**nəθ]　[名] 天井, 頂点

zero　[**zi:**rou]　[名] ゼロ, 0, 最低点

zest　[zest]　[名] 熱情, 強い興味

Zeus　[zu:s]　[人] ゼウス (ギリシャ神話)

zigzag　[**zig**zæg]　[名] ジグザグ型 [形] Z 字型の

Zim**ba**bwe　[zim**bei**bwei]　[地] ジンバブエ(南アフリカ諸国)

zinc　[ziŋk]　[名] 亜鉛

Zion　[**zai**ən]　[地] シオン山 (聖書の地名)

Zionism　[**zai**ənizm]　[名] シオニズム, ユダヤ民族主義

Zionist　[**zai**ənist]　[名] ユダヤ民族主義者

zip　[zip]　[名] 元気, ジッパー

zip code　[**zip** koud]　[名] 郵便番号

zipper　[**zi**pər]　[名] ジッパー

zodiac　[**zou**diæk]　[名] 黄道帯

zone　[zoun]　[名] 地帯, 地域 [動] 仕切る

zoo　[zu:]　[名] 動物園

zoo**lo**gical　[zouə**lad**ʒikəl]　[形] 動物学の, 動物に関する

zo**o**logist　[zou**a**lədʒist]　[名] 動物学者

zo**o**logy　[zou**a**lədʒi]　[名] 動物学 (学問)

zoom　[zu:m]　[名] 急上昇, 急激な拡大(縮小)

zoom lens　[**zu:m** lenz]　[名] ズームレンズ

Zurich　[**zuə**rik]　[地] チューリッヒ (スイスの都市)

www.ingramcontent.com/pod-product-compliance
Lightning Source LLC
Chambersburg PA
CBHW030439290526
45786CB00001B/361